W0194513

Mein Kräuterbuch

Marie-Luise Kreuter

DAS ORIGINAL

Zu diesem Buch

VORWORT

Die ersten Ringelblumen meines Lebens wuchsen im Garten meiner Großmutter. Sie nannte sie »Jesusblumen«. Dieser volkstümliche Name ist noch heute im Umland von Köln, wo ich aufwuchs, verbreitet. Ein Vetter sagte erst kürzlich zu mir: »Die Jesusblumen wachsen von selbst, die brauche ich nie auszusäen.« Sein Garten liegt direkt neben dem früheren Grundstück meiner Großmutter. Rolf ist genau so alt wie ich – unsere Omas waren Schwestern. Seine Jesusblumen sind dort samt ihrem alten Namen seit über 100 Jahren zu Hause.

Da wurden alle Kindheitserinnerungen wieder wach. Auch ich habe Ringelblumen nie ausgesät. Sie wanderten von Großmutters Beeten in den elterlichen Garten. Von dort nahm ich sie mit in alle meine Gärten. Sie zogen mit mir um, als kleine Pflanzen oder haltbare Samen. Ringelblumen begleiteten mich durch mein ganzes Leben. Sie gehören noch heute zu meinen Lieblings-Blumen und Heilpflanzen.

Diese leuchtende, sonnengelbe Spur war auch eine Spur der Liebe. Meine wunderbare Großmutter hat mich früh etwas ganz Wichtiges gelehrt: Die Liebe zum Garten und zu den Ringelblumen, zu ihrem großen, alten Boskoop-Apfelbaum, zum duftenden Fliederbusch und zu den grünen Bohnen, die in einem alten Steinguttopf zu »sauren Bohnen« eingestampft wurden. Ohne große Worte erlebte ich ihre tiefe Verbundenheit mit der Erde, wenn sie manchmal mit nackten Füßen auf dem lehmigen Boden stand und hart arbeitete. Allein – denn der Großvater war aus dem Ersten Weltkrieg nicht heimgekehrt. Mit Gemüse, Obst und Kräutern aus dem Garten ernährte Großmutter auch ihre fünf Kinder. Dass sie ohne diese Arbeit im Grünen und an der frischen Luft nicht leben konnte, stand auf

einem anderen Blatt. Noch mit 80 Jahren griff sie im Frühling zum Spaten – trotz aller gut gemeinten Ratschläge. Sie konnte nicht anders. Und das verstehe ich heute nur zu gut.

Warum ich Ihnen diese Geschichte erzähle? Weil ich Ihnen, meinen lieben Leserinnen und Lesern, mit diesem neuen Kräuterbuch nicht nur praktische Ratschläge für den Anbau und die Verwendung von Kräutern in die Hände legen möchte. Mein Anliegen ist es auch, Ihnen die Liebe zu den Ringelblumen und zu »Mutter Erde« ins Herz zu pflanzen. Vielleicht kann ich dabei so etwas wie Ihre symbolische Großmutter werden.

Was mit Ringelblumen, Johanniskraut, Bohnenkraut, Pfefferminze und Schnittlauch in Großmutters Garten begann, hat sich im Laufe der Jahrzehnte zu einem immer größeren Kosmos würziger und heilkräftiger Pflanzen ausgedehnt. Meine Eltern waren sehr großzügig und ließen mich vieles ausprobieren. Schon während der Schulzeit lag ich am liebsten im Garten auf den Knien, säte, pflanzte und beobachtete. So war ich auf meinen ersten eigenen Garten bereits gut vorbereitet.

Zur Liebe gesellten sich Neugier und Wissensdurst. Mit der gleichen Leidenschaft sammelte ich Bücher und Pflanzen. Schon früh wuchsen auf meinen Beeten Spezialitäten wie Eberraute, Weinraute, Gewürztagetes und besondere Salbeiarten. Bereits vor 30 Jahren gelangten die ersten Duftblatt-Geranien durch Ableger in meinen Garten. Wenn ich Ihnen heute besondere Arten und Sorten empfehle, dann lasse ich Sie auch an meinen vielfältigen Erfahrungen teilhaben. 'Lady Plymouth' oder andere Rosengeranien sind alte Freunde für mich, die ich auch Ihnen gerne vorstellen möchte: zum Kennen- und Liebenlernen.

Diese wie andere Arten und Sorten sind ein wichtiger neuer Bestandteil dieses Buches. Sie finden sie in einer eigenen Rubrik bei den Pflanzen-Portraits. Achten Sie darauf beim Lesen, denn in diesen Texten ist ein großer Reichtum verborgen. Kräuter aus aller Welt und aus Jahrhunderte alten Traditionen warten dort darauf, von Ihnen entdeckt zu werden.

»Kräuter aus fernen Ländern« können Sie in einem ganz neuen Kapitel finden. Agastachen, Fruchtsalbei-Arten, Gewürztagetes, Zitronengras und andere Spezialitäten sind dort ausführlich beschrieben. Lassen Sie sich verführen zu neuen, aromatischen Abenteuern – im Garten und in Ihrer Küche.

Eine Fülle abwechslungsreicher Rezepte erwartet Sie im letzten Teil des Buches. Die Verwendung der Kräuter in der Küche oder in der Hausapotheke ist ja schließlich der Zweck aller Kräutergarten-Mühen. Genießen Sie also selbst zubereitetes Pesto, blütenbestreute Salate, heilsame Kräutertees, ein erfrischendes Lavendelbad und duftende Potpourris. Nicht alles auf einmal! Probieren Sie aus, was sich im Laufe der Jahre in Ihrem Kräutergarten ansammelt. Dann kommen zu den Erfahrungen, die ich Ihnen weiterreiche, Ihre eigenen Beobachtungen hinzu. So entfaltet sich die große aromatische Welt der Kräuter mit der Zeit immer lebendiger für Sie. Gewürz- und Heilpflanzen werden dann immer mehr zu einem Bestandteil auch Ihres Lebens.

Eine Rubrik möchte ich Ihnen zum Schluss noch besonders ans Herz legen. Am Ende jedes Kräuter-Portraits finden Sie die »Historische Verwendung«. Das mag im ersten Moment wie trockene, alte Geschichte klingen. Das Gegenteil ist der Fall. In diesen Zeilen erzählen Ihnen Kräuterkenner und Gartenfreunde aus vergangenen Jahrhunderten von ihrem Wissen um heilkräftige und würzige Pflanzen und von ihrer Liebe zum Garten und zur Natur. Für mich sind auch diese »Alten« gute Freunde. Die meisten von ihnen sind in meiner umfangreichen Bibliothek »zu Hause«: Dioscurides, Columnella, Walahfrid Strabo, Hildegard von Bingen, Tabernaemontanus samt den anderen »Kräutervätern«, Madaus und noch viele andere. Wenn ich mich in diese Werke vertiefe und die interessantesten Stellen für Sie aussuche, bin ich von großer Bewunderung erfüllt für das reiche Wissen dieser Menschen. Und ich staune immer wieder, wie sehr die Arbeiten im Garten über Jahrtausende gleich geblieben sind.

Hier schließt sich der Kreis zu meiner Großmutter: Man muss die wichtigsten Erfahrungen im Garten mit seinen eigenen Händen erarbeiten und mit allen Sinnen erleben: den Duft, die Würze, den Geschmack, die heilenden Kräfte und die Schönheit. Das Wichtigste aber ist und bleibt die Liebe zu den Pflanzen und zur Erde.

Ich bin 70 Jahre alt, während ich diese Zeilen für Sie schreibe. Und noch immer kann ich nicht aufhören zu gärtnern. Noch immer sammle ich neue wunderbare Erfahrungen. Mit Augen, die schon viel gesehen und mit einem Herzen, das schon viel erlebt hat, sieht man in andere Bereiche des Lebens. Sie ergänzen auf wunderbare Weise, was ich als Kind ahnte und als erwachsener Mensch in seiner ganzen Fülle immer intensiver entdeckte. Nie war mein Gartentor offener für neue Wunder ...

So wünsche ich auch Ihnen ein offenes Herz für die unendlich reiche Welt der Kräuter, für alle Freuden des Gärtnerns und nicht zuletzt auch für vielfältige Genüsse bei der Verwertung Ihrer eigenen Kräuterernte. Und ich hoffe, dass dieses Buch Ihnen bei alledem zu einem verlässlichen, praktischen, manchmal auch spannenden und amüsanten Begleiter wird.

Christa-Luise Vohwinkel

■ Kräuter sind meine Freunde – fast ein ganzes Leben lang. Ich möchte sie Ihnen vorstellen: zum Kennen- und zum Liebenlernen.

Kräuter-
gärten einst
und heute

Kräutergärten einst und heute

Der Stammbaum der Kräuter ist so alt wie die Menschheit. Die Hausfrau, die feingehackte Petersilie über dampfende Kartoffeln streut, und der Freizeitgärtner, der an der sonnigsten Stelle seines Gartens ein Kräuterbeet anlegt, bewegen sich auf dem Boden jahrtausendealter Traditionen. Sie verwenden beide Pflanzen ganz besonderer Art: duftende, würzige Gewächse, die den Speisen einen unverwechselbaren Geschmack verleihen.

Alle Küchen- und Gewürzkräuter sind aber gleichzeitig auch Heilkräuter. Sie besitzen die verschiedenartigsten medizinischen Eigenschaften. Eine Köchin, die Kräuter benutzt, fährt immer doppelgleisig: sie würzt mit edlen Zutaten, die den Gaumen eines Feinschmeckers entzücken, und sie serviert gleichzeitig Gesundheit in der Salatschüssel und im Suppenteller.

Das Wissen um diese verborgenen Eigenschaften der Kräuter ist uralt. In Pfahlbauten aus der Jungsteinzeit fanden Ausgräber Reste von Mohn, Angelika und Kümmel. Wahrscheinlich handelt es sich um wildwachsende Wald- und Wiesenpflanzen, die in grauer Vorzeit gesammelt wurden. Den Menschen der Steinzeit waren diese Heil- und Würzkräuter sicher ähnlich vertraut wie den Naturvölkern, die ihre urtümliche Lebensweise bis in unsere Zeit beibehielten. Medizinmänner der Indianer oder afrikanischer Stämme kannten die Wildpflanzen ihrer Umgebung sehr genau. Sie nutzten ihre Heilkräfte mit sicherem Instinkt; ihr Wissen stammte aus uralter überlieferter Erfahrung.

Die »gezähmten« Kräuter, die im eingezäunten Gärtchen neben einem festen Haus angepflanzt wurden, tauchten erst viel später in der Geschichte auf – als die frei wandernden »Naturkinder« sesshaft wurden und an verschiedenen Stellen der Erde die ersten Reiche der Ackerbauern entstanden. Dies geschah in der Jungsteinzeit etwa zwischen 5000 und 2000 v. Chr.

Die alten Hochkulturen der Chinesen, Inder und Ägypter besaßen bereits umfangreiche Kräuterkenntnisse, die uns zum Teil sogar in jahrtausendealten Schriftstücken überliefert sind. Die erste Sammlung chinesischer Kräuterrezepte entstand lange vor Christi Geburt. Eines der ältesten Dokumente stammt aus dem Vorderen Orient. Die Sumerer in Mesopotamien schrieben es im 4. Jahrtausend vor Christus auf Tontäfelchen. Lorbeer, Kümmel und Thymian waren damals schon bekannt. Koriander, Minze und Zwiebeln wuchsen um 1200 vor Christus in altägyptischen Gärten an den Ufern des Nils. Berühmte Schriften des Ayurveda, der indischen Heilkunde, stammen aus dem 6. Jahrhundert vor Christus. Auch sie nennen viele pflanzliche Heilmittel.

Der babylonische König Assurbarnipal (669 bis 626 v. Chr.) trug die größte Bibliothek der damals bekannten Welt zusammen. Diese »Bücher« sind in der berühmten Keilschrift des Zweistromlandes auf Tontäfelchen niedergeschrieben. Darin ist bereits die Rede von Kardamom, Kümmel, Dill, Fenchel, Thymian und Safran. Auch im Alten Testament wird im Hohen Lied Salomons schon ein »Würzgärtlein, da Balsamkräuter wachsen« erwähnt. Kräuter wurden also im Land der Propheten bereits angepflanzt und nicht nur als Wildpflanzen gesammelt.

■ Der Garten von Kloster Michaelstein im Harz wurde nach alten Vorbildern neu angelegt. Heil- und Gewürzpflanzen aus mittelalterlicher Tradition wachsen hier übersichtlich in holzumrandeten Kastenbeeten.

KRÄUTERWISSEN DER ANTIKE

Die große Zeit der Kräuterkundigen brach in der westlichen Welt während der griechischen und römischen Antike an. Ärzte und Gelehrte sammelten das gesamte damals bekannte Wissen über Heil- und Würzpflanzen. Sie kannten und erprobten alle erreichbaren Pflanzen ihrer Heimatländer. Darunter waren auch zahlreiche Gewürzpflanzen, die später über die Alpen gelangten und noch heute in unseren Kräutergärten wachsen. Die Bücher der antiken Ärzte und Botaniker bildeten fast 2000 Jahre lang die Basis des medizinischen Wissens im gesamten Abendland. Der berühmte Arzt Hippokrates (ca. 460–337 v. Chr.) heilte mit Kräutern. Theophrastus (ca. 372 bis 287 v. Chr.) schrieb eine umfangreiche Heilpflanzenlehre. Man nannte ihn deshalb später den »Vater der Botanik«. Einer der hervorragendsten Kräuter-Forscher des Altertums war Galenus (ca. 131–200 n. Chr.). Er kannte alle Pflanzen, über die er schrieb, aus eigener Anschauung und Erfahrung. Noch heute werden im medizinischen Sprachgebrauch Arzneien, die aus pflanzlichen Stoffen hergestellt werden, »galenische Präparate« genannt.

Der bedeutendste Kräuterkenner des Altertums aber war Dioscurides, der um die Mitte des 1. Jahrhunderts nach Christi Geburt lebte. Er verfasste ein großes Werk, in dem etwa 600 Pflanzen genau beschrieben sind. Größtenteils handelte es sich dabei um die Gewächse seiner kleinasiatischen Heimat und um griechische Pflanzen. Dioscurides kannte fast alle Heil- und Gewürzkräuter, die auch heute noch verwendet werden. Er teilte sie in wild wachsende und in angebaute Arten ein, beschrieb ihre Beschaffenheit und gab Tipps für die Ernte und die Lagerung.

Aber bereits in antiken Zeiten waren die duftenden und würzigen Kräuter nicht nur unter den Arzneischätzen gelehrter Ärzte, sondern auch in den Händen phantasievoller Köchinnen zu finden. Man würzte in griechischen Küchen Kürbis mit Liebstöckel oder Kümmel und verfeinerte Suppen, Soßen, Fleisch- und Fischgerichte mit Minze, Anis, Koriander, Thymian, Pfeffer, Raute und Salbei. Aromatische Düfte aus dem Kräutergärtchen dienten seit uralten Zeiten auch den Verführungskünsten der Frauen. In den Kulturen des alten Orients und der Mittelmeerländer salbten und parfümierten sich die Schönen mit allem, was die Natur zu bieten hatte. Von Sappho zum Beispiel, der reizvollen Dichterin des klassischen Griechenlands, wird berichtet, dass sie das Haar mit Majoran salbte, die Kniekehlen mit Minze einrieb und noch ein wenig Thymianduft auf den Hals verteilte. Raffinesse aus dem Kräutergarten!

Auch bei den »alten Römern« kursierten alle diese Kräuterkenntnisse gleichzeitig. Berühmte Autoren wie Plinius der Ältere (23–79 n. Chr.) und Columnella (1. Jahrhundert n. Chr.) beschrieben zahlreiche Kräuter und ihre Wirkungen. Bei den Gastmählern des Lucullus wurden sie den Feinschmeckern in vollendeter Komposition serviert, und in den Gemächern der Frauen mixte man mit Hilfe würziger Früchte und duftender Blättchen abenteuerliche Schönheitsmittel. So soll sich Kleopatra mit wohlriechendem Kräuterwasser gewaschen und mit Salben, die nach Zimt und Nelken dufteten, eingerieben haben. Die üppige Messalina schwor dagegen auf eine Mischung aus Erbsenmehl, Zwiebeln, Raute und Wein.

■ Dioscurides schrieb in der Antike das noch heute berühmte Buch »Materia medica«.

KLOSTERGÄRTEN UND KRÄUTERVÄTER

Aus den hochzivilisierten Kulturen des Mittelmeerraumes wanderte ein großer Teil der aromatischen Kräuter samt den dazugehörigen Gebrauchsanweisungen über die Alpen. Zuerst brachten römische Soldaten ihre Würzgewohnheiten mit nach Germanien und Franken. Später waren es vor allem die Benediktinermönche, die aus ihrem Stammkloster auf dem Monte Cassino Ableger oder Samen vieler Heil- und Küchenkräuter in neugegründete Siedlungen im rauen Norden mitnahmen. Die Klostergärtner hüteten dort jahrhundertelang das Wissen um die aromatischen Gewächse.

Um 800 nach Christus erließ Kaiser Karl der Große eine Verordnung für seine Landgüter (»Capitulare de villis«). Darin gab er genaue Anweisung, welche Obstgehölze, Gemüse und Kräuter unbedingt angebaut werden sollten. Dazu gehörten unter anderen bereits:

Kräutergärten einst und heute

Salbei, Raute, Eberraute, Rosmarin, Kümmel, Anis, Kresse, Petersilie, Sellerie, Liebstöckel, Dill, Fenchel, Senf, Bohnenkraut, Krauseminze, Bachminze, Wilde Minze, Schnittlauch, Zwiebeln, Knoblauch, Koriander, Kerbel und Muskatellersalbei. Ein vielseitig sortierter Kräutergarten, den man heute, gut 1000 Jahre später, nicht mehr um allzu viele Gewächse bereichern muss!

Zur gleichen Zeit baute der Abt Walahfrid Strabo (808–849) in seinem Klostergarten auf der Insel Reichenau bereits zahlreiche Kräuter an. In einem wunderschönen, poetischen Lehrgedicht, das später »Hortulus« genannt wurde, erzählte er von seinen Heil- und Würzpflanzen. Strabo war nicht nur ein begeisterter und umsichtiger Gärtner, er war auch mit all seinen Kräutern und ihren guten Eigenschaften tief vertraut.

Über 200 Jahre später schrieb Hildegard von Bingen (1098–1179) ihre Erkenntnisse über Pflanzen und ihre Heilkräfte nieder. Die gelehrte Äbtissin des Benediktinerklosters auf dem Rupertsberg bei Bingen schöpfte ihre Erkenntnisse nicht nur aus irdischen, sondern auch aus tiefen mystischen Erfahrungen. In ihrem Buch »Physica« beschrieb sie Pflanzen, Elemente, Bäume, Steine, Fische, Vögel, Tiere, Reptilien und Metalle.

Hildegards Beurteilung der Heilkräuter und ihre Verwendung als Arznei wich zum Teil stark von der bis dahin üblichen Praxis der antiken Autoren ab.

Ein anderer großer Heilkundiger des Mittelalters war der gelehrte Dominikaner Albertus Magnus (um 1200–1280). Er schrieb ein siebenbändiges botanisches Werk (de vegetabilibus), in dem er sowohl das Wissen der griechisch-römischen Antike als auch die arabische Medizin verarbeitete. Diese umfangreichen Kenntnisse verband er mit seinen eigenen Erfahrungen.

Aber erst mit der Erfindung der Buchdruckerkunst wurden die jahrhundertelang hinter Klostermauern gehüteten Geheimnisse der Kräuterkunde auch breiteren Volksschichten zugänglich. Kurz nach den ersten Bibel-Drucken entstanden – in der Übergangzeit zwischen Mittelalter und Renaissance – die berühmten Kräuterbücher von Otho Brunfels (1488–1534), Hieronymus Bock (1498 bis 1554), Leonhard Fuchs (1501–1566), Petrus Andreas Matthiolus (1500–1577), Jacobus Theodorus Tabernaemontanus (1530–1590), und Adamus Lonicerus (1528–1586) dem bekannten Stadtarzt von Frankfurt. Sie waren

■ Auf der Insel Reichenau können Besucher neben dem alten Kloster einen Garten erleben, in dem die Kräuter des heilkundigen Abtes Walahfrid Strabo wieder angepflanzt wurden.

■ Hildegard von Bingen schrieb Bücher über Heilpflanzen und Krankheiten.

verschiedenartig gestaltet, enthielten aber alle eine große Fülle an genauen Pflanzenbeschreibungen, Rezepten und hervorragenden, Abbildungen. Die Kenntnisse dieser Männer, die von Beruf Ärzte, Professoren oder Lehrer waren, erwecken noch heute Bewunderung. Sie erhielten zu Recht den achtungsvollen Beinamen »Kräuterväter«.

Wenn man bedenkt, dass Tabernaemontanus allein sieben verschiedene Sauerampfersorten haargenau beschreibt, dann kann ein Kräutergärtner in unserer Zeit, die sich so gern des Fortschritts rühmt, nur vor Neid erblassen. Und der Sauerampfer ist nur ein einziges bescheidenes Beispiel – es ließe sich hundertfach vermehren!

Seit der Verbreitung der großen Kräuterbücher war das Wissen um Gewürz- und Heildrogen »unter die Leute« gekommen. Von nun an wuchsen sie auch immer öfter und zahlreicher in den Bauern- und Bürgergärten. Eine Hochblüte der Kräuterverwendung entwickelte sich dann noch einmal im 18. und 19. Jahrhundert, als große Ärzte und Laien die »Naturheilkunde« wieder zum Leben erweckten. Namen wie Samuel Hahnemann, Sebastian Kneipp und Johann Künzle sprechen hier für viele andere. Der Umgang mit Kräutern aus »des Herrgotts Apotheke« wurde durch diese neue medizinische Bewegung wieder populär.

So kam es, dass unsere Urgroßmütter in ihrer Hausapotheke eine ganze Reihe wirksamer Kräutertees, aber auch selbst gemachte Tinkturen, Essenzen und Salben bereitstehen hatten. Ebenso selbstverständlich benutzten sie in der Küche eine reiche Auswahl würziger Kräuter, die den Speisen eine besondere Note verliehen. Viele dieser duftenden Köstlichkeiten stammten aus einem eigenen Kräutergärtchen, wo sie frisch geschnitten und gleich verwendet wurden.

UNTERGANG UND RENAISSANCE

Im 20. Jahrhundert ging die Kenntnis vom Umgang mit frischen Kräutern wieder zurück. Sicher war die Begeisterung für die Errungenschaften der Technik, der Chemie und der preiswerten industriellen Massengüter an dieser Entwicklung beteiligt; »Natur« – das bedeutete für eine fortschrittliche Generation so etwas wie »die Welt von gestern«. Außer Schnittlauch und Petersilie erinnerte nichts mehr an Urgroßmutters würzige Küchengeheimnisse.

Erst als die Warnungen der Umweltschützer immer lauter wurden, begann man sich darauf zu besinnen, dass auch eine hochtechnisierte Gesellschaft gegen die Grundregeln von »Mutter Natur« auf die Dauer nicht leben kann. Das Pendel schlug – wie schon so oft in der Geschichte der Menschheit – zurück.

Menschen aller Alters- und Berufsgruppen suchen heute nach Ausgleichen, die das Leben in einer von Industrie und Technik geprägten Welt menschlicher gestalten könnten. Der Wunsch, wieder natürlicher und gesünder zu leben in einer von allen Seiten gefährdeten Umwelt, ist weitverbreitet. Kräuter – im Garten und in der Küche – sind wieder gefragt, man entdeckt alte Rezepte und erfindet begeistert neue hinzu. Reich sortierte Kräutergärtnereien bieten inzwischen ein umfangreiches Sortiment an. Aromatische Spezialitäten aus aller Welt verlocken zum Ausprobieren. Würz- und Heilkräuter erleben eine überraschende Renaissance.

Ermutigend und beruhigend zugleich wirkt außerdem die Tatsache, dass in chemischen Laboratorien die Kräuter voll rehabilitiert wurden. Die Analysen bestätigten die Erfahrungen der alten Kräuterväter in zahlreichen Fällen: ätherische Öle, Bitterstoffe, Gerbstoffe,

Flavonoide und viele andere Substanzen wurden in den Gewürzpflanzen nachgewiesen. Sie bewirken Duft, Aroma und heilkräftige Prozesse.

Es hat sich längst herumgesprochen, dass Würzkraft und Geschmack der uralten, neuentdeckten Köstlichkeiten am besten sind, wenn sie frisch aus eigener Ernte kommen. Ein Gewürzgärtchen lohnt sich deshalb für jede passionierte Köchin. Aber auch die Feinschmecker in der Stadt brauchen nicht zu resignieren. Die wichtigsten Kräuter kann man sogar auf der Terrasse, dem Balkon oder in Blumentöpfen ziehen. Beim Umgang mit aromatisch duftendem Basilikum oder würzigem Thymian ist es auch für eine Küchenfee im Jeanslook amüsant zu wissen, dass sie die gleichen Pflanzen benutzt wie die alten Griechen und Römer. Und der Kräutergärtner von heute, der den richtigen Platz für seinen Salbeistrauch aussucht, handelt kaum anders als der Klosterbruder im Mittelalter.

Eine duftende Spur führt ununterbrochen durch lange Jahrtausende. Begeben auch Sie sich mutig auf den Boden uralter Erfahrungen mit den würzigen Gewächsen, bei deren Wohlgeruch Ihnen schon das Wasser im Munde zusammenlaufen wird. Kräuteranbau und Kräuterrezepte sind keine Hexerei. Sie werden mit dieser Kunst bald so vertraut sein wie die Babylonier oder die Pächter Karls des Großen. Das heißt – ein wenig verhext werden Sie vielleicht doch: Wer das Aroma selbst geernteter Kräuter wiederentdeckt hat, wer jemals die echte »grüne Soße« aus sieben frischen Kräutern aß oder ein Kalbsschnitzel gefüllt mit Salbeiblättern servierte, der kommt nie wieder von solchen gesunden Genüssen los. Er ist auf den Geschmack gekommen! Kräuterzauber dieser Art ist heute so wirksam wie in längst vergangenen Jahrtausenden.

Standort und Gestaltung

Standort und Gestaltung

EIN PLATZ AN DER SONNE

Kräuter brauchen einen ausgewählten Platz im Garten. Sie dürfen nicht irgendwo hingesteckt werden, wo zufällig noch eine kleine ungenutzte Ecke frei ist. Vergessen Sie nie bei Ihrer Planung, dass die meisten unserer Gewürzkräuter ursprünglich in warmen, sonnigen Ländern zu Hause waren. Zu diesen Einwanderern aus dem Süden gehören zum Beispiel Salbei, Thymian, Basilikum, Zitronenmelisse und noch viele andere. Meist stammen sie aus den Landschaften rund um das Mittelmeer. Einige sind an steinige, trockene, kalkhaltige Böden gewöhnt. Andere Kräuter lieben dagegen feuchten, tiefgründigen, humosen Boden. Sie gedeihen auch noch im lichten Halbschatten. Zu ihnen gehören zum Beispiel Sauerampfer, Borretsch, Pfefferminze und Liebstöckel. Aber auch diese Pflanzen brauchen genügend Licht und Luft. Kein Würzkraut gedeiht dort, wo es schattig und naß ist. Auch stickige Enge wirkt sich ungünstig aus. Bei der Auswahl der Kräuter für Ihren Garten müssen Sie also von Anfang an die verschiedenen Ansprüche berücksichtigen.

Wichtig für den erfolgreichen und vor allem glücklichen Umgang mit Kräutern ist außerdem eine Grundtatsache, die Sie sich fest einprägen sollten: Bei Gewürzkräutern kommt es nicht auf Blattmasse an, sondern auf die Qualität der Inhaltsstoffe. Diese bestehen in der Hauptsache aus ätherischen Ölen, Bitterstoffen, Gerbstoffen, Schleimstoffen, Glykosiden, Alkaloiden, Flavonen, Saponinen, Kieselsäure, Vitaminen und Mineralstoffen. Die Zusammensetzungen wechseln von einer Pflanzenart zur anderen. Diese Wirkstoffe verursachen den charakteristischen Duft und das würzige Aroma der Küchenkräuter. Sie enthalten aber auch die medizinisch wirksamen Bestandteile. Ätherische Öle und zahlreiche andere Stoffe entwickeln sich am reichhaltigsten in voller Sonne bei luftigem Stand. Der Boden darf eher zu mager als zu fett sein. Den meisten Gewürzpflanzen schadet es nur, wenn sie reichlich Wasser und Dünger bekommen. Sie wachsen dann zu schnell, entwickeln zu üppiges Blattwerk und schmecken fade.

Sie prüfen diese Erfahrung am besten mit der Zunge und mit der Nase nach. In nassen, kalten Sommern werden Sie erleben, wie empfindlich Gewürzkräuter auf die Umweltbedingungen reagieren. Ein so sonnenhungriges Kraut wie das Basilikum entwickelt unter diesen schlechten Voraussetzungen zwar Blätter, aber es bleibt klein, und der würzige Geschmack ist nur ein schwacher Abglanz des aromatischen Feuerwerks, das dieses »Königskraut« bei heißen Temperaturen im Süden entfalten kann. Die umgekehrte, positive Erfahrung können Sie aber auch im heimischen Kräutergarten an jedem warmen Sommertag machen: Schon wenn Sie über den Gartenweg gehen, wehen Ihnen von allen Seiten herrliche, intensive Gewürzdüfte zu. Sie können buchstäblich riechen, wo Thymian, Basilikum, Salbei oder Majoran wachsen. An solchen Tagen ist der Gehalt an ätherischen Ölen in den Pflanzen besonders

■ Eine Bank lädt ein zum Verweilen an diesem sonnigen Platz inmitten blühender Kräuter. Die hohen Königskerzen leuchten wie riesige Kandelaber zwischen Alant und Sommerblumen. Sie alle lieben viel Licht, Wärme und durchlässigen Boden.

hoch. Die nassen und die heißen Sommer sind natürlich in unseren Breiten im wahrsten Sinn des Wortes »Fügungen des Himmels«. Wir müssen sie hinnehmen, wie sie kommen. Umso mehr muss ein aufmerksamer Kräutergärtner darauf achten, seinen Pflanzen schon durch die Wahl eines guten, naturgemäßen Standortes die günstigsten Bedingungen zu schaffen, die in unserem Klima möglich sind.

Geschützte Lage, lockerer Boden

Stellen Sie den »Südländern« den sonnigsten Platz zur Verfügung, den Sie finden können. Vor einer weißgetünchten Südmauer, die die Sonne reflektiert, herrschen zum Beispiel ständig höhere Temperaturen als im übrigen Gartenbereich – ein idealer Standort. Auch in geschützten Winkeln und Innenhöfen kann eine besonders günstige Kleinklimazone für Gewürzpflanzen entstehen. Denken Sie dabei an die Klostergärten – die Mönche verstanden viel von der Gartenkunst und vom Umgang mit Pflanzen. Hinter hohen schützenden Mauern gewöhnten sie die Ableger italienischer Gewürz- und Heilpflanzen an die rauen Lebensbedingungen in nördlichen Breiten. Ihre Methoden waren so erfolgreich, dass wir noch heute – gut 1000 Jahre später – den Nutzen davon haben.

Wo Mauern oder dichte Zäune nicht vorhanden sind, können Sie sich mit natürlichem Windschutz helfen. Pflanzen Sie an die Nordseite Ihres Kräutergartens eine Hecke aus Sonnenblumen, Zuckermais oder rankenden Feuerbohnen. Sie halten kalte Winde ab. Dies ist vor allem in Landschaften mit rauem Klima wichtig. Planen Sie dort auch an der »Wetterseite« schützende Hecken oder einjährige hochwachsende Pflanzen. Achten Sie dabei aber immer auf genügend großen Abstand, damit die Kräuter nicht im Schatten wachsen.

Auch die Bodenverhältnisse sind sehr wichtig für ein gutes Gedeihen der Gewürzpflanzen. Die Entwicklung der wertvollen Inhaltsstoffe ist zum Teil von der Zusammensetzung der Erde abhängig, in der die Pflanzen wachsen. Die individuellen Ansprüche der unterschiedlichen Kräuter werden deshalb in den folgenden Kapiteln immer genau angegeben. Ganz allgemein kann man aber feststellen, dass schwere, lehmige Böden für Gewürzkräuter weniger gut geeignet sind. Ganz schwierig wird es, wenn sie undurchlässig sind und die Gefahr stauender Nässe besteht. Unter solchen Bedingungen müssen Sie vielleicht sogar unter dem Kräuterbeet eine Dränageschicht aus Sand und Kies anlegen, um für Wasserabzug zu sorgen.

Allgemein gilt: Schwere Böden müssen vor der Pflanzung mit Sand und Kompost aufgelockert werden. Sandige, auch steinige Böden, die von Natur aus mager sind, werden von den meisten Kräutern besser vertragen als fette Erde und nasser Untergrund. Kompost und etwas Tonmehl sorgen hier für günstigere Wachstumsbedingungen.

Gepflegter, lockerer, tiefgründiger Humus ist – wie für alle Gewächse im Garten – auch für die Kräuter eine ideale Lebensgrundlage.

■ Atmen Sie den Duft des Südens ein! Blühende Thymian-Teppiche, Salbei und Lavendel gedeihen so üppig, wenn sie in lockerer, magerer Erde wachsen und von reichlich Sonne für die Entwicklung ihrer Aromastoffe verwöhnt werden.

Standort und Gestaltung

FANTASIEVOLL, PRAKTISCH, NATURGEMÄSS

Jeder Garten spiegelt etwas vom Wesen seines Besitzers: seinen Ordnungssinn, sein Bedürfnis nach Harmonie der Farben, seine Freude am wuchernden Überschwang und noch vieles mehr. Auch ein Kräutergärtchen ist solch ein Spielplatz der »grünen Fantasie«. Es gibt keine festen Regeln für die Gestaltung. Auf den folgenden Seiten finden Sie nur Anregungen, die Sie nach eigenen Vorstellungen abwandeln können. Lassen Sie ganz ungezwungen Ihre Kreativität mitspielen. Verwirklichen Sie sich Ihre Träume von Düften und Gewürzen, von anmutigen Pflanzen und delikaten Küchenfreuden. Je länger Sie mit Kräutern leben, desto tiefer werden Sie in ihre Geheimnisse eindringen, desto besser werden Sie diese besonderen Pflanzen auch im Garten einordnen und betreuen.

Einige praktische Überlegungen sind dennoch angebracht, damit die Kräutergärtnerei auch gelingt. Denn zur Freude gehört auch der Erfolg.

Wenn es sich einrichten lässt, sollte der Gewürz- und Küchengarten so nahe wie möglich am Haus liegen. Die Hausfrau kann sich dann schnell und mühelos zu jeder Mahlzeit die passenden Gewürze frisch aus dem Garten holen. Das Kräuterbeet oder das Kräutergärtchen muss von allen Seiten bequem begehbar sein. Alle Pflanzen sollten in Reichweite stehen. Sie können dann jederzeit Blätter und Zweige abpflücken, ohne auf das Beet zu treten. Dieses kleine Garten-Kunststück ist natürlich nur dann möglich, wenn Sie vor der Pflanzung eine wohlüberlegte Denkpause einlegen: Sorgen Sie für Ordnung – sortieren Sie Ihre Kräuter genau nach der Höhe und dem Umfang, die sie als erwachsene Pflanzen haben werden. Von kleinen, zierlichen Setzlingen lässt man sich leicht täuschen! Alle hohen Gewächse setzen Sie dann in den Hintergrund, die halbhohen in die Mitte und die niedrigen an den Rand des Beetes. Dies ist das einfachste Grundschema.

Noch viel wichtiger als eine gewisse Ordnung ist die naturgemäße Pflege des Gewürzgartens. Auch bei der Gestaltung kann die »Natur der Kräuter« bereits eine Rolle spielen. So fühlen sich Salbei, Thymian, Lavendel und Rosmarin »wie zu Hause«, wenn sie auf einem niedrigen Trockenmäuerchen oder in einem sonnigen Steingarten wachsen dürfen. Unter ähnlichen Bedingungen gedeihen diese Kräuter an ihren ursprünglichen Standorten an heißen, felsigen Hängen rings um das Mittelmeer.

Wer Pfefferminze in die Nähe eines Teichufers oder Waldmeister unter Büschen ansiedelt, gärtnert ebenfalls naturgemäß; er nähert sich so weit wie möglich den »heimatlichen« Verhältnissen seiner Kräuter.

■ Der Fantasie sind keine Grenzen gesetzt! Farbenfroh und überschwänglich leuchtet dieses Kräuterbeet im Hochsommer durch den Garten. Oregano, Purpursonnenhut und Indianernesseln blühen um die Wette. Sie laden zum Ernten und Genießen ein und erzählen von der Fülle des Lebens.

Heimische Gewürze, die auf Wiesen und an Wegrändern zu Hause sind, kann man auch im Garten als bunt gemischte Gesellschaft mit Margeriten und Ringelblumen gemeinsam wachsen lassen. Zu dieser Gruppe gehören zum Beispiel Kümmel, Barbarakraut, Beifuß, Johanniskraut, Quendel, Kamille und Malven.

Suchen Sie sich auf den folgenden Seiten dasjenige Kräutergärtchen aus, das Ihrem Herzen am nächsten ist. Ganz gleich, wie Sie es planen, bepflanzen und pflegen: Versuchen Sie dabei immer, so weit wie möglich mit der Natur zusammenzuarbeiten. Kräuter und Gewürze werden es Ihnen durch ihren ganz besonderen Zauber von Duft, Aroma und Heilkraft danken.

Ein Klostergärtchen nach altem Vorbild

In diesem Kräutergarten teilen Sie ein großes Beet säuberlich in Quadrate oder Rechtecke ein. Nach dem Vorbild der alten Klostergartenanlagen erhalten die verschiedenen Kräuterarten alle ein eigenes »Quartier«. Auf diese Weise ist für Ordnung und Übersicht gesorgt. Achten Sie aber auch innerhalb dieser Aufteilung darauf, dass hohe und niedrige Pflanzen stufenweise angeordnet sind, so dass sie sich nicht gegenseitig behindern. Die Unterteilung des »Klostergärtchens« in zahlreiche Einzelbeete ist ein wenig streng und altmodisch, aber sie hat viele praktische Vorteile: Die Abgrenzungen dienen gleichzeitig als Wege. Alle Kräuter sind deshalb bei der Ernte immer gut erreichbar. Auch das Unkrautjäten macht auf kleinen Flächen weniger Mühe. Die Größe der einzelnen Parzellen ist abhängig vom Umfang des gesamten Kräutergartens. Sie können ein Klostergärtchen im Mini-Format planen, Sie können aber auch eine weiträumige Anlage daraus gestalten, wenn Sie genügend Platz haben. Je kleiner das Gärtchen ist, desto mehr müssen Sie darauf achten, die Pflanzen »in Form« zu halten. Vor allem ausdauernde Stauden-Kräuter, die zu kräftigen Büschen heranwachsen können, müssen dann regelmäßig beschnitten werden.

Die reizvollste Überlegung bei der Planung der Klostergartenanlage ist die Wahl des Materials. Es muss sich gleichzeitig als Begrenzung und als Weg eignen. Suchen Sie sich unter den folgenden Beispielen dasjenige aus, das am besten zu Ihrem Garten passt.

Holzpflaster Holz ist ein natürlicher Stoff, der sich dem Charakter eines Kräutergartens gut anpasst. Wer ganz konsequent naturgemäß handeln möchte, der wird sein Holz auch mit biologischen Mitteln behandeln, damit es länger hält. Harthölzer, wie Eiche oder Robinie, sind von Natur aus langlebiger als weiches Nadelholz.

Rindenmulch besteht aus klein gehäckselten Ästen. Dieses preiswerte, natürliche Material wird in dicken Schichten auf die Wege gestreut. Es bildet einen weichen Belag, der von Zeit zu Zeit erneuert werden muss.

Ziegelsteine Auch diese Steine aus gebrannter Erde fügen sich harmonisch in den Kräutergarten ein. Sie können sehr schmal verlegt werden, eignen sich also auch zur Unterteilung kleinerer Flächen. Zu mehreren in einer Reihe können sie aber ebenso gut breitere bequeme Wege bilden.

Pflastersteine Sie bestehen meist aus hartem, dunklem Basalt oder Grauwacke. Verwendet werden sie ähnlich wie Ziegelsteine.

Bruchsteine Durch ihre unregelmäßigen Formen lockern sie die strenge Unterteilung

■ Buchsbaumhecken umrahmen dieses Kräutergärtchen nach altem klösterlichem Vorbild. Das Rosen-Rondell betont den Mittelpunkt, an dem sich die Wege kreuzen. Alle Kräuter sind übersichtlich auf gut erreichbaren Beeten angeordnet.

Standort und Gestaltung

auf. Zwischen hohen Stauden-Kräutern können sie auch zusätzlich als Trittplatten verwendet werden. Sie erleichtern die Pflege des Beetes.

Flache große Kieselsteine Dieses Material erscheint auf den ersten Blick als weniger praktisch. Aber es hat eine Menge Vorteile: Die Chinesen, das älteste Gartenvolk der Erde, haben die Kieselsteine schon seit uralten Zeiten in ihre Kulturen einbezogen. Sie legen Wege daraus an, weil die Steine sich in der Sonne aufheizen und diese Wärme noch

stundenlang abgeben, wenn das Himmelsgestirn längst verschwunden ist. Natursteine erhöhen also bei geschickter Verwendung die Temperaturen in ihrem näheren Umkreis. Für die wärmebedürftigen Gewürzkräuter ist das ein sehr wichtiger Gesichtspunkt. Außerdem wäscht der Regen aus Natursteinen ständig geringe Mengen Mineralstoffe aus, die ins umgebende Erdreich gespült werden. Diese natürlichen Spurenelemente und Mineralsalze sind für die empfindlichen Duft- und Aromapflanzen im Kräutergarten verträglicher als intensive Dünger.

Das Sauberhalten der Kieselwege ist natürlich aufwendiger als das Kehren glatter Flächen. Aber für Gärtner, die mit allen Raffinessen arbeiten, die die Natur selbst bietet, wird dennoch der Nutzen dieser Methode die kleine Unbequemlichkeit wettmachen. Zumindest sind Steine als Gartenhelfer ein interessantes Experiment!

Betonplatten Dieses praktische, moderne Material hätte eigentlich an erster Stelle stehen müssen – so werden viele Leser vielleicht spontan denken. Aber nach der Lektüre des chinesischen Beispiels werden sie vielleicht eher den folgenden Argumenten zustimmen: Gerade im Kräutergarten sollte man so weit wie möglich mit natürlichen Mitteln arbeiten, weil die Qualität dieser Gewächse in besonderer Weise von positiven Umweltbedingungen abhängig ist. Dennoch sind Betonplatten, mit einigen kleinen Einschränkungen, zu empfehlen. Sie können sie in verschiedenen Abmessungen im örtlichen Fachhandel überall kaufen. Für jede Gartengröße gibt es ein passendes Plattenformat. Die Formen und Farben sind heute abwechslungsreicher und fantasievoller als in den »alten Betonzeiten«. Das Material lässt sich leicht verlegen, ist haltbar und gut zu reinigen.

Wie auch immer Ihre Wahl ausfallen mag – verlegen Sie alle Steine und Platten stets in einem Bett aus Schotter und Sand. Füllen Sie auch alle Fugen sorgfältig und dicht mit Sand. Diese Unterlage genügt im Allgemeinen völlig. Das Einzementieren empfiehlt sich für ein Kräutergärtchen nicht. Man sollte eine so lebensvolle kleine Welt nicht in ein starres Korsett zwängen.

Die »Zutaten« für den Klostergarten sind so ausführlich dargestellt worden, weil sie charakteristisch sind für die meisten anderen Kräutergartenanlagen. Die verschiedenartigen Materialien, die sich für Wege, Abgrenzungen und Trittplatten eignen, werden auch in den

■ Wege schaffen Ordnung und Übersicht im Kräutergarten. Ziegelsteine und Pflaster bilden einen natürlich wirkenden Rahmen für die üppige Fülle der Pflanzen. Mühelos kann die Gärtnerin Oregano, Salbei und Lavendel für die Ernte erreichen.

folgenden Gestaltungsvorschlägen wieder auftauchen. Mit leichten Abwandlungen gelten dann die gleichen Verwendungsmöglichkeiten.

Ländlicher Kräutergarten

Der bäuerliche Kräutergarten hat eine jahrhundertelange Tradition. Er wurzelt in den alten Klostergärten, wurde aber den ländlichen Lebensbedürfnissen angepasst. Gemüse, Kräuter und Blumen bildeten im Bauerngarten seit jeher eine bunte, fröhliche Einheit. Diese Mischung war ebenso praktisch wie erfolgreich. Die Bäuerin hatte in ihrem arbeitsreichen Alltag stets alles rasch zur Hand, was sie brauchte: Gemüse, Gewürze, Heilkräuter für Menschen und Tiere und den Blumenstrauß für die gute Stube. Außerdem gediehen alle Pflanzen in solch abwechslungsreicher Nachbarschaft besonders gut. Der bunte Bauerngarten ist der Urahn der Mischkultur, die heute wieder in unzähligen biologischen Gärten praktiziert wird.

Wenn Sie Ihr Kräutergärtchen ein wenig nostalgisch in ländlicher Tradition anlegen möchten, dann sollten Sie die Elemente des Bauerngartens mehr symbolisch übernehmen. Sie könnten die Beete zum Beispiel nach alter Tradition mit einer niedrigen Buchsbaumhecke einrahmen. Eine würzige Variante bilden niedrige Schnitthecken aus Eberraute, Heiligenkraut oder Lavendel. Als Einfassung eignen sich aber auch Schnittlauch oder Monatserdbeeren.

Im Bauerngarten wurde nie willkürlich durcheinandergepflanzt. Deshalb sollten Sie für Blumen schmale Rabatten anlegen, zum Beispiel neben den Wegen oder als Abschluss der Beete. Zum ländlichen Kräutergarten passen die anmutigen Blumen der guten alten Zeit: Maßliebchen, Kartäusernelken, Marienglockenblumen, Reseda, Ringelblumen, Goldlack, Levkojen, Tränendes Herz, Akeleien, Ma-

donnenlilien, Feuerlilien und Pompondahlien. Pflanzen Sie in einem solchen Garten auch einige altmodische Kräuter, die heute fast in Vergessenheit geraten sind. Die Eberraute ist zum Beispiel eine solche uralte Bauerngartenpflanze. Wenn in früheren Zeiten die müde gearbeiteten Landfrauen sonntags in die Kirche gingen, dann nahmen sie ein Eberrautensträußchen mit. Sobald sie einzunicken drohten, hielten sie sich die zartgefiederten Zweige unter die Nase: durch den intensiven Duft wurden sie dann rasch wieder munter. Auch Weinraute und Ysop gehören zu den

traditionsreichen Kräutern des alten Bauerngartens. Wenn Sie genügend Raum zur Verfügung haben, können Sie im ländlichen Kräuteridyll auch noch einige Nutzpflanzen einfügen. Wählen Sie dafür aber Gewächse, die »überschaubar« bleiben und nicht zu viel Platz wegnehmen. Radieschen, verschiedene Salate, Buschbohnen und Kohlrabi eignen sich dazu. So entsteht eine heitere Mischung aus Duftpflanzen, Gewürzen, Heilkräutern, Blumen und Gemüse. Ein solcher bäuerlicher Kräutergarten ist eine Augenweide und gleichzeitig eine Fundgrube für frische Delikatessen.

■ Im Sommer entfaltet sich der ganze Charme eines ländlichen Gartens. Zwischen blühenden Blumen reifen gleichzeitig Gemüse und Kräuter heran. Farben und Düfte, Schönes und Nützliches verschmelzen hier zu einer bunten, unmerklich geordneten Einheit.

Standort und Gestaltung

Naturnaher Kräutergarten

In einem Kräutergarten, der dem Vorbild der Natur besonders nahe kommen soll, wird man auf eine »künstliche« Einteilung weitgehend verzichten. Dennoch muss auch hier die Hand des Gärtners ab und zu ordnend eingreifen, damit keine undurchdringliche Wildnis entsteht. Dann würden sich am Ende nur die stärksten behaupten und manches feine Würzkraut käme »unter die Räder«.

Zum naturnahen Kräutergarten gehört aber auch auf jeden Fall eine Wildpflanzenecke. Hier dürfen sich Brennnesseln, Gundelrebe, Löwenzahn und Scharbockskraut ausbreiten. In einer sonnigen Ecke können Naturgärtner auch Wermut, Beifuß, Johanniskraut, Schafgarbe und Kamille ungezwungen wachsen lassen. Im Halbschatten am Gehölzrand, zum Beispiel unter Haselnusssträuchern, breiten sich Bärlauch und Waldmeister willig aus. Diese Kräuter brauchen, wenn sie einmal

heimisch geworden sind, kaum noch betreut zu werden. Sie richten sich von selber ein und suchen sich ihre Plätze aus. Der Gärtner kann sich auf gelegentliches Auslichten und aufs Ernten beschränken.

In solchen Wildkräuterecken, die man weitgehend sich selbst überlässt, siedeln sich mit der Zeit auch andere Pflanzen an. Dann muss man von Fall zu Fall entscheiden, ob man die »Zugewanderten« als Bereicherung des Sortiments annimmt oder ob man sie wieder verbannt.

Ein Stückchen natürlicher Kräutergarten ist auch jede Wildblumenwiese. Wer unter Obstbäumen eine solche Mischung aussät, der braucht – vor allem im Frühling – nur einen Spaziergang zu machen und kann dabei im Vorübergehen frische Kräuter ernten: Löwenzahn, Sauerampfer, junge Schafgarbenblätter, Gundelrebe, Gänseblümchen und viele andere essbare Wildpflanzen liegen dem Kräuterkenner dann reichlich zu Füßen.

Aber auch ein überzeugter Öko-Gärtner möchte sicher nicht auf das zauberhafte Aroma von Salbei, Estragon und Zitronenmelisse verzichten. Diese Kräuter müssen, wenn sie gut gedeihen sollen, an ausgewählten Plätzen gepflanzt und gepflegt werden. Sie können in lockerer, möglichst natürlich wirkender Mischkultur auf einem sonnigen Beet angeordnet werden. Sinnvoll ist es auch, wenn ein Teil der Kräuter in die Nachbarschaften des Nutzgartens einbezogen wird.

Dann hat zum Beispiel das Bohnenkraut seinen Platz neben den Buschbohnen, Knoblauch begleitet Erdbeeren, die Petersilie wächst neben den Tomaten, und der Dill bildet mit den Gurken eine harmonische Gemeinschaft.

Beim naturnahen Kräutergarten besteht sicher manchmal die Gefahr, dass die Grenze zwischen »Kultur« und »Wildnis« sich verwischt. Hier muss jeder Gärtner selbst darauf achten, dass eine solche Anlage sinnvoll und praktikabel zugleich bleibt. »Gezähmte Halbwilde« könnte vielleicht als Motto über solchen Kräutergärten stehen. Sie sollen der Natur nahe sein, aber die Oberhand muss dennoch der Gärtner behalten.

■ Dieser naturnahe Kräutergarten geht harmonisch in die Landschaft über. Oregano, Beifuß, Indianernesseln und Liebstöckel sind so locker und zwanglos angeordnet, als hätten sie sich von selbst hier angesiedelt.

Ein bunter Kräutergarten

Blütenschönheiten gibt es auch unter den Kräutern. Warum sollte man sie nicht im Garten oder auch auf dem Balkon mit Sommerblumen zu einer farbenfrohen Mischung vereinen. Natürlich muss der Charakter der verschiedenen Pflanzen aufeinander abgestimmt sein. So passen zu den würzigen Kräutern ganz besonders gut die duftenden Blüten von Reseda, Federnelken, Steinkraut und Goldlack. Aber auch Margeriten, Glockenblumen, Schleierkraut, Jungfer im Grünen und Akeleien lassen sich harmonisch zwischen Würz- und Heilpflanzen einfügen.

In einem etwas größeren Garten können Sie neben den Kräuterbeeten auch altmodische Duftrosen pflanzen. Zentifolien, Moosrosen und vor allem die Apothekerrose *(Rosa gallica* 'Officinalis') bilden eine zauberhafte Kulisse für die Gewürzpflanzen. Wenn Sie im Sommer einmal einen Duftstrauß aus Rosen, Lavendel, Ysop und Minze pflücken, dann werden Sie rasch »erschnuppern«, wie gut diese Gewächse zueinanderpassen.

Wer die bunte Fülle liebt, der sollte im Gewürzgarten vor allem eine große Auswahl reichblühender Kräuter zusammenstellen. Bunt und farbenfroh wirken zum Beispiel: Borretsch mit blauen Blütensternen, die orange-gelb leuchtenden Ringelblumen, Kapuzinerkresse mit gelben, roten und apfelsinenfarbigen Blumen, blauer Lavendel, lila-blauer Salbei, Ysop mit rosa oder blauen Blütenrispen, die rote Indianernessel, gelbe Himmelsschlüssel, die weiß-roten Blütenkörbchen der Gänseblümchen, rosa Malven und die prächtigen Riesengestalten der Königskerzen mit ihren mächtigen gelben Blüten-Kandelabern.

Schon an diesen wenigen Beispielen können Sie ablesen, dass ein Kräutergarten nicht grün und langweilig wirken muss. Wer es bunt mag, der braucht nur seiner Fantasie und dem Reichtum der Natur freien Lauf zu lassen.

Apothekergärtchen

Eine »grüne Apotheke« wünschen sich viele Kräutergärtner. Die Heilkräfte der Natur sind wieder gefragt, das Vertrauen in die sanften Methoden der Pflanzenmedizin wächst. Im Garten hinter dem Haus können Sie Heilpflanzen aus nächster Nähe betrachten und über längere Zeit beobachten. Dabei lernen Sie ihren Wuchs, die besonderen Formen von Blättern und Blüten ebenso kennen wie Duft und Geschmack. Sie werden vertraut mit den

besten Erntezeiten und mit den verschiedenen Methoden der Zubereitung.

In der eigenen Hausapotheke dürfen aber selbst erfahrene Kräutergärtner nur diejenigen Heilpflanzen verwenden, die keine Gifte enthalten. Salbei, Thymian, Kamille, Melisse, Johanniskraut, Lavendel, Pfefferminze, Wermut, Ringelblumen und Fenchel leisten gute Dienste bei leichten Alltagsbeschwerden.

Wichtige Medizinalpflanzen, wie Fingerhut und Maiglöckchen, gehören dagegen ausschließlich in die Hand des Arztes. Auszüge aus diesen Gewächsen dürfen nur in ganz bestimmten Dosierungen angewendet werden. Schon kleine Fehler können schwerwiegende Folgen haben.

Wer in seinem Apothekergärtchen dennoch eine möglichst reichhaltige Sammlung von Arzneipflanzen zusammenstellen möchte, der muss sich seiner Verantwortung stets bewusst sein und vor allem darauf achten, dass Kinder

keine giftigen Pflanzen pflücken und in den Mund stecken. Wenn Sie diese Einschränkungen beherzigen, können Sie einen interessanten und abwechslungsreichen Heilkräutergarten anlegen.

Hier bietet sich eine Aufteilung in kleine Einzelbeete ebenso an wie eine große, sorgfältig geordnete Rabatte. Welche Pflanzen sich besonders für den Apothekergarten eignen, können Sie bei den Einzelbeschreibungen leicht herausfinden. Dort sind die Heilwirkungen der jeweiligen Pflanzen stets kurz beschrieben. Da aber auch die meisten Gewürzkräuter gleichzeitig medizinische Eigenschaften haben, müssen Sie keine allzu strengen Trennungen beachten. Wählen Sie die Kräuter nach den eigenen Bedürfnissen und nach Anwendungsgebieten aus. So können Sie zum Beispiel eine Gruppe »Erkältungs-Kräuter« zusammenstellen. Dazu passen Thymian, Salbei, Huflattich, Spitzwegerich, Malven, Veilchen und Königskerzen. Unter dem Stichwort »Nervenberuhigung« bieten sich Zitronenmelisse,

■ In diesem kleinen Apothekergärtchen sind die Kräuter sehr übersichtlich angeordnet. Wenn Sie diese Form der Gestaltung übernehmen möchten, können Sie die Heilpflanzen nach Anwendungsbereichen wie Nerven, Magen-Darm oder Erkältungen zusammenstellen.

Standort und Gestaltung

Lavendel, Johanniskraut, Baldrian und Hopfen an. Gut für den Magen sind Wermut, Pfefferminze, Majoran, Oregano, Ysop und Kamille. Solche Zusammenstellungen lassen sich, wenn Sie die Kräuterporträts aufmerksam lesen, beliebig ergänzen und variieren.

Rund um das Heilkräutergärtchen, das der ständigen Nutzung dient, können Sie dann noch einen »historischen Rahmen« anlegen. In dieser besonderen Rabatte dürfen dann auch solche Apothekerpflanzen wachsen, die entweder nicht mehr gebräuchlich sind oder die von Laien nicht benutzt werden dürfen. Fingerhut, Eisenhut und Maiglöckchen gehören zum Beispiel zu den giftigen Arzneipflanzen, die wunderschön blühen und deshalb das Bild des Apothekergartens reizvoll mitgestalten. Die schneeweißen, süßduftenden Madonnenlilien wurden früher ebenso als

Heilpflanzen benutzt wie die Florentinische Iris, die heimische Bauernpfingstrose *(Paeonia officinalis)*, die Christrose und die Heckenrose. Sie alle eignen sich als farbenfrohe Randpflanzen, die dem Garten der natürlichen Medizin eine romantische Note verleihen und an längst vergangene Zeiten erinnern.

Kräuter, im Garten verteilt

Diese einfache, weitverbreitete Methode eignet sich für Gärtner, die aus Platzgründen kein Extrabeet für Gewürze »opfern« möchten. Aber auch diejenigen, die Küchenkräuter so schön finden, dass sie sie nicht als reine Nutzpflanzen ansehen, werden gegen »getrennte Verhältnisse« sein. Sie pflanzen den Lavendel und den Salbei zu den Rosen; Ysop, Melisse und Weinraute erhalten einen Platz in der Sommerblumenrabatte. Warum auch nicht? Küchenkräuter haben meist ausgeprägt schöne Blattformen und oft auch reizvolle Blüten. Ihr Duft ist eine sommerliche Kostbarkeit, die heute wieder ganz besonders geschätzt wird.

Pflanzen Sie also ruhig Ihre Kräuter in den Ziergarten, sie können sich überall sehen lassen! Achten Sie aber darauf, dass sie in Reichweite Ihrer Hände bleiben. Die Ernte sollte nicht zur Zirkusvorstellung werden, weil Sie irgendwo mitten im Blumenbeet auf einer Zehe balancieren müssen!

Im Nutzgarten eignen sich Petersilie, Schnittlauch, Thymian, Bohnenkraut und viele andere niedrige bis halbhohe Kräuter als Randpflanzung dort, wo die Gemüsebeete an den Weg grenzen. Dieser Platz ist auch zum Ernten sehr günstig. Wie Gewürzpflanzen ganz bewusst in die Mischkultur und in die Schädlingsabwehr eingeplant werden, können Sie in den Kapiteln »Naturgemäßer Pflanzenschutz« (Seite 46) und »Kräuter – Medizin für den Garten« (Seite 50) nachlesen.

Die hohen Kräuter, vor allem die ausdauernden Arten, pflanzen Sie im Gemüsegarten am besten am Zaun entlang. Sie können sich dort ungehindert ausbreiten und bilden außerdem noch einen abwechslungsreichen Sichtschutz. Attraktiv und farbenfroh wirken an diesem Platz Königskerzen, Echter Eibisch, Stockrosen, Teefenchel, Alant, Beinwell, Liebstöckel und rankende Kapuzinerkresse. Gewürzkräuter sind ein Segen für die Gesundheit und für die Küche – warum sollten sie nicht auch ein Segen für Ihren Garten sein. Betrachten Sie sie in diesem Sinne als »grüne Schutzgeister« am Gartenzaun.

Rosenduft und Kräuterwürze

Einen ganz besonderen Zauber können Kräuter als Begleiter duftender Rosen entfalten. Vor allem Alte Rosen eignen sich für eine solche Kombination. Pflanzen Sie die heilkräftige Apotheker-Rose *(Rosa gallica* 'Officinalis'), die rosa-weiß gezeichnete 'Rosa Mundi' *(Rosa gallica* 'Versicolor'), die Damaszener-Rose 'Rose de Resht' und die Alba-Rose 'Maiden's Blush' in einer lockeren Gruppe mit reichlich Zwischenraum.

Natürlich können Sie auch öfterblühende Englische Rosen für Ihr romantisches Blüten- und Gewürzbeet wählen. Ihrer Kombinationslust sind keine Grenzen gesetzt. Wichtig ist, dass die Rosen, für die Sie sich entscheiden, duften!

Die Rosensträucher bilden die Strukturpflanzen des Beetes. Ihre Begleiter, die duftenden Kräuter, müssen niedriger wachsen. Sie legen ihnen gewissermaßen einen Teppich zu ihren Füßen. Dafür eignen sich zum Beispiel Lavendel, Salbei, Ysop, Oregano und Thymian. Wenn Sie dieses Beet mit einer würzigen Hecke einrahmen möchten, wählen Sie am besten Lavendel oder Eberraute. Bienen, Hummeln und Schmetterlinge werden von dieser blütenreichen Mischung sicher ebenso

■ Hier blühen Rosen zusammen mit Salbei und weißen, duftenden Nachtviolen.

begeistert sein wie romantische Duftfans und Gourmet-Köche.

Die Kräuterrabatte

Diese Anlage gleicht im Aufbau ein wenig einer Staudenrabatte. Hier wachsen die Kräuter in einer lockeren, fast natürlichen Anordnung miteinander und scheinbar durcheinander. Aber dieser harmonische oder vielleicht sogar wildromantische Anblick darf nicht auf Kosten praktischer Überlegungen gehen. Gerade in der Kräuterrabatte muss mit sehr viel Ordnungssinn gepflanzt werden. Wählen Sie diese Art des Gewürzgartens nur, wenn Sie verschwenderisch viel Platz zur Verfügung haben. Denn hier müssen alle Gewächse in großzügigen Abständen gepflanzt werden. Dies ist einerseits nötig, damit sie sich gesund entwickeln können, ohne sich gegenseitig zu bedrängen, und andererseits, damit Sie überall reichlich Trittplatten auslegen können. Denn nur so erfüllt die Kräuterrabatte ihren Zweck als attraktive Variante eines Gewürz- und Heilpflanzengartens. Sie sollten mühelos von allen Gewächsen ernten können!

Selbstverständlich müssen Sie auf den stufenweisen Aufbau dieser Rabatte achten. Außerdem empfiehlt es sich immer, mehrere Pflanzen einer Art zusammenzusetzen. Bilden Sie Gruppen von Gewächsen, die in Farbe und Wuchsform zueinanderpassen. So könnten Sie zum Beispiel graublättrige Kräuter wie Salbei und Lavendel als Nachbarn pflanzen. Wenn Sie einige besondere Pflanzen in rhythmischen Abständen innerhalb der Rabatte verteilen, dann wirken sie wie optische »Leitmotive«. Auch dieses große gemischte Kräuterbeet können Sie durch einige schöne Blütenstauden ergänzen. Am besten passen Wildstauden und historische Heilkräuter in diese Pflanzengemeinschaft: zum Beispiel Königskerze, Lilie, Alant, Fingerhut, Eisenhut, Akelei, Ringelblume, Goldrute, Malve und Johanniskraut.

Der Steingarten als Kräuterparadies

Der Steingarten eignet sich vor allem für diejenigen Gewürzpflanzen, die Sonne und Trockenheit lieben. Lavendel, Salbei, Oregano, Thymian, Ysop, Bergbohnenkraut, Tripmadam und Weinraute gedeihen in einem nach Süden ausgerichteten Steingarten oft besser als auf normalen Gartenbeeten. Sie entwickeln unter diesen Bedingungen, die den Felsenhängen ihrer Heimat ähneln, ein intensiveres Aroma. Da alle diese Kräuter auch ein hübsches Aussehen haben und reizvoll blühen, können Sie sie ohne weiteres zwischen die Zierpflanzen eines normalen Steingartens setzen.

Eine hübsche Idee ist aber auch der terrassenförmig abgestufte Steingarten, der ganz als Duft- und Würzgarten geplant ist. Hier können Sie Küchen-, Heil- und andere Duftpflanzen miteinander kombinieren. Voraussetzung ist allerdings, dass es sich immer nur um Gewächse handelt, die steinigen und trockenen Boden lieben. Pflanzen, die zusätzlich auch noch Kalk brauchen, müssen Sie in Gruppen zusammensetzen und entsprechend düngen. (Die speziellen Ansprüche der verschiedenen Kräuter finden Sie in den folgenden Kapiteln.) Dieser Kräuter-Steingarten kann ganz besonders reizvoll sein und viele Raritäten enthalten. Als betörend duftender Abschluss einer Terrasse wäre er gleichzeitig eine blühende Augenweide und eine »dufte« Attraktion für sommerliche Sitzplätze. Allerdings ist die Auswahl der Kräuter, die an einem solchen Platz gedeihen, begrenzt. Wenn Sie es ein wenig bunter lieben, können Sie die Kräuter auch mit blühenden Steingartengewächsen mischen.

■ Bruchsteinmauern mit magerer Erdfüllung sind ideale Standorte für Kräuter aus dem Mittelmeerraum wie Salbei, Lavendel, Rosmarin und Ysop.

Ein Kräuter-Rondell

Ein reizvoller optischer Blickfang ist ein kreisförmig angelegter Kräutergarten. Er hat die klassische Form eines Rades. Die Wege gleichen den Speichen. Die verschiedenen Kräuter werden auf die einzelnen Segmente des Kreises verteilt. Bei dieser Rondellform müssen Sie ganz besonders auf eine geschickte Abstufung der hohen und niedrigen Gewächse achten. Wenn Sie die »Riesen« an den äußeren Rand pflanzen – eine Überlegung, die im ersten Augenblick naheliegt –, dann »mauern« Sie den Kreis zu. Im Inneren mangelt es den tief wachsenden Kräutern bald an Luft und Sonne. Aus diesem Grunde darf ein Kräuter-Rondell nie zu klein geplant sein. Es

sei denn, Sie beschränken sich auf eine Anzahl relativ niedriger, übersichtlich wachsender Küchenkräuter, wie zum Beispiel Thymian, Oregano, Ysop, einjährigen Majoran, Basilikum, Rucola, Petersilie, Schnittlauch und Tripmadam. Diese »Teppichpflanzung« lässt sich auch in einem Mini-Kreis ausbreiten.

Im großen Rondell gehen Sie dagegen am besten von innen nach außen vor. Ein zweiter Kreis im Zentrum der Anlage bleibt den hohen Kräutern vorbehalten. Hier können Sie zum Beispiel Liebstöckel, Borretsch, Fenchel, Echten Eibisch, Alant oder Engelwurz anpflanzen. Ein ringförmiger Weg aus Steinen grenzt den inneren Kreis ab. Daran schließen sich die strahlenförmigen Segmente des Außenkreises an.

Im mittleren Teil des Kräuter-Rondells wachsen dann die halbhohen Kräuter: zum Beispiel Salbei, Lavendel, Bohnenkraut, Ysop, Oregano und noch viele mehr. Ganz am äußeren Rand finden, als hübsche Einfassung, die niedrigen Gewürze Platz. Reizend wirkt hier ein Kranz aus nicht rankender Kapuzinerkresse oder Thymian.

Erhöhte Kräuterbeete

Diese Form des Küchengärtchens war in alten Zeiten offenbar sehr beliebt. Auf mittelalterlichen Darstellungen werden Sie oft kastenförmige Kräuterbeete entdecken, die von Brettern oder Weidengeflecht umgrenzt sind. Die Gewürzpflanzen sind sehr ordentlich und übersichtlich darin aufgereiht. Im Garten unserer Tage ist ein leicht erhöhtes Beet – ähnlich einem relativ niedrigen Hochbeet – dort zu empfehlen, wo die Bodenverhältnisse für Kräutern ungünstig sind.

Wenn Sie zum Beispiel sehr schweren, nassen Boden haben, dann entfernen Sie auf dem vorgesehenen Platz die oberste Humusschicht und legen sie beiseite. Als Einfassung eignen sich dicke – möglichst mit natürlichen Substanzen imprägnierte – Balken, starke Bretter oder Rundholzpalisaden. Am Boden sollte in jedem Fall für eine Dränageschicht aus Sand oder Kies gesorgt werden. Wenn Sie den »Kasten« relativ flach halten, etwa 40–50 cm hoch, genügt es, über dem durchlässigen Unterbau eine lockere Mischung aus der ausgehobenen Gartenerde, Kompost und Sand einzufüllen.

Legen Sie erhöhte Beete möglichst im Herbst an, und decken Sie sie gut mit Mulchmaterial ab. Bis zum Frühling kann sich die Erde dann »setzen«. Bevor Sie säen und pflanzen, entfernen Sie die Mulchreste und gleichen Vertiefungen und Unebenheiten noch einmal mit Kompost aus.

■ Ein Kräuter-Rondell muss großzügig angelegt werden, damit sich alle Pflanzen unbehindert ausbreiten können. Im Zentrum gedeihen hohe Stauden wie Liebstöckel und Fenchel. Die Kräuter in den einzelnen Segmenten werden nach außen immer niedriger.

Ein Kräuter-Labyrinth

Dieses Kräutergärtchen ist für verspielte Gärtnerfrauen, für verschmitzte Küchenkünstler oder einfach für Verliebte gedacht. Wobei es keine Rolle spielt, ob es sich um ein Pärchen handelt oder einfach um jemanden, der in das Leben, in einen warmen Sommertag oder in Kräuterdüfte verliebt ist. Im Garten darf ja auch gelacht werden!

Aber im Ernst: Im Kräuter-Labyrinth werden die geraden Wege durch verschlungene schmale Pfade ersetzt. Sie können dabei von einem Mittelpunkt ausgehen und von dort aus eine Spirale anlegen, die sich nach außen beliebig weit öffnet. Sie können aber auch verwickelte und verwinkelte Wege anlegen, die sich überschneiden. Wie in einem echten Labyrinth dürfen sie nicht auf den ersten Blick überschaubar sein. Alle Pfade werden mit niedrigem Buchsbaum eingefasst, der im Sommer mit den Kräutern um die Wette duftet. Als Randpflanzen eignen sich aber auch Thymian oder niedrige bunte Tagetes. Sie können die »Irrwege« auch versüßen, indem Sie sie mit Monatserdbeeren einrahmen, die den ganzen Sommer lang aromatische Früchte tragen.

Die Form und die Zahl der Kräuterbeete ergibt sich aus der Art der Wegbiegungen, die Sie sich ausgedacht haben. Hier bleibt vieles Ihrer Fantasie überlassen. Achten Sie aber trotz allen Spaßes am Spiel darauf, dass die Pflanzen so angeordnet sind, dass sie später alle genügend Luft und Licht haben. Denn die Freude am duftenden Gewürz-Labyrinth ist nur dann vollkommen, wenn alle Kräuter trotz »künstlerischer Freiheit« gesund und kräftig gedeihen.

Kräuter-Ornamente

Auch diese Gartenidee ist für solche Menschen gedacht, die Nützliches, Genießerisches und Schönes miteinander verbinden möchten. Bilden Sie aus Bruchsteinplatten, Ziegelsteinen oder Kieseln statt der geraden Wege beschwingte Rundungen, Halbkreise oder irgendeine andere ornamentale Form, die Ihnen gefällt. Halten Sie sich aber dennoch an eine möglichst klare Linienführung, und teilen Sie die Räume so auf, dass alle ausgesuchten Kräuter einen angemessenen Platz erhalten.

Das ornamental gestaltete Beet sieht besonders hübsch aus, wenn Sie außer mit den Linien auch ein wenig mit Farben spielen. Zu den Küchenkräutern passen in diesem Fall niedrige Sommerblumen, wie rosa Schleifenblumen, weißes Steinkraut, gelbe Tagetes oder blaue Jungfer im Grünen. Auch eine klassische Kombination wie eine »Apothekerrose«, umpflanzt mit Lavendel, könnte hier Platz finden.

■ Verschlungene Wege führen in das Kräuter-Labyrinth. Bei dieser Gestaltungsform darf sich Ihre kreative Fantasie entfalten. Achten Sie aber darauf, dass alle Wege gut begehbar sind. Die Beete können mit Buchsbaum eingefasst werden.

■ Heitere Linienführungen bringen geschwungene Ornamente in den Garten. Hier können Kräuter mit farbigen Sommerblumen kombiniert werden.

Duftende Kräuterhecken

Einige Gewürz- und Duftpflanzen lassen sich bereitwillig in Form schneiden. So können Sie zum Beispiel aus Lavendel, Eberraute oder Heiligenkraut *(Santolina)* wunderschöne niedrige Hecken anlegen. Eine solche Einfassung, die beliebig zurückgeschnitten werden kann, eignet sich als Eingrenzung einzelner Beete oder eines ganzen Kräutergartens. Als duftender »Wegbegleiter« spielt sie eine besonders reizvolle Rolle. Ein wenig verspielt-romantisch wirkt eine Lavendelhecke rund ums Rosenbeet.

Lavendel und Heiligenkraut sind mit ihren silbergrauen Blättern immer ein hübscher Anblick. Im Sommer schmücken sie sich außerdem mit blauen oder gelben Blüten, die herrlich duften und lange haltbar sind. Die Eberraute mit ihrem feingefiederten, graugrünen Laub ist vor allem ein Duftstrauch. Im Winter verliert er seine Blätter. Würzigen Wohlgeruch verströmt aber auch der Buchsbaum. Deshalb passt diese traditionsreiche Einfassungspflanze des alten Bauerngartens gut zu Kräutern und Gewürzen.

■ Über einen Rindenmulchbelag führt der Weg zum Mittelpunkt. Hier umrahmt eine blühende Lavendelhecke das Rondell.

KRÄUTERZAUBER AUF DER TERRASSE

Zahlreiche Kräuter gedeihen ohne Probleme eine Zeitlang in Töpfen und Kästen. Eine Terrasse, die nach Süden oder Südwesten ausgerichtet ist, eignet sich deshalb sehr gut für einen kleinen Würz- und Duftgarten. Der warme, geschützte Platz vor einer Hauswand bietet südländischen Kräutern beste Lebensbedingungen. Dort sind sie auch für eine schnelle Ernte gut erreichbar. Ideal wäre es, wenn das kleine, mobile Würzgärtchen in der Nähe der Küche eingerichtet werden könnte. Wenn die Düfte aromatischer Kräuter im Sommer durchs Fenster wehen, wirken sie ganz von selbst anregend und verleiten zu neuen Feinschmeckerabenteuern.

Eine andere reizvolle Variante ist die Anordnung von Duft und Würzpflanzen rund um den Sitzplatz. Dort können Sie die abwechslungsreichen Aromen an sonnigen Tagen und warmen Abenden ganz bequem genießen. Sie wachsen gewissermaßen in Nasenreichweite! Rasch sind hier ein paar duftende Blätter für den Kräutertee oder einige Zweige Rosmarin für das Grillhähnchen gepflückt.

Auf einer geräumigen Terrasse können Sie Küchen- und Duftkräuter wunderbar miteinander kombinieren: Zitronenverbene und Ananassalbei wachsen und blühen hier zusammen mit Basilikum, Lavendel, Rucola, Currykraut und buntblättrigen Salbeibüschen. Duftblattgeranien und Rosen in Töpfen runden die Sinfonie der Wohlgerüche ab. Immergrüne Buchskugeln sorgen für Ruhepunkte und eine Gliederung der bunten Sammlung.

Topf-Kultur

Auf der Terrasse gilt es, Küchennutzen und ästhetische Wirkung geschickt miteinander zu kombinieren. Wählen Sie hier stilvolle Terra-

kottatöpfe, die den Charme des Südens ausstrahlen, oder andere formschöne Keramikgefäße. Auch alte Steintröge, die gleichzeitig als Terrassenabgrenzung dienen, lassen sich in ein Gewürzgärtchen verwandeln. Ein Hauch von Nostalgie weht um solche traditionsreichen Gefäße und die Erinnerung an die Kräutergärten vergangener Jahrhunderte erwacht bei ihrem Anblick.

Legen Sie den mobilen Kräutergarten nicht in einer Ebene an. Kombinieren Sie stattdessen verschieden hohe und unterschiedlich breite Gefäße miteinander. Sie erreichen dadurch einen terrassenförmigen Aufbau. Die Pflanzen bekommen auf den einzelnen Stufen mehr Licht und Luft, als wenn sie sich in einer Reihe zusammendrängen müssten. Sie können auf diese Weise auch besser hohe und niedrige Gewächse einordnen. Schließlich ist auch der Anblick eines solchen »Gewürzberges« heiterer und origineller als die preußisch-strenge Aneinanderreihung einfacher Kästen.

Geschickte Handwerker können sich für ihren Terrassengarten eine rustikale Holztreppe bauen, auf der zahlreiche Töpfe und Schalen Platz finden. Im lokalen Gartenhandel oder in Katalogen werden wunderschöne Eisenetageren angeboten, die nicht nur zusätzlichen Platz bieten, sondern auch eine nostalgische Stimmung verbreiten. Schließlich gibt es noch die Möglichkeit, ein Gitter an der Hauswand zu befestigen. Dort werden an stabilen Haken kleine Kästen oder Töpfe mit Gewürzpflanzen aufgehängt. So geht der Kräutergarten »in die Luft« und benötigt noch weniger Platz.

Wählen Sie für einen beweglichen Garten auch mehrere große, tiefgründige Gefäße aus. Sie bieten Platz für diejenigen Kräuter, die sowohl starke Wurzeln als auch umfangreiche, buschige Gestalten bilden. Kleinere Gefäße

■ Legen Sie Ihren Topfgarten auf dem Balkon oder der Terrasse stufenförmig an. So gewinnen Sie mehr Raum, die Kräuter können sich frei entfalten und werden alle gleichermaßen von der Sonne bestrahlt.

ergänzen diesen »Grundstock«. Sie werden stufenförmig aufgestellt und passend mit mittelgroßen und niedrigen Kräutern bepflanzt. Ihrer Fantasie sind bei der Gestaltung einer beweglichen Gewürzsammlung keine Grenzen gesetzt. Beachten Sie aber sorgfältig alle praktischen Gesichtspunkte, damit das Spiel mit Kübeln und Pflanzen auch erfolgreich endet und dauerhafte Freude bereitet.

Alle Gefäße müssen große Abzugslöcher am Boden haben, durch die überschüssiges Wasser abfließen kann. Günstig ist eine Dränageschicht aus Sand, Kies oder Tonscherben. Mischen Sie die Erde, wenn möglich, selbst: Kompost dient als Grundlage. Ein paar Handvoll Sand und etwas Rindenhumus werden dazugegeben, bis ein lockeres Gemisch entsteht. Wenn dies nicht möglich ist, so kaufen Sie gute Fertigerde in Säcken. Achten Sie aber darauf, dass sie keinen oder möglichst wenig Torf enthält! Mischen Sie vor dem Pflanzen eine Handvoll Hornspäne als Vorratsdünger

unter die Erde in den Töpfen. In großen Gefäßen können die Kräuter mehrere Jahre lang ungestört wachsen.

Kräuter auf Balkon und Fensterbank

Nicht jeder, der frische Kräuter liebt, ist gleichzeitig glücklicher Besitzer eines Gartens. Aber auch Balkongärtner brauchen nicht auf selbst geerntete Küchengewürze zu verzichten. Es hat sich inzwischen längst herumgesprochen, dass viele Kräuter in Kästen, Kübeln und Blumentöpfen gut gedeihen. Sie werden zwar nicht so alt und auch nicht so umfangreich wie ihre Artgenossen im Garten – aber sie wachsen, sie blühen und sie schmecken!

Bei der Planung eines Kräutergärtchens auf dem Balkon stehen Ihnen verschiedene Möglichkeiten offen. Sie können zum Beispiel Blumen mit Kräutern in einer lustigen, bunten

Mischung kombinieren. Sie können aber auch Gewürze in »Reinkultur« pflanzen, indem Sie ihnen Extra-Gefäße und einen besonderen Platz zuweisen. Für die Aussaat gelten im Prinzip die gleichen Vorschriften, die bei der Beschreibung der einzelnen Kräuter genannt sind: Empfindliche Arten ziehen Sie am besten im Zimmer auf der warmen Fensterbank vor. Die robusteren Kräuter können Sie draußen direkt in die Kästen säen. Zu dichte Saat muss ausgedünnt werden.

Viele Gärtnereien bieten ausdauernde Kräuter als vorgezogene Pflanzen in Töpfen an. Starkwachsende Arten brauchen größere Gefäße oder Kübel, wo ihnen genügend Wurzelraum zur Verfügung steht. Diese Pflanzen, zu denen zum Beispiel Liebstöckel, Melisse, Estragon und Salbei gehören, müssen Sie immer wieder zurückstutzen, damit sie eine gedrungene Form behalten. Im Allgemeinen können Gewürzstauden 2–3 Jahre in Gefäßen aushalten. Dann müssen sie meist erneuert werden.

Die mehrjährigen Kräuter bleiben im Winter draußen und werden nur in ungünstigen Lagen mit einer lockeren Kiefernreisigabdeckung vor Frost geschützt. Vergessen Sie aber nicht, diese Pflanzen bei frostfreiem Wetter zu gießen – ganz ohne Feuchtigkeit werden sie nicht überleben. Denn die meisten ausdauernden Balkongewächse erfrieren nicht im Winter – sie verdorren! Bei sehr strengen Frösten stellen Sie alle bepflanzten Gefäße in einer geschützten Ecke zusammen, umhüllen sie mit Zeitungspapier, Noppenfolie oder alten Decken, damit sie nicht durchfrieren.

Von den ein- und zweijährigen Kräutern eignen sich für den Balkonkasten: Petersilie, Kresse, Kerbel, Dill, Borretsch, Basilikum, Majoran, Portulak, Rucola und Bohnenkraut. Die Kapuzinerkresse ist beides zugleich: eine bunte Balkonblume und ein apartes Würzkraut. So können Sie das Angenehme mit dem Nützlichen verbinden.

■ So bunt kann das Leben im Balkonkasten sein: Buntblättriger Zitronenthymian und Salbei sowie Majoran laden zum Ernten ein. Über den Rand hängen Thymian, Koriander und Zitronenmelisse.

Als ausdauernde Kräuter empfehlen sich für den Balkon: Melisse, Oregano, Pfefferminze, Pimpinelle, Rosmarin, Salbei, Lavendel, Schnittlauch, Winterheckezwiebel, Sauerampfer, Thymian, Tripmadam, Weinraute, Ysop, Lavendel und Estragon.

Eine Ausnahme unter den Balkongewürzen ist der Rosmarin. Er ist frostempfindlich und muss den Winter an einem kühlen Platz im Haus verbringen. Dafür ist er aber viel langlebiger als die anderen Stauden. Ein gut gepflegter Rosmarinstock kann sehr alt werden.

Gewürzpflanzen, die in Blumentöpfen gezogen werden, sollten den Sommer möglichst auf der Außenfensterbank verbringen. Vergessen Sie aber nicht, ein Gitter oder irgendeine andere »Absperrung« anzubringen, damit die Töpfe nicht herunterfallen können. Im Herbst holen Sie dann Ihren Mini-Garten in die Wohnung und pflegen die Pflanzen dort weiter, wie es im Kapitel »Überwinterung« beschrieben ist (siehe Seite 43ff.).

Eine solche kleine Kräutersammlung auf der Fensterbank kann übrigens ganz besonders reizvoll sein. Sie steht immer in »Riechweite«. Küchenwürze und aromatischer Duft spielen hier eine gleichermaßen wichtige Rolle. Gewürzkräuter im Blumentopf erinnern ein wenig an die Sitte aus der guten alten Zeit, als unsere Urgroßmütter mit viel Liebe ihre Duftpflanzen pflegten. Ihr altmodischer Zauber wurde zu Unrecht vergessen. Vielleicht entdecken wir wieder eine Vorliebe für solche liebenswerten Kleinigkeiten, die den Alltag mit einem hübschen Schnörkel verzieren. Übrigens könnte es auch der Luft in den Städten nicht schaden, wenn sie hier und dort von einigen natürlichen Duftwolken gestreift würde. Basilikum, Gewürztagetes, Lavendel, Thymian, Zitronenthymian, Rosmarin, Duftblattgeranien, Ysop und Melisse eignen sich ganz besonders für eine solche Sammlung der Wohlgerüche, die eine Zeitlang in Töpfen wachsen können.

Leben im Topf – pflanzen und pflegen

Für das Leben in luftiger Höhe gelten natürlich andere Bedingungen als für das ungehinderte Wachstum im Gartenboden. Die Gefäße bieten nur einen begrenzten Raum, die Nährstoffe werden rasch verbraucht, und die Feuchtigkeit muss öfter ergänzt werden.

Achten Sie beim Bepflanzen von Balkonkästen darauf, dass zunächst für einen guten Wasserabzug gesorgt ist. Decken Sie die Löcher am Boden des Kastens mit Tonscherben aus zerbrochenen Blumentöpfen ab. Eine dünne Bodenschicht aus Kies oder gewaschenem Sand sorgt zusätzlich für Dränage. Als Füllung können Sie Blumenerde verwenden, die es, in Säcken verpackt, fertig zu kaufen gibt. Achten Sie aber auf gute Qualität! Vielleicht haben Sie auch einen netten Nachbarn, einen Freund oder einen Gärtner, der Ihnen von seinem Kompost ein paar Eimer voll abgibt. Diese gute Erde mischen Sie dann mit käuflicher Erde und Sand, bis Sie zum Schluss ein lockeres, krümeliges Substrat haben. Diese selbst hergestellte Erdmischung ist natürlich das Beste, was Sie Ihren Pflanzen als Lebensgrundlage anbieten können. Vor allem wissen Sie genau, was drin ist!

Wenn Sie die Kästen halb mit Erde gefüllt haben, verteilen Sie ein paar Hände voll Hornspäne oder einen anderen, langsam wirkenden organischen Dünger darüber. »Rühren« Sie diese nahrhafte Zutat mit den Händen leicht unter den Humus, und schütten dann die restliche Erde hinein. Für die Füllung von Kübeln, Schalen und Blumentöpfen gilt die gleiche Reihenfolge; der Inhalt wird nur den jeweiligen Größenverhältnissen angepasst. Der unter die Erde gemengte Vorratsdünger wirkt über längere Zeit.

Sie pflanzen Ihre Gewürzkräuter am besten an einem leicht trüben Frühlingstag und gießen gründlich an, falls kein Regen das Wässern übernimmt. Feuchte Witterung erleichtert das Anwachsen. Nach etwa 3–4 Wochen, wenn die Pflanzen eingewurzelt sind, können Sie während des Sommers als zusätzliche Nahrung etwa zweimal im Monat einen flüssigen Dünger ins Gießwasser geben. Bioprodukte, die sich dafür eignen, bekommen Sie im Fachhandel. Gute Dienste leistet natürlich verdünnte Brennnesseljauche, falls Sie eine Gelegenheit haben, diese Nährbrühe anzusetzen. Im Gegensatz zu den Gartengewächsen müssen Sie Gewürzpflanzen, die in relativ beengten Gefäßen wachsen, mithilfe von Dünger zum Wachstum anregen. Sie dürfen aber auch hier nicht überernährt werden. So üppig wie Ihre Geranien braucht die Petersilie nicht ins Kraut zu schießen! Das Wässern dürfen Sie allerdings, vor allem an sonnigen Tagen, nie vergessen. Je regelmäßiger Sie Ihre Gewürzpflanzen versorgen, desto gesünder werden sie gedeihen.

■ Einem »hängenden Garten« im Miniformat bietet dieser Korb Platz. Hier gedeihen Oregano, Salbei, Minze, Lavendel und Petersilie.

Kräutergarten-Praxis

Kräutergarten-Praxis

DER BODEN: PRÜFUNG, VORBEREITUNG UND PFLEGE

Das Beste ist gerade gut genug für die Gesellschaft heilkräftiger und würziger Pflanzen, die in Ihrem Kräutergarten wachsen sollen. Sie haben sicher schon bei der Beschreibung der Standorte gemerkt, dass ein guter Gärtner nicht nach dem Motto handeln darf: Es wird schon irgendwie wachsen! Natürlich – jedes Lebewesen, auch die Pflanze, versucht, so lange wie möglich zu überleben. Aber was dabei herauskommt, ist dann oft nur noch ein Bild des Jammers. Sagen Sie also nie, Kräuter wachsen überall, sie sind anspruchslose »Mitläufer« im Garten. Dann werden Sie nur irgendwelches »Grünzeug« ernten, aber Sie werden nie erfahren, welche Fülle von Aroma und Würze ein Kraut wirklich entfalten kann. Ganze Feinschmecker-Welten bleiben Ihnen verschlossen, solange Sie nur karge Zweige im Schatten und matte Blättchen in dunklen Ecken pflücken! Wenn Sie schon zum Gewürzgärtner werden wollen, dann sollten Sie auch alle Freuden und alle Wohltaten genießen, die seit Jahrtausenden in dieser wundervollen duftenden Pflanzenwelt für diejenigen bereitliegen, die damit umzugehen verstehen.

Nachdem Sie also hoffentlich den schönsten »Platz an der Sonne« ausgesucht haben, besteht die nächste Aufgabe darin, den Boden sorgfältig zu prüfen und zu bearbeiten. Untersuchen Sie Ihre Gartenerde zuerst mit den Händen, ehe Sie ihr die Kräuter anvertrauen:

Strukturen der Erde

- Dunkler Humus, der zwischen Ihren Fingern in lockere Krümel zerfällt, ist der ideale Wurzelgrund für die meisten Pflanzen. Bodenkundler nennen diese Mischung »sandigen Lehm«. Hier genügt eine regelmäßige Versorgung mit Kompost. Die Wasserverteilung ist gut, die Nährstoffversorgung in der Regel ausgeglichen.
- Schwere, fette Erde, die sich zu festen Klumpen zusammendrücken lässt, ist für Kräuter kein günstiger Untergrund. Es handelt sich um Ton oder tonhaltigen Lehm. Solche Böden sind stark verdichtet und neigen zur Staunässe. Zunächst müssen Sie diese Erde mit scharfem Sand auflockern.
- Tief wurzelnde Gründüngung als Vorkultur sorgt für Hohlräume, die bis in den Wurzelgrund reichen. Regelmäßige Versorgung mit Kompost und Mulchdecken können die Struktur im Lauf der Jahre wesentlich verbessern.
- Magerer, trockener Sand, der Ihnen durch die Finger rieselt, ist zwar ein armer Boden, für den Kräutergarten aber günstiger als schwerer Lehm. Sandige Erde erwärmt sich leicht, sie trocknet aber auch schnell aus. Wasser und Nährstoffe versickern im Untergrund. Da die meisten Würz- und Heilpflan-

zen aber Trockenheit besser vertragen als »nasse Füße«, bereitet Sandboden dem Kräutergärtner keine allzu großen Sorgen. Kompost, Tonmehl und Mulch sind hier die idealen Verbesserungsmittel. Bei regelmäßiger Versorgung wird die leichte Erde dann mit der Zeit humusreicher und bindiger.

Ein Blick in die Tiefe

Wichtig für die Beurteilung des Bodenzustandes ist auch der pH-Wert. Bei einer Messung, die Sie leicht selbst durchführen können, erfahren Sie, ob Ihre Gartenerde mehr zum sauren oder zum alkalischen Bereich tendiert. Ideal ist für die meisten Pflanzen ein mittlerer pH-Wert zwischen 6 und 7. Testsets für eine solche Untersuchung bekommen Sie überall im Fachhandel.

Schließlich sollten Sie auch über die Nährstoffversorgung Ihrer Gartenerde Bescheid wissen. Genaue Auskunft kann darüber nur eine wissenschaftliche Analyse geben. Dafür schicken Sie eine Bodenprobe (500–1000 Gramm), die Sie aus verschiedenen Gartenbeeten mischen sollten, an ein Untersuchungsinstitut.

In jedem Bundesland gibt es die LUFA (Landwirtschaftliche Untersuchungs- und Forschungsanstalt). Einige dieser Institute untersuchen auch Bodenproben von privaten Gärtnern. Auf vorgedruckten Formularen werden Bodenart, pH-Wert, Kali- und Phosphatgehalt sowie der Kalkzustand in Prozentzahlen eingetragen. Wer den Umgang mit solch nüchternem Zahlenmaterial nicht gewohnt ist, der kann damit nicht allzu viel anfangen. Dies sind nur die wichtigsten Informationen für den Gärtner.

Die umfangreiche Analyse eines biologischen Instituts hilft dem Gärtner dagegen wirklich weiter. Alle Untersuchungsergebnisse werden verständlich und ausführlich beschrieben. Der

- Bereiten Sie den Boden des Kräuterbeetes sorgfältig vor, ehe Sie die Samen ausstreuen. Die Erde soll feinkrümelig und locker sein.

mehrere Seiten lange Bericht enthält außerdem die Schlussfolgerungen, die aus der Analyse zu ziehen sind, und praktische Ratschläge für notwendige Verbesserungsmaßnahmen. Die geeigneten naturgemäßen Dünger oder Bodenpflegemittel werden kurz aufgeführt. Der höhere Preis für diese wissenschaftliche Analyse mit »biologischer Gebrauchsanweisung« ist voll gerechtfertigt.

Lockerungsübungen

Nachdem Sie durch eigene und durch fremde Prüfung Ihren Gartenboden gründlich kennengelernt haben, können Sie gezielt mit den Vorbereitungen für Ihre Kräuterbeete beginnen. Lockern Sie die Erde zuerst gründlich auf, denn Sie wissen ja inzwischen, dass luftige Struktur und guter Wasserabfluss für das Gedeihen der meisten Würz- und Heilpflanzen sehr wichtig ist. Graben Sie nach Möglichkeit den Boden nicht um, denn dabei befördern Sie die oberste, fruchtbare Humusschicht in die Tiefe, und dort kann sie nicht mehr wirksam werden. Dafür gelangt dann »tote« Erde aus tieferen Schichten an die Oberfläche. Benutzen Sie stattdessen eine Grabgabel oder eine spezielle »Bio-Gabel« (Bezugsquellen im Anhang), die Sie in den Boden stechen und dann mehrmals hin und her bewegen. Dadurch schaffen Sie genügend Hohlräume, die die Bodenstruktur auflockern und sie durchlässig machen für Luft und Wasser. Auch der »Sauzahn« ist ein Gartengerät, mit dessen Hilfe Sie die Erde bearbeiten können, ohne die Schichten durcheinanderzuwerfen.

Am günstigsten lässt sich ein Beet im Herbst vorbereiten; säen Sie zum Beispiel Gründüngung ein. Mischungen, die sich speziell für den Hausgarten eignen, werden in Fachgeschäften, Gartencentern oder Gartenkatalogen angeboten (siehe Bezugsquellen im Anhang). Sie können aber auch Leguminosen oder Kleearten einzeln im Samenfachhandel kaufen. Gut bewährt hat sich Senfsaat als Gründüngung. Alle diese Gewächse regenerieren das Bodenleben; sie sammeln, wie zum Beispiel die Leguminosen, Stickstoff, der als natürlicher Dünger in der Erde bleibt, und sie lockern mit ihren Wurzeln die Bodenstruktur auf.

Eine andere Möglichkeit, mürbe, krümelige Erde zu bekommen, ist die Methode des Mulchens. Das Beet wird im Herbst von Unkraut gesäubert, locker durchgehackt und anschließend mit einer Schicht Grobkompost bedeckt. Darüber breitet man noch Rasenschnitt, Laub, Stroh oder zerkleinerte Gartenabfälle aus. Unter dieser organischen Decke bleibt das Bodenleben sehr rege. Selbst wenn im übrigen Garten schon einige Grade Frost herrschen, »arbeiten« unter der Mulchstreu noch Regenwürmer und Mikroorganismen an der Zerkleinerung und Verdauung der reichlich angebotenen Abfälle, denn diese Schicht wirkt wie eine Flächenkompostierung. Sie hält die Erde feucht, locker und relativ warm. Das emsige, wohlgenährte Gewimmel von Kleintieren, Bakterien und Pilzen in dieser Region produziert unter besten Lebensbedingungen ständig neuen Humus. Die natürlichen Nährstoffreserven bauen sich auf gemulchten Beeten schnell wieder auf. Milliarden kleiner Helfer, die für das menschliche Auge meist unsichtbar bleiben, arbeiten hier im Dienste des Gärtners, ohne dass dieser eine Hand zu rühren braucht.

Im Kräutergarten ist lockerer, durchlässiger Boden genau so wichtig wie im Gemüsegarten. Bis in die Tiefe schafft eine Grabgabel Hohlräume. Der kleine Grubber lockert die Oberfläche. Anschließend wird gemulcht.

Kräutergarten-Praxis

KOMPOST: DIE GRUNDLAGE FÜR GESUNDES WACHSTUM

Im Frühling ziehen Sie den Rest der Bodendecke mit dem Rechen weg und versorgen das Kräuterbeet mit ausgereiftem Kompost. Dies ist die beste Vorbereitung für ein gesundes Wachstum der Gewürzpflanzen. Der Zustand des Bodens und die Zusammensetzung der Erde haben nämlich einen großen Einfluss auf die Aromabildung. Jede heftige, stark treibende Düngung lässt die Gewürzpflanzen ins Kraut schießen. Sie entwickeln dann viel Blattmasse, aber die Produktion von ätherischen Ölen und anderen wertvollen Inhaltsstoffen geht zurück. Frischer Mist und Jauche sind aus diesem Grunde im Kräutergarten strengstens verboten. Wenn Sie regelmäßig die Beete mit Kompost versorgen, erreichen Sie auf die Dauer einen guten, ausgeglichenen Humuszustand. Die nötigen Nährstoffe sind in solchen Böden meist in ausreichender Menge vorhanden. Sie werden ja ständig durch ein aktives Bodenleben neu produziert.

Deshalb sollte ein passionierter Gewürzgärtner, wo immer dies möglich ist, einen Komposthaufen anlegen. Reservieren Sie für diese wichtige Aufgabe einen halbschattigen, etwas verdeckten Platz im hinteren Teil des Gartens. Der Kompost kann auch gut unter Bäumen aufgehäuft werden. Er darf aber nie zu einem übel riechenden, unordentlichen Abfallhaufen werden. Guter Kompost wird mit Verstand und mit Gefühl »komponiert«. Er fault nicht, sondern er verrottet. Was während dieses Zersetzungsprozesses entsteht, ist gute, nährstoffreiche Erde, die wie Waldboden duftet.

Die wichtigsten Regeln für das Kompostieren

Wo nur wenig Platz zur Verfügung steht, sammeln Sie die Abfälle am besten in einem Silo. Solche Kompostlegen, Kompostkisten oder Komposttonnen können Sie im Handel kaufen. Sie werden entweder aus verzinktem Metall, aus Holz oder aus Kunststoffmaterial hergestellt. Mit ein wenig Geschick können Sie einen solchen Behälter auch selbst bauen. Wichtig sind dabei immer eine ausreichende seitliche Durchlüftung und ein ungehinderter Wasserabzug am Boden.

Wer etwas mehr Raum hat, der kann direkt auf der Erde eine Kompostmiete aufschichten. Ein solcher Haufen soll an der Basis 1–1,50 m breit sein. Die Länge richtet sich nach der Größe Ihres Gartens und nach der Menge, die Sie brauchen. Praktisch sind 2 oder 3 Haufen nebeneinander. Dann haben Sie immer einen reifen, einen halbreifen und einen wachsenden Kompost zur Verfügung. Die Anlage muss auf lebendigem, lockerem Boden aufgebaut werden. So können die Kleintiere, vor allem die Regenwürmer, aus der Tiefe ins Innere des Haufens aufsteigen. Bei ungünstigen Wetterbedingungen haben sie die Möglichkeit, sich wieder in die Erde zurückziehen. Die unterste Schicht sollte aus lockerem, luftdurchlässigem Material bestehen. Verwenden Sie dafür klein geschnittene Zweige, Stängel und grobe Pflanzenteile. Dann folgen lagenweise aufeinandergeschichtet alle organischen

■ Kompost ist die beste Lebensgrundlage für Kräuter. Nahrhafter Humus reift hier auf meinem Kompostplatz in Holzlegen und in einer frei aufgeschichteten Miete.

Abfälle aus dem Garten und aus der Küche. Dazu gehören zum Beispiel verwelkte Blumen, Blätter, Gemüsereste, Kartoffelschalen, Kaffeesatz, Eierschalen und natürlich alle Unkräuter, die noch keinen Samen angesetzt haben.

Sammeln Sie immer erst eine größere Abfallmenge. Vor dem Aufsetzen werden die verschiedenen Stoffe zerkleinert, damit sie schneller und harmonischer verrotten. Dazu benutzen Sie einen Spaten, eine Gartenschere oder einen Schredder. Vermengen Sie stets trockene, holzige Abfälle mit saftreichem Grünzeug. So entsteht eine ausgewogene, lockere Mischung.

Beginnen Sie erst mit dem Aufschichten, wenn Sie genügend Material gesammelt haben. Denn nur in einem hohen Haufen entwickelt sich rasch die Wärme, die für die erste Phase der Rotte notwendig ist. Zwischen die einzelnen Lagen, die etwa 20 cm hoch aufgehäuft werden, streuen Sie dann ein wenig kohlensauren Kalk oder Algenkalk. Als Nahrung für Ihre Mitarbeiter, die Bodenorganismen, fügen Sie noch ein paar Hände voll organischen Dünger hinzu. Dazu eignen sich zum Beispiel Hornspäne, Hornmehl oder geringe Mengen Geflügelmist.

Als anregende »Spritze«, die die Zersetzung rasch in Gang setzt, können Sie einen der im Handel erhältlichen Kompostbeschleuniger oder Kompoststarter über jede Schicht streuen. Die gleiche Wirkung haben aber auch ein paar Schaufeln voll grob verrottetem Kompost, falls Sie schon solche Vorräte besitzen. Dieser Humus ist reich an Bodenlebewesen und wirkt auf den rohen Komposthaufen wie Sauerteig beim Brotbacken.

Als Nächstes folgt wieder eine Lage mit gemischten Abfällen. Klein geschnittene Zweige von Gehölzen sorgen dafür, dass das Material locker und luftig bleibt und nicht zusammen-

backen kann. Nach oben wird der Komposthaufen immer schmaler, er hat zum Schluss die Form eines Zeltes. Wenn er etwa 1 m hoch gewachsen ist, erhält er einen schützenden Mantel aus Erde und Laub. Auch Grasschnitt, Stroh oder alte Säcke können dafür verwendet werden. Diese Abdeckung schützt den Haufen vor der Austrocknung durch Sonne und Wind. Ein guter Kompost sollte immer die Feuchtigkeit eines ausgedrückten Schwamms haben. Ist er nasser, so besteht die Gefahr der Fäulnis, trocknet er aus, dann schimmelt er, und das Leben in ihm stirbt ab. Bei Trockenheit müssen Sie deshalb Ihren Komposthaufen ab und zu begießen. Wenn es sehr lange regnet, können Sie die kleine Erdfabrik zeitweise mit einer Folie oder durch eine Bretterabdeckung vor übermäßiger Nässe und Fäulnis schützen.

Die Verwendung von Kompost

Nach 7 bis 12 Monaten ist der Kompost für die normale Verwendung im Garten fertig. Sie können ihn aber auch noch einmal umsetzen und ganz ausreifen lassen; dann bekommen Sie sehr feinen Kompost, der vor allem für Saatbeete gebraucht wird. Auch für Gewürzkräuter eignet er sich sehr. Streuen Sie den Kompost in Ihrem Kräutergarten bei warmem, feuchtem Frühlingswetter über die vorbereiteten Beete. Er darf nur leicht und oberflächlich eingeharkt werden – gerade so, dass er Kontakt mit der Erde hat. Auf diese Weise kann er seine anregende Wirkung am besten entfalten. Er aktiviert das Bodenleben und sorgt so für die Vermehrung von fruchtbarem Humus. Niemals darf der kostbare Kompost vergraben werden. Dies wäre die reinste Verschwendung, weil er in tieferen Schichten nicht wirksam werden kann! Beim Pflanzen und Säen im Kräutergarten füllen Sie ebenfalls alle Saatrillen und alle Pflanzlöcher mit reifem Kompost. Im Herbst streuen Sie rund um alle aus-

dauernden Staudenkräuter noch einmal eine Portion »selbst gemachten Humus«.

Auf den Gemüsebeeten deckt ein guter Biogärtner den ausgestreuten Kompost möglichst schnell mit Mulchmaterial zu. Im Kräutergarten übernehmen Sie diesen Bodenschutz nur in der Nähe solcher Pflanzen, die feuchte Erde lieben. Bei den zahlreichen Kräutern, die eher trockene Verhältnisse bevorzugen, können Sie eine andere Methode ausprobieren: Legen Sie dort als Bodendecke flache Steine aus. Dieser Spezialmulch verhindert ein allzu starkes Austrocknen des lebendigen Bodens. Gleichzeitig speichern die Steine aber auch die Wärme, die alle Mittelmeerkräuter so sehr lieben. So können Sie mit ganz einfachen Mitteln der Natur wieder ein Stückchen näher rücken.

■ Überall im Garten entfaltet Kompost seine belebende Wirkung.

DÜNGUNG: LEICHTE KOST FÜR KRÄUTER

Verwenden Sie – wenn überhaupt – nur organischen Dünger in Ihrem Kräutergarten. Besonders geeignet sind Hornspäne, Hornmehl oder Algendünger. Dies sind Dünger, die ihre Nährstoffe langsam, über einen längeren Zeitraum hinweg, an die Pflanzen abgeben. Deshalb treiben sie nie stark an. Sie haben eine milde, anhaltende Düngewirkung. Kräftige Gewächse, wie Liebstöckel, Borretsch oder Schnittlauch, können in mageren Böden eine solche Nährstoffzugabe brauchen, vor allem dann, wenn ein Garten noch nicht lange genug mit Kompost versorgt wurde und die Humusqualität noch zu wünschen übrig lässt. Düngerlieferanten, mit denen Sie fast nichts falsch machen können, sind auch die Gesteinsmehle. Sie sind vor allem reich an Mineralstoffen und Spurenelementen. Diese Substanzen werden langsam im Boden gelöst. Sie verbessern den Humus und damit die Wachstumsbedingungen.

Pflanzen-Jauche aus eigener Herstellung

Eines der mildesten und gesündesten Düngemittel ist eine Pflanzenjauche. Sie können sie jederzeit selbst herstellen. Füllen Sie in eine Holztonne, in einen großen Sauerkrauttopf aus Steingut oder in eine Kunststofftonne Brennnesseln, Schachtelhalm und die Abfälle aller Kräuter, die in Ihrem Garten wachsen.

Die heilsamen Un-Kräuter können Sie sogar getrocknet im Handel kaufen, falls sie nicht von selbst an Ihrem Zaun oder auf Ihrem Grundstück auftauchen. Füllen Sie dann das Gefäß mit Wasser – wenn möglich Regenwasser – und rühren Sie mit einem Stock alles öfter um. Die Gärung setzt sehr schnell ein, wenn die Brühe einige Tage offen in der Sonne stehenbleibt. Danach legen Sie besser einen Deckel über das Gefäß, weil Jauchegerüche, auch wenn sie nur von Brennnesseln stammen, nicht gerade angenehm sind. Nach etwa 2 Wochen ist die Pflanzenmasse vergoren. Von nun an können Sie diese gesunde Jauche für alle Kulturen, auch für Ihren Kräutergarten, benutzen. Die fertige Brühe muss 1 : 10 mit Wasser verdünnt werden.

Verteilen Sie diese Pflanzenjauche höchstens zweimal – im Frühling und im Frühsommer – an Kräuter, die ein wenig Zusatznahrung brauchen können. Dazu gehören Liebstöckel, Angelika, Beinwell, Schnittlauch, Borretsch, Kapuzinerkresse und Meerrettich. Hinweise auf den Wasser- und Nahrungsbedarf der verschiedenen Pflanzen finden Sie in den Kräuterporträts immer dann, wenn sie von der Hauptregel abweichen. Im Normalfall können Sie sich an den Grundsatz halten: Kräuter brauchen keine Wohlstandsnahrung! Bei leichter Kost entwickeln sie ihre besten Eigenschaften.

■ Aus frischen Brennnesseln können Sie eine nahrhafte Pflanzenjauche ansetzen. Füllen Sie dafür klein geschnittenes Kraut in einen Bottich, der möglichst mit Regenwasser gefüllt wird (1).
Die frisch aufgesetzte Jauche wird öfter mit einem Stock umgerührt. Wenn Sie etwas Steinmehl über die Flüssigkeit streuen, werden unangenehme Gerüche während der Gärung gebunden (2).
Die fertige Brennnessel-Jauche wird 1:10 verdünnt, dann kann sie verteilt werden. Im Kräutergarten erhalten nur stark wachsende Stauden wie Liebstöckel oder Beinwell diese Zusatznahrung (3).

AUSSAAT: EIN- UND ZWEIJÄHRIGE KRÄUTER IM FREILAND

Bevor Sie nun endlich mit der ersten Saat beginnen, harken Sie das Beet noch einmal locker durch. Nachgewachsenes Unkraut zupfen Sie sorgsam aus und glätten die Fläche dann mit einem Rechen. Die Erde soll ganz feinkrümelig, mäßig feucht und vor allem schon ein wenig erwärmt sein. in kaltem, nassem Boden keimt kein Samenkörnchen!

Ziehen Sie mit den Fingern oder mit einem Holzstäbchen flache Rillen auf dem Saatbeet. Achten Sie darauf, dass die Reihen genügend Abstand voneinander haben. Genaue Maße sind auf allen Samentüten und in diesem Buch bei der Beschreibung der einzelnen Kräuter angegeben. Je feiner der Samen ist, desto flacher liegt er im Boden, desto dünner soll die Erdschicht sein, die Sie darüberstreuen. Säen Sie nie zu dicht, damit die kleinen Pflanzen später auch Platz zum Wachsen finden und sich nicht unterirdisch »auf die Füße treten«. Drücken Sie die Samenkörnchen mit der Handfläche ganz leicht fest, streuen Sie Erde darüber, und gießen Sie vorsichtig an.

Alle Samen brauchen zum Keimen eine feuchtwarme Atmosphäre. Mancher Misserfolg ist einfach darauf zurückzuführen, dass ein Saatbeet einige Tage vergessen in der Sonne lag und austrocknete. Unter einer Folienabdeckung oder unter Frühbeetfenstern bleiben Feuchtigkeit und Wärme lange erhalten. Im Freiland müssen Sie entweder regelmäßig gießen oder aber in den ersten Tagen einen feuchten Sack über das Beet legen. Dies ist ein ebenso alter wie wirkungsvoller Gärtnertrick.

Sobald die Keimblätter über der Erde sichtbar sind, können Sie die Säcke wieder entfernen. Noch einfacher haben Sie es mit leichten Kunststoffvliesen, die über ein Saatbeet gelegt

und seitlich mit Steinen beschwert werden. Sie erwärmen die Erde, lassen aber genügend Licht und auch Feuchtigkeit durch, sodass sie einige Zeit über den Pflanzen liegenbleiben können. Eine solche Abdeckung schützt junge Aussaaten auch vor Schädlingen. Wenn die Pflanzen größer werden, entfernen Sie die Vliese!

In milden Landschaften können Sie schon im März mit den ersten Aussaaten im Freiland beginnen; in raueren Gegenden warten Sie besser bis April. Verwenden Sie das beste Saatgut, das Sie bekommen können. Für den Biogarten gibt es bereits ein reichhaltiges Angebot von naturgemäß erzeugtem oder zumindest nicht chemisch gebeiztem Saatgut. (Bezugsquellen finden Sie im Anhang.)

Kaum empfindlich gegen Kälte sind Petersilie, Kresse und Kerbel. Sie können als Erste im Freiland ausgesät werden. Im April ist die Erde schon warm genug für Borretsch, Dill, Rucola,

Kümmel, Löffelkraut und Ringelblumen. Ab Mitte Mai können auch Majoran, Portulak, Bohnenkraut, Schnittsellerie und Kapuzinerkresse draußen gesät werden. Kennzeichnen Sie alle Kräutersaaten mit Schildern oder Samentüten, damit Sie sie später auseinanderhalten können. Nach einiger Übung werden Sie mit der Zeit die unterschiedlichen Pflanzen schon erkennen, wenn sie die ersten grünen Blättchen zeigen.

Auch mehrjährige Staudenkräuter können Sie durch eigene Aussaat preiswert selbst anziehen. Ab Mai säen Sie auf einem besonderen Anzuchtbeet Melisse, Schnittlauch, Fenchel, Pimpinelle und Liebstöckel aus.

Einige ein- und zweijährige Kräuter können in der Reihe stehenbleiben, so wie sie gesät wurden. Dazu gehören zum Beispiel Kerbel, Dill und Petersilie. Zu dichte Bestände werden nur ausgelichtet. Andere, wie Kapuzinerkresse und Majoran, pflanzen Sie, sobald sie kräftig genug sind, einzeln auseinander. Die Staudenkräuter müssen alle umgesetzt werden. Genaue Angaben dazu finden Sie bei den Pflanzenbeschreibungen im Hauptteil dieses Buches.

■ Wenn sich die Erde erwärmt hat und keine Fröste mehr drohen, können Sie viele Gewürzpflanzen im Garten aussäen. Vorgezogene Staudenkräuter werden jetzt ebenfalls auf den Beeten verteilt.

Kräutergarten-Praxis

VORKULTUR MIT WÄRME: EIN- UND MEHRJÄHRIGE KRÄUTER

Für die wärmeliebenden Südländer unter den Kräutern reichen die Strahlen unserer Frühlingssonne nicht aus. Säen Sie sie lieber auf einer warmen Fensterbank oder in einem geheizten Kleingewächshaus. Besonders das feurige Basilikum ist für solche Fürsorge dankbar. Aber auch Majoran gedeiht besser, wenn er schon im Warmen vorgezogen wird. Einige ausdauernde Kräuter, wie Lavendel, Thymian, Rosmarin und Salbei, können Sie nur unter geschützten Bedingungen mit viel Licht und Wärme großziehen.

Für den »Kräuter-Kindergarten« benötigen Sie eine warme, helle Fensterbank. Ausgesät wird in Blumentöpfen oder Saatschalen. Sie können auch kleine Fensterbank-Gewächshäuser verwenden, die man im Handel kaufen kann. Alle Gefäße sollten einen gut funktionierenden Wasserabzug am Boden haben. Legen Sie Topfscherben oder Kieselsteine über die Löcher, damit sie nicht verstopfen. Als unterste Schicht füllen Sie etwa fingerdick Sand in die Töpfe oder Schalen.

Die Erdmischung soll locker und leicht sein. Außer feinem Kompost verwenden Sie dafür reinen Sand und eventuell etwas Rindenhumus. Nur wenn Sie nichts anderes bekommen können, nehmen Sie käufliche Anzuchterde.

Drücken Sie die Oberfläche leicht mit der Hand oder mit einem kleinen Holzbrettchen glatt. Dann streuen Sie dünn den Samen aus und überdecken ihn leicht mit feinem Kompost. Zum Schluss drücken Sie die Erde mit den Fingern ganz behutsam an und befeuchten sie dann vorsichtig mit einem Wasserzerstäuber. Die Saat darf ab diesem Zeitpunkt nie austrocknen.

Je wärmer und feuchter die Umgebung ist, desto rascher und gleichmäßiger keimen die Samen. Legen Sie deshalb auf Saatschalen und Blumentöpfe eine Glasscheibe. Noch besser wirkt eine Plastikhaube. Stülpen Sie einfach einen Gefrierbeutel in passender Größe über ein Gestell, das Sie sich aus zwei Drähten selbst zurechtbiegen und über Kreuz in den Topf stecken. Unter diesem durchsichtigen Dach entsteht eine feucht-warme Atmosphäre, ähnlich wie unter dem Deckel des Mini-Gewächshauses.

Wenn sich das erste Grün zeigt, müssen Sie die Saatgefäße regelmäßig lüften, damit die kleinen Pflänzchen kräftig und gedrungen wachsen. Zu viel Feuchtigkeit verursacht jetzt Fäulnis; bei zu wenig Licht schießen die Keimlinge langbeinig und schwächlich in die Höhe.

Sobald Sie die kleinen Pflänzchen zwischen den Fingern fassen können, setzen Sie sie einzeln oder in Büscheln in kleine Töpfe mit sandiger Erdmischung um. Gut eignen sich auch Multitopfplatten aus Kunststoff. Hier können die kleinen Kräuter kräftige Wurzeln bilden. Erst ab Mitte Mai, wenn keine strengen Fröste mehr drohen, pflanzen Sie die liebevoll herangezogenen Südländer in den Garten um.

Mit etwas zusätzlicher Wärme können Sie auch früher frische Frühlingskräuter ernten. In diesem Fall verwenden Sie am besten ein Frühbeet mit Fenster oder einen Folientunnel. Dort können Sie einige Kräuter neben Radieschen und Salat aussäen: Kresse, Kerbel,

■ Ein Gewächshaus ist der ideale »Kindergarten« für südländische Kräuter. Viel Licht und Wärme fördern das Wachstum von wärmebedürftigen Kräutern wie Basilikum – hier als Sammlung

AUSPFLANZEN: MEHRJÄHRIGE KRÄUTER

Dill und Borretsch gedeihen hier rasch und zart. Auch einen Schnittlauchballen aus den Freilandbeständen können Sie zeitweise umquartieren und im Warmen antreiben. Auf diese Weise werden die ersten Salate und die ersten würzigen Kräuter gleichzeitig erntereif. Zu einer Zeit, in der im Freiland noch kalte Nächte das Wachstum bedrohen, sind diese frischen Vitaminspender ein unvergleichlicher Genuss!

Auch Folientunnel und Frühbeet müssen bei warmem Wetter gelüftet werden. Gießen Sie vormittags oder am frühen Nachmittag. Abends, wenn Tunnel und Kasten geschlossen werden, müssen die Blätter der Pflanzen wieder trocken sein. Sonst besteht in kühlen Nächten die Gefahr der Fäulnis. Beobachten Sie alle Vorkulturen unter Glas und Folie besonders sorgfältig, damit Ihre Kräuter auch unter diesen etwas künstlichen Bedingungen so gesund und normal wie möglich wachsen.

Im Frühling oder im Herbst werden die vorgezogenen Staudenkräuter – vom Gärtner oder aus eigener Anzucht – in den Garten verpflanzt. Günstig sind die Monate April bis Mai oder Ende September bis Anfang November.

Der Boden des Beetes wird so vorbereitet, wie es schon in den Kapiteln »Bodenvorbereitung« und »Aussaat« beschrieben ist. Entfernen Sie in der Nachbarschaft der ausdauernden Kräuter das Unkraut ganz besonders sorgfältig, damit es später keine »Verfilzungen« gibt!

Achten Sie immer wieder auf genügend Abstand zwischen den einzelnen Kräutern, damit die Pflanzen auch dann, wenn sie ihre volle Größe erreicht haben, noch viel Luft und Licht bekommen. Stauden bleiben ja viele Jahre am gleichen Platz stehen und müssen lange Zeit miteinander auskommen. Wenn sie zu dicht zusammenwachsen, werden die Pflanzen anfälliger für Krankheiten und Schädlinge.

Nachdem Sie die vorgezogenen, gut durchgewurzelten Stauden im richtigen Abstand auf dem Beet ausgelegt haben, graben Sie mit einer kleinen Schaufel Löcher, die mit reifem Kompost gefüllt werden. Setzen Sie die Pflanzen genau so tief in die Erde, wie sie vorher im Topf standen. Dann füllen Sie das Loch mit Humus zu und drücken die kleine Staude leicht mit den Händen an. So bekommen die Wurzeln überall Kontakt mit der Erde. Zum Schluss gießen Sie behutsam an. Achten Sie darauf, dass die Kräuter in den kommenden Wochen gleichmäßig feucht gehalten werden. Erst wenn sie gut eingewurzelt sind, vertragen sie auch Trockenheit.

■ Zahlreiche Kräuter werden als vorgezogene Pflanzen in Gärtnereien angeboten. Mit diesen kräftigen Stauden gewinnen Sie einen Wachstumsvorsprung und können früher ernten!

■ Pflanzen Sie ausdauernde Staudenkräuter an einem trüben Tag im Frühling.

VERMEHREN: SAMEN, STECKLINGE, WURZELAUSLÄUFER, ABSENKER, TEILUNG

Viele Staudenkräuter lassen sich durch Aussaat vermehren. Über die Anzucht der empfindlichen Arten haben Sie schon im Kapitel »Vorkultur und Wärme« alles Wichtige erfahren. Robustere Kräuter können Sie auch auf einem kleinen, sorgfältig vorbereiteten Beet im Freiland aussäen. Hier wachsen zum Beispiel Zitronenmelisse, Schnittlauch, Oregano, Pimpinelle, Beifuß, Engelwurz und Liebstöckel heran.

Bei der **Aussaat** entsteht meist ein großer Überfluß von jungen Pflanzen. Wer seine Bestände nur durch wenige ausgewählte Kräuter bereichern möchte, der wählt besser andere Methoden der Vermehrung. Besonders unkompliziert ist die **Teilung.** Dazu eignen sich zum Beispiel Zitronenmelisse, Schnittlauch, Balsamkraut, Oregano, Schafgarbe und Indianernessel. Diese Stauden bilden mit der Zeit einen umfangreichen Wurzelstock, den Sie ganz oder teilweise mit der Grabgabel heben. Dann trennen Sie den »großen Brocken« mit dem Spaten oder mit einem scharfen Messer in mehrere Stücke. Manche Pflanzen lassen sich auch mit den Händen auseinanderreißen. Gehen Sie bei allen Methoden der Teilung mit den Wurzeln immer so schonend wie möglich um! Die Einzelstücke werden gleich wieder mit genügend großem Abstand eingepflanzt. Sie dürfen dabei nicht tiefer in die Erde gedrückt werden als vorher. Diese Wurzelteilung bedeutet für die Gewürzstauden eine Verjüngung und für den Gärtner eine kostenlose Vergrößerung seiner Bestände.

Manche Kräuter bilden **Wurzelausläufer,** die unter der Erde immer weiter wandern. Hier ist die Vermehrung besonders einfach. Trennen Sie mit dem Spaten ein Wurzelstück

samt dem grünen Trieb ab und pflanzen Sie es neu ein. Die oberirdischen Pflanzenteile müssen dabei um mindestens die Hälfte eingekürzt werden. Diese Form der Vermehrung können Sie bei Estragon und Pfefferminze anwenden.

Nur durch einzelne **Wurzeln oder Wurzelstücke,** die ausgegraben und wieder eingesetzt werden, lassen sich Liebstöckel, Alant, Beinwell und Meerrettich vermehren. Günstige Zeiten für die Wurzelteilung oder die Verpflanzung von Ausläufern und Wurzelstücken sind der Herbst oder das zeitige Frühjahr.

Stecklinge können Sie im Sommer von Juni bis August schneiden. Wählen Sie dazu junge Triebe, die noch nicht verholzt sind, aber schon genügend Festigkeit haben. Ein Steckling wird mit einem scharfen Messer abgetrennt, ohne dass der Stängel gequetscht wird. Er soll etwa 5–7 cm lang sein. Die unteren Blätter schneiden Sie ab und stecken die Zweigspitzen dann in kleine Blumentöpfe, die mit einem Kompost-Sand-Gemisch gefüllt sind. Am besten wird der »Nachwuchs« dann auf der Fensterbank, im Frühbeet oder in einem Folientunnel untergebracht. Die Töpfchen müssen gleichmäßig feucht und schattig gehalten werden, bis sich die kleinen Pflänzchen bewurzelt haben. Sie merken es daran, dass sie zu wachsen beginnen und neue Blätter entwickeln. Dann werden die Stecklinge in etwas größere Töpfe umgesetzt.

Diese Jungpflanzen bleiben über Winter im geschlossenen Frühbeet. Sie können sie auch an einem mäßig warmen, hellen Fenster im Haus überwintern. Ausgepflanzt werden sie im nächsten Frühling. Durch Stecklinge können Sie zum Beispiel Salbei, Rosmarin, Lavendel,

■ So werden Rosmarin-Stecklinge in sandige Erde gesetzt (1) und mit einem Zerstäuber vorsichtig befeuchtet (2). Die Salbei-Stecklinge (3 erhalten eine schützende Folienhaube, damit sie Wurzeln schlagen.

Eberraute, Ysop, Estragon, Thymian, Bergbohnenkraut und Duftblattgeranien vermehren. Manchmal nehmen Ihnen die Staudenkräuter aber auch die Arbeit ab. Ältere Pflanzen, zum Beispiel beim Salbei, biegen ihre Zweige bis zum Boden herunter und schlagen dort ganz von selbst Wurzeln. Sie brauchen diese **Absenker** nur noch abzutrennen und zu verpflanzen.

Denken Sie bei allen Künsten der Vermehrung immer daran, dass das Abtrennen von Wurzeln oder Stecklingen stets einen schmerzlichen Eingriff ins Pflanzenleben bedeutet. Behandeln Sie deshalb Ihren »Kräuter-Kindergarten« behutsam und mit viel Einfühlungsvermögen. Trübe, leicht regnerische Tage sind für die Entwicklung neuen Lebens besser geeignet als strahlendes Sonnenwetter. Bei großer Hitze können die Wurzeln, die noch nicht voll funktionsfähig sind, nicht genügend Wasser »nachpumpen«. Die Pflanzen welken dann rasch – sie erleiden gewissermaßen einen Kreislaufkollaps. Bei feuchtem Wetter schlagen sie dagegen mühelos in der neuen Umgebung Wurzeln und sind bald kräftig genug, um auch mit schwierigen Wetterbedingungen fertig zu werden.

■ Große Schnittlauchstauden können Sie leicht teilen, wenn Sie den dicht verwurzelten Ballen mit einem Messer oder mit den Händen durchtrennen.

ÜBERWINTERUNG: IM FREILAND, IN TÖPFEN, KÜBELN UND FRÜHBEETKÄSTEN

Kräutergärtner können sich nicht damit abfinden, dass sie viele Wintermonate lang ohne frisches Grün, ohne Vitamine und ohne Duft und Würze verbringen sollen. Sie sinnen seit jeher auf Auswege, und ihre Erfahrungen beweisen, dass auch in der kalten Jahreszeit eine Kräuterkultur im kleinen Rahmen möglich ist. Es kommt, wie so oft im Leben, auf die Überlistung widriger Umstände und auf Geduld an. Kurzum: Man muss sich etwas einfallen lassen.

Winterharte Kräuter

Diese Kräuter bleiben auch während der kalten Jahreszeit im Garten grün: das Löffelkraut, die Winterkresse, der Winterportulak, die in fließendem Wasser wachsende Brunnenkresse und teilweise die Winterheckezwiebel. Auch die Petersilie überwintert im Freien und behält einen großen Teil ihrer Blätter. Sogar von der Weinraute, vom Thymian, von Salbei, Bergbohnenkraut und Lavendel können Sie hier und da ein paar Blätter pflücken. Das gilt ebenso für winterharte Rosmarin-Sorten.

All diese Kräuter besitzen aber in der sonnenarmen Winterzeit nur einen schwachen Abglanz des Aromas, das sie an heißen Sommertagen speichern. Sie dürfen also getrost mit der zwei- bis dreifachen Menge an Blättern wie im Sommer würzen. Alle anderen Kräuter, auf deren Würze Sie nicht verzichten möchten, müssen »künstlich« überwintert werden. Um einen besseren Überblick zu bekommen, kann man sie in drei Gruppen einteilen:
■ Kühle Überwinterung mit Ruhezeit
■ Mäßig warme Überwinterung im Haus
■ Überwinterung im Frühbeetkasten

Kühle Überwinterung mit Ruhezeit

Darauf sind vor allem diejenigen Gewürzpflanzen angewiesen, die aus südlichen Heimatländern stammen und bei uns nicht frosthart sind. Rosmarin, Lorbeer, Zitronenverbene, Ananassalbei und Duftblattgeranie sind solche Topf- und Kübelpflanzen. Sie verbringen den Sommer im Freien und müssen im Spätherbst ins Haus geholt werden. Sie dürfen sie aber nie in einen dunklen Keller stellen! Ein kühler, frostfreier Platz, der unbedingt hell und luftig sein muss, ist das richtige Quartier für diese Gewächse. Ein Wintergarten wäre der Idealfall! Aber auch im Treppenhaus, in einem frostfreien Gartenhaus oder in einem unbeheizten Schlafzimmer sind sie gut untergebracht.

Die Südländer machen eine Ruhezeit durch und werden nur sparsam gegossen. Allerdings dürfen sie nie ballentrocken werden und die Blätter abwerfen. »Rappeltrocken« und »tropfnass« – das sind die beiden Extreme, die Sie unbedingt vermeiden müssen. Mäßige Feuchtigkeit nach Bedarf – so könnte man den Idealzustand beschreiben, den Sie bald »im Gefühl« haben werden, wenn Sie Ihre Pflanzen aufmerksam beobachten.

Theoretische Beschreibungen und kluge Bücher können immer nur Wegweiser sein, marschieren müssen Sie selbst auf der langen Straße der Erfahrungen. Aber das ist ja gerade die Übung, die alle Gärtner fit und bei guter Laune erhält. Haben Sie also – im Winter wie im Sommer – keine Angst vor dem eigenen Spürsinn; daraus erwächst das Fingerspitzengefühl im Umgang mit den stummen Pflanzenwesen, die ja niemals laut klagen können, wenn ihnen etwas fehlt. Haben Sie auch keine Angst davor, dass man Sie auslachen

Kräutergarten-Praxis

könnte, wenn Sie mit Ihren Pflanzen Zwiesprache halten. Es gibt viel mehr Menschen, die mit ihren Blumen, Salatköpfen oder Rosmarinstöcken reden, als man glaubt!

Dieser kleine Anstoß zum persönlichen Umgang mit Pflanzen ist für die schwierige Winterzeit besonders angebracht – denn schon

manches hoffnungsvolle Pflänzchen wurde in diesen dunklen Monaten nach Vorschrift zu Tode gepflegt, während ein wenig Herz und Mut zur eigenen Entscheidung ihm das Leben gerettet hätte. Außer denjenigen Kräutern, die vor nordischem Frost in Sicherheit gebracht werden, können Sie auch noch andere ins Haus holen, um sie für die Küche greifbar zu

haben. Thymian, Zitronenthymian, Bergbohnenkraut, Lavendel, Salbei, Ysop, Oregano und Gewürzpaprika, die in nicht zu großen Töpfen wachsen, lassen sich ebenfalls im Haus überwintern. Für sie gelten die gleichen Pflegebedingungen wie für Rosmarin und Lorbeer. Pflücken Sie von diesen Wintergästen aber nur sehr sparsam würzende Blätter. Ihre Ruhezeit bedeutet auch eine natürliche Schonzeit.

Mäßig warme Überwinterung im Haus

Dafür eignen sich ganz andere Kräuter. Sie wachsen trotz der kalten Jahreszeit auf einer wohltemperierten Fensterbank weiter und können ständig zum Würzen benutzt werden. Dazu gehören: Schnittlauch, Petersilie, Kresse, Kerbel, Melisse und Basilikum. Junge Melissenpflanzen und Basilikum topfen Sie am besten schon im Frühling für diesen Zweck ein und pflegen sie den Sommer über im Garten. Sie müssen vor den ersten kalten Nächten ins Haus geholt werden. Petersilie säen Sie im Sommer – von Juli bis August – extra in Töpfe, die für die Winterernte bestimmt sind.

Schnittlauchballen und Wurzelpetersilie graben Sie im Herbst aus. Der Schnittlauch bleibt noch einige Zeit im Freien liegen. Er soll abtrocknen und durchfrieren. Erst danach wird er – während des Winters – eingetopft und zum Treiben ins Haus geholt. Die Wurzelpetersilie pflanzen Sie gleich im Herbst in Töpfe und schneiden das Laub ab. Sie wird dann noch einmal mit den Gefäßen eingegraben und mit Grasmulch zugedeckt. Im Winter holen Sie sich diese Töpfe nach Bedarf ans Küchenfenster, um sie dort anzutreiben.

Kresse und Kerbel werden dagegen im warmen Raum auf der Fensterbank ausgesät. Sie wachsen in Schalen oder Töpfen, Kresse gedeiht sogar auf feuchter Watte in einem Suppenteller. Die Aussaat dieser beiden schnell

■ In einem kühlen Zimmer hat der Rosmarin auf einer hellen Fensterbank einen guten Platz zum Überwintern gefunden. Salbei, Thymian, Petersilie und Gewürzpaprika leisten ihm Gesellschaft.

wachsenden Kräuter können Sie so oft wiederholen, wie sie gebraucht werden.

Alle Kräuter, die im Winter auf Ihrer Fensterbank weiterwachsen sollen, brauchen mäßige Wärme und viel Licht. Sie müssen also direkt hinter der Scheibe stehen! Auch bei diesem Mini-Gewürzgarten lassen Sie sich am besten von Ihrem Gefühl und Ihren Beobachtungen leiten. Pflanzen, die zu warm stehen, die aus lauter Fürsorge zu viel Wasser bekommen oder die unter trockener Zentralheizungsluft leiden, werden leicht von Ungeziefer befallen. Sie treiben kraftlose, lange Triebe, die zu nichts nütze sind. Deshalb gilt für die Wintertreiberei die wichtigste Regel: Versuchen Sie in allem ein vernünftiges, gesundes Maß einzuhalten. Wärme ist nötig zum Wachsen, aber sie darf nicht übertrieben werden. Ebenso verhält es sich mit der Feuchtigkeit.

Am besten verträgt das Basilikum die Kultur im warmen Zimmer. Es wird auch in seiner südlichen Heimat, in Italien, oft als Topfpflanze gehalten. Alle anderen Kräuter halten die Treiberei nur ein paar Wochen lang aus. Dann geht ihr Leben zu Ende, oder sie müssen ins Freiland zurückgebracht werden. Dennoch lohnt sich der Versuch, einige Winterwochen zu überbrücken und in dieser Zeit stets frisches, würziges Grün auf der Fensterbank vorrätig zu haben.

Überwinterung im Frühbeetkasten

Säen Sie im Sommer Petersilie und Winterportulak direkt im Frühbeet aus. Beide wachsen bis zum Frost noch kräftig heran. Dann schließen Sie die Fenster. So können Sie auch bei Kälte und Schnee mühelos grüne Blätter ernten. Wer mehrere Frühbeete besitzt und eines davon ganz für Kräuter nutzen möchte, der kann auch noch andere »Wintergrüne«, wie Löffelkraut und Barbarakraut, dort einquartieren. Sie werden wie die Petersilie im Spätsommer, spätestens aber bis Ende September ausgesät. Statt des geschlossenen Kastens lassen sich auch Folientunnel verwenden.

Schnittlauchballen, Estragonwurzeln, einen Teil vom Melissenstock, Wurzelpetersilie und Sellerieknollen können Sie gleichfalls im Herbst im Frühbeet eingraben. Dort treiben sie, wenn auch nicht gerade im harten Winter, so doch im frühesten Frühling aus, sobald die Sonnenstrahlen wieder etwas mehr Kraft besitzen. Sie können dann bereits frische Kräuter ernten, wenn sich draußen im Garten noch nichts regt.

■ Für viele Kräuter aus dem Süden bietet mein frostfrei gehaltenes Gewächshaus gute Überwinterungsmöglichkeiten. Neben Duftblatt-Geranien und alten Lantanen finden auch der große Päonienknospen-Salbei und die Zitronenverbene Platz.

Kräutergarten-Praxis

NATURGEMÄSSER PFLANZENSCHUTZ FÜR KRÄUTER

Der erste Schritt zum gesunden Kräutergarten ist ein positiver Gedanke: Was kann ich tun, um die Gesundheit der Pflanzen zu stärken? Dann brauchen Sie die negative Frage »Was muss ich gegen Krankheiten unternehmen?« nur selten zu stellen. Die Grundlage des gesunden Wachstums ist ein gepflegter, humusreicher Boden, der nach naturgemäßen Methoden bearbeitet wird. Dafür kann jeder Biogärtner sorgen.

Die Gesundheit stärken

Eine wichtige Voraussetzung für gutes Gedeihen ist die Anpassung an das örtliche Klima. In milden Weinbaulandschaften wachsen die Kräuter des Südens problemlos und üppig. In rauen Mittelgebirgslagen muss der Kräutergärtner dagegen Salbei, Rosmarin und Thymian mit größerer Sorgfalt behandeln. Diese wärmeliebenden Gewächse brauchen dort

einen besonders geschützten Platz. Statt des empfindlichen Französischen Thymians sollte der robustere Deutsche Thymian gepflanzt werden. Es lohnt sich, in solchen Gärten mehr heimische Kräuter zu ziehen, die Kälte, Wind und Feuchtigkeit besser vertragen. Bärlauch, Sauerampfer, Schnittlauch und Pfefferminze werden dort mühelos gedeihen. Schon durch überlegte Sortenwahl und einen sorgfältig ausgesuchten Standort kann der Gärtner also manchem Schaden vorbeugen.

Auch Abwechslung und Mischkulturen tragen zur Gesundheit der Kräuter im Garten bei. Die einjährigen Gewürze und Heilpflanzen sollten Sie jedes Jahr an einem anderen Platz aussäen. Dann wird die Erde nicht einseitig beansprucht. Bei der Petersilie macht sich der regelmäßige Wechsel besonders positiv bemerkbar. Dieses Kraut ist mit sich selbst unverträglich; es darf nie hintereinander an der gleichen Stelle gesät werden, sonst kümmert es.

■ Kräuter sind nicht nur für Menschen wertvoll, sie stärken auch die Gesundheit ihrer Nachbarn auf dem Gartenbeet. Vor allem die Ringelblumen gehören zu den »guten Geistern«.

Merken Sie sich die folgenden ungünstigen Kombinationen, um sie in Zukunft zu meiden:

■ Zitronenmelisse und Goldmelisse (Indianernessel)

■ Pfefferminze und Kamille

■ Kümmel und Fenchel

■ Petersilie und Salat

■ Wermut ist vielen Pflanzen unangenehm, er behindert sie in ihrer ungestörten Entfaltung. Pflanzen Sie das Kraut mit dem strengen, bitteren Geruch deshalb möglichst etwas abseits.

■ Liebstöckel ist gleichfalls für viele Pflanzen kein angenehmer Nachbar. Geben Sie auch diesem mächtigen, stark riechenden Kraut möglichst einen Extraplatz. So gehen Sie »grünem Ärger« aus dem Weg.

Genügend Licht und Luft tragen ebenfalls zum gesunden Gedeihen der Kräuter bei. Ein Gärtner, der auf sonnige Lage und reichlich Pflanzenabstand achtet, beugt bereits manchem Ärger vor. Denn dichter Wuchs und stickige Verhältnisse fördern nur das Gedeihen von Läusen und Pilzerkrankungen. In kleinen Kräutergärtchen sollten Sie sich deshalb vor übergroßer Fülle hüten. Eine wohlüberlegte Auswahl gedeiht dort besser und gesünder als ein wucherndes Durcheinander.

Ungünstige Nachbarschaft meiden

Auch unter den duftenden Kräutern gibt es solche, die sich »nicht riechen können«. Wer sie ahnungslos nebeneinanderpflanzt, der wird sich wundern, warum sie nicht recht gedeihen wollen. Gärtner, die im Sinne der Natur arbeiten, werden solche ungünstigen Nachbarschaften meiden. Auch eine solche Kenntnis der Lebensgewohnheiten im Pflanzenreich trägt wieder einen Teil zum gesunden Wachstum bei.

NATURARZNEI FÜR KRANKE KRÄUTER

»Für alles ist ein Kraut gewachsen.« Diese Weisheit gilt auch für den Kräutergarten. Natürliche Arznei, die gegen Krankheiten und Schädlinge im Notfall eingesetzt werden kann, wächst gleich nebenan. Bei guter Pflege wird sie allerdings nur selten gebraucht. Die meisten Gewürz- und Heilpflanzen sind nicht anfällig. Große Blattlausplagen oder gefährliche Pilzkrankheiten, die im Gemüse- und Obstgarten größere Ausmaße annehmen können, sind im Kräutergarten sehr selten.

Vielleicht wirkt die Fülle intensiver Düfte auf gewisse Schädlinge sogar abwehrend oder irritierend. Wenn trotzdem einmal durch Kulturfehler oder durch ungünstige Witterung schwarze Läuse am Borretsch oder Mehltau an der Zitronenmelisse auftauchen, dann können Sie Ihren Kräutern durch Kräuter-Arznei helfen. Wermut und Rainfarn wirken zum Beispiel als Spritzbrühen gegen Läuse und Milben. Seit Jahrhunderten wurden diese stark riechenden Pflanzen bereits gegen allerlei Ungeziefer eingesetzt. Diese Pflanzenbrühen können Sie ohne Angst vor schädlichen Nebenwirkungen unbesorgt bei den empfindlichen Gewächsen des Kräutergartens anwenden.

Ackerschachtelhalm-Brühe

Dieses Wildkraut aus den Urzeiten der Erde hat sich seit langem als vorbeugendes Mittel gegen Pilzerkrankungen bewährt. Frischer Ackerschachtelhalm wird von Mai bis August gesammelt. Sie können auch getrocknetes Kraut kaufen. Im Handel wird ein Flüssigextrakt dieses Krautes angeboten. Für 10 Liter Wasser braucht man 300 Gramm frisches Kraut oder 30 Gramm getrocknete Droge.

Der Ackerschachtelhalm wird zunächst mit der nötigen Wassermenge über Nacht einge-

weicht. Nach etwa 24 Stunden erhitzen Sie das Kraut mit der Einweichflüssigkeit bis zum Sieden und lassen es noch eine Viertelstunde leise weiterkochen. Nach dem Abkühlen wird die abgesiebte Schachtelhalm-Brühe 1 : 5 mit Wasser verdünnt. Versprühen Sie sie vom Frühling bis zum Sommer mehrmals vorbeugend über gefährdete Pflanzen. Dies geschieht am besten vormittags bei sonnigem Wetter.

Der kieselsäurehaltige Ackerschachtelhalm-Auszug stärkt die Oberfläche der Blätter und erschwert dadurch das Eindringen von Pilzinfektionen. Dieses natürliche Spritzmittel wirkt vor allem vorbeugend. Wenden Sie die Brühe öfter an in der Zeit von Juni bis August.

Rainfarn-Tee

Für 10 Liter Wasser benötigen Sie 300 Gramm frisches Rainfarnkraut (Blüten und Blätter) oder 30 Gramm getrocknete Droge. Gießen Sie das Wasser kochend über das Kraut, und brühen Sie so einen starken Tee auf, der 10–15 Minuten ziehen soll. Dann gießen Sie die Flüssigkeit ab. Nachdem der Rainfarn-Tee abgekühlt ist, wird er 1 : 3 mit Wasser verdünnt und kann dann gegen Milben und anderes Ungeziefer gespritzt werden. Mit Schachtelhalmbrühe vermischt, wirkt der Tee auch vorbeugend gegen Pilzerkrankungen.

Wermut-Tee

Aus 300 Gramm frischen Wermutblättern oder 30 Gramm getrocknetem Kraut bereiten Sie mit 10 Liter Wasser einen Tee zu. Das Rezept ist das gleiche wie beim Rainfarn. Im Frühling kann der Wermut-Tee unverdünnt

■ Der kieselsäurehaltige Ackerschachtelhalm gehört zu den Kräutern, die erfolgreich bei der Pilzabwehr helfen. Für eine Brühe zerkleinern Sie die frischen Pflanzen (1).
Dann wird Wasser aufgefüllt. Nach 24 Stunden kochen Sie den Ansatz nach Vorschrift auf. Mit der fertigen verdünnten Brühe können Sie öfter spritzen, am besten bei sonnigem Wetter (2).

über gefährdete Pflanzen gesprüht werden. Im Sommer sollten Sie ihn 1 : 3 mit Wasser verdünnen. Dieses pflanzliche Spritzmittel wehrt Läuse, Raupen und Ameisen ab.

Biologischer Pflanzenschutz für den Notfall

Es wäre sehr widersinnig, wenn ausgerechnet im Heilkräutergarten Gift versprüht würde. Selbst mit natürlichen Pflanzenschutzmitteln, die stärker wirken, sollten Sie sehr vorsichtig umgehen. Nützlingsschonend und umweltfreundlich sind Niembaum-Präparate, die Sie im Fachhandel oder im Spezialversand kaufen können. Diese Mittel helfen unter anderem gegen Blattläuse, Weiße Fliegen, Spinnmilben und Raupen. Weniger empfehlenswert sind Pyrethrum-Präparate, die Auszüge aus den Blüten einer Margeritenart enthalten. Diese natürlichen Substanzen wirken gegen Läuse, Milben und Weiße Fliegen; sie töten aber auch Nützlinge. Ihr Vorteil: Das Gift zersetzt sich unter Lichteinfluss schon innerhalb weniger Stunden.

Bei Pilzerkrankungen können Sie außer den selbst hergestellten Spritzbrühen auch biologische Handelspräparate, wie zum Beispiel »Bio-Blatt Mehltaumittel«, »Bio-S«, »Pilzvorbeuge« oder »Milsana«, verwenden. Bezugsquellen für alle Präparate finden Sie im Anhang.

Handeln Sie immer sehr behutsam. Im sensiblen Reich der Düfte, der Würze und der Heilstoffe ist leicht etwas verdorben. Wenn Sie alle positiven Mittel einsetzen, die die Gesundheit fördern, erweisen Sie Ihrem Kräutergarten den besten Dienst. Spritzmittel – auch die natürlichen – sind immer ein Notbehelf.

PRAXIS-RAT FÜR NOTFÄLLE

Was hilft, wenn …

Es gibt eigentlich nur wenige Problemkräuter, die dem Gärtner unter bestimmten Umständen wirklich Kummer bereiten können. Wie Sie einem Schaden vorbeugen oder sich in Notfällen helfen können, zeigen Ihnen die folgenden Tipps aus der Praxis.

… die Petersilie gelb wird

Zum Kummer des Kräutergärtners fällt manchmal die üppig grüne Pracht der Petersilie von einem Tag zum anderen einem unsichtbaren Feind zum Opfer. Die Blätter werden gelb und kraftlos; Stängel lassen sich ohne Widerstand ausziehen; Wurzeln sind zerfressen oder faul. Für dieses Fiasko gibt es zwei Gründe: Nematoden (Wurzelälchen) dringen in die Wurzeln ein und verursachen Fäulnis, oder die Maden der Möhrenfliege fressen Gänge in die Wurzeln und lassen die Pflanzen welken.

So können Sie sich gegen Nematoden wehren: Entseuchen Sie die Erde ein Jahr vor der Petersilienaussaat durch Tagetes und Ringelblumen. Die Wurzelausscheidungen dieser Pflanzen vertreiben die Älchen. Vorbeugend wirkt auch schon eine Mischkultur von Petersilie und Tagetes.

Gegen die Möhrenfliege helfen Mischkulturen aus Petersilie und Schnittlauch oder Petersilie und Zwiebeln. Vorbeugend wirkt auch Tee aus Wermut oder Rainfarn, der öfter über die Petersilie gesprüht wird. Ganz allgemein wichtig für ein gesundes Wachstum der Petersilie ist der ständige Wechsel des Standortes. Säen Sie das Kraut jedes Jahr an einen anderen Platz!

… Erdflöhe die Kresse überfallen

Radieschen, Kohl, Gurken und auch die Kresse sind bei den Erdflöhen besonders beliebt. Sie gefährden vor allem die jungen Aussaaten im Frühling. Die kleinen, beweglichen Käfer fühlen sich auf trockener Erde wohl. Vorbeugend wirken deshalb schon alle Maßnahmen, die den Boden feucht halten: Mulchen, Hacken, und notfalls auch Gießen.

Legen Sie rund um die gefährdeten Pflanzen blühende Ginsterzweige aus. Die duftenden Zweige halten die Erdflöhe zurück.

… die Pfefferminze »rostig« wird

Im Allgemeinen gehören die verschiedenen Pfefferminzarten zu den robusten Kräutern, die eher durch übermäßiges Wuchern als durch Krankheiten auffallen. Trotzdem kann es manchmal geschehen, dass das Kraut durch zu engen Wuchs an einem schlecht durchlüfteten Standort vom Pfefferminzrost befallen wird. Gegen diese Pilzerkrankung hilft am besten ein radikaler Rückschnitt. Der frische Austrieb ist dann meist wieder gesund.

Um einen neuen Ausbruch der Krankheit zu vermeiden, müssen Sie aber die Ursachen beseitigen. Verschaffen Sie der Pfefferminze so bald wie möglich einen Standort, der ihrer Natur gemäß ist. Im Halbschatten, am Rand einer Hecke oder auch in der Nähe eines Teiches fühlt sich das Kraut besonders wohl. Sorgen Sie auch dafür, dass die Pflanzen nicht zu dicht durcheinander wuchern. Ab und zu muss ein wenig ausgelichtet werden. Vermeiden Sie auch ungünstige Nachbarschaften: Kamille sollte nicht in direkter Nähe der Pfefferminze wachsen.

… der Dill kümmert

Manchmal findet die Möhrenfliege auch an den langen Pfahlwurzeln des Dills Gefallen. Dann gelten die gleichen Abwehrmaßnahmen wie bei der Petersilie. Dill reagiert aber auch – empfindlicher als manches andere Kraut – auf ungünstige Standorte. Er möchte am liebsten mit den »Füßen« im feuchten Schatten und mit dem »Kopf« in der Sonne stehen. Besonders gut und gesund gedeiht Dill deshalb auf einem Gurkenbeet. Die langen Ranken mit den großen Blättern sorgen dort für Bodenschutz und gleichmäßige Feuchtigkeit. Hoch über den Gurken kann sich dagegen das Dillkraut im vollen Licht entfalten. So fördert diese Mischkultur ein harmonisches Wachstum des aromatischen Krautes.

Achten Sie beim Samenkauf gerade bei Dill auf gute Qualitätszüchtungen, auf keimgeschützte Verpackung und auf das Haltbarkeitsdatum. Denn wie die Saat, so wird auch die Ernte!

… Schnecken junge Pflanzen fressen

Die zarten Keimblätter von Majoran, Portulak und Basilikum sind bei Schnecken besonders beliebt. Oft werden Aussaaten oder frischgesetzte Jungpflanzen über Nacht regelrecht abgegrast. Auch die ersten Triebe von Sauerampfer und Balsamkraut sind gefährdet. Beugen Sie dem Schaden rechtzeitig vor, indem Sie dicht neben solchen Kräutern kleine Plastikbecher ebenerdig eingraben. Füllen Sie diese Behälter zu zwei Dritteln mit Bier, und stülpen Sie dann einen größeren Becher darüber, in den Sie vorher mit einer Schere mehrere Eingänge schneiden. Dieses Dach, das die »Schneckenkneipe« vor Regen und das Bier vor dem Verwässern schützt, wird mit einem gebogenen Draht in der Erde verankert.

Schnecken aller Größen lockt der Biergeruch an. Wenn sie sich tief über den Rand beugen, fallen sie in das Gebräu aus Hopfen und Malz und ertrinken. So können Sie die unerwünschten Mitesser, ehe sie zur Plage werden, von den Kräutern ablenken.

Schützend und abwehrend gegen Schnecken wirken auch breite Sandstreifen oder Säge-

mehl rund um gefährdete Kulturen. Bei trockenem Wetter können Sie Gesteinsmehl, Kalk oder Holzasche ausstreuen. Bei Regen, also gerade dann, wenn viele Schnecken unterwegs sind, bleiben diese Mittel leider wirkungslos. Kalk und alle kalkhaltigen Produkte dürfen außerdem nur in sehr geringen Mengen bei solchen Kräutern verwendet werden, die dieses Mineral vertragen. Wichtig ist auch, dass Sie unter dichtwachsenden Blättern regelmäßig nachschauen: Hier verkriechen sich die Schnecken gern im feuchten Schatten. Diese Vorliebe können Sie sich auch zunutze machen: Legen Sie Bretter, feuchte Säcke oder große Blätter als Fallen aus. Morgens können Sie darunter viele Schnecken finden und einsammeln.

Eine gewisse Abwehrwirkung gegen die schleimigen Kriechtiere üben auch einige stark duftende Pflanzen des Kräutergartens aus. Dazu gehören zum Beispiel Salbei, Thymian und Ysop. Auf diese natürlichen Helfer ist aber nur begrenzt Verlass. In großer Not hilft das umweltschonende Schneckenkorn Ferramol, das andere Tiere des Gartens nicht gefährdet. Das Präparat besteht aus einer natürlichen Eisenverbindung mit dem Hauptwirkstoff Eisenphosphat.

■ Kein schöner Anblick: Die Petersilie wird plötzlich gelb und welkt in kurzer Zeit. Schuld können Nematoden oder Maden sein.

■ Erdflöhe sind hübsche kleine Käfer, für die »große Sprünge« kein Problem sind. Leider hinterlassen Sie siebartig durchlöcherte Pflanzen.

■ Die braunen Flecken zeigen, dass sich auf den Blättern der Pfefferminze Rostpilze angesiedelt haben. Da hilft nur radikaler Rückschnitt!

Kräutergarten-Praxis

KRÄUTER-MEDIZIN FÜR DEN GARTEN

■ Rosen und Lavendel bilden eine ebenso schöne wie nützliche Pflanzengemeinschaft. Das stark duftende Kraut schützt die Blumenkönigin vor gefräßigen Läusen. Besonders wirksam ist eine Lavendelhecke.

Die heilsamen Kräfte der Kräuter kommen nicht nur den Menschen zugute; sie wirken sich auch wohltuend auf den ganzen Garten aus, wenn diese aromatischen Pflanzen gezielt und sinnvoll eingesetzt werden.

Mischkultur mit Kräutern

Bestimmte Kombinationen von Gemüse und Kräutern oder von Blumen und Kräutern helfen zum Beispiel bei der **Abwehr von Schädlingen.**

Säen Sie das einjährige Bohnenkraut möglichst immer an den Rand des Busch-bohnenbeetes. Der starke Duft der Gewürz-pflanzen hält die Schwarzen Läuse von den Bohnen ab. Diese Mischkultur hat sich sehr bewährt.

Die ebenfalls intensiv duftenden Kräuter Salbei und Thymian üben eine gewisse ab-wehrende Wirkung auf Kohlweißlinge und Schnecken aus. Um einen stärkeren Schutz zu erreichen, müsste ein Kräutergärtner dichte Hecken aus Salbei und Thymian um die Beete pflanzen. In den meisten Fällen ist dies im Gemüsegarten nicht praktisch. Verwenden Sie deshalb diese Kräuter nur als Ergänzung zu anderen Methoden des naturgemäßen Pflan-zenschutzes.

Pfefferminze kann ebenfalls zur Abwehr von Kohlweißlingen und Erdflöhen eingesetzt und zu diesem Zweck an den Rand des Kohlbee-tes gepflanzt werden. Zwei Gründe machen es etwas schwierig, diese hilfreichen Eigen-schaften der Pfefferminze ständig zu nutzen: Die Pflanzen wuchern zu stark, und sie gedei-hen längere Zeit am gleichen Ort, während der Kohl das Beet wechselt.

Die Kapuzinerkresse hält Blutläuse von Obst-bäumen fern, wenn sie auf die Baumscheiben gesät wird. Andererseits zieht sie Schwarze

Läuse an und entlastet durch diesen »Dienst« die Nachbarpflanzen.

Aus Rainfarn können Sie am Rand des Gartens eine schützende kleine Hecke pflanzen, die Ungeziefer abwehrt. Im Blumengarten bewährt sich die Kombination von Rosen und Lavendel. Sie sieht hübsch aus und verspricht einen gewissen Schutz vor Läusen. Hundertprozentig können Sie sich aber nicht auf den »Schutzengel« Lavendel verlassen. Andere naturgemäße Maßnahmen zur gesunden Entfaltung der Rosen müssen hinzukommen.

Einige Kräuter üben auf ihre Nachbarn im Gemüsegarten ganz einfach eine **positive Wirkung auf das Wachsen und Gedeihen** aus. Aus diesem Grunde sollten Sie Petersilie oder Schnittsellerie zu den Tomaten säen. Die verwandten Doldenblütler Kümmel, Fenchel und Koriander üben einen guten Einfluss auf Gurken, Zwiebeln und Möhren aus. Die Kapuzinerkresse fördert das Wachstum von Kartoffeln.

Auch auf die **Aromabildung der Nachbarpflanzen** können Kräuter sich günstig auswirken. So wachsen neben Kresse besonders wohlschmeckende Radieschen, und Kümmel verbessert den Geschmack der Kartoffeln.

Sicher gibt es noch mehr Möglichkeiten der erfolgreichen Mischkultur von Kräutern und Nutzpflanzen. Erproben und beobachten Sie auch selbst solche Kombinationen im eigenen Garten. Auf diesem interessanten Gebiet gibt es noch manches zu entdecken. Wahrscheinlich spielen Düfte und die Wurzelausscheidungen der Kräuter bei der gegenseitigen Beeinflussung eine wichtige Rolle. Je intensiver Sie diese inhaltsreichen Pflanzen kennenlernen, desto sicherer werden Sie auch in der Wahl günstiger Nachbarschaften. Die eigene Beobachtung ist oft aufschlussreicher als alle kluge Theorie.

DER KRÄUTERGARTEN – TUMMELPLATZ FÜR HILFREICHE INSEKTEN

An warmen Sommertagen ist auch das kleinste Kräutergärtchen erfüllt vom endlosen Summen der Bienen und Hummeln. Die himmelblauen Blütensterne des Borretschs, der lila-rosa Teppich des Thymians und die unscheinbaren weißen Blüten der Zitronenmelisse locken die nützlichen Honigsammler wie Magnete an. Aber auch andere Insekten und Schmetterlinge erfüllen die duftenden Kräuterbeete mit wimmelndem, buntem Leben. Da die Wild- und Wiesenkräuter in der freien Natur immer mehr zurückgedrängt werden, bildet eine Gewürz- und Heilpflanzenecke im Garten eine kleine Oase, die mit dazu beiträgt, die Vielfalt des Lebens zu erhalten.

Aus diesem Grund sollten Kräutergärtner immer einen kleinen Teil ihrer Ernte »opfern« und einige Pflanzen blühen lassen. Die Natur zahlt Ihnen diesen geringen Tribut an die Gemeinschaft der Lebewesen hundertfältig zurück: Bienen und andere Insekten bestäuben Obstbäume und Beerensträucher. Nützliche Schwebfliegen, Florfliegen, Marienkäfer, Schlupfwespen und viele andere helfen bei der Schädlingsjagd mit. Schmetterlinge verzaubern die warmen Sonnentage. So kann ein Kräutergarten – neben allen anderen guten Eigenschaften – auch noch ein wenig zur Gesundung der Umwelt beitragen.

Die folgenden Kräuter locken mit ihren Blüten vor allem Bienen und Hummeln an: Zitronenmelisse, Herzgespann, Borretsch, Thymian, Oregano, Lavendel, Salbei, Ysop, Bohnenkraut, Schnittlauch und Königskerzen.

Schwebfliegen ernähren sich von Honig und Blütentau; ihre Larven fressen dagegen große Mengen Blattläuse. Diese nützlichen Insekten können Sie mit Kräutern aus der Familie der Doldenblütler in Ihren Garten locken. Dazu gehören zum Beispiel Petersilie, Kümmel und Koriander. Zur gleichen Familie zählen auch Dill und Fenchel, die, ebenso wie der Kümmel, beim Schwalbenschwanz beliebt sind.

Brennnesseln brauchen einige der bekanntesten Schmetterlinge dringend als Futterpflanzen für ihre Raupen. Pfauenauge, Kleiner Fuchs und Admiral legen ihre Eier an diesem heilkräftigen »Unkraut« ab, das jeder Kräutergärtner hoch achten sollte. Lassen Sie ein paar Brennnesseln und möglichst auch ein paar Disteln für den Distelfalter ungestört in einer Ecke des Gartens wachsen. Diese Pflanzen dürfen Sie dann auch nicht für Brennnessel-Jauche schneiden!

So werden die Kräuter Ihres Gartens nicht nur zu einem Tummelplatz für Nützlinge, sondern auch zu einer unerschöpflichen Quelle vielfältigen Lebens. Diese herrlich duftenden Pflanzen dienen der Gesundheit der Erde, der Pflanzen, der Tiere und der Menschen.

■ Blühende Kräuter locken zahlreiche nützliche Insekten in den Garten. Diesen Distelfalter zog der Rote Sonnenhut an.

Kräuter von A bis Z

Kräuter von A bis Z

GEWÜRZE – HEILKRÄUTER – DUFTPFLANZEN

Gewürze und Teepflanzen kann man nicht säuberlich trennen. Fast alle Pflanzen, die als würzige Aromaspender in der Küche verwendet werden, haben gleichzeitig auch heilsame Wirkungen. In den alten Klostergärten und auch in den Bauerngärten bildeten viele Jahrhunderte lang Arznei- und Gewürzpflanzen eine enge und selbstverständliche Gemeinschaft. Wenn Sie sich erst einmal längere Zeit mit Kräutern vertraut gemacht haben, dann wird Ihnen diese Kombination ganz einleuchtend und notwendig erscheinen. Mit den Heil- und Teepflanzen öffnet sich Ihr Küchengarten nach allen Richtungen: Wildpflanzen aus Wiesen und Wäldern halten Einzug und vermitteln Ihnen eine Ahnung von dem, was der berühmte Arzt Paracelsus schon im 16. Jahrhundert verkündete: »Alle Wiesen und Matten, alle Berge und Hügel sind Apotheken.«

Einige »Standardpräparate« aus dieser unerschöpflichen »grünen Apotheke« können Sie ständig in Ihrem Garten vorrätig haben. Kräutermedizin ist nützlich für die vielen kleinen Beschwerden des Alltags. Sie soll nicht den Gang zum Arzt ersetzen und soll erst recht nicht zur Quacksalberei verführen. Aber ein Baldriantee oder ein duftendes Kräuterkissen, die keinerlei schädliche Nebenwirkungen haben, sind sicher bekömmlichere Schlafmittel als viele Pillen. Und das rote Johanniskrautöl hat schon manchen nervösen Zeitgenossen auf natürliche Weise wieder in einen ausgeglichenen Menschen verwandelt.

In der zwanglos bunten Gesellschaft aus Garten- und Wildkräutern können aber auch alle Köche und Küchenfeen schwelgen. Eine Fülle würziger Düfte und aparter Geschmacksrichtungen verlockt zum Ausprobieren immer neuer Rezepte. So rundet die frisch-säuerliche Zitronenmelisse die Salatsoße ab, während ihre getrockneten Blätter im Tee Herz und Nerven stärken.

Aber auch eine Heilpflanze kann »nebenbei« mit ihrem Wohlgeschmack zu überraschenden Delikatessen auf dem Speisezettel beitragen. So verfeinern die Blüten der Königskerzen, die normalerweise als Hustenmittel gebraucht werden, eine kräftige Fleischbrühe; und die Gundelrebe, die bei Magenverstimmungen hilft, würzt auch einen Frühlings-Wildkräuter-Salat. Die altmodisch-bezaubernde Eberraute bringt sogar drei verschiedene Verwendungsmöglichkeiten mit: eine kräftige, sehr aparte Würze für die Küche, magenstärkende Heilkräfte und einen herben Zitronenduft, der Motten und Fliegen vertreibt.

So bieten die Kräuter, die auf den folgenden Seiten beschrieben und vorgestellt werden, stets eine Fülle guter Eigenschaften, die ein Kräutergärtner so vielseitig wie möglich ausschöpfen sollte. Es wäre schade, wenn sie nur einseitig für die Küche oder ausschließlich für die Hausapotheke verwendet würden. Genießen und nutzen Sie den ganzen Reichtum dieser Pflanzen so großzügig, wie die Natur ihn mischte: die aromatische Würze, die wohltuenden Heilkräfte und die hinreißenden Düfte.

■ Im Hochsommer vereinen sich Kräuter, Rosen und Stauden zu einem rauschenden Fest der Blüten und Düfte. Wochenlang leuchtet dann im Vordergrund der prächtige Muskateller-Salbei.

EINJÄHRIGE KRÄUTER

Die einjährigen Gewürzkräuter werden im Frühling ausgesät. Im Sommer oder im Herbst des gleichen Jahres sind sie bereits erntereif. Danach sterben sie ab. Sie müssen diese Kräuter jedes Jahr von neuem in Ihrem Küchengarten aussäen.

Anis
Pimpinella anisum

Volkstümliche Namen Süßer Kümmel, Brotsamen, Anais, Arnis, Eins, Ems, Enis, Runder Fenchel, Taubenanis

Heimat und Verbreitung Anis – eines der ältesten bekannten Gewürzkräuter – war ursprünglich in den östlichen Mittelmeerländern zu Hause. Bereits 1500 vor Christus wird er im berühmten ägyptischen Papyrus Ebers erwähnt. In Griechenland und Syrien, auf Zypern und auf Kreta ist er aus antiken Quellen bekannt. Auch die Römer benutzten Anis bereits in vielfältiger Weise. Von Italien aus kam das Gewürzkraut über die Alpen und war während des Mittelalters als Heilpflanze und Küchengewürz im Gebrauch.

Botanischer Steckbrief Anis gehört in die Familie der Doldenblütler (Apiaceae). Aus einer spindelförmigen Wurzel wächst zunächst eine Blattrosette. Dann folgt ein gerillter Stängel, der etwa 30 bis 50 cm hoch wird. Daran bilden sich drei verschiedene Blattformen: die unteren sind langgestielt und ungeteilt, die mittleren drei- oder fünffach gefiedert, die oberen Blätter sitzen dicht am Stängel und sind sehr schmal und tief eingeschnitten. Die weißen Blütendolden erscheinen im Juli bis August. Danach bilden sich kleine eiförmige Früchte, in denen zwei haarige Körner liegen.

Heilkräftige Wirkstoffe Die Samen enthalten ätherische Öle, hauptsächlich Anethol und Estragol, außerdem Säuren, Flavonoide, fettes Öl und Eiweißstoffe. Sie wirken wärmend, schleimlösend und krampflösend, lindern Husten und Blähungen und regen auch den Appetit an.

Geschmack und Würze Die ganze Pflanze riecht und schmeckt süß-würzig.

Anbau im Garten Je nach Klima baut man in Europa verschiedene Anissorten an: in Frankreich den Touraine-Anis, der grün und sehr süß ist, in Russland eine schwärzliche Sorte, in Italien den weißen Anis und in Spanien eine großkörnige, besonders aromatische Züchtung, die am meisten geschätzt wird. In unseren Gärten werden kleinfrüchtige Anissorten ausgesät. Die Pflanzen brauchen durchlässigen, humosen Boden, der etwas kalkhaltig sein soll, und einen warmen, sonnigen Platz. In kühlen Sommern und an ungünstigen Stellen reift Anis oft nicht aus. Säen Sie die Samen ab Ende März oder Anfang April ins Freiland. Die Reihen sollten 20–30 cm Abstand haben. Decken Sie sie gut mit Erde zu, denn Anis ist ein Dunkelkeimer. Da es 3 bis 4 Wochen dauern kann, bis die Körner keimen, ist eine Markiersaat mit Radieschen praktisch und empfehlenswert. Sobald die Sämlinge etwa handhoch sind, werden sie auf 10–15 cm Abstand vereinzelt. Halten Sie den Boden zwischen den Anisreihen stets locker und unkrautfrei.

Ernte und Aufbewahrung Die Ernte beginnt, wenn die Früchte der Hauptdolden sich bräunlich färben. Da die Nebendolden dann meist noch nicht ausgewachsen sind, müssen sie nachreifen. Schneiden Sie die ganze Pflanze ab, bündeln Sie sie zu Sträußen, und hängen Sie diese trocken und luftig mit den Dolden nach unten auf. Darunter legen Sie ein sauberes Tuch. In reifem Zustand lassen sich die Samen leicht ausklopfen. Sie werden trocken in Schraubgläsern aufbewahrt. Legen Sie eine kleine Portion Aniskörner als Saatgut für das nächste Jahr beiseite.

Verwendung in der Küche Anis wird meist zu verschiedenen Backwaren verwendet. Er schmeckt auch als Gewürz zu Soßen, Suppen und jungen Karotten.

Verwendung in der Hausapotheke Anissamen wird vor der Verwendung leicht zerstoßen. Dann können Sie einen Tee daraus aufbrühen: gegen Husten mit Honig gesüßt oder ungesüßt gegen Blähungen. Sehr gut ist eine Teemischung aus den verwandten Kräutern Anis, Fenchel und Kümmel.

Historische Verwendung Die frühesten archäologischen Funde von Anissamen in Griechenland stammen aus der Spätbronzezeit. In der Antike legte der griechische Arzt Dioscurides bereits strenge Maßstäbe an die Qualität des Anis: »Der beste ist frisch, voll, ohne Staub, hat einen starken Geruch.« Im antiken Rom schätzte man die aromatischen Samenkörner ganz besonders.

Der Römer Plinius der Ältere schrieb in seiner Naturgeschichte: »Er gibt dem Atem einen guten Geruch, dem Gesicht ein jugendliches Aussehen und erleichtert schwere Träume, wenn man ihn so über dem Kopfkissen aufhängt, dass der Schlafende ihn riecht.« Außerdem »vertreibt er die windige Aufblähung des Leibs (...) bringt die Milch zu den Brüsten, macht Lust und Begierd zum Beschlaff.«

■ Der duftende Anis gehört zu den ältesten Gewürzen des Mittelmeer-Kulturraums. Die zarten Blütendolden öffnen sich im Hochsommer.

Nördlich der Alpen war der Anis seit der römischen Besatzung bekannt. Auch Karl der Große nahm das Kraut später unter dem Namen Anesum in sein Pflanzenverzeichnis auf. Im 13. Jahrhundert beschrieb Albertus Magnus den Anis zusammen mit Fenchel, Kümmel und Dill wegen ihrer ähnlichen Eigenschaften. Heute sehen wir das genauso: Es sind die »Bauchweh-Kräuter«, die bei Blähungen und Krämpfen hilfreich sind. Während des Mittelalters waren Anissamen auch sehr beliebt als Gewürz für Backwaren. Im Volksglauben waren auch allerlei Sagen im Umlauf. So glaubte man, dass der Grünspecht, wenn er den Schnabel mit Anis bestreiche, das härteste Holz durchbohren könne.

Basilikum
Ocimum basilicum

Volkstümliche Namen Königskraut, Hirnkraut, Josefskräutlein, Basilienkraut, Suppenbasil, Nelken- oder Hirtenbasilie, Balsam, Königsbalsam, Braunsilge, Bienenweide, Pfefferkraut, Krampfkräutel

Heimat und Verbreitung Wahrscheinlich ist das Basilikum im tropischen Vorderindien zu Hause. Es kam schon früh über den Mittleren Orient in die Mittelmeerländer. In den Grabkammern der Pyramiden entdeckte man bereits Basilienkränze. Die antiken Griechen schätzten das würzige und heilsame Kraut sehr. Etwa im 12. Jahrhundert gelangte das

Basilikum auch über die Alpen nach Mitteleuropa.

Botanischer Steckbrief Basilikum gehört in die Familie der Lippenblütler (Lamiaceae). Es hat aufrechte, stark verzweigte, kantige Stängel und weiche, gewölbte hellgrüne Blätter von meist länglich-ovaler Form. Die Blätter können aber sehr verschiedenartig aussehen, je nachdem, um welche Art oder Sorte es sich handelt und unter welchen klimatischen Bedingungen das Kraut aufwächst. Auch die Höhe variiert stark – Basilikum kann zwischen 15 und 60 cm hoch werden. An den Spitzen der Stängel erscheinen von Juli bis September kleine elfenbeinweiße bis rosa Blüten, die in Scheinquirlen angeordnet sind.

Heilkräftige Wirkstoffe Die Pflanzen enthalten vor allem ätherische Öle, darunter Estragol, Linalool und Eugenol sowie Gerbstoffe, Glykoside und Flavonoide. Basilikum wirkt wassertreibend, entkrampfend auf den Magen-Darm-Bereich und nervenberuhigend.

Geschmack und Würze Die ganze Pflanze duftet intensiv feurig-würzig. Das Aroma enthält eine Spur von Süße und ist gleichzeitig ein wenig pfeffrig – eine reizvolle Mischung, die schwer zu definieren ist. Duft und Würze entstehen durch einen hohen Gehalt an ätherischen Ölen.

Besondere Arten und Sorten Im Handel werden zahlreiche Sorten von *Ocimum basilicum* angeboten mit unterschiedlichen Blattformen, die zum Teil auch leuchtend purpur- oder schwärzlich-rot gefärbt sind. Eine kleine Auswahl soll zum Ausprobieren verlocken:

Genoveser Basilikum ist eine traditionsreiche Sorte aus Italien mit großen, gewölbten Blättern und reichem Aroma. Es eignet sich sehr gut für Pesto.

'Grünes Krauses' ('Green Ruffles') überrascht mit kräftigen runzeligen Blättern und starker Würze.

'Dark Opal' ist ein Beispiel für viele andere rotblättrige Sorten. Dunkelrotes Blattwerk, pinkrosa Blüten und ein leicht herber Geschmack sind die Merkmale dieser Züchtung.

■ Welch eine Fülle würziger Düfte! Basilikum bietet Ihnen eine Vielfalt von Farben und Aromen. Probieren Sie es zu Tomaten und Pesto.

Zimtbasilikum ist in verschiedenen Sorten im Handel, zum Beispiel 'Cinnamon', 'Cino' und 'Orientale'. Rosafarbene, purpur geäderte Blätter öffnen sich über grünen, warm nach Zimt duftenden Blättern, die sich wunderbar für Teemischungen eignen.

Thai-Basilikum 'Siam Queen' treibt Büschel dunkel purpurfarbiger Blüten an rötlichen Stängeln. Die großen Blätter liefern aparte Würze mit einer Prise Anis für die thailändische und vietnamesische Küche.

Buschbasilikum (Ocimum basilicum) ist eine buschig wachsende Art aus Indien mit kleinen Blättern und weißen Blüten. Durch seinen zierlichen Wuchs eignet sich dieses Basilikum gut für Töpfe und Kästen. Das feinwürzige Aroma passt zu vielen Gerichten der Mittelmeerküche und zu sommerlichen Tees.

'African Blue' (Ocimum kilimandscharicum × O. basilicum 'Dark Opal') ist eine aparte Schönheit mit purpurrosa Blüten und dunkelgrünen Blättern, die durch rote Adern auffallen. Der etwas strenge kampferartige Duft ist Liebhabersache. Dieses wunderschöne Basilikum wächst mehrjährig, wenn es im Winter einen warmen Platz erhält.

Heiliges Basilikum oder **Tulasi** (Ocimum tenuiflorum, Syn.: O. sanctum) gehört zu den seit uralten Zeiten geschätzten Kräutern der ayurvedischen Medizin. Diese in Indien und Malaysia verbreitete Art besitzt leicht behaarte, manchmal rot überlaufene Blätter und kleine rosa Blüten an langen Stielen. Der gewürznelkenartige Duft passt zu Früchten und Tees. Das Heilige Basilikum stärkt das Immunsystem und die Nerven.

Anbau im Garten Das wärmebedürftige Basilienkraut muss auf der Fensterbank oder im warmen Frühbeetkasten vorgezogen werden. Bedecken Sie die feinen, schwarzen Samen nur leicht mit Erde, denn Basilikum ist ein Lichtkeimer. Bei feuchter Wärme erscheinen die Keimblätter sehr rasch. Die Pflanzen werden kräftig, wenn Sie sie einmal pikieren. Nehmen Sie ruhig ein kleines Büschel Setzlinge für ein Töpfchen. Einzelne Pflanzen sind meist zu zart. Setzen Sie sie etwas tiefer als zuvor, damit sie Halt bekommen.

Erst in der zweiten Maihälfte dürfen Sie das Basilikum in den Garten pflanzen. Wählen Sie dazu einen warmen Tag und den sonnigsten Platz, den Sie haben. Das Beet muss humusreich, locker und möglichst ein wenig sandig sein. Pflanzen Sie auf 25 × 25 cm Abstand. Bei sommerlicher Trockenheit müssen Sie durchdringend gießen. In nasskalten Jahren gedeiht das Basilikum im Garten kaum. Pflanzen Sie es dann in Blumentöpfe, und stellen Sie es auf die Fensterbank. Sie haben dort viel mehr davon. Entspitzte Pflanzen wachsen kräftiger und buschiger. Basilikum in Töpfen oder Kästen gedeiht sehr gut auf dem Balkon oder in einem Terrassengarten.

Basilikumsamen werden in unserem Klima fast nie reif. Sie müssen das Saatgut immer kaufen. Es bleibt aber 4 Jahre keimfähig, deshalb können Sie gekaufte Samen mehrere Jahre lang verwenden.

Ernte und Aufbewahrung Pflücken Sie laufend frische, junge Triebe, bevor die Pflanzen blühen. Die Blätter sind dann noch zart und fein im Aroma. Je älter sie werden, desto härter fühlen sie sich an und desto schärfer sind sie im Geschmack. Basilikum sollten Sie möglichst frisch verwenden; beim Kochen müssen Sie es sehr behutsam behandeln. Feinschmecker zerrupfen oder zerdrücken die Blättchen, statt sie zu schneiden.

■ An Zimtbasilikum, hier die Sorte 'Cino', führt kein Weg vorbei. Dieses warme, gewürzhafte Aroma müssen Sie kennen lernen!

■ Das Heilige Basilikum wird seit Jahrtausenden in der ayurvedischen Medizin geschätzt. Es stärkt das Immunsystem – auch bei uns.

■ Viel Freude werden Sie an 'African Blue' haben. Diese Basilikum-Sorte bezaubert mit wunderschönen Blüten.

Getrocknetes Basilikum verliert leider sehr an Würze. Verwenden Sie es dann nur als Tee. Basilikum-Gewürzöl und Pesto sind die empfehlenswertesten Konservierungsmethoden (siehe Rezepte, Seite 217 und Seite 222).

Verwendung in der Küche Das aromatische Kraut aus dem Süden passt zu Tomaten, Kräutersoßen, Salaten, Kräuterbutter, Fleisch, Schalentieren und Gemüsen aus den Mittelmeerländern, wie Paprika und Auberginen. Machen Sie aber kein Allerweltsgewürz aus dem edlen Basilikum. Wo es verwendet wird, da muss es »den Ton angeben«.

Verwendung in der Hausapotheke Das Königliche Kraut wirkt wärmend, krampflösend und leicht beruhigend. Ein Tee-Aufguss aus Basilikum lindert Blähungen, stärkt den Magen und regt den Appetit an. Er kann auch als Gurgelmittel bei Halsschmerzen verwendet werden.

■ Das zierliche Buschbasilikum gedeiht gut in Töpfen. Von den kleinen würzigen Blättchen können Sie lange Zeit reichlich ernten.

Weitere Verwendungsmöglichkeiten Ein Basilikumtopf auf der Fensterbank vertreibt mit seinem Duft lästige Fliegen.

Historische Verwendung Das Basilikum hat im östlichen Mittelmeerraum eine sehr alte Tradition, die bis zu den Zeiten der ägyptischen Pyramiden zurückreicht. Ausführliche schriftliche Quellen gibt es seit der Antike. So schreibt Dioscurides über das Kraut: »Basilienöl wird bereitet, indem man die Pflanze in Olivenöl thut, dieses abseiht, dann nochmals Basilien hineinthut und wieder seiht. Übrigens ist die Basilie allgemein bekannt. Man braucht sie auch innerlich und äußerlich zu Heilzwecken. In die Nase gebracht, erregt sie das Niesen, und man muß beim Niesen die Augen schließen.« Dioscurides empfiehlt das Kraut, um den Bauch und den Stuhlgang zu erweichen und um Harn und Muttermilch zu fördern. Hildegard von Bingen kannte das Südländische Kraut bereits und empfahl in ihrer Physika: »Wenn aber ein Mensch an seiner Zunge gelähmt ist, und er nicht sprechen kann, dann möge er Basilica unter seine Zunge legen, und er wird die Worte wieder erlangen. Gegen Tertian- und Quartanfieber wird Basilica in Wein gekocht, mit Honig empfohlen.« Im Mittelalter ging es sehr geheimnisvoll zu: »So man die Basilien zwischen zweyen Steinen reibet, und einen newen Hafen (neuen Topf) darueber stuertzt, so sollen nach etlichen Tagen darauß Scorpionen wachsen.« Die »Kräuterväter« der beginnenden Neuzeit hatten dagegen eine höhere Meinung von den »Basilien«. So schrieb Tabernaemontanus: »Das Kraut bewegt zu ehelichen Werken…« Der Samen des Basilikums »dient für alle Mängel und Gebrechen des Herzens, wehret den schwaeren Gedanken … und erwecket im Menschen Freud und Muth.« Hieronymus Bock verrät seinen Lesern ein besonders nachahmenswertes Rezept: »Basilgen Kreutter gedört unnd ein Most darüber lassen verjären, gibt dem Wein ein hertzlichen guten geschmack und geruch dem Moscateller gleich.«

Bohnenkraut
Satureja hortensis

Volkstümliche Namen Pfeffer-, Wurst-, Aal-, Wein- oder Käsekraut, Kölle, Gartenquendel, Sommersaturei, Sommerbohnenkraut, Josefle

Heimat und Verbreitung Das Bohnenkraut stammt aus den Mittelmeerländern. Es ist auch in den Balkanländern und in Südrussland weitverbreitet. Die Römer schätzten das kräftig-duftende Kraut bereits sehr. Mit den römischen Legionären kam es zum ersten Mal über die Alpen nach Mitteleuropa. Später wuchs es auch in den Klostergärten. Während des Mittelalters war das Bohnenkraut allgemein sehr geschätzt. Es wurde schon früh ein volkstümliches Gewürz.

Botanischer Steckbrief Das einjährige Sommerbohnenkraut gehört in die Familie der Lippenblütler (Lamiaceae). Es hat eine starke Hauptwurzel und reich verzweigte Stängel, die im unteren Teil verholzen. Die Blätter sind schmal, dunkelgrün, leicht behaart und fast ohne Stiel. Von Juli bis Oktober öffnen sich die rosa, weißen oder lilafarbigen Blüten. Sie bilden in den oberen Blattachseln Scheinähren. Das verwandte Bergbohnenkraut ist bei den ausdauernden Kräutern Seite 103 beschrieben.

Heilkräftige Wirkstoffe Bohnenkraut enthält ätherische Öle, die in der Hauptsache aus Carvacrol und Cymen bestehen, außerdem Thymol, Thujen, Rosmarinsäure, Flavonoide und Gerbstoffe. Es wirkt krampfstillend, magenstärkend und macht schwere Speisen leichter verdaulich.

Geschmack und Würze Das ganze Kraut riecht stark würzig; es schmeckt etwas pfeffrig und ein wenig beißend.

Besondere Arten und Sorten
'Saturn' ist eine polnische Züchtung, blattreich, mit hohem Gehalt an ätherischen Ölen.

Anbau im Garten Säen Sie das Bohnenkraut mehrmals aus, zuerst Anfang April ins Frühbeet oder unter Folie; diese frühe Aussaat reift dann gleichzeitig mit den ersten jungen

Buschbohnen. Ab Mai können Sie das Bohnenkraut im Freiland aussäen. Warten Sie aber auf jeden Fall, bis der Boden sich erwärmt hat. Das Beet soll locker und humusreich sein. Frische oder starke Düngung schadet dem Aroma. Kompost reicht als Ernährungsgrundlage völlig aus, denn das Pfefferkraut ist anspruchslos. Säen Sie in Reihen von 20 bis 25 cm Abstand, innerhalb der Reihe werden die Pflanzen später ebenfalls auf 25 cm Abstand verzogen. Zu dicht stehende Pflanzen entwickeln mehr Stängel als Blätter! Die Saatrillen dürfen Sie nur dünn mit Erde bedecken, denn Bohnenkraut ist ein Lichtkeimer. Eine spätere Aussaat, Ende Mai bis Anfang Juni, ergibt noch einmal würzige Vorräte für herbstliche Eintöpfe.

Das Sommerbohnenkraut braucht sehr viel Wärme und einen sonnigen Platz, um intensives Aroma zu entwickeln. Halten Sie es – wenn es einmal angewachsen ist – eher trocken. Nur bei großer Hitze muss gegossen werden. Lassen Sie ein oder zwei Pflanzen für die Aussaat im nächsten Jahr Samen ansetzen. Die kleinen Körner werden geerntet, bevor sie sich braun verfärben, sonst fallen sie leicht aus.

Ernte und Aufbewahrung Frische grüne Blättchen können Sie jederzeit ernten, sobald die Pflanzen kräftig genug sind. Das würzigste Aroma hat das Bohnenkraut allerdings kurz vor und während der Blüte. Deshalb wird es auch blühend abgeschnitten, gebündelt und an einem schattigen, luftigen Ort zum Trocknen aufgehängt. Die dürren Blättchen werden später abgestreift und in verschlossenen Gläsern aufbewahrt. Bohnenkraut behält seine Würzkraft und seinen starken Duft auch in trockenem Zustand.

Verwendung in der Küche Beim Kochen ist das kräftige Gewürzkraut – wie schon der Name verrät – die klassische Beigabe zu grünen Bohnen. Außerdem passt es frisch und getrocknet zu Kartoffelgerichten, rustikalen Ragouts, Eintöpfen, Wurst- und Fischsalat. Es kann mitgekocht werden. Frisches Bohnen-

kraut an Rohkostgerichten ist eine Geschmacksfrage. Sie müssen es einmal ausprobieren.

Verwendung in der Hausapotheke Aus getrocknetem Bohnenkraut wird ein Tee-Aufguss zubereitet, der wohltuend auf den Magen-Darm-Bereich wirkt. Er löst Krämpfe und Blähungen, kann aber auch den Appetit anregen.

Weitere Verwendungsmöglichkeiten Bohnenkraut-Tee kann, ähnlich wie Thymian, auch als hustenlösender Badezusatz verwendet werden. Für ein Vollbad bereiten Sie einen Extrakt aus 100 Gramm getrocknetem Kraut und 1 Liter kochendem Wasser zu.

Historische Verwendung In der griechischen und römischen Antike kannte man bereits verschiedene Bohnenkräuter, darunter auch das wild wachsende Bergbohnenkraut, das Thymbra genannt wurde. Dioscurides schrieb: »Die Thymbra wächst auf magerem, steinigem Boden, ist dem Thymian ähnlich, aber kleiner und zarter, trägt eine volle, grünliche Blütenähre. Sie ist wie der Thymian für Gesunde ein Gewürz, für Kranke ein Heilmittel. Wird sie im Garten gezogen, so hat sie weniger Arzneikraft als der Thymian, schmeckt aber milder.«

Mit den römischen Legionären kam auch das Bohnenkraut über die Alpen nach Germanien. Später nahm es auch Karl der Große in die Liste derjenigen Kräuter auf, die auf seinen Landgütern angebaut werden sollten.

Im Mittelalter war das Bohnenkraut bereits allgemein beliebt. Hieronymus Bock beschreibt es in seinem großen Kräuterbuch: »Satureien und Quendel Kreutter seind der arme Leut wurtz (Würze) zu aller speiß bei fleisch und fischen gekocht / bringen lust zu essen, / dienen dem Magen / reitzen zu Ehelichen wercken.«

Noch ein paar historische Kostproben: »Ehrliche Leut hacken sie unter die würst, darvon sie anmütiger und gesunder werden.« – »Man kocht sie auch mit den Erbsen, Bonen und Linsen, welche nicht übel daran thun; denn sie nehmen ihnen die Blähung.«

Borretsch
Borago officinalis

Volkstümliche Namen Gurkenkraut, Gurkenkönig, Burisblüten, Borrasch, Borgel, Blauhimmelsstern, Herzblüten, Herzfreude, Liebäuglein, Wohlgemutsblume, Himmelsstern, Augenzier

Heimat und Verbreitung Der Borretsch ist wahrscheinlich in den Mittelmeerländern zu Hause. Vermutlich brachten ihn die Araber nach Spanien. Von dort aus breitete er sich auch nördlich der Alpen aus. Zur Zeit der Äbtissin Hildegard von Bingen wurde er bereits in den Klostergärten gezogen. Manchmal findet man ihn auch bei uns auf feuchten Plätzen verwildert.

Botanischer Steckbrief Der Borretsch gehört in die Familie der Borretschgewächse (Boraginaceae). Er hat starke, fleischige Wur-

■ Schon die »alten Römer« liebten das Bohnenkraut. Ernten Sie es blühend, wenn Sie es trocknen wollen.

zeln, die außen braun, innen aber weiß gefärbt sind. Die Stängel sind kräftig verzweigt und mit rauen, fast borstigen Haaren besetzt. Sie enthalten reichlich Wasser. Die ganze Pflanze kann unter guten Bedingungen 80 cm hoch werden. Die Blätter haben eine elliptische Form. Sie sind weich, saftig und auf beiden Seiten behaart. Im Alter werden sie hart und rau. An den Enden der Stängel entfalten sich lockere Blütenstände mit sternförmigen Blumen. Sie sind meist strahlend himmelblau, manchmal aber auch rosa oder weiß gefärbt.

Heilkräftige Wirkstoffe Die Blätter enthalten einen geringen Prozentsatz ätherisches Öl, viele Schleimstoffe, Pyrrolizidinalkaloide, Gerbsäure, Kieselsäure, verschiedene Mineralstoffe, Kalium und in den Samen Gamma-Linolensäure. Borretsch wirkt herzstärkend und allgemein kräftigend.

Geschmack und Würze Borretschblätter schmecken frisch-säuerlich, ein wenig gurkenähnlich.

Besondere Arten und Sorten

'Alba' ist eine aparte Auslese mit weißen Blütensternen.

Ausdauernder Borretsch (Borago pygmaea) kommt aus Sardinien und Korsika, bleibt niedrig im Wuchs.

Anbau im Garten Das Gurkenkraut ist eine saftstrotzende Erscheinung im Küchengarten. Deshalb braucht es auch mehr Feuchtigkeit als die meisten anderen Gewürzkräuter. Es bevorzugt nahrhaften, aber durchlässigen Boden. Nasse, schwere Erde ist nicht sein Element. Geben Sie ihm vor allem genügend Raum zur Entfaltung. Wenn der Borretsch zu eng steht, wird er leicht von Mehltau und Läusen befallen. Genügend Luftzirkulation zwischen den großen, wasserhaltigen Borretschstauden ist unbedingt nötig für eine gesunde Entwicklung. Andererseits ist das kräftige, rauhaarige Gurkenkraut eine Gefahr für zartere Gewächse im Küchengarten. Es überwuchert sie leicht. Siedeln Sie den Borretsch

lieber außerhalb des Kräuterbeetes an – am Zaun oder in einer ausgewählten Ecke. Im Übrigen ist dieses Kraut sehr anspruchslos. Säen Sie es im Freiland direkt an Ort und Stelle aus. Von April bis Juni ist dafür Zeit. Borretsch ist ein Dunkelkeimer; decken Sie die Samenkörner gut mit Erde zu, und drücken Sie sie ein wenig mit der flachen Hand fest. Halten Sie das Beet gut feucht. Das saftige Kraut muss nicht unbedingt in Reih und Glied gesät werden. Achten Sie aber auf genügend Abstand, 40–50 cm sind empfehlenswert. Entfernen Sie alle Pflänzchen, die zu dicht stehen. Das Verpflanzen ist nicht besonders empfehlenswert, die Setzlinge mit der langen Wurzel wachsen schlecht weiter.

Borretsch bildet leicht und reichlich Samen aus. Die eckigen schwarzen Körner werden von Vögeln und Ameisen im Garten verteilt. Wo das Gurkenkraut einmal heimisch ist, kommt es meist von selbst wieder – allerdings oft an Stellen, wo man es nicht brauchen kann. Sie können die Samen gut selbst sammeln und für das nächste Jahr trocken aufbewahren.

Ernte und Aufbewahrung Sobald die Pflanzen kräftig genug sind, können Sie laufend frische Blätter ernten. Verwenden Sie aber nur junge, samtweiche Triebe, ältere Blätter wirken wie kleine Reibeisen. An großen Borretschbüschen bilden sich in den Achseln der Stängel immer wieder frische Blätter. Sicherer sind neue Aussaaten, die zarte Gurkenkrautvorräte bis zum Sommerende liefern.

Verwendung in der Küche Das saftige Borretschkraut lässt sich nicht konservieren. Sie können es nur frisch verwenden. Pflücken Sie es immer erst kurz vor dem Anrichten, denn es bekommt schnell »Schlappohren«. Kleingehackt passen Borretschblätter zu Gurkensalat, grünem Salat, Eierspeisen, Quark und kalten Soßen. Auch die hübschen blauen Blüten sind essbar. Sie eignen sich als Dekoration von Salatschüsseln und kalten Platten. Eine Handvoll Borretschblätter verleiht Spinat und Mangoldgemüse einen feinen Geschmack!

■ Der Borretsch ist ein Kraut voller Saft und Kraft. Seine himmelblauen Blüten zieren den Kräutergarten und den Salat.

■ Der weiß blühende Borretsch ist eine aparte etwas ätherisch wirkende Auslese des robusten Krautes.

Verwendung in der Hausapotheke

Borretsch-Tee ist fast ganz in Vergessenheit geraten. Er soll blutreinigend und schleimlösend wirken. Aus Blättern und Blüten können Sie einen herzstärkenden Tee-Aufguss zubereiten. Sein Gehalt an Schleimstoffen macht den Borretsch auch zum Heilkraut für Atemwegserkrankungen. In der Volksmedizin wurde er außerdem zur Behandlung von Entzündungen und als harn- und schweißtreibendes Mittel empfohlen. Neuere Forschungen haben ergeben, dass bei der Entstehung von Neurodermitis ein Enzymdefekt eine Rolle spielt. Die Patienten können keine Gamma-Linolensäure bilden. Da Borretschsamen dieses Öl in großen Mengen enthalten, kann der Mangel durch Borretschsamenöl ausgeglichen werden.

Weitere Verwendungsmöglichkeiten

Verzuckerte Borretschblüten sind eine altmodische Delikatesse. Tauchen Sie frische Borretschblumen einzeln in Eischnee; legen Sie sie dann auf Pergamentpapier, und bestreuen Sie sie mit feinem Zucker. Im lauwarmen Backofen wird das Blütenkonfekt getrocknet, bis es mit einer feinen Zuckerkruste überzogen ist. Anschließend bewahren Sie es in verschlossenen Gläsern auf. Siehe auch Rezepte, Seite 219.

Historische Verwendung

»Ich, der Borretsch, bringe stets Freude«, hieß es bei den alten Römern. In diesem Sinne wurde das rauhaarige Kraut lange Zeit als Arznei benutzt, die das Herz stärkt und die Melancholie vertreibt. »Von gedistilliertem Borragenwasser« behauptete Tabernaemontanus: »Das Wasser von Blumen und Kraut / Abends und Morgens auch unter Tags fünff Löffel voll getruncken / reinigt das Geblüt von aller Unsauberkeit. Nimmt auch alle schwäre Fantasey und Traum / und was sich von böser Melancholey erhebt.«

Hildegard empfahl den Borretsch auch bei »Verdunkelung der Augen«. Daran erinnern noch heute Namen wie Liebäuglein und Augenzier.

Dill

Anethum graveolens var. *hortorum*

Volkstümliche Namen Dillsamen, Dillscheiben, Dillfenchel, Dyl, Dille, Däll, Till, Ille, Gurkenkräutel, Kappernkraut, Hochkraut, Kümmerlingskraut, Umorkenkraut

Heimat und Verbreitung Als Ursprungsgebiete des Dills werden sowohl Südeuropa als auch Südwestasien vermutet. Fest steht, dass das Gewürzkraut zu den uralten Heil- und Küchenpflanzen gehört, die schon den alten Ägyptern bekannt waren. Die antiken Griechen und Römer schätzten es gleichfalls hoch. Schon früh brachten Mönche den Dill über die Alpen und in die Klostergärten des nördlichen Europas. In den Pflanzenlisten Karls des Großen ist der Dill bereits aufgeführt.

Botanischer Steckbrief Der Dill ist ein Gewächs aus der Doldenblütler-Familie (Apiaceae). Aus einer dünnen, spindelförmigen Wurzel wächst ein hoher Stängel, der 50 bis 125 cm hoch werden kann. Die Blätter sind sehr feingefiedert, die Blattscheiden umfassen den Stängel. Gekrönt werden die Pflanzen von großen, strahlenförmigen Dolden, die mit zahlreichen kleinen gelben Blütchen besetzt sind. Die Blütezeit liegt in den Monaten Juni bis August. Die Samen des Dills sind gerippt, länglich-rund und zerfallen in zwei Teile. Im Aussehen ähnelt der Dill dem Fenchel. Er ist aber im Ganzen zarter und duftiger gestaltet.

Heilkräftige Wirkstoffe Der Dill enthält reichlich ätherische Öle mit hohem Carvon-

■ Dort wo er sich wohl fühlt, gedeiht der Dill in üppiger Fülle. Hier leisten ihm Ringelblumen fröhliche Gesellschaft und halten seine Wurzeln feucht.

Anteil sowie fette Öle und Cumarine. Er hilft gegen Blähungen und Magenverstimmungen. Im Altertum und im Mittelalter betrachtete man die vier Kräuter Anis, Fenchel, Kümmel und Dill als besonders wohltätige, in ihren Wirkungen verwandte Pflanzen. In vielen Häusern hielt man sie immer alle gleichzeitig vorrätig. Sie wirken allgemein beruhigend, erwärmend und krampfstillend.

Geschmack und Würze Der hohe Anteil an ätherischem Öl bewirkt das intensive Aroma des Dills. Die ganze Pflanze ist erfüllt von einer frischen, ganz leicht herben Würze. Die Samen haben einen etwas anderen Geschmack; er ist ein wenig bitter und kümmelartig.

Besondere Arten und Sorten

Dill 'Tetra' ist eine blattreiche Form.

Dill 'Vierling' besitzt blaugrüne Blätter und hohe standfeste Stängel.

Dill 'Farnblättrig' ('Fernleaf') fällt durch gedrungenen Wuchs und farnähnliche Blätter auf. Er wächst gut in Töpfen.

Anbau im Garten Viele Gärtner behaupten, der Dill sei ein anspruchsloses Kraut, das überall wachse. Das scheint aber nicht ganz zu stimmen. Es gibt Jahre, in denen der Dill

■ Jetzt gilt es aufzupassen: Die Samenkörner des Dills müssen geerntet werden, bevor sie ausfallen. Wenn sie sich bräunen, ist die Zeit reif.

launenhaft wie eine Primadonna sein kann. Dann müssen Sie so lange experimentieren, bis Sie die richtigen Bedingungen in Ihren speziellen Gartenverhältnissen für ihn gefunden haben. Geben Sie dem Dill auf jeden Fall einen warmen, windgeschützten Platz. Eine Pflanze, die so viel ätherisches Öl produziert, muss unbedingt Sonne haben. Im Wurzelbereich braucht das Kraut aber genügend Feuchtigkeit. In trockenen Zeiten müssen Sie den Dill also gießen.

Günstig ist es, wenn Sie ihn als Zwischensaat auf dem Gurkenbeet ausstreuen. Hier ergibt sich von selbst im Sommer eine Bodenbeschattung durch die kriechenden Ranken und dadurch gleichmäßigere Feuchtigkeit (siehe S. 49). Säen Sie den Dill ab April im Kräutergarten aus. Der Boden sollte humusreich und locker sein. Stauende Nässe verträgt das Kraut nicht. Die Reihen benötigen 25 bis 30 cm Abstand. Verpflanzen können Sie den Dill nur schwer; zu dichte Reihen müssen ausgelichtet werden. Säen Sie dieses Würzkraut mehrmals in Abständen aus.

Ernte und Aufbewahrung Die grünen Blätter des Dills können Sie laufend ernten. Die Samen brauchen, je nach Witterung, 2 bis 3 Monate, um auszureifen. Sie werden geschnitten, wenn sie sich zu bräunen beginnen, aber noch nicht so reif sind, dass sie herausfallen. Binden Sie die Stiele zu lockeren Sträußen, und hängen Sie diese an einem luftigen, schattigen Platz zum Trocknen auf. Die ausgefallenen Samenkörner bewahren Sie dann fest verschlossen in Gläsern auf. Junge Dillblätter können Sie auch einfrieren.

Legen Sie eine kleine Portion Dillsamen für die Aussaat im nächsten Frühling beiseite.

Verwendung in der Küche Dillsamen und Dillblütenstände können Sie beim Einlegen von Gurken und zum Ansetzen von Kräuteressig benutzen. Dillblätter passen als Würze zu grünen Salaten und Kartoffelsalat, zu Dillbutter und Hammelbraten. Dillsoße ist die ideale Ergänzung zu frischem Aal und Krabben. Das Kraut wird frisch verwendet.

Verwendung in der Hausapotheke Die getrockneten Dillsamen werden, ähnlich wie Fenchel, zu einem Tee aufgebrüht, der Blähungen lindert und krampfartige Bauchschmerzen löst. Dilltee mit Honig gilt als wirkungsvolles Schlafmittel. Ungesüßt vertreibt er den Schluckauf. Der Tee gilt immer noch als Mittel, den Fluss der Muttermilch anzuregen. Dill können Sie mit Fenchel und Kümmel mischen.

Historische Verwendung Dill gehört zu den ältesten Gewürzen der Menschheit. Archäobotaniker fanden Dillsamenkörner in jungsteinzeitlichen Siedlungen, die aus dem 4. vorchristlichen Jahrtausend stammen. Diese Grabungen liegen in Südwestdeutschland und in der Schweiz. Das südländische Kraut kann nur durch frühe Handelsbeziehungen mit den Mittelmeerkulturen dorthin gelangt sein.

In den alten ägyptischen Hochkulturen war der Dill bereits ein viel benutztes Kraut. Er ist im Papyrus Ebers um 1500 v. Chr. beschrieben. Man verwendete ihn in der ägyptischen Medizin unter anderem als Mittel gegen Kopfschmerzen.

Auch die antiken Griechen und Römer waren vom Dill begeistert. Vergil beschreibt, dass das Kraut zu duftenden Kränzen gebunden wurde. Dioscurides empfahl: »Vom Dill braucht man die Dolde und den Samen als Mittel, die Milch zu vermehren, die Verdauung zu verbessern, zu viel und zu oft genossen, schwächt er jedoch.«

Der Römer Palladius befasste sich mit den Gartenbedürfnissen. »Im Februar sät man den Dill; er verträgt jedes Klima; allein das laue ist ihm am liebsten! Fehlt es an Regen, so gießt man. Man darf ihn nicht zu dicht säen. Manche bedecken den Samen gar nicht mit Erde, weil sie glauben, kein Vogel gehe daran.«

In der Küche benutzten die Römer den Dill, um Geflügel und Wein damit zu würzen. Römische Soldaten brachten das beliebte Kraut über die Alpen nach Germanien. Um 800 holte es auch Karl der Große in seine Gärten.

Im Mittelalter empfahl Albertus Magnus den Dill bereits als Arznei gegen Blähungen und als Mittel, die Muttermilch reichlich fließen zu lassen. Beide Empfehlungen gelten noch heute.

Hildegard von Bingen stand dem traditionsreichen Kraut eher skeptisch gegenüber: »Der Dille ist trocken und warm, sein Genuss stimmt den Menschen zur Traurigkeit. Roh genossen ist er nicht gesund, weil er die Feuchtigkeit und etwas Fettigkeit der Erde an sich hat; gekocht vertreibt er die Gicht.«

Im späten Mittelalter sahen die Kräuterväter den Dill wieder ganz in der Tradition der Antike, aus der sie ja auch einen großen Teil ihrer Weisheit bezogen. Dazu gehörte auch, dass man Dillsamen benutzte zum Einmachen der »jungen cucumern« und zum Kappiskraut, »welches ihm nicht allein einen guten geschmack gibt / sondern er benimmt ihm auch die Windigkeit und machet es desto verdaulicher«.

Tabernaemontanus bemerkte kurz und bündig: »In Summa / unsere Weiber und Köch können des Dills in ihren Küchen keines wegs entbehren.« – Dillsamen in Wein »stillet das Magenwehe / das Grimmen im Leib und Reissen in den Därmen«.

Eine ganz andere Verwendung hatten einst junge Bräute für das duftende Kraut. Sie legten sich Dill in die Schuhe und murmelten auf dem Weg zum Altar: »Ich habe Senf und Dill, mein Mann muss tun, was ich will.«

Kamille

Matricaria (Syn.: *Chamomilla recutita*)

Volkstümliche Namen Echte Kamille, Feldkamille, Mutterkraut, Mägdeblume, Kummerblume, Hermel, Hermelin, Kamelle, Kühmelle, Hermannl, Äpfelblümle, Muskatblume

Heimat und Verbreitung Ursprünglich war die Echte Kamille in Südeuropa, im Mittelmeerraum und Kleinasien bis nach Afghanistan zu Hause. Heute wächst Kamille in verschiedenen Arten in ganz Europa wild.

Botanischer Steckbrief Die Kamille zählt zur Familie der Korbblütler (Asteraceae). Aus kurzen, dünnen Wurzeln wächst eine verzweigte Pflanze, die je nach Standort 20 bis 50 cm hoch werden kann. Die Blätter sind sehr zart gefiedert. Die Blumen öffnen sich an den Enden der Stiele von Mai bis Juli. Die gelben Röhrenblüten in der Mitte sind von einem einfachen Kranz weißer Strahlenblütenblätter umgeben. Wichtige Erkennungszeichen für die Echte Kamille: Nach der Befruchtung hängen die weißen Blütenblätter nach unten. Wenn Sie das gelbe Blütenköpfchen aufbrechen, finden Sie am Boden einen kegelförmigen Hohlraum. Andere Kamillenarten besitzen einen festen, gefüllten Blütenboden.

Die Kamille wuchs früher – als noch nicht mit Unkrautvernichtungsmitteln gespritzt wurde – wild an Acker- und Wegrändern. Manchmal auch auf Schuttplätzen.

Heilkräftige Wirkstoffe Die wichtigsten Inhaltsstoffe sind ätherische Öle, unter anderem Chamazulen, das sich bei der Destillation blau färbt. Außerdem enthalten die Blumen Glykoside, Flavonoide, Cumarine und Schleimstoffe. Kamillenblüten wirken entzündungshemmend, krampflösend und antibakteriell.

Geschmack und Würze Die getrockneten Blüten haben einen sehr typischen aromatischen Kamillengeruch. Alte Kräuterbücher sagen: Kamillenblüten riechen nach Äpfeln. Der Geschmack ist ein wenig bitter.

■ Ein Bild wie aus alten Zeiten – Kamille und Mohn leuchten am Wegrand. Die aufgeschnittene Blüte zeigt einen Hohlraum. Daran erkennt man die Echte Kamille!

Besondere Arten und Sorten

Römische Kamille (*Chamaemelum nobile*) ist heilkräftig, wenn auch nicht so intensiv wie die Echte Kamille.

'Bodegold' ist eine großblütige Sorte, die durch ihren Reichtum an ätherischen Ölen empfehlenswert ist.

Die Acker-Hundskamille (*Anthemis arvensis*), die Stinkende Kamille (*Anthemis cotula*), und die Geruchlose Kamille (*Tripleurospermum perforatum*) gehören nicht zu den Heilpflanzen.

Anbau im Garten Kamillensamen können Sie im Fachhandel kaufen. Er wird ab April in Reihen mit 30–40 cm Abstand ausgesät. Sie können die Saat auch breitwürfig ausstreuen. Die Pflanzen sind anspruchslos; sie gedeihen auf magerem Boden ebenso wie in guter Gartenerde. Besonders günstig ist humusreiche, leicht lehmige Erde. Diese Bodenart ist auch typisch für Weizenfelder, in denen die Kamille gern wächst.

Bereiten Sie das Beet mit reichlich Kompost vor, und lichten Sie die Pflanzen später auf mindestens 20 cm Abstand aus; dann können sie sich reich verzweigen und setzen viele Blüten an. Wichtig für eine gute Ernte ist aber vor

allen anderen Bedingungen ein sehr sonniger Standort.

Ernte und Aufbewahrung Während des Sommers werden die Blütenköpfchen ohne Stiele und Blätter geerntet. Bei länger anhaltendem sonnigem Wetter sammeln die Kamillen mehr heilsame Inhaltsstoffe als bei Regen. Pflücken Sie die Blumen deshalb in einer Schönwetterperiode. Sie werden sehr vorsichtig ausgebreitet und bei milder Wärme an der Luft getrocknet. Bewahren Sie die gedörrte Kamille in gut verschlossenen Gläsern auf.

Bei dieser wertvollen Heilpflanze ist es besonders wichtig, dass der Trockenprozess richtig abläuft. Pflanzenteile, die noch Feuchtigkeit enthalten, schimmeln leicht und verderben Ihnen die ganze Ernte! (Siehe »Ernten und Konservieren«, Seite 208–209)

Verwendung in der Küche Die Kamille ist eines der wenigen Kräuter, die nicht zum Würzen verwendet werden.

Verwendung in der Hausapotheke

Aus den getrockneten Kamillenblüten können Sie einen Tee aufbrühen, der ungesüßt getrunken wird und vor allem heilend auf entzündete Magenschleimhäute und andere Magen-Darm-Beschwerden wirkt.

Warme Umschläge mit Kamillentee und Kamillenbäder heilen Wunden, Entzündungen und Geschwüre. Kamillensitzbäder helfen bei Entzündungen im Genital- und Analbereich. Bei Erkältungen hilft ein Kamillendampfbad; dabei dringen die heilsamen Wirkstoffe tief in den Nasen- und Rachenraum ein. Bei Entzündungen in der Mundhöhle oder im Nasen-Rachen-Raum können Sie mit ungesüßtem Kamillen-Tee gurgeln.

Die Kamille ist wissenschaftlich gut erforscht und wird auch von der modernen Medizin empfohlen.

Weitere Verwendungsmöglichkeiten

Waschungen mit Kamillen-Tee lassen unangenehme Körpergerüche verschwinden, wenn diese keine tiefer gehenden, organischen Ursachen haben. Auch Fleisch, das an warmen

Sommertagen zu riechen beginnt, kann mit Kamillen-Tee abgewaschen werden. Spülungen mit Kamillen-Tee frischen die blonde Haarfarbe auf.

Historische Verwendung Die Kamille gehört zum uralten Pflanzenadel. Schon die alten Ägypter kannten das Kraut und verehrten es als Blume des Sonnengottes. In der griechischen Antike schreibt Dioscurides, dass die »Chamillen« in rauer, magerer Erde am Wegrand wachsen. In einer spätmittelalterlichen Übersetzung heißt es:

Die Chamillen Blumen Würzeln sampt dem Kraut / haben eine Krafft / damit sie erwärmen / dünn und flüssig machen; Chamillen getruncken / oder in die Brüh gesessen / Darinn sie gesotten sind / treiben die Mondzeit der Frauen / die Frucht / den Harn und den Stein. Sind auch gut getruncken / wider die windige Aufbläung der Därme / und wider das Grummen.«

Die spätmittelalterlichen Kräuterväter, die ihren Dioscurides alle gut kannten, schrieben ebenfalls große Loblieder auf das kleine Kraut mit den wunderbaren Eigenschaften. Hieronymus Bock war überzeugt: »Es ist bei allen Menschen kein breuchlicher Kraut in der artzney als eben Chamillenblumen / denn sie werden beinahe zu allen bresten gebraucht.«

Tabernaemontanus schätzte die Kamille so sehr, dass er ihr allein zehn Seiten seines großen Kräuterbuches widmete. Unter vielen anderen finden sich dort diese Ratschläge: »Chamillen in Wein gesotten / und von der durchgesigenen Brühen Morgens und Abends einen Becher voll warm getruncken / vertreibet die Geschwulst des Magens / hilfft der Däuung / und nimmt hinweg das tropfflingen Harnen.«

»Chamillen gestossen und über die Wunden und Schäden gebunden wie ein Pflaster / heilt dieselben. Chamillen in Wein oder Wasser gesotten / und die Wunden und Schäden darmit gewaschen / reiniget und fürdert sie zur Heilung.«

■ Die Römische Kamille ist mehrjährig. Sie bildet niedrige Teppiche, die intensiv duften.

»Den Mund mit Chamillenwasser geschwenckt / heilet die Mundfäule / und alle Versehrung oder Verwundung desselben: Miltert auch den Schmertzen der Zähn warm gebraucht.« Diese Rezepte ähneln bereits sehr der Verwendung der Kamille in unserer Zeit. Die Kamille ist als »gutes Kraut« so sehr in den Köpfen und Herzen der Menschen gegenwärtig, dass auch die Dichter ihr Lob sangen. Karl Heinrich Waggerl traf den Charakter des Heilkrautes besonders gut:
»Die Kraft, das Weh im Leib zu stillen, verlieh der Schöpfer den Kamillen.
Sie blühn und warten unverzagt auf jemand, den das Bauchweg plagt.«

Kapuzinerkresse
Tropaeolum majus

Volkstümliche Namen Blutrote Blume aus Peru, Indische Kresse, Fremde Kapuzinerblume, Blume der Liebe, Kanarienvögelchen, Kapern, Salatblume

Heimat und Verbreitung Die Kapuzinerkresse stammt aus Peru und Ecuador. Die spanischen Eroberer brachten sie im 16. Jahrhundert aus der Neuen Welt nach Europa.

Botanischer Steckbrief Die Kapuzinerkresse gehört in die Familie der Kapuzinergewächse (Tropaeolaceae). Sie hat dünne, runde Stängel, die wasserhaltig sind und leicht brechen. Sie enden in schildförmigen Blättern, die eine wachsartige Oberfläche besitzen und hell- bis bläulich-grün gefärbt sein können. Die hübschen, zartsüß duftenden Blüten sind glockenförmig und gespornt. Sie leuchten in wunderschönen gelben, orange und roten Farbtönen.

Heilkräftige Wirkstoffe Die Fremde Kresse aus Peru ist reich an Schwefel. Außerdem enthält sie ein ätherische Öle wie Benzylsenföl, das antibiotische Eigenschaften hat, Flavonoide, Carotinoide mit Lutein als Farbstoff in den Blüten und Vitamin C. Die Kapuzinerkresse stärkt die Abwehrkräfte; sie wirkt sich auch günstig auf die ableitenden Harnwege

aus. Manche behaupten, dass sie auch ein anregendes Liebesmittel sei.

Geschmack und Würze Die ganze Pflanze hat ein kresseähnliches Aroma, das eine leichte Schärfe enthält, die pfefferartig wirkt.

Besondere Arten und Sorten
Die Rankende Kapuzinerkresse *(T. majus)* bildet lange Triebe. Die Sortenfülle ist groß, hier eine Auswahl:
'Hermine Grasshoff' ist eine alte Züchtung aus dem 19. Jahrhundert mit leuchtend orangeroten gefüllten Blüten.
'Black Velvet' bezaubert mit schwarzroten Blüten.

'Alaska' fasziniert mit creme-grün gefleckten Blättern und warmen Blütenfarben in Gelb-, Rot- und Brauntönen.
Die Niedrige Kapuzinerkresse *(T. minus)* bildet kompakte Büsche.
'Peach Melba' ist eine Sorte in Cremegelb und mit leuchtend roten Flecken.
Die Kanarische Kresse *(T. peregrinum)* besitzt stark ausgebuchtete Blätter und zarte, »gefranste« gelbe Blüten an langen Ranken.
Anbau im Garten Als Kind des tropischen Amerikas ist die Kapuzinerkresse sehr frostempfindlich. Säen Sie die dicken Samenkörner, die sich leicht dosieren lassen, erst nach

■ Selten vereint ein Kraut soviel sommerliche Blütenschönheit mit Heilkraft und Würze wie die Kapuzinerkresse. Genießen Sie sie im Garten und in der Küche.

den Eisheiligen, also etwa Mitte Mai, aus. Legen Sie alle 10 cm 1 Korn in 2 cm tiefe Saatrillen oder 3 Körner an eine Stelle. Dann müssen Sie einen Abstand von 20 cm nach allen Seiten einhalten. Auf der Fensterbank oder im Frühbeet können Sie sich einige Pflanzen vorziehen, die dann früher blühen. Die Kapuzinerkresse liebt humosen Boden mit etwas Lehmanteil. Er darf aber nicht zu fett sein, sonst wuchert die Pflanze ins Blatt und bringt weniger Blüten. Die hübsche Gewürzblume gedeiht in der Sonne und im lichten Halbschatten. Sie wächst auch im Balkonkasten.

Ernte und Aufbewahrung Zarte Blätter und Blüten kann man während des Sommers und Herbstes immer frisch pflücken. Sie eignen sich nicht zum Trocknen. Konserviert werden nur die grünen unreifen Samen und die geschlossenen Blütenknospen, die man als Kapern einlegen kann. Siehe Rezepte, S. 220.

Verwendung in der Küche Blätter und Blüten der Kapuzinerkresse können Sie als Salat anrichten. Sie lassen sich auch mit anderen Salaten mischen. Fein geschnitten, werden die Blätter unter Quark oder auf Butterbrote gestreut.

Verwendung in der Hausapotheke Frischer Salat aus Blättern und Blüten wirkt blutreinigend und aktiviert die körpereigenen Abwehrkräfte. Nach neuen Erkenntnissen wirkt Kapuzinerkresse bei Harnwegsinfektionen und Katarrhen der oberen Luftwege. Verwenden Sie Kapuzinerkresse als Medizin auf dem Esstisch.

Historische Verwendung In der Heimat der Kapuzinerkresse legten die Indianer die frischen Blätter auf schlecht heilende Wunden.

Kerbel, Echter Gartenkerbel
Anthriscus cerefolium subsp. *cerefolium*

Volkstümliche Namen Gartenkerbel, Körbel-, Körfel-, Kerbel-, Korbel-, Kufel- oder Kuchelkraut, Küchenwürze, Küchenkraut, Suppenkraut, Karweil, Spanischer Kerbel

Heimat und Verbreitung Der wild wachsende Kerbel stammt aus Südeuropa, er wächst auch in Vorderasien, Zentralasien und in Nordafrika. Wahrscheinlich wurde er von den Römern über die Alpen gebracht. In den Verordnungen Karls des Großen ist der Kerbel als »Kirbele« angeführt. Unser Gartenkerbel ist eine reine Kulturpflanze.

Botanischer Steckbrief Gartenkerbel ist eng mit der Petersilie und der Möhre verwandt. Er stammt aus der Familie der Doldenblütler (Apiaceae). Aus einer spindelförmigen, dünnen Wurzel wächst ein hohler, gerillter Stängel, der sich mehrfach verzweigt. Die ganze Pflanze wird 30–60 cm hoch. Die weichen, hellgrünen Blätter sind drei- bis vierfach gefiedert. Die Blütenschirme wachsen auf langen Stielen aus den Blattachseln. Die kleinen weißen Blüten öffnen sich von Mai bis August.

Heilkräftige Wirkstoffe Kerbel enthält ätherische Öle, darunter Isoanethol und Estragol, Flavonoide, Cumarine und Bitterstoffe. Er wirkt als entgiftende, stoffwechselanregende Frühjahrskur.

Geschmack und Würze Kerbel hat einen ausgeprägten würzig-süßen Geruch und Geschmack. Das Aroma tendiert ein wenig in Richtung Anis.

Besondere Arten und Sorten 'Vertissimo' zeichnet sich durch hohen Ertrag und intensiven Anisduft aus.

Anbau im Garten Das Kerbelkraut ist nicht empfindlich gegen Kälte und kann schon früh – Ende März bis Anfang April – ins Freiland gesät werden. Geben Sie ihm einen halbschattigen Platz. Der Boden soll locker und mäßig feucht sein. Säen Sie dünn in Reihen mit 10 cm Abstand. Im Übrigen stellt dieses Kraut kaum besondere Ansprüche. Nur bei Trockenheit muss es kräftig gegossen werden. Es hat eine kurze Entwicklungszeit und kann schon nach 6 bis 8 Wochen geschnitten werden. Dafür hält es sich aber nicht lange. Wenn Sie den Geschmack des Kerbels lieben, sollten Sie alle 14 Tage für eine neue Reihe sorgen. Das Kraut sät sich leicht selbst aus.

Ernte und Aufbewahrung Für den normalen Verbrauch werden nur frische, zarte Blätter geerntet. Aus dem jungen Grün können Sie auch Saft auspressen. Für Heilzwecke trocknen Sie das ganze blühende Kraut und die Samen.

Verwendung in der Küche Pflücken Sie immer nur die zarten jungen Blätter vor der

■ An der Kanarischen Kresse werden Sie Ihre Freude haben, wenn Sie einen schnellen Klettermaxe suchen.

■ Wenn das zarte, aromatische Kerbelkraut blüht, wird es Zeit, eine neue Reihe auszusäen. Schon bald wächst neue Würze heran.

Blüte. Wenn Sie öfter ernten, verzögern Sie die Blütenbildung. In der Küche zählt der Kerbel zu den klassischen »fines herbes«, den feinen Kräutern der französischen Gourmets. Er wird zu Suppen, Omelettes, Soßen und Salaten verwendet. Das Kraut wird stets frisch geschnitten und niemals mitgekocht. Unter heiße Gerichte wird Kerbel erst gestreut, wenn Sie sie vom Herd genommen haben.

Verwendung in der Hausapotheke Tee aus frischem oder getrocknetem Kerbelkraut wird ungesüßt getrunken. Er wirkt wie der Saft leicht wassertreibend und blutreinigend. Kerbelsaft kann zur Verstärkung mit Löwenzahn- und Schafgarbensaft gemischt werden. Als Tee oder als Speisenwürze können Sie Kerbel für eine erfrischende Frühjahrskur genießen.

Weitere Verwendungsmöglichkeiten Sie können leicht eigenes Saatgut von den schnell reifenden Pflanzen ernten.

Historische Verwendung Im antiken Griechenland spielte der Kerbel keine besondere Rolle. Die alten Römer kannten ihn aber. Plinus schrieb: »Der Kerbel wird um die Herbst-Nachtgleiche gesät.« Im berühmten Kochbuch des Apicius taucht das Kraut als Würze zu einem Huhn-Rezept und zu einem Eintopf auf.

Im Mittelalter hielt der Kerbel auch Einzug in unsere Klostergärten. Karl der Große ließ ihn auf seinen Landgütern aussäen. Auch Walahfrid Strabo zog Kerbel in seinem Klostergarten auf der Insel Reichenau. Er kannte bereits heilsame Eigenschaften: »Auch vermag dies Kraut, das stets zur Hand ist, in leichter Gabe genommen, gewöhnlich Blutwallungen im ganzen Körper zu dämpfen. Auch wenn der Leib einmal von schlimmen Schmerz gequält wird, liefert der Kerbel Umschläge, die besonders gut wirken, wenn er sich noch Minze und Mohnblätter zugesellt.«

Hildegard von Bingen beurteilte den »Kirbele« zurückhaltender: »Die Kerbel ist trockener Natur, aber mehr warm als kalt. Sie wächst weder durch kalte Luft noch durch kräftige Feuchtigkeit des Bodens, sondern in einer schwächlichen Atmosphäre, bevor die Sonnenwärme fruchtbringend ist. Ihr Genuß bringt dem Menschen keinen Nutzen, außer daß sie Eingeweidewunden heilt.«

Ganz anderer Meinung waren da die Heilkundigen des späten Mittelalters: »Kerbeln ist ein Mußkraut / wie Peterlin … Dieses Kraut gesotten / macht schlaffen. Von diesem Kraut getrunken / machet wol harnen / und bringt den Frauen ihre Zeit … Von den Samen getruncken / heilet es die Bissz tobender Hund / die Wunden damit gewaschen.« – So verwendete der Frankfurter Stadtarzt Adam Lonitzer das Suppenkraut Kerbel. Sein populäres Kräuterbuch erschien 1679. Es wurde viel benutzt, weil es so leicht verständlich war.

Koriander
Coriandrum sativum

Volkstümliche Namen Wanzenkraut, Wanzendill, Schwindelkraut, Schwindelkorn, Hochzeitskügelchen, Krapfenkörner

Heimat und Verbreitung Der Koriander ist in den Mittelmeerländern und im Mittleren Osten heimisch. Er gehört zu den ältesten Gewürzen und wird schon in ägyptischen Papyrusschriften erwähnt. Auch in Indien und China wird diese Würzpflanze seit Jahrtausenden in der Küche und in der Medizin genutzt. Die Römer brachten den Koriander, wie so viele andere Pflanzen, zu uns nach Mitteleuropa. Unser Koriander ist eine reine Kulturpflanze.

Botanischer Steckbrief Der Koriander zählt zur Familie der Doldenblütler (Apiaceae). Er hat eine dünne Spindelwurzel, aus der ein 30–70 cm hoher, gerillter Stängel wächst. An seinen verästelten Zweigen entwickeln sich zweierlei Blattformen: Die unteren sind dreilappig, die oberen Blätter sind feingefiedert. Die flachen Blütendolden erscheinen von Juni bis Juli an den Zweigspitzen. Sie haben eine weiße bis rosa Färbung. Die runden Korianderfrüchte bestehen eigentlich aus zwei braunen Halbkugeln, die aber nur selten auseinanderfallen.

Heilkräftige Wirkstoffe Der Koriandersamen enthält ätherische Öle, mit Linalool, Coriandrol, Borneol, Kampfer und Geraniol, außerdem fettes Öl, Petroselinsäure und Umbelliferon. Aliphatische Aldehyde verursachen den wan-

■ Korianderblätter sind in der indischen und südostasiatischen Küche als Gewürz sehr beliebt.

■ Zwischen letzten Blüten reifen bereits die ersten Samenkörner des Korianders. Sie gehören zu den ältesten Gewürzen der Welt.

zenähnlichen Geruch. Koriander wirkt lindernd und leicht krampflösend bei Magen- und Darmbeschwerden.

Geschmack und Würze Der volkstümliche Name Wanzenkraut entstand durch den unangenehmen Geruch, den die Blätter des Korianders ausströmen. Die reifen Früchte haben dagegen ein würzig-süßes Aroma, von dem Kenner sagen, dass es ein wenig an Orangenschalen erinnere.

Besondere Arten und Sorten
'Cilantro' ist eine Blattkoriander-Züchtung mit mildem Geschmack, die sich gut für asiatische Gerichte eignet.

Anbau im Garten Die uralte Gewürzpflanze Koriander stellt wenig Ansprüche an den Kräutergärtner. Ein sonniger, warmer Platz und lockerer, leicht kalkhaltiger Boden, das ist alles, was sie zum Gedeihen braucht. Säen Sie das Kraut Anfang April, sobald der Boden sich etwas erwärmt hat, 1 cm tief in Reihen von 30 cm Abstand. Nach dem Aufgehen wird die Saat so ausgelichtet, dass zwischen den einzelnen Pflanzen eine Lücke von 10 bis 15 cm entsteht. Entfernen Sie regelmäßig jedes aufkommende Unkraut, und halten Sie den Boden stets locker durch leichtes Hacken oder Grubbern.

Ernte und Aufbewahrung Geerntet werden vor allem die Samenkörner des Korianders. Da sie leicht ausfallen, müssen Sie die Stängel schneiden, kurz bevor sie voll ausgereift sind. Am besten gelingt Ihnen dies an einem trüben Tag oder wenn frühmorgens noch der Tau auf den Samenständen liegt. Feuchte Samen rollen nicht so schnell weg! Das Erntegut wird in kleine Garben oder Sträuße gebunden und zum Trocknen aufgestellt oder aufgehängt. Später schütteln Sie die reifen Körner über einem sauberen Leinentuch aus und verwahren die runden Korianderfrüchte in fest verschlossenen Gläsern. Ein Teil der Körner dient auch als Saatgut für das nächste Jahr.

Verwendung in der Küche Koriandersamen werden als Lebkuchengewürz verwendet und als Einmachgewürz zu Roten Beten. Die würzigen Körner passen auch zu Soßen, Marinaden und selbst gemachten Likören. Viel häufiger als bei uns wird Koriandergewürz in den Küchen des Balkans, des Orients, Indiens und Südostasiens verwendet. Dort schätzt man vor allem das grüne Kraut.

Wer solche Spezialitäten liebt, der braucht auch frischen Koriander! Übrigens sind die Blätter ein wesentlicher Bestandteil des original indischen Currys. In unseren Küchen passt Koriandergrün zu Fisch, Fleisch und Gemüse.

Verwendung in der Hausapotheke Die Koriandersamen können zerstoßen und als Tee aufgebrüht werden. Zusammen mit Fenchel und Kümmel ist er ein mildes Mittel gegen Blähungen und Krämpfe. Korianderöl wirkt antibakteriell.

Historische Verwendung Die Himmelsspeise Manna, mit der die Kinder Israels in der Wüste vor dem Hungertod bewahrt wurden, vergleicht die Bibel mit einem uralten Gewürz: »Und es war wie Koriandersamen und weiß und hatte einen Geschmack wie Semmel und Honig.«

Der Koriander gehört zu den Urgewürzen der Menschheit. Als Kulturpflanze war er mehr als 2000 Jahre lang in Europa, Nordafrika und Asien in Gärten und Küchen verbreitet. Zur Zeit der Han-Dynastie (202 v. Chr. – 9 n. Chr.) erreichte der Koriander als Würz- und Heilkraut auch China. Er wurde dort Hu genannt, das bedeutet »ausländisch«. Die ältesten Funde von Samenkörnern stammen aus dem 8. vorchristlichen Jahrtausend. Sie tauchten in einer Hohle in Israel auf. Aus der Bronzezeit gibt es bereits zahlreiche Ausgrabungsfunde aus Syrien, Jordanien und Griechenland.

Auch in Ägypten wurde Koriander bereits früh nachgewiesen, bevor die großen Königreiche gegründet wurden.

Ab dem 14. Jahrhundert v. Chr. muss das Kraut bereits sehr verbreitet gewesen sein. Ausgräber fanden große Mengen Koriandersamen, die vermutlich aus dem Grab des berühmten Königs Tutanchamun stammten. Damals wurde das Kraut schon als Heilmittel genutzt.

Von Ägypten gelangte der Koriander auch nach Griechenland und Rom. Dioscurides schrieb: »Der Koriander heißt auch Koriannon und ist allgemein bekannt, wird äußerlich und innerlich zu Heilzwecken benutzt.« Der antike Arzt empfahl Koriandersamen vor allem gegen mancherlei Geschwulste.

Dem Römer Plinius war das Kraut ebenfalls sehr vertraut: »Den Koriander (coriandrum) findet man nicht wild. Der beste kommt aus Aegypten. Er dient als Arznei, auch rät Marcus Varro, Fleisch im Sommer mit Essig, worin sich zerstoßener Koriander und cuminum befindet, vor Fäulniß zu schützen.«

Im antiken Rom war der Koriander außerordentlich beliebt. Im Kochbuch des Apicius kam er in über 70 Rezepten vor. Kein Wunder, dass die Legionäre bei ihren Eroberungszügen nach Germanien auch Koriandersamen im Gepäck hatten. Zahlreiche Ausgrabungsfunde belegen, dass Koriander im Rheinland und in anderen römischen Provinzen im Gebrauch war.

Auch Karl der Große übernahm, lange nach dem Untergang des Römischen Reiches, den Koriander in seine Pflanzenliste. Während des Mittelalters setzte sich die Tradition des Korianders fort. Aber das Kraut erreichte nie mehr die große Wertschätzung, die es in alten Zeiten genoss.

Lonicerus stellt das Kraut sehr realistisch dar: »Coriander heißt sonst Wantzendill / hat hohe Stengel / röthlecht / sein Krafft ist gleich dem Peterlin / doch linder / und ein wenig breiter / sein Saame knodecht / inwendig hol seine Blumen weiß / wächst gern in Gärten von sich selbst / das Kraut stinckt übel / der Saame ist gantz rund / eines guten Geruchs / der ist der Apoteker Himmelbrot.«

Tabernaemontanus steuert außer medizinischen Rezepten auch Ratschläge für den Alltag bei: »Grün Corianderkraut tödtet die Flöh und Wandtläuß … so man auch die Leinwand / Hembder und Hosen mit diesem Wasser wäscht und besprenget / lässet es kein Floh darinn / und tödtet auch die Läuß.«

Für die Samen des Korianders weiß er ebenfalls eine praktische Verwendung: »Bereiten Coriandersaamen wol im Mund gekäuet / und darnach hinab geschluckt / vertreibet den unlieblichen stinckenden Geschmack des Knoblauchs.«

Kresse, Gartenkresse
Lepidium sativum

Volkstümliche Namen Gartenkresse, Kressekraut, Pfefferkraut

Heimat und Verbreitung Die Gartenkresse stammt aus dem Vorderen Orient, sie war bis Persien und Afghanistan verbreitet. Heute wächst sie in ganz Europa und auch in Amerika wild.

Botanischer Steckbrief Die Kresse gehört in die Familie der Kreuzblütler (Brassicaceae). Sie hat eine dünne, lange Hauptwurzel. Die Stängel sind bläulich-grün, die Grundblätter länglich eiförmig, die oberen Blätter verschiedenartig gefiedert. Die ausgewachsene Pflanze wird 30 bis 50 cm hoch. An den Spitzen der Verzweigungen erscheinen weiße, selten rötliche Blütchen. Die rotbraunen Samen reifen in einer Schote.

Heilkräftige Wirkstoffe Kresse ist reich an Senfölglykosiden und Vitamin C. Bitterstoffe und Lepidin gehören ebenfalls zu ihren Inhaltsstoffen. In den Samen wurden herzwirksame Steroide (Cardenolide) gefunden. Kresse wirkt als erfrischende Kur bei Frühjahrsmüdigkeit und bei Immunschwäche. Ihre antimikrobielle Wirkung ist erwiesen.

Geschmack und Würze Die Gartenkresse hat einen pikanten, leicht scharfen Geschmack, den manche sogar als pfeffrig empfinden. Dieses charakteristische Aroma wird vor allem durch das ätherische Senföl hervorgerufen, das in allen kresseartigen Gewächsen und in vielen typischen Kreuzblütlern, zum Beispiel in manchen Kohlarten und im Rettich, enthalten ist.

Besondere Arten und Sorten
'Mega' ist eine ertragreiche, großblättrige Züchtung.

Die **Ausdauernde Gartenkresse** *(Lepidium latifolium),* auch **Breitblatt-Kresse** genannt, stammt aus nordwesteuropäischen Küstenregionen. Sie ist robust und schmeckt pfeffrig wie ihre einjährige Schwester.

Anbau im Garten Die Kresse gehört zu den frühesten und zu den anspruchslosesten Kräutern im Küchengarten. Sie verträgt leichten Schatten und kann gut zwischen anderen Kulturen als »Mitläufer« ausgesät werden. Ihr einziger Anspruch: stets genügend Feuchtigkeit. Streuen Sie die rotbraunen Samenkörner ab März in Reihen mit 10 cm Abstand. Sie keimen innerhalb von wenigen Tagen und wachsen rasch. Wenn die Gartenkresse etwa handhoch ist, können Sie sie abschneiden. Säen Sie laufend frische Kresse im Garten nach, im Sommer an halbschattigen Stellen; dort schießt sie nicht so schnell.
Samen bilden sich leicht und können für die eigene Nachzucht gesammelt werden. Im Handel gibt es glatt- und krausblättrige Sorten. Die Gartenkresse verträgt sich übrigens besonders gut mit Radieschen. Säen Sie beide zusammen auf ein Beet. Wie das würzige Kraut auch im Winter gedeiht, erfahren Sie auf Seite 44.

Ernte und Aufbewahrung Gartenkresse wird stets frisch verwendet; schneiden Sie immer nur die jungen Blätter ab.

Verwendung in der Küche Die pikante Kresse passt als Würze zu Salaten, Eiern, kalten Platten, Radieschenbroten und Quark. Ihr scharfes Aroma übertönt oft »lautstark« andere Kräuter; darauf sollten Sie beim Mischen achten.

Verwendung in der Hausapotheke Kresse wird nur als frisches Kraut zu stoffwechselanregenden Frühjahrskuren benutzt. Sie können sie mit Wildkräutern, wie zum Beispiel Löwenzahn, Brennnesseln und Gänseblümchen, mischen.

Historische Verwendung Der Kressesamen, schrieb Galenus, ist von »brennender Natur«. Und Lonicerus hält sehr realistisch fest: »Gartenkreß ist ein scharpff Kräutlein / an Geschmack den Zwibeln gleich.«
Im ausgehenden Mittelalter stellte man aus dem scharfen Kraut destilliertes Kressenwasser her. Tabernaemontanus empfiehlt: »Das Haubt damit gewaschen oder genetzet / bewahret es vor dem Haar ausfallen. Durch die Nasen gezogen / reiniget das Hirn / machet hefftig niessen.«

■ Kein Kraut wächst so schnell und unkompliziert wie die Kresse! Gartenanfängern und Kindern schenkt sie schnelle Erfolge. Hier gedeiht sie mit Radieschen.

Majoran
Origanum majorana

Volkstümliche Namen Echter Majoran, Mairan, Meigram, Wurstkraut, Blutwürze, Kuttelkraut, Mairalkraut, Mairandost, Meierankraut, Margrankraut, Maiwürzkraut, Maigramme, Majorankraut, Kranzkraut, Kostenkraut, Badkraut, Bratekräutche

Heimat und Verbreitung Im Mittelmeergebiet ist der Majoran zu Hause. Er gedeiht vor allem in Nordafrika, in Arabien und auf Zypern. Außerdem ist er in Südwestasien und in Indien verbreitet. Bei Ägyptern, Römern und Griechen war er schon im Altertum bekannt, soll aber erst im 16. Jahrhundert in die Gebiete nördlich der Alpen gelangt sein.

Botanischer Steckbrief Der Majoran ist ein Lippenblütler (Lamiaceae). Er hat vierkantige

■ Kurz bevor die Blüten sich öffnen, wird der Majoran zum Trocknen geerntet. Sein lieblichwürziges Aroma ist etwas ganz Besonderes.

Stängel, die sich stark verästeln. Sie sind graugrün, manchmal rötlich angehaucht und fein behaart. Die kleinen, eiförmigen Blättchen sehen graufilzig aus und sind mit vielen Drüsen besetzt. Von Juni bis September erscheinen an den Stängelspitzen kleine weiß, lila oder rosa gefärbte Blüten. Die Pflanze kann unter günstigen Bedingungen etwa 50 cm hoch werden.

Heilkräftige Wirkstoffe Das Kraut enthält ätherische Öle, die unter anderem aus Kampfer und Borneol bestehen, sowie Flavonoide, Rosmarinsäure, Triterpene, Gerb- und Bitterstoffe. Majoran wirkt nervenstärkend, krampflösend und magenwärmend.

Geschmack und Würze Der Majoran besitzt ein nur für ihn typisches stark-würziges Aroma. Zwar hat er im Geschmack eine gewisse Ähnlichkeit mit Thymian, aber er ist viel lieblicher und ein wenig süßlich.

Besondere Arten und Sorten
'Marcelka' ist eine rasch wachsende Züchtung mit hohem Ertrag.

'Kreta-Selektion' gilt als sehr aromatisch und kann im Topf überwintert werden.

Majoran, winterhart (*Origanum × majoricum*) ist unter günstigen Bedingungen winterhart und bietet feine Würze.

Anbau im Garten Der Majoran braucht viel Wärme und Sonne zum guten Gedeihen. Im warmen Klima bildet er ausdauernde kleine Sträucher. Bei uns hält er nur einen Sommer aus. Leichte, durchlässige, aber dennoch nährstoffreiche Böden sind besonders geeignet für dieses Kraut. Schwere, kalte Böden müssen vorher sehr intensiv verbessert werden. Kompost ist der ideale Untergrund für den Majoran. Im März können Sie ihn auf der Fensterbank oder im Frühbeet vorziehen. Ab Mai wird er direkt im Kräutergarten ausgesät. Die sehr feinen Samen werden nur dünn mit Erde bedeckt; sie keimen nach 2 bis 3 Wochen. Der Reihenabstand beträgt 20–25 cm. Später werden immer 2 bis 3 Pflänzchen zusammengesetzt, in Abständen von 15 cm.

Halten Sie das Beet sorgfältig unkrautfrei und locker. Trockenheit macht dem Majoran, wenn

er gut angewachsen ist, nichts aus. Der Wilde Majoran (Oregano) ist auf Seite 141 beschrieben.

Ernte und Aufbewahrung Frische Triebspitzen können Sie laufend pflücken. Für Vorräte wird der Majoran, kurz bevor sich die kugeligen Blütenknospen öffnen, geerntet. Am frühen Morgen und am späten Nachmittag haben die Pflanzen das intensivste Aroma. Schneiden Sie sie nicht zu tief ab, dann wächst noch eine zweite Ernte nach. Das Kraut wird getrocknet und behält dabei seine starke Würzkraft.

Verwendung in der Küche Sie können frischen oder getrockneten Majoran zu Gänsebraten, Hackfleisch, Kartoffelgerichten, deftigen Eintöpfen, Tomatengerichten und Aufläufen verwenden. Das Kraut wird mitgekocht; es passt gut mit Thymian zusammen.

Verwendung in der Hausapotheke Aus dem getrockneten Kraut können Sie einen Tee-Aufguss zubereiten, der bei leichten Magen-Darm-Beschwerden, bei Appetitlosigkeit und Blähungen hilft. Berühmt ist die Majoran-Salbe aus getrockneter Droge und frischer Butter, die verstopfte Nasen befreit und Bauchweh bei Babys auflöst, wenn Sie den Leib sanft damit einreiben (Rezept Seite 228).

Weitere Verwendungsmöglichkeiten Ein Absud aus Majorankraut soll, als Waschwasser benutzt, bei Haarausfall helfen.

Im alten Rom trank man Wein mit Majoran als Aphrodisiakum, denn das Kraut war der Aphrodite geweiht.

Historische Verwendung Majoran wurde schon bei den antiken Griechen und Römern als Gartenkraut angebaut. Theophrast gab dazu eine praktische Anleitung: »Der Majoran wird aus Wurzelsprossen und aus Samen gezogen. Er ist reich an Samen und dieser hat einen sanften Wohlgeruch. Man kann den Majoran auch verpflanzen. Seine Wurzeln sind oberflächlich, vielfach zerteilt und verflochten.« Dioscurides steuert dazu die medizinische Verwendung bei: »Das Majoranöl wird bereitet, indem man Pflanzen zerstößt, mit Olivenöl mischt, und dieses nach einiger Zeit abseiht. (...) Die Pflanze ist wohlriechend, hat erwärmende Eigenschaften und dient zu Kränzen und Arznei.« Der antike Arzt empfiehlt Majoran unter anderem bei Wassersucht, Harnverhalten und Bauchweh.

Wahrscheinlich gelangte der Majoran im Mittelalter in unsere Klostergärten. Überwinterungsprobleme mit dem wärmebedürftigen Majoran hatte man schon damals. Der Kräutervater Hieronymus Bock empfiehlt, ihn »in warmen Kellern (zu) behalten«. Seine medizinischen Ratschläge lauten: »Maieron mit Saltz und Eßig vermischet, heilet Scorpionstich. Maieron safft inn die Ohren gethan / benimpt das Sausen. … Maieron im Mund gehalten lindert das Zanwehe.«

Ein anderes mittelalterliches Rezept behauptet: »Frischer Majoran mit den Fingern ein wenig zerrieben und in die Naßlöchlein gethan, machet niessen, zerteilet den Schnupfen und reiniget das Haupt.«

Paprika, Gewürzpaprika
Capsicum annuum

Volkstümliche Namen Beißbeere, Spanischer, Indischer, Türkischer, Ungarischer oder Roter Pfeffer, Gewürzschote, Peperoni, Rosenpaprika

Heimat und Verbreitung Der Paprika ist ursprünglich im tropischen Süd- und Mittelamerika zu Hause. Die Entdecker der Neuen Welt brachten ihn mit nach Europa, wo er schon seit dem 16. Jahrhundert angebaut wird. Vor allem in Ungarn, in den Balkanländern und in Spanien ist das exotische Gewürz weitverbreitet.

Botanischer Steckbrief Paprika stammt aus der Familie der Nachtschattengewächse (Solanaceae). In Amerika gedeihen verschiedene Paprika-Arten. Inzwischen wurden in vielen Ländern der Erde daraus weitere Kulturformen gezüchtet. In unserem Klima gedeiht nur eine einjährige Art, die stark verästelte, nach unten verholzende Zweige besitzt. Die eiförmigen Blätter sind dunkelgrün, die Stern-Blüten meist weiß, selten violett gefärbt. Sie erscheinen in den Blattachseln. Die rote oder grüne Frucht hat die typische lang gezogene Paprikaschoten-Form.

Die wachsende Beliebtheit des Gewürzpaprikas trug dazu bei, dass inzwischen zahlreiche Züchtungen in roten, gelben und violettschwarzen Farben angeboten werden.

Heilkräftige Wirkstoffe Die scharfe Würze wird durch das Alkaloid Capsaicin hervorgerufen. Außerdem enthalten die Früchte die roten Farbstoffe Capsanthin und Carotin sowie ätherische Öle, Fettsäuren, Flavonoide, Saponine und einen hohen Gehalt an Vitamin C. Paprika regt den Stoffwechsel, die Verdauung und den Appetit an.

Geschmack und Würze Paprikapulver schmeckt brennend scharf und leicht bitter, unterscheidet sich aber deutlich vom Pfeffer. Es gibt auch mild-süßliche Sorten.

Besondere Arten und Sorten
'Lombardo' trägt lange rote Früchte von mildem Geschmack,

'Chili' wächst niedrig und kompakt, eignet sich für Töpfe und bildet rote, aufrechte Schoten, die sehr scharf sind.

'Gelber Knopfpaprika' überrascht mit runden, gelben Früchten

'Schwarze Peperoni' ist eine dunkelviolette Sorte, die mittelmäßig scharf schmeckt.

Anbau im Garten Der einjährige Gewürzpaprika stellt hohe Ansprüche an die Wärme und verlangt sehr nahrhaften Boden. Hier ist zusätzliche organische Düngung angebracht. Ab März werden die Samen auf der Fensterbank oder im warmen Kasten ausgesät. Sie keimen innerhalb von 10 bis 12 Tagen; wenn

■ Gewürzpaprika verführt zum Sammeln. Sie können aus einer großen Fülle abwechslungsreicher Sorten in verschiedenen Farben wählen.

Sie die Körner vor der Aussaat eine Nacht lang in warmes Wasser legen und aufquellen lassen, geht es schneller.

Die kleinen Pflanzen müssen einmal pikiert werden. Setzen Sie sie erst nach dem 20. Mai ins Freiland. Sie werden etwas tiefer gepflanzt, als sie vorher gestanden haben, und brauchen nach allen Seiten etwa 30 cm Abstand. Am sichersten ist allerdings eine Kultur im geschützten Kasten oder unter einem wärmenden Foliendach. Achten Sie darauf, dass der Boden immer locker bleibt. Er darf eher etwas trocken als zu nass sein.

Ernte und Aufbewahrung Ab August werden die Früchte rot und reif. Drehen Sie sie vorsichtig ab. Zum Trocknen werden sie auf Fäden gereiht und warm aufgehängt. Später werden sie zu Pulver zermahlen. Die Schärfe des Paprika ist abhängig davon, ob Sie die ganze Frucht oder nur Teile verwenden. Die inneren Zwischenwände und die Samen sind besonders scharf. Sie können die Schoten auch in Öl einlegen oder zusammen mit anderen Gewürzen zu einer scharfen orientalischen Paste verarbeiten.

■ Es lohnt sich, den Portulak mit seinen fleischigen, säuerlichen Blättern zu entdecken. Er stammt aus Asien.

Verwendung in der Küche Gewürzpaprika wird frisch oder getrocknet verwendet zu Fleisch, Suppen und pikanten Soßen. Frische Schoten können Sie zusammen mit Gurken einlegen.

Verwendung in der Hausapotheke
Paprika ist in manchen Salben enthalten, die zum Einreiben bei rheumatischen Schmerzen verwendet werden. Er bewirkt ein Brennen auf der Haut und damit bessere Durchblutung. Diese Salbe sollten Sie nicht selbst herstellen, sondern bei Bedarf aus der Apotheke holen. Die anregende Wirkung auf den Appetit und die Verdauung genießen Sie am besten auf dem Umweg über die Küche mit Paprikagewürz und Paprikagemüse.

Historische Verwendung Graf Hoffmannsegg, der in den Jahren 1793–1794 eine Ungarnreise machte, beschrieb in einem seiner Briefe begeistert eine neu entdeckte Gewürzspezialität: »Vor mir stand eine köstliche ungarische Nationalspeise; Fleisch mit Paprika, der herrlich schmeckte und sehr gesund sein muss, denn obwohl ich am Abend viel gegessen habe, habe ich nicht den geringsten Schaden genommen. Auf andere Art zubereitetes Fleisch hätte ich mitnichten so viel zu mir nehmen dürfen … Wenn noch Zeit verbleibt, setze ich einige Paprika in Blumentöpfe, damit ich mich an ihm im Winter laben kann.«

Portulak, Gemüseportulak
Portulaca oleracea subsp. *sativa*

Volkstümliche Namen Kohlportulak, Bürzel-, Burzel- oder Purzelkraut, Borgel, Burtel, Bürzelkohl, Kreusel, Postelein

Heimat und Verbreitung Der Portulak stammt aus Vorderasien. Es wächst auch im Kaukasus, im Iran, in Zentralasien und in der Mongolei wild. Das Kraut ist auch in vielen tropischen Ländern verbreitet. Dazu gehören auch Indien und China. Portulak gelangte schon früh in die Mittelmeerländer, wo es bereits den alten Ägyptern bekannt war. Heute

ist der Portulak in ganz Europa ebenso verbreitet wie in Nord- und Südamerika. Im Garten wird eine reine Kulturform verwendet.

Botanischer Steckbrief Portulak gehört in die Familie der Portulakgewächse (Portulacaceae). Er besitzt eine spindelförmige, verzweigte Wurzel. Die kahlen, sehr fleischigen Stängel sind von Grund auf verästelt und oft rötlich angehaucht. Die Pflanze hat verkehrt eiförmige, dicke Blätter und wird 15–30 cm hoch. Die gelben Blüten erscheinen in den Gabelungen der Zweige oder über den obersten Blättern.

Heilkräftige Wirkstoffe Das Kraut ist vitaminreich und enthält nach neueren Untersuchungen auch Omega-3-Fettsäuren. Es hilft innerlich gegen Entzündungen, äußerlich gegen Insektenstiche.

Geschmack und Würze Portulak schmeckt angenehm frisch, ein wenig salzig-säuerlich.

Besondere Arten und Sorten

Gelber Sommerportulak (*Portulaca oleracea sativa*) besitzt leuchtend gelbgrüne Blätter.

Der Wilde Portulak (*Portulaca oleracea*) breitet sich kriechend aus, er ist sehr vital.

Anbau im Garten Als Kind südlicher Länder verlangt der Portulak auch in unseren Gewürzgärten viel Wärme und Sonne. Er braucht durchlässigen, möglichst sandigen Boden; vermeiden Sie jede treibende, direkte Düngung! Füllen Sie stattdessen die Reihen mit Kompost. Die sehr feinen Samen können Sie ab Mitte Mai in Reihen von 20 cm Abstand aussäen. Die Saat wird nur ganz dünn mit Erde bedeckt oder einfach mit der Hand angedrückt. Wenn Sie Portulak laufend ernten möchten, dann sollten Sie ungefähr alle 3 Wochen eine neue Reihe aussäen. Das Kraut braucht – das sehen Sie schon an seiner fleischig-saftigen Gestalt – immer reichlich Feuchtigkeit. Die Pflanzen können auseinander gesetzt werden oder auch zum Schnitt in der Reihe stehenbleiben.

Ernte und Anwendung Portulak wächst rasch und kann schon 3 bis 4 Wochen nach der Aussaat zum ersten Mal geschnitten werden. Er wächst dann wieder nach, und Sie können ihn noch mehrmals während des Sommers ernten. Zum Konservieren eignet sich das Kraut nicht. Blühende Pflanzen werden hart und bitter.

Verwendung in der Küche Die dicken, saftigen Blätter des Portulaks und die jungen, zarten Stängel werden in der Küche zu würzigem Spinat verarbeitet. Roh schmecken sie zu Salaten, Frühlingssuppen, Kräutersoßen und Quark.

Verwendung in der Hausapotheke Die gesunden Inhaltsstoffe des Portulaks entfalten sich am besten in einem frischen Salat.

Historische Verwendung In der chinesischen Medizin wurde Portulak bereits um 500 n. Chr. in medizinischen Texten erwähnt. In Ägypten galt das Kraut in der koptischen Medizin als hilfreich bei Augen- und Hautentzündungen. Auch in der Antike hatte Portulak bereits einen festen Platz im Garten, in der Küche und im Arzneienschatz. In Griechenland und in Italien wuchs das Kraut auch wild. Dioscurides schreibt: »Der Portulak wird als Speise genossen und gegen allerlei Übel gebraucht.«

Columnella verrät ein ganz praktisches Ernterezept: »Gegen die Zeit der Weinernte macht man ebenfalls einige Kräuter ein, wie Portulak, späten Kohl (Colus cordum), den Einige auch zahme battis nennen. Diese Kräuter werden sorgsam gereinigt und im Schatten ausgebreitet. Am dritten Tag wird Salz auf den Boden der Töpfe gestreut, und dann wird jedes der genannten Kräuter für sich hinein gelegt, Essig übergegossen und wieder Salz gestreut. Salzlake darf man für diese Kräuter nicht in Anwendung bringen.«

Im Mittelalter gedieh der Portulak auch in unseren Breiten. Hildegard von Bingen kannte das Kraut als »Burtel«, hielt aber nichts davon: »Der Portulak ist kalt, bewirkt ›livorem et slim‹ und ist dem Menschen zum Genusse nicht zu empfehlen.«

Tabernaemontanus war im Spätmittelalter anderer Meinung: Er empfahl das »Burtelkraut« zu den verschiedensten Heilzwecken: »Wer mit dem Sod im Magen geplaget wird / der soll diß Kraut im Salat essen / oder dasselbige in Wasser kochen und die Brühe davon trincken ... Der Safft im Mund gehalten / machet die wackelhafftige Zähn wiederum fest stehen.«

Rauke, Rucola
Eruca sativa

Volkstümliche Namen Salatrauke, Ruca, Ruke, Ölrauke, Senfrauke

Heimat und Verbreitung Ursprünglich ist die Rauke im Mittelmeergebiet zu Hause; sie wächst wild bis nach Afghanistan und Turkestan. In Mitteleuropa, England, Norwegen und in Nordamerika ist sie eingebürgert. Die Rauke ist eine alte Kulturpflanze, die vor allem im Süden – bei den alten Römern ebenso wie in Ägypten und in der Türkei – beliebt war und ist. Auch in der Landgüterverordnung Karls des Großen taucht Rucola bereits als Ölrauke auf.

Botanischer Steckbrief Die Rauke gehört zur Familie der Kreuzblütler (Brassicaceae). Die radieschenähnlichen Blätter wachsen in Büscheln dicht am Boden. Sie sind im unteren Bereich unregelmäßig grob gefiedert, am oberen Ende löffelförmig glatt geformt oder am Rand ein wenig gezahnt. Wenn die Pflanzen schießen, entwickeln sich an verzweigten Stielen kleine elfenbeinfarbige bis weiße Blüten in der typischen Form der Kreuzblütler. Die runden Samenkörner reifen in schmalen Schoten.

Heilkräftige Wirkstoffe Die Samen der Rauke sind ölhaltig, Erucasäure und andere Säuren sind darin enthalten. Für die Blätter sind keine medizinischen Wirkstoffe bekannt.

Geschmack und Würze Raukenblätter haben eine ganz besondere Würzmischung zu bieten; eine angenehm leichte kresseartige Schärfe verbindet sich mit einem Geschmack, der an gute Fleischbrühe oder Erdnussaroma erinnert. Man muss diese pikante Komposition einfach probieren!

Besondere Arten und Sorten Die **Wilde Rauke** (*Eruca vesicaria*) wächst mehrjährig, ihre Blätter sind stärker gefiedert und kräftig-würzig.

'Speedy' ist eine mildwürzige, raschwachsende Züchtung.

Anbau im Garten Die Salatrauke wächst fast so rasch wie Kresse. Ab April können Sie die runden Samenkörner im Freiland ausstreuen, 0,5 cm tief in Reihen mit 15 bis 20 cm Abstand. Nach 10–14 Tagen keimt die Saat und schon nach 3–5 Wochen können Sie würzige Blätter ernten.

Bis Anfang September kann immer wieder nachgesät werden. Im Gewächshaus gedeiht die Salatrauke ganzjährig.

An den Boden stellt die Rauke keine besonderen Ansprüche. Am besten wächst sie aber in humusreicher, feuchter Erde. Sonne und Halbschatten verträgt das Kraut gleichermaßen. Im Sommer wird der Geschmack der Blätter bei Hitze und Trockenheit leicht streng.

Ernte und Aufbewahrung Die Blätter der Salatrauke werden während des ganzen Jahres jung und frisch gepflückt. Die Blüten sind ebenfalls essbar. Konservierung lohnt sich nicht.

■ Rucola ist ein Karriere-Kraut! In wenigen Jahren stieg es aus der Vergessenheit zum neuen Küchenstar auf.

Verwendung in der Küche Raukenblätter können, ganz oder klein geschnitten, unter alle anderen Salate gemischt werden. Man kann sie auch allein zu einem aparten Vorspeisen-Salatteller mit Olivenöl und Balsamico-Essig anrichten. Dazu passen dünn geschnittene Pilze, Radieschen und hartgekochte Eier. Klein gehackte Blätter würzen Nudel- oder Wurstsalate, Soßen, Quark und Risotto. Siehe Rezepte, Seite 216.

Verwendung in der Hausapotheke Im Gegensatz zu früheren Zeiten wird Rucola heute nicht mehr medizinisch verwendet. Genießen Sie die würzigen Raukenblätter als angenehme, magenfreundliche Zutat in der Salatschüssel.

Historische Verwendung Dioscurides beschrieb bereits im Altertum die Rauke und ihre Verwendung: »Die Rokka ist eine aufregende Speise; der Samen hat dieselben Eigenschaften, wird als Gewürz gebraucht, zu welchem Zweck man ihn auch mit Essig oder Milch knetet, in kleine Pasten formt und so aufhebt. Die Pflanze wächst auch wild.« In der mittelalterlichen Rezeptsammlung »Macer Floridus« wird ein besonders ausgefallener Ratschlag weitergegeben: »Nimmt man ihren Samen, gestampft mit Wein zu sich / soll er alle Arten verderblicher Hiebwunden oder Prellungen heilen. (...) Ich weiß, ich künde Wundersames, doch ich sprech es aus: mit Wein in reichstem Maß genossen, soll die Rauke so abhärten, daß man Schläge nicht fühlt.«

Tabernaemontanus wärmte dagegen eine antike Tradition auf: »Rauken oder wilde Senffblaetter rohe geessen/ erregen die Begierde zur Unkeuschheit/ wie auch der Saame derselbigen ... Uber das soll er auch die Dauung des Magens fürdern/ und den Bauch erweichen.«

Von der Antike bis ins Mittelalter waren diese Eigenschaften der Rauke geschätzt. Sie galt als Aphrodisiakum, als hilfreich für die Verdauung und als harntreibend.

Ringelblume
Calendula officinalis

Volkstümliche Namen Goldblume, Totenblume, Ringel, Weinblume, Warzenkraut, Studentenblume, Stinkblume, Sonnenwende, Sonnenwendeblume, Ringelrose, Regenblume, Fallblume, Gartenbutterblume, Wucherblume, Jesusblume

Heimat und Verbreitung Die wild wachsende Ringelblume ist in den südeuropäischen Mittelmeerländern, in Mitteleuropa, Nordafrika, dem Kaukasus, West-Russland, dem Iran und Afghanistan zu Hause. Sie gehört zu den uralten Heilpflanzen und kam schon früh über die Alpen in unsere Gärten. Karl der Große nahm sie in sein Capitulare auf und auch die Heilige Hildegard, berühmte Äbtissin und Heilkundige von Bingen, verwendete sie. Während des Mittelalters wuchs die Ringelblume in allen Bauerngärten. Sie ist heute weitverbreitet und kommt manchmal sogar verwildert vor.

Botanischer Steckbrief Die Ringelblume gehört in die Familie der Korbblütler (Asteraceae). Sie wächst 30–50 cm hoch. Ihre Stängel sind stark verzweigt, kantig geformt, fleischig und leicht mit Haaren bedeckt. Wenn Sie sie brechen, tritt ein klebriger, harziger Saft heraus. Die länglichen, festen Blätter sind ebenfalls behaart. An den Spitzen der Stängel erscheinen von Juni bis Oktober die gelben oder orangefarbigen Strahlenblüten.

Heilkräftige Wirkstoffe Die ganze Pflanze enthält ätherische Öle, außerdem Carotinoide mit Lutein, Bitterstoffe, Schleim, Saponine, Flavonoide und Calendula-Sapogenin. Ringelblumenauszüge heilen Wunden und Entzündungen.

Geschmack und Würze Die Blätter und Stängel der Ringelblumen riechen streng-würzig; die Blätter schmecken herb und bitter; die Blüten besitzen kaum Duft und nur wenig Eigengeschmack.

Besondere Arten und Sorten

Die Garten-Ringelblume (*Calendula officinalis*) ist mit vielen Sorten verbreitet. Auch die Züchtungen sollen heilkräftig sein. Am schönsten und ursprünglichsten sind die alten Bauerngartenblumen, deren Samen seit Generationen von Hand zu Hand über den Gartenzaun wandern.

Sperling's 'Wilde Schönheit' ist eine Züchtung, die ihnen ähnlich sieht.

Die Acker-Ringelblume (*Calendula arvensis*) wuchs früher an europäischen Ackerrändern und in den Weinbergen wild. Ihre Blüten sind ungefüllt und etwas kleiner. Saatgut gibt es in Kräutergärtnereien, siehe Bezugsquellen.

Anbau im Garten Die Ringelblume ist eine echte Bauerngartenblume. Sie gedeiht fast überall und unter allen möglichen Bedingungen. In sonniger Lage entwickelt sie natürlich den höchsten Gehalt an ätherischen Ölen und anderen Wirkstoffen. Säen Sie die großen, gekrümmten Samen ab März ins Freiland an Ort und Stelle. Zu dicht stehende Pflanzen müssen Sie später auseinander setzen. Sie benötigen mindestens 20–30 cm Abstand. Wenn die Ringelblume einmal heimisch geworden ist, vermehrt sie sich von selbst und vagabundiert jahrelang durch Ihren Garten! Besondere

■ Probieren Sie auch die Wilde Rauke aus. Sie ist mehrjährig und liefert sehr würzige Blätter.

Pflegemaßnahmen sind nicht zu beachten – nur zu dicht und dunkel sollten die Pflanzen nicht stehen, dann werden sie von Läusen oder Mehltau befallen.

Ernte und Aufbewahrung Frische Blätter sollte man nur ernten, solange die Pflanzen jung sind. Später werden sie zu bitter und hart. Die Blumen können Sie während der gesamten Blütezeit frisch verwenden oder zum Trocknen sammeln. Für die Konservierung sollten Ringelblumen nur bei länger andauerndem trockenem Sommerwetter gepflückt werden. Sie können die ganzen Blütenköpfe dörren oder die Strahlenblüten auszupfen, sehr vorsichtig ausbreiten und dann möglichst luftig trocknen. Die fertige Droge kann zum Teil als Safranersatz, zum Teil als Tee verwendet werden. Die goldgelben, trockenen Ringelblumenblättchen müssen kühl und dunkel in einem Schraubglas aufbewahrt werden.

Verwendung in der Küche Die Blütenblättchen und sehr junge grüne Blätter der Ringelblume können Sie als aparte Würze zu Salaten verwenden. Ältere Blätter sind dafür zu bitter! Eine zu Unrecht vergessene Küchentradition macht die »Goldblume« aber noch attraktiver für passionierte Gewürzgärtner: Seit den Zeiten der Römer wurden die äußeren Blütenblätter, nicht die Mitte, frisch oder vorsichtig getrocknet als Ersatz für den sündhaft teuren Safran gebraucht. Sie schmecken ein wenig bitter-aromatisch, färben aber schwächer als das Edelgewürz und müssen deshalb in größeren Mengen verwendet werden. Den Calendula-Safran können Sie zu Fisch- und Geflügelgerichten geben. Fleischsuppen färbt er angenehm goldgelb.

Verwendung in der Hausapotheke Der Tee aus getrockneten Ringelblumenblüten wirkt blutreinigend, leicht krampflösend und regulierend auf die Periode. Er fördert auch den Gallefluss.

Die streng riechende Pflanze mit den leuchtenden Blütensonnen ist aber vor allem ein seit alters her bewährtes Wundheilkraut. Mit frischem Pflanzensaft oder einer Abkochung

aus Ringelblumen werden Kompressen getränkt, die man auf Geschwüre und schlecht heilende Wunden legt.

Berühmt ist aber vor allem die Ringelblumensalbe, die Wunden, Entzündungen und Quetschungen zuverlässig heilt. Sie soll auch hilfreich bei Krampfadern sein. Das Rezept für die Zubereitung finden Sie auf Seite 231.

Weitere Verwendungsmöglichkeiten
Ringelblumen tragen, ähnlich wie die Studentenblumen *(Tagetes)*, zur Gesundung des Bodens bei, weil sie durch ihre Wurzelausscheidungen Bodenälchen vertreiben.

Die Blumen können auch als Wetterpropheten dienen: Eine alte Bauernregel sagt, dass es Regen gibt, wenn die Ringelblumen sich morgens nicht öffnen.

Historische Verwendung Die im Mittelmeerraum weitverbreitete Ringelblume wurde sicher schon in der Antike als Heilpflanze genutzt. Die Beschreibungen in der Literatur sind botanisch aber nicht eindeutig zuzuordnen. Erst bei Hildegard von Bingen findet sich der erste Text, der sicher auf die Ringelblume zutrifft. Die heilkundige Äbtissin empfahl die

»Ringula« gegen Vergiftungen. Auch für Tiere sollte sie hilfreich sein: »Und wenn die Rinder oder Schafe etwas Übles gefressen haben, so dass sie plötzlich aufgeblasen werden, dann werde die Ringelblume zerstoßen, und ihr Saft werde ausgedrückt, und mit etwas Wasser werde ihnen der Saft in ihre Mäuler eingeflößt, so dass sie davon kosten und sie werden geheilt werden.«

Im Kräuterbuch des Tabernaemontanus sind 8 verschiedene Ringelblumensorten abgebildet. Er schreibt dazu: »Es werden die Ringelblumen fast allenthalben in den Gärten gezielet / und wo sie einmal ankommen / besaamen sie sich alle Jahr selbst. Sie fangen an im Mayen zu blühen / und währen für und für in stätiger Blüht biß in Winter hinein / (dannenher es Calendula genannt).« Der Kräutervater sammelte viele Rezepte, die ihm zugetragen wurden. So soll Ringelblumenkraut »in Salat genützet (werden): wenn es noch frisch und jung ist. Die Frantzosen backen es auch in den Eierkuchen / und gebens den Weibern zu essen / welchen die monatliche Zeit zu viel / oder zu wenig fliessen.«

■ Ringelblumen sind der Inbegriff des blühenden Bauerngartens. Sie verschenken voller Überschwang farbenfrohe Schönheit und wunderbare Heilkraft. Probieren Sie sie auch in der Küche!

Schnittsellerie

Apium graveolens var. *secalinum*

Volkstümliche Namen Küchensellerie, Eppich, Appich, Epf, Epple, Geilwurz, Zeller, Sumpfsilge, Mark, Schoppenkraut, Suppenkraut, Zella, Zellerie

Heimat und Verbreitung Die wild wachsende Urform des Selleries gedeiht seit Jahrtausenden auf salzhaltigen Böden in Europa, in der Türkei, im Kaukasus, im Iran, im westlichen Himalaja, in Pakistan, Nordafrika und auf den Kanaren. Die heute angebauten Kulturformen wurden im 16. und 17. Jahrhundert hauptsächlich von italienischen Gärtnern gezüchtet.

Botanischer Steckbrief Sellerie ist ein Doldenblütler (Apiaceae). Es gibt Knollen-, Stangen- und Schnittsellerie, der auch Blattsellerie genannt wird. Im Kräutergarten hat nur der Schnittsellerie als ausgesprochene Gewürzpflanze ihren Platz. Streng genommen wächst der Sellerie zweijährig. Er wird aber nur im ersten Jahr genützt, im nächsten Frühling schießt er in Samen und wird ungenießbar. Blattsellerie hat eine spindelförmige, verzweigte Wurzel. Er bildet keine Knollen. Die Stängel sind kantig und stark gerillt. Die dunkelgrün glänzenden Blätter sind verschiedenförmig gelappt oder gefiedert.

Heilkräftige Wirkstoffe Sellerie enthält in Blättern und Wurzeln ätherische Öle, Flavonoide (Apiin), Cumarin, Mineralsalze und Vitamine. Er wirkt vor allem entwässernd und damit entgiftend.

Geschmack und Würze Alle Selleriearten riechen und schmecken stark aromatisch. Sie sind erdhaft würzig, mit einem ganz leicht süßlichen Anklang.

Besondere Arten und Sorten

Schnittsellerie, kraus (*Apium graveolens*-Sorte), wird als eine krausblättrige, würzige Züchtung empfohlen.

Chinesischer Sellerie (*A. graveolens*-Sorte) ist eine zierliche asiatische Variante zwischen Stangensellerie und Blattsellerie.

Anbau im Garten Alle Selleriearten brauchen nahrhaften, feuchten Boden. Geben Sie ihnen außer Kompost auch einen organischen Dünger. Die Pflanzen vertragen einen halbschattigen Platz, wenn sie nur immer genügend Wasser bekommen.

Säen Sie Schnittsellerie frühzeitig im März oder April in Saatschalen auf der Fensterbank oder im Frühbeet aus. Als Lichtkeimer werden die Samen nur dünn mit Erde bedeckt.

Ab Anfang Mai können Sie das würzige Kraut auch im Freiland aussäen. Die Reihen benötigen 30–40 cm Abstand. Zu dicht keimende Pflanzen lichten Sie frühzeitig aus und verwenden die zarten Blätter als erste Suppenwürze. Sorgen Sie während des ganzen Sommers für genügend Feuchtigkeit, für lockere, unkrautfreie Erde und Nährstoffe in Form von Brennnessel-Jauche. Zwischen den Schnittsellerie-Reihen ist eine Mulchdecke empfehlenswert.

Ernte und Aufbewahrung Blattsellerie kann laufend geschnitten werden. Einen Teil der Ernte sollten Sie trocknen; die Blätter verlieren dabei zwar etwas von ihrem kräftigen Aroma, sind aber dennoch als Würze für den Winter wichtig. Sellerieblätter lassen sich auch gut einfrieren.

Verwendung in der Küche Sie können klein geschnittene Sellerieblätter zu Soßen, Suppen und deftigen Eintöpfen verwenden.

Verwendung in der Hausapotheke Schnittsellerie ist eine ausgesprochene Gewürzpflanze, seine Blätter können aber auch als Medizin verwendet werden. Der Knollensellerie kann, außer als schmackhaftes Gemuse, ebenfalls als Heilpflanze benutzt werden. Der frische Saft aus Wurzeln (Knollen) und Blättern wirkt wassertreibend. Deshalb lindert Sellerie rheumatische Beschwerden sowie manche Blasen- und Nierenleiden. Tee aus getrockneten Sellerieblättern soll bei Nervenschwäche, Gicht und Rheuma helfen.

Historische Verwendung Eine uralte Redewendung sagt: »Er wird bald Eppich brauchen.« Das bedeutet, er wird bald sterben. Im Altertum schmückte man die Gräber mit Sellerieblättern, denn der »Eppich« war den Göttern

■ Blattsellerie können Sie wie Petersilie schneiden und als kräftige Würze verwenden.

■ Der Chinesische Sellerie ist eine zierliche Variante zwischen Stangen- und Gewürzsellerie.

der Unterwelt geweiht. Aber das hinderte die Römer nicht, die würzigen Knollen und Blätter auch in der Küche zu verwenden. Sie bauten Sellerie bereits in ihren Gärten an und brachten ihn auch über die Alpen nach Germanien. Zur Zeit Karls des Großen wuchs Sellerie auch in Kölner Gärten, wie Pollenfunde in einer Latrine unter dem Heumarkt beweisen. Der große Arzt Hippokrates empfahl Sellerie als Medizin: »Hast du zerrüttete Nerven, so sei Sellerie deine Nahrung und deine Arznei.« Walahfrid Strabo kannte bereits im Mittelalter die wassertreibende Kraft des Selleries. Er pries ihn in seinem Garten-Gedicht: »Mag auch in unseren Gärten Sellerie schon ganz wohlfeil geworden sein, und viele meinen, er diene nur dem Wohlgeschmack, so schenkt er doch aus eigener Kraft viele Mittel zu wirksamer Hilfe. Nimmst Du seine zerriebenen Samen ein, behebt er, wie man sagt, quälende Schmerzen beim Wasserlassen.« Über zwei Jahrtausende später bekannte der Franzose Grimod de la Reynière: »Selleriesalat ist kein Gericht für Junggesellen.« Er umschrieb damals auf elegante Weise ein Gerücht, das sich vom Altertum bis heute gehalten hat: Sellerie ist gut für die Liebe. Was nie wissenschaftlich bewiesen, aber auch nie widerlegt wurde …

Senf, Weißer und Schwarzer
Sinapis alba und *Brassica nigra*

Volkstümliche Namen Gelber Senf, Speisesenf, Mostrich, Senf-Kohl, Schnabelsenf
Heimat und Verbreitung Der Weiße und der Schwarze Senf ist in ganz Europa, in Nordafrika, dem östlichen Mittelmeerraum und Teilen Asiens bis nach Sibirien zu Hause. Sie gehören zu den uralten Gewürzpflanzen, die bereits in der Bibel erwähnt werden. Auch Karl der Große ließ Senf auf seinen Gütern anpflanzen.
Botanischer Steckbrief Senf gehört in die Familie der Kreuzblütler (Brassicaceae). Der weiter verbreitete **Weiße Senf** (*S. alba*) hat eine dünne Wurzel, kantige, verzweigte Stän-

gel und längliche, eiförmige Blätter, die rau behaart sind. Sie teilen sich nur wenig. Die gelben Blüten erscheinen in lockeren Doldentrauben an den Spitzen der Stängel von Juni bis Juli. Die sandfarbigen Samen liegen in kleinen Schoten. Senf wächst bis 1,20 m hoch.
Der **Schwarze Senf** (*B. nigra*) ähnelt in Gestalt und Blüte dem Weißen Senf sehr. Die unteren Blätter der Pflanzen sind etwas breiter und leierförmig ausgebuchtet; die oberen Blätter sind schmaler und glatter. Die Samenschoten des Schwarzen Senfs wachsen am Stängel fast aufrecht in die Höhe. Die Körner zeigen eine dunkelbraune Farbe.

Heilkräftige Wirkstoffe Die scharfwürzigen Samenkörner beider Senfarten enthalten fette Öle, Eiweiß, Schleimstoffe und als wichtigste Bestandteile das Glykosid Sinalbin im Weißen Senf und Sinigrin im Schwarzen Senf. Erst unter dem Einfluss des im Senf enthaltenen Enzyms Myrosinase und bei der Vermengung mit Wasser zersetzen sie sich in scharfes Senföl. Beide Senfarten wirken günstig auf die Verdauung und auf die Wasserausscheidung. Äußerlich lösen Senfumschläge ein »Brennen« der Haut und damit gesteigerte Durchblutung aus.
Geschmack und Würze Der Weiße Senf ist milder als der Schwarze Senf. Beide schme-

■ Im Sommer steht der Weiße Senf in voller Blüte. Ernten Sie später die reifen Samen, die als Gewürz beliebt sind.

cken – unterschiedlich stark – scharf-würzig und brennend. Der Geschmack geht in Richtung Rettich und Kresse.

Besondere Arten und Sorten
Ackersenf (Sinapis arvensis) wächst wild am Feldrand.
Chinesischer oder Indischer Senf (Brassica juncea) wird in grün- und rotblättrigen Sorten angeboten. Er kann zur Sprossenkultur genutzt werden.

Anbau im Garten Der Senf gehört zu den anspruchslosen Gewürzpflanzen. Etwas kalkhaltige, humose Lehm- oder Sandböden eignen sich besonders gut. Er nimmt aber auch mit anderen Verhältnissen vorlieb. Trockenheit wirkt sich auf die Samenbildung günstiger aus als reichliche Feuchtigkeit. Zu viel Dünger hat nur gemästete Blätter zur Folge. Säen Sie die Senfkörner ab Mitte März bis Ende Mai in Reihen mit 20–25 cm Abstand. Senfsaat keimt ähnlich schnell wie Kresse. Je sonniger der Standort ist, desto besser reifen die Samenkörner aus.

Ernte und Aufbewahrung Ganz junge Blättchen vom Weißen Senf können Sie wie

■ Eine besondere Spezialität ist der Chinesische oder Indische Senf. Hier wächst die rotblättrige Sorte 'Red Giant'! Würzen Sie damit Salate.

Kresse unter Salate schneiden. Die Körner werden im Juli und August geerntet. Schneiden Sie die Schoten am frühen Morgen, wenn sie noch feucht vom Tau sind. Auf einem Tuch trocknen Sie sie dann in der Sonne nach. Nur ganz trockene Senfkörner dürfen Sie in Gläsern verschließen, sonst schimmelt die Ernte! Sie können die Körner auch mahlen und als Senfpulver aufbewahren.

Verwendung in der Küche Helle Senfkörner werden hauptsächlich zum Einlegen von Gurken und Roten Beten verwendet. Gemahlen bilden sie die Grundlage von Senf. Für dieses beliebte Gewürz kann aber auch der schärfere Schwarze Senf verwendet werden.

Verwendung in der Hausapotheke
Als Medizin ist vor allem der Schwarze Senf gebräuchlich. Gesunde Wirkungen auf die Verdauung haben aber auch die frischen Würzblätter des Weißen Senfs im Salat und der milde Mostrich, der aus den hellen Körnern angerührt werden kann.
Aus den zerstoßenen dunklen Körnern des Schwarzen Senfs können Sie mit Wasser einen Brei anrühren, der in ein Baumwolltuch gehüllt und dann als Senfpflaster auf die Haut gelegt wird. Die starke brennende Wirkung fördert die Durchblutung und lindert auf diese Weise rheumatische Beschwerden und Bronchitis. Dieser Umschlag kann auch aus frisch gemahlenem Senfmehl hergestellt werden. Der Schwarze Senf übt sehr starke Reize auf die Haut und auf die inneren Organe aus. Deshalb darf er nur mit Vorsicht und in mäßigen Mengen angewendet werden. Vermeiden Sie jede Übertreibung und vor allem: Lassen Sie Senf nicht zur Gewohnheit werden – weder in der Medizin noch in der Küche!

Weitere Verwendungsmöglichkeiten
Weißer Senf wird im naturgemäßen Garten auch als Gründüngung ausgesät.

Historische Verwendung Senf ist ein sehr altes Gewürz, das vor allem im Mittelmeerraum verbreitet war. Die ältesten Samenkörner von Ackersenf wurden in Mitteleuropa in Siedlungen der Jungsteinzeit gefunden. In der An-

tike wird Weißer Senf oft erwähnt. Es ist aber nicht klar, ob damit botanisch Sinapis alba gemeint war. Die Verwendung ähnelt dennoch der heutigen, wenn Dioscurides empfiehlt: »Senföl bereitet man aus Senfsamen, die man fein zerreibt, eine Zeitlang in Wasser weicht, dann mit Olivenöl mischt, und dieses wieder durch Pressen absondert. Man reibt es in schmerzende Stellen ein. (...) Der Senf ist am besten, wenn er nicht zu trocken, dabei voll, inwendig grün und wie saftig ist.«
Wenn es nach den alten überlieferten Rezepten ginge, so müsste Senf eine wahre Wundermedizin sein: Der Römer Plinius war überzeugt, dass drei Blätter von Weißem Senf, mit der linken Hand gepflückt, in Honigwasser getrunken, die Leidenschaften anheize. Ägypter, Griechen und Römer benutzten den Senf aber auch ganz praktisch zum Konservieren von Fleisch.
Tabernaemontanus wusste von den Senfkörnern, »dass sie gut seyen wider den Husten der Kinder / in Wasser gekocht / und ein Theil Zucker darzu genommen / damit es einen lieblichen Geschmack habe.« – Aber damit nicht genug: »In Wein gesotten und getruncken / behüt er vor allerhand gifftigen Thier Biß. Zwey Senffkörner alle Morgen nüchtern verschlungen / behütet vor dem Schlag.«

Winterportulak
Montia perfoliata

Volkstümliche Namen Kleines Postelein, Kuba-Spınat, Tellerkraut
Heimat und Verbreitung Der Winterportulak stammt ursprünglich aus dem Westen Nordamerikas. Durch Einwanderung ist er inzwischen auch in Kuba und in West- und Mitteleuropa »eingebürgert«.
Botanischer Steckbrief Der Winterportulak gehört in die Familie der Portulakgewächse (Portulacaceae). Aus verzweigten Wurzeln wächst ein niedriges Nest aus fleischigen Blättern. Die Pflanzen verzweigen sich nur wenig und liegen ziemlich flach am Boden. Die

Blätter sind teils spitz-eiförmig, teils rundlich geformt wie kleine Schüsselchen. Aus der Vertiefung in der Mitte wachsen auf zierlichen Stängeln winzige weiße Sternblüten. Früh gesäter Kuba-Spinat blüht noch im Spätsommer. Späte Aussaaten bleiben über Winter grün und treiben erst im nächsten Frühling Blüten.

Heilkräftige Wirkstoffe Bisher sind Vitamine, vor allem Vitamin C, Magnesium, Kalzium und Eisen, als wertvolle Inhaltsstoffe bekannt.

Geschmack und Würze Die Blätter des Kleinen Posteleins schmecken frisch und säuerlich.

Besondere Arten und Sorten

Sibirischer Winterportulak (*Montia sibirica*) schmückt sich mit rosa Blüten, gedeiht sonst aber ähnlich wie das Kleine Postelein.

Anbau im Garten Ab April können Sie den Winterportulak im Freiland aussäen. Saatgut gibt es im Fachhandel zu kaufen. Decken Sie die feinen Samenkörner nur dünn mit Erde zu. Die Reihen brauchen 15–20 cm Abstand. Sie können das Kraut aber auch breitwürfig aussäen. Zu dicht stehende Pflanzen werden später ausgezupft und als erste Würze verwendet. Wenn es genügend Raum hat, bildet das Postelein rundliche Büsche bis zu 20 cm Durchmesser.

Halten Sie anfangs die Erde sorgfältig feucht. Später sorgen die Pflanzen selbst für Schattengare.

Von August bis September können Sie noch einmal Winterportulak aussäen. Dann macht das Kraut seinem Namen Ehre und bleibt über Winter grün. Sie können es bis zum nächsten Frühling frisch ernten. Decken Sie die Pflanzen rechtzeitig mit Fichten- oder Kiefernzweigen locker zu; dann bleiben sie auch im Schnee erreichbar. Sehr empfehlenswert ist eine spätere Aussaat des Winterportulaks in einem Frühbeet oder in einem ungeheizten Kleingewächshaus. Wenn die Sonne scheint und die Temperaturen unter Glas anheizt, wächst das Kleine Postelein dort auch im Winter weiter. Dieses bescheidene Kraut, das erst vor ein paar Jahren Einzug in unsere Gärten hielt, ist sehr empfehlenswert, weil es uns auch in der kalten Jahreszeit mit frischem, vitaminreichem Grün versorgt.

Ernte und Aufbewahrung Vom Frühling bis zum Herbst können Sie laufend frische Blätter zupfen oder das Kraut sogar wie Spinat schneiden. Der Winterportulak treibt mehrmals neues Grün nach. Konservierung lohnt sich nicht, weil ständig frische Pflanzen zur Verfügung stehen können.

Verwendung in der Küche Winterportulak kann als Salat angerichtet oder unter andere Salate als würzige Zugabe gemischt werden. Die erfrischenden säuerlichen Blätter passen auch zu Quark und Butterbroten.

Die Blättchen mit den weißen Blüten sind ebenfalls essbar. Sie liefern entzückende Dekorationen für Salatschüsseln und kalte Platten.

Verwendung in der Hausapotheke Winterportulak dient nur als vitaminreiche »Medizin in der Salatschüssel«.

Historische Verwendung Die Indianer benutzten den Winterportulak nicht nur als Nahrungsmittel, sondern auch als Heilkraut. Sie bereiteten aus den Blättern Breiumschläge gegen rheumatische Schmerzen und tranken den Saft bei Appetitmangel.

■ Winterportulak bleibt auch während der kalten Jahreszeit grün. Die essbaren weißen Blüten erscheinen im Frühling.

■ Der Sibirische Winterportulak ist ein Experiment wert. Er schmückt sich mit rosa Blüten und wächst als Bodendecker an halbschattigen Stellen. Auch er kann im August bis September ausgesät werden. Diese Blätter ernten Sie dann im Winter.

ZWEIJÄHRIGE KRÄUTER

Ähnlich wie die einjährigen Kräuter werden auch die zweijährigen im Frühling in den Küchengarten gesät. Ihre Wachstumszeit erstreckt sich aber über einen längeren Zeitraum. Dies bedeutet, dass sie überwintern. Ihre Lebenszeit geht erst zu Ende, wenn sie im folgenden Jahr blühen und Samen ansetzen. Die meisten Zweijährigen können auch noch zu einem späteren Zeitpunkt, während des Sommers, gesät werden.

Königskerze, Großblütige Königskerze
Verbascum densiflorum

Volkstümliche Namen Wollblume, Fackelkraut, Goldblume, Marienkerze, Frauenkerze, Johanniskerze, Wetterkerze, Donnerkerze, Unholdenkerze, Himmelbrand, Hammelschwanz

Heimat und Verbreitung Die Großblütige Königskerze ist sowohl in ganz Europa als auch in Nordafrika zu Hause. Die Kleinblütige Königskerze ist in Europa, im Vorderen Orient und in Zentralasien, bis nach Westchina ursprünglich beheimatet. Die mächtige Pflanze wurde bereits bei den antiken Griechen und Römern hoch geschätzt. Als Heilkraut wird sie auch schon von der Heiligen Hildegard von Bingen erwähnt; später nimmt die Königskerze auch in den Kräuterbüchern des ausgehenden Mittelalters und in der Volksmedizin einen gewichtigen Platz ein.

Botanischer Steckbrief Die Königskerze gehört zur Familie der Braunwurzgewächse (Scrophulariaceae). Aus einer verästelten Pfahlwurzel wächst im ersten Jahr eine Rosette mit großen, länglich-elliptischen Blättern. Die graugrüne Farbe verdanken sie einer filzig behaarten Oberfläche. Daher stammt auch der Name Wollblume.
Im zweiten Jahr wächst aus der Blattrosette ein langer, derber Blütenstiel, der über 2 m Höhe erreichen kann. Die Blätter, die sich am Stängel entwickeln, sind etwas schmaler; sie schmiegen sich am unteren Ende dicht an den Stiel. Die gelben Schalenblüten bilden eine lange Ähre. Sie blühen nacheinander auf und gleichen großen leuchtenden Kerzen. Königskerzen wachsen wild auf mageren, steinigen Böden, zum Beispiel an Bahndämmen, Schuttplätzen und auf Kahlschlägen. Die Pflanzen blühen von Juli bis September.

Heilkräftige Wirkstoffe Von größter Wirksamkeit sind die Schleimstoffe; hinzu kommen Saponine, Flavonoide, Iridoide und wenig ätherische Öle. Königskerzenblüten wirken schleimlösend bei Husten und Bronchitis. Auszüge werden auch gegen neuralgische Schmerzen und Entzündungen verwendet.

Geschmack und Würze Die frischen Blumen riechen ein wenig süß und schmecken mild-aromatisch. Die getrockneten Blüten riechen und schmecken leicht honigartig.

Besondere Arten und Sorten
Die Schwarze Königskerze (*Verbascum nigrum*), die bei uns noch wild wächst und an ihren dunkelvioletten Staubgefäßen in gelben Blüten gut zu erkennen ist, gehört nicht zu den Heilpflanzen.
Die Seidenhaar-Königskerze (*Verbascum bombyciferum*) ist eine stattliche Königskerze mit weißwolligen Blättern, die als Zierpflanze angeboten wird.
Eine Gartenstaude ist auch die imposante Kandelaber-Königskerze (*V. olympicum*), die stark verzweigt wächst und wie ein riesiger Kerzenleuchter aussieht.

Anbau im Garten Versuchen Sie, im Garten ähnliche Bedingungen zu schaffen wie an den natürlichen Standorten. Sandiger Boden ist ideal. Lehmige, humusreiche Erde sollte mit Sand und, wenn möglich, mit ein paar Steinen durchmischt werden. Notfalls wachsen Königskerzen sogar aus Plattenfugen. Sie nehmen, wenn es sein muss, auch mit anderen Bodenarten vorlieb.

Der Standort für die großen Pflanzen muss unbedingt sonnig sein. Vor einer warmen Mauer stehen sie besonders günstig. Wenn die Königskerzen in einem Garten heimisch geworden sind, samen sie sich gern aus. Dann suchen sie sich selbst ihre Plätze. Wie alle zweijährigen Sommerblumen werden auch die Königskerzen im Juni oder Juli auf ein kleines Saatbeet oder ins Frühbeet gesät. Achten Sie auf gleichmäßige Feuchtigkeit während der Keimung und auch während des Wachstums der kleinen Pflanzen. Geben Sie ihnen, sobald die Sämlinge einige kräftige Blätter entwickelt haben, etwas verdünnte Brennnessel-Jauche als Starthilfe.
Bereits im Herbst können Sie die jungen Königskerzen an den vorgesehenen Standort verpflanzen. Dies ist aber auch im nächsten Frühling noch möglich. Denken Sie beim Umsetzen an die mächtige Blattrosette und den hohen Blütenstiel der erwachsenen Pflanzen. Halten Sie mindestens 40–50 cm Abstand zwischen den Königskerzen ein. Etwas mehr »Freiraum« wäre noch besser, wenn Sie genügend Platz zur Verfügung haben. Ins Pflanzloch geben Sie Kompost, ein wenig organischen Vorratsdünger und etwas Algenkalk. Wenn Sie im nächsten Jahr nicht alle Blüten für die Küche und die Hausapotheke ernten, reifen auch genügend Samen aus, mit denen Sie wieder für neue Königskerzen sorgen können.

Ernte und Aufbewahrung Gesammelt werden nur die Blüten der Königskerzen. Sie müssen ganz trocken sein, damit sich keine Fäulnis bilden kann. Ernten Sie deshalb an einem sonnigen Vormittag, wenn der Tau schon abgetrocknet ist. Zupfen Sie nur die gelben Blütenschalen mit den Staubgefäßen aus; die hinteren grünen Kelchblätter werden nicht verwendet. Königskerzenblüten müssen sehr sorgfältig und locker zum Trocknen ausgebreitet werden. Wenden Sie sie öfter um. Ein gut temperierter Trockenapparat ist hier sehr empfehlenswert. Sobald die Blüten dürr sind, werden sie in einem Schraubglas dunkel aufbewahrt. Wenn sie unverschlossen liegenbleiben, nehmen sie rasch wieder Luftfeuchtigkeit auf und verderben.

Aus frischen Blüten der Königskerzen können Sie auch Öl- oder Alkoholauszüge herstellen.

Verwendung in der Küche Gelbe Königskerzen-Blüten werden als Würze und aparte Beilage in die Fleischsuppe gestreut. (Rezept Seite 218).

Verwendung in der Hausapotheke

Die getrockneten Blüten werden mit heißem Wasser überbrüht. Sie ergeben einen ausgezeichneten schleimlösenden Hustentee. Bei Erkältungen, Bronchitis und starkem Hustenreiz wird er mit Honig gesüßt. Sie können Königskerzen-Blüten gut mit anderen Hustenkräutern wie Malven, Huflattich, Spitzwegerich und Veilchenwurzeln mischen.

Frische Blüten, in Alkohol angesetzt, ergeben ein Mittel zum Einreiben bei neuralgischen und rheumatischen Muskelschmerzen. Mit frischen Blüten und Olivenöl wird das sogenannte Königsöl nach dem gleichen Rezept wie das Johannisöl (Seite 230) angesetzt. Man benutzt es ebenfalls zum Einreiben und als Wundöl. Vor allem aber wird das Königskerzenöl in der Tradition der alten Hausmittel bei Ohrenentzündungen eingesetzt.

Historische Verwendung Königskerzen wurden schon im Altertum hoch geschätzt. Dioscurides beschreibt verschiedene Arten, die in seiner Heimat in Griechenland wachsen und »gegen einige Krankheiten in Anwendung gebracht werden«.

Plinius erzählt eine sehr fantasievolle Heilungsgeschichte von der Königskerze: »Geschwollene Drüsen heilt man so damit, daß man sie, sammt der Wurzel gestoßen, mit Wein benetzt, in das Blatt gewickelt, in Aschen warm macht und sie so noch warm auflegt. Leute versichern aus eigener Erfahrung, dieses Mittel wirke am allerbesten, wenn eine Jungfrau es nüchtern dem Nüchternen auflege, es mit der oberen Handfläche berühre, und dabei sage: ›Apollo sagt, jedes Übel werde gehemmt, dem eine Jungfrau entgegentritt.‹ Sie muß sodann die Hand umwenden, dreimal so sprechen, und beide müssen dreimal ausspucken.«

Ernsthafter geht es bei der Heiligen Hildegard zu. Sie empfahl die Königskerze gleichzeitig für die Hausapotheke und die Küche: »Die Königskerze ist warm und trocken und etwas kalt, und wer ein schwaches und trauriges Herz hat, der koche Königskerze mit Fleisch oder mit Fischen oder mit »Kucheln« ohne andere Kräuter, und er esse das oft, und es stärkt sein Herz und macht es fröhlich. Aber auch wer in der Stimme und in der Kehle heiser ist und wer in der Brust Schmerzen hat, der koche Königskerze und Fenchel in gleichem Gewicht in gutem Wein und er seihe das durch ein Tuch und trinke es oft, und er wird die Stimme wiedererlangen und er heilt die Brust.«

■ Die Blüten der hohen Königskerzen öffnen sich nacheinander viele Wochen lang. Deshalb können Sie sie immer wieder ernten – zum frischen Verbrauch in der Küche und zum Trocknen für den Winter.

Ganz ähnlich beurteilt Lonicerus die guten Eigenschaften der Königskerze: »Das gemeine Wullkraut mit anderen Kräutern bey Fleisch oder besonder in Gemüß / gekocht / und gessen / benimbt alle Kranckheiten deß Hertzens / für die Heyserkeit der Keehlen / und welcher damit voll ist um die Brust / der nemme Wullkraut / Fenchel und Süßholtz / jedes gleich viel / und siede diese Stück in Wasser oder gutem Wein / seye es durch ein Tuch / mische Zucker darunter / und trincks / es hilfft.«

Ferner rät er: »Feigen zwischen Wullkrautblätter gelegt / behalten sie über ein Jahr frisch.« In Bayern benutzte man den »Himmelbrand« als Krankheitsvertreiber, indem man die Blütenkerze in Weihwasser tauchte, sich damit besprengte und über der erkrankten Körperstelle ein Kreuz schlug. Dazu musste man sprechen: Unsere liebe Frau geht über Land, sie trägt den Himmelbrand in der Hand.

In alten Zeiten wurde der Stängel der Königskerze mit Wachs oder Harz getränkt. So konnte er als Fackel dienen. Davon erzählt auch noch der Name »Fackelkraut«.

Kümmel
Carum carvi

Volkstümliche Namen Wiesenkümmel, Mattenkümmel, Feldkümmel, Brot- und Speisekümmel, Fischkümmel, Gemeiner Kümmel, Carven, Garbe, Kämen, Karbei, Kiem, Köm, Kümmich, Kimmich, Kumach

Heimat und Verbreitung Der Kümmel wächst in ganz Europa bis nach Norwegen wild, mit Vorliebe auf feuchten Wiesen. Ebenso ist er in Nordafrika, der Türkei und Persien bis nach Zentralasien und China zu Hause. In den östlichen Mittelmeerländern handelt es sich aber um den Kreuzkümmel *(Cuminum cyminum),* der trockene und warme Standorte liebt. Er gehört zu den »Ur-Gewürzen«, die schon in den ältesten Quellen erwähnt werden. Sie haben eine ununterbrochene Tradition bis in unsere Zeit.

Botanischer Steckbrief Kümmel stammt aus der Familie der Doldenblütler (Apiaceae). Im ersten Jahr treibt er aus einer möhrenartigen Wurzel nur eine Blattrosette. Im zweiten Jahr erscheint der bis zu 1,20 m hohe Stängel, der kantig, gerillt und mehrfach verzweigt ist. Die Blätter sind zart gefiedert. Von Mai bis Juli blühen weiße bis rosa Doldenblüten. Von Juni bis August reifen die Früchte, die in zwei gerippte, sichelförmige Teile auseinanderfallen.

Heilkräftige Wirkstoffe Die Früchte sind reich an ätherischen Ölen, die in der Hauptsache aus Carvon, Carveol und Limonen bestehen. Außerdem enthalten die Samen fette Öle, Flavonoide, Furanocumarine und Gerbstoffe. Kümmel wirkt magenkräftigend, er vertreibt Blähungen. Im Kümmelöl wurden antibakterielle Wirkstoffe nachgewiesen.

Geschmack und Würze Kümmel hat eine ganz charakteristische, leicht beißende Würze, die sich mit nichts anderem vergleichen lässt. Es ist eben ein typischer Kümmelgeschmack.

Besondere Arten und Sorten

Schwarzkümmel *(Nigella sativa)* ist ein uraltes orientalisches Gewürz für Brot und Käse, das mit der »Jungfer im Grünen« verwandt ist, und einjährig wächst. Die Samen schmecken aromatisch-nussartig.

Bergkümmel *(Laserpitium siler)* gedeiht auf steinigen, kalkhaltigen Gebirgsböden im nördlichen Mittelmeerraum und in den Alpen bis zur Schwäbischen und Fränkischen Alb. Die seltene, sehr alte Gewürzstaude, die bereits von Karl dem Großen geschätzt wurde, wird heute wieder von Rühlemann angeboten (siehe Bezugsquellen).

Kreuzkümmel *(Cuminum cyminum)* gehört zu den einjährigen Kräutern. Er besitzt zart gefiederte Blätter und kleine, weiße oder zartrosa Blütendolden. Die Pflanzen benötigen viel Wärme, damit die würzigen Samenkörner ausreifen können. Cumin passt zu Fladenbrot und orientalischen Gerichten.

Anbau im Garten Kümmel kann im April oder im Spätsommer gesät werden. Er liebt feuchten, tiefgründigen Boden. Versorgen Sie das Beet vorher mit etwas Kalk und Dünger. Bedenken Sie auch, dass dieses Gewürzkraut ein Lichtkeimer ist; die Samen werden nur dünn mit Erde bedeckt. Der Reihenabstand

■ Zwei Jahre braucht der Kümmel, bis er blüht und Samen ansetzt. Die würzigen Körner helfen schon seit Jahrtausenden gegen Blähungen.

■ Schwarzkümmel ist mit der Jungfer im Grünen verwandt. Die schwarzen Samen sind ein uraltes Gewürz für Brot, Käse und Fleisch.

beträgt 30 bis 35 cm. Die erwachsenen Pflanzen erreichen eine Höhe von 60 cm.

Säen Sie den Kümmel nie in der Nähe von Fenchel aus. Es ist eine alte Erfahrungstatsache, dass diese beiden Pflanzen sich nicht »riechen« können. Sie kümmern, wenn man sie zur Nachbarschaft zwingt! Frostempfindlich ist der Kümmel nicht. Unter günstigen Bedingungen hält er auch länger als 2 Jahre aus, aber die Ernte wird geringer. Das Kraut sät sich durch ausfallende Körner leicht selbst aus.

Ernte und Aufbewahrung
Im ersten Jahr kann ein Teil der grünen Blätter frisch verwendet werden. Im zweiten Jahr ernten Sie die Samen, sobald sie sich bräunen. Verschließen Sie sie aber erst, wenn sie ganz trocken sind.

Verwendung in der Küche
Kümmel wird zu Fleischgerichten, Kohl, Käse und Quark benutzt. Er ist auch als Brotgewürz beliebt. Schwere Speisen, wie Kohl, werden durch dieses Gewürz leichter verdaulich.

Verwendung in der Hausapotheke
Aus zerstoßenen Kümmelkörnern können Sie einen sehr wirksamen Tee brühen, der sich vor allem bei Blähungen bewährt. Er hilft auch bei Magen- und Darmkrämpfen. Kümmel kann mit Fenchel und Dillsamen zu einem krampf- und blähungslösenden Tee gemischt werden.

Weitere Verwendungsmöglichkeiten
In vielen Magenschnäpsen ist Kümmel enthalten. In kleinen Mengen wirkt er auch auf diesem Wege wärmend und beruhigend. Im Sudetenland war man überzeugt: »Wer Kümmel isst, bekommt keinen Schlaganfall.«

Historische Verwendung
Kümmel, das älteste Gewürz Europas, wird seit Jahrtausenden zu den verschiedensten Zwecken verwendet. Der Name des Kümmels ist wohl von Cumin abgeleitet. Römische Soldaten haben den Kreuzkümmel, der auch Römischer Kümmel genannt wird, wahrscheinlich nach Germanien mitgebracht. Sie verwendeten dann aber, weil die Kultur im »rauen Norden« schwierig war, später den dort heimischen Wiesenkümmel. Dessen Körner wurden auch in Ausgrabungen aus der Römerzeit gefunden. Das Verzeichnis Karls des Großen nennt beide Kümmelarten!

Ein Kräuterbuch aus dem 19. Jahrhundert berichtet über eine Gewohnheit der alten Römer: »So durfte zum Beispiel bei Ihnen auf keinem Tische neben dem Salze der Kümmel fehlen und reiche Leute hielten sich einen eigenen Sklaven ›Kümmelbewahrer‹ (…). Wer also sehr sparsamer Natur war, der spendete dasselbe nichts weniger als reichlich; daher stammt aus jener Zeit auch der Ausdruck ›Kümmelspalter‹, womit man einen Geizhals bezeichnete.«

Bei Lonicerus heißt es: »Kümmel in der Kost essen / und davon getruncken stärket die Dauung in Magen.«

In Norddeutschland schützte einst ein Beutel voll Kümmelkörner, auf dem Herzen getragen, vor Hexen. Und eine alte Volksweisheit behauptet: Bei Kümmibrot und Kalmusstängel gedeiht der Dümmste aller Bengel.

■ Ein sehr altes, seltenes Gewürz ist der Bergkümmel, den schon Karl der Große kannte. In seiner Heimat benutzten die Gebirgsbewohner die Samen ähnlich wie Kümmel und Fenchel.

Löffelkraut
Cochlearia officinalis

Volkstümliche Namen Echte Löffelkresse, Löffelkresse, Scharbocksheil, Skorbutkraut, Froschlöffel, Löffelblätter, Zahnlöffel

Heimat und Verbreitung Das Löffelkraut gehört zu den wenigen Gewürzkräutern, die ursprünglich im Norden zu Hause sind. Es wächst an den Küsten Nordeuropas an sumpfigen Stellen wild, besonders dort, wo der Boden salzig ist. In Nordamerika und Asien gedeihen nahe Verwandte.

Botanischer Steckbrief Das Löffelkraut gehört in die Familie der Kreuzblütler (Brassicaceae). Es hat eine spindelförmige Hauptwurzel mit vielen Nebenwurzeln. Der kantige, gefurchte Stängel wird 20 bis 30 cm hoch. Die unteren Blätter haben die auffallende Löffelform, nach der das Kraut seinen Namen erhielt; die oberen Blätter sind eiförmig. Von Mai bis Juni erscheinen im zweiten Jahr die duftenden, weißen Blüten, die eine Traube bilden.

Heilkräftige Wirkstoffe Das Kraut enthält Senfölglykosid, Mineralsalze, Gerbstoffe, Bitterstoffe und sehr viel Vitamin C. Davon müssen schon die Seefahrer früherer Zeiten eine Ahnung gehabt haben, denn sie nahmen Löffelkraut gegen den gefürchteten Skorbut mit. Es wirkt auch heute noch im gleichen Sinn als stoffwechselanregende Frühjahrskur.

Geschmack und Würze Löffelkraut schmeckt stark kresseartig, gleichzeitig etwas bitter und etwas salzig. Das Aroma wird hauptsächlich durch das schwefelhaltige Löffelkrautöl erzeugt, das mit dem Senföl verwandt ist.

Anbau im Garten Löffelkraut gehört zu den Anspruchslosesten im Küchengarten. Es gedeiht überall, wo genügend Feuchtigkeit vorhanden ist. Von März bis April oder von August bis September können Sie die Samen in Reihen mit 20 cm Abstand säen. Sie keimen innerhalb von 2 bis 3 Wochen. Unter Umständen hält das Löffelkraut länger als 2 Jahre aus. Verwenden Sie nur die löffelförmigen Blätter. Sie können laufend gepflückt werden, denn dieses gesunde Kraut bleibt das ganze Jahr über grün.

Halten Sie die Aussaat, vor allem die späte im Sommer, immer gleichmäßig feucht. Sobald die Pflanzen größer sind, können Sie die Erde ringsum mulchen.

Wenn Sie das Löffelkraut, ähnlich wie Petersilie, im Winter locker mit Kiefernreisig oder Fichtenzweigen abdecken, können Sie auch noch im verschneiten Garten das vitaminreiche Kraut finden und ernten.

Ernte und Aufbewahrung Konservierung ist nicht üblich; sie würde auch nicht lohnen, weil das Löffelkraut immer greifbar ist.

Verwendung in der Küche Die würzigen Blätter können unter die verschiedensten Salate gemischt werden. Besonders empfehlenswert ist ein Frühlings-Wildkräuter-Salat mit Löffelkraut, Löwenzahn, Scharbockskraut, jungen Brennnesselblättern und Schafgarbe. Die kleingeschnittenen Blätter schmecken auch zu Quark, Eiern und Butterbroten.

Verwendung in der Hausapotheke
Das Löffelkraut wird meist als »grüne Medizin« in den Speiseplan einbezogen. Auf dem Umweg über die Salatschüssel vertreibt es die Frühjahrsmüdigkeit. Sie können aber auch aus dem frischen Kraut einen Saft pressen, der besonders intensiv stoffwechselanregend wirkt. Er soll, ähnlich wie Löwenzahn, auch bei Rheuma und Gicht helfen.

Weitere Verwendungsmöglichkeiten Eine Mischung zu gleichen Teilen aus Löffelkraut und Salbeiblättern soll nach Madaus gegen Parodontose helfen. Ein Teelöffel Kraut wird abends mit einer Tasse Wasser kalt angesetzt. Am nächsten Morgen können Sie mit dieser Flüssigkeit gurgeln und spülen. Der gleiche Ansatz kann noch einmal mit Wasser übergossen und dann am Abend benutzt werden.

Historische Verwendung »Scharf, aber gut scheint sein Wahlspruch zu sein, und wenn je ein Kräutlein Empfehlung verdiente, so ist es das Löffelkraut …Und wie viele hat es nicht schon vor dem sicheren Tod gerettet, wenn endlich nach der langen Nacht des Winters

■ Das ganze Jahr schenkt Ihnen das Löffelkraut frische vitaminreiche Blätter, die scharfwürzig wie Kresse schmecken. Sie passen gut in einen gesunden Wildkräutersalat.

das Eis taute, der Frühling im ersten Grüne hervorsproß und der Kranke sich zur Stelle schleppen konnte, wo ihm die Gesundheit im unscheinbaren Blatte winkte …« Dieses Loblied auf das vitaminreiche Kraut, das den gefürchteten Skorbut zu heilen vermochte, stammt aus dem Buch »Kräutersegen« von E. M. Zimmer, 1896.

Mariendistel
Silybum marianum

Volkstümliche Namen Frauendistel, Färberdistel, Leberdistel, Gallendistel, Heilandsdistel, Christi Krone, Marienkörner, Stechkörner, Stichsamen, Gottesgnadenkraut
Der Name Mariendistel entstand durch eine Legende: Die Milch Marias tropfte beim Stillen auf die Blätter und verursachte die weiße Zeichnung.

Heimat und Verbreitung In trockenen, steppenartigen Gebieten Südeuropas und Vorderasiens ist die Mariendistel ursprünglich zu Hause. Sie kommt auch in Nordafrika, auf den Kanaren, Madeira und bis nach Persien und Afghanistan vor. Schon im Mittelalter war sie bis nach Norddeutschland vorgedrungen. Als sogenannter Kulturbegleiter ist sie inzwischen auch bis Nordamerika, Südamerika und Südaustralien weitergewandert.

Botanischer Steckbrief Die Mariendistel stammt aus der Familie der Korbblütler (Asteraceae). Aus der tief reichenden Distelwurzel wächst ein hoher, verästelter Stängel, der bräunlich glänzt. Charakteristisch für die Pflanzen sind die großen, gelappten Blätter, die auf grünem Grund eine weiße marmorierte Zeichnung tragen und an den Rändern mit kräftigen gelben Dornen »bewehrt« sind.

■ Eine ebenso stattliche wie stachelige Erscheinung im Kräutergarten ist die Mariendistel. Ihre marmorierten Blätter wirken sehr dekorativ. Aber ihr größter Wert ist in den Samen verborgen.

An den Spitzen der Stängel öffnen sich rundliche Blütenköpfe, die rot gefärbt sind und etwas nicken. Die Samenkörner sind braun; der Fruchtstand trägt eine helle, seidige Haarkrone, die die Botaniker Pappushaare nennen. Die Mariendistel wächst bis zu 2 m hoch. Sie blüht von Juli bis August; von August bis September reifen die Samen.

Heilkräftige Wirkstoffe Die wichtigste Heilsubstanz in den Samen ist das Silymarin mit Silybin, das den Leberschutz bewirkt. Hinzu kommen fette Öle und Flavonoide.

Die Samen der Mariendistel sind ein anerkanntes, sehr wirksames Mittel, das die Leber schützt, regeneriert und heilt. Diese Naturarznei hat keinerlei schädliche Nebenwirkungen. Auch Gelbsucht, Gallenleiden und Seitenstechen werden günstig beeinflusst.

Geschmack und Würze Die Samen schmecken etwas ölig und bitter.

Anbau im Garten Saatgut der dekorativen Heilpflanze wird im Handel angeboten. Die Mariendistel wächst je nach Standort und Bedingungen ein- bis zweijährig. Deshalb wird sie schon im Frühling ausgesät; ab März im geschützten Frühbeet und ab Ende April im Freiland. Die jungen Pflanzen werden mit 30 bis 40 cm Abstand an den ausgewählten Standort gesetzt. Die Mariendistel braucht viel Sonne und einen durchlässigen, möglichst etwas mageren Boden. Sie gedeiht aber auch in guter Gartenerde. Versuchen Sie, die Wachstumsbedingungen im Kräutergarten ein wenig den ursprünglichen Standorten anzugleichen. Sonst braucht die große, auffallende Distel keine besondere Pflege.

Ernte und Aufbewahrung Sammeln Sie die Blütenköpfe ein, solange sie die weiße Haarkrone tragen. Später ist der reife Samen zwar leichter zu ernten, er fällt aber oft früher aus, als der Kräutergärtner zugreift. Lassen Sie die Blütenköpfe in einem luftigen Raum nachreifen. Sie werden locker ausgebreitet. Wenn sie trocken sind, können Sie die reifen Samen auf einer Unterlage ausklopfen. Die Körner werden gut verschlossen und dunkel aufbewahrt.

Verwendung in der Küche Die Mariendistel gehört nicht zu den Würzkräutern.

Verwendung in der Hausapotheke Auch moderne Untersuchungen bestätigen das alte Erfahrungswissen, wonach die Mariendistel erfolgreich Leberzirrhose, Hepatitis und durch Alkohol verursachte Leberschäden bekämpfen kann. Besonders erstaunlich ist die Heilwirkung bei Vergiftungen durch den Grünen Knollenblätterpilz, der eine lebensgefährliche Schädigung der Leber verursacht. Es wird auch behauptet, dass die Mariendistel die Nebenwirkungen von Chemotherapien lindern kann. Aus den Samen wird der berühmte Lebertee aufgegossen. Pro Tasse nimmt man 1 Teelöffel voll Körner, die mit kochendem Wasser überbrüht werden und 10 bis 20 Minuten ziehen müssen. Mariendisteltee wird dreimal täglich ungezuckert vor den Mahlzeiten getrunken. Er kann mit Pfefferminze gemischt werden. Nach Madaus empfiehlt sich auch eine Mischung von Mariendistelsamen, Löwenzahnwurzeln und Wegwartenwurzeln.

Weitere Verwendungsmöglichkeiten In antiken Quellen wird berichtet, dass junge Pflanzen als Gemüse zubereitet wurden.

Historische Verwendung In der Antike taucht die Mariendistel zwar schon auf, aber sie wird nicht ausführlicher beschrieben. Im Mittelalter brachten Mönche die heilkräftigen Pflanzen mit vielen anderen Kräutern über die Alpen in die westeuropäischen Klostergärten. Hier wurde die Mariendistel bald sehr geschätzt.

Die Heilige Hildegard empfahl das folgende Rezept: »Wenn aber jemand durch Stechen in seinem Herzen oder an einer anderen Stelle oder in einem seiner Glieder Schmerzen hat, nehme er Mariendistel und etwas weniger Orechten salben (Salbei) und mache sie in etwas Wasser zu Saft, und sogleich zu der Zeit, wenn er vom Stechen geplagt wird, trinke er so, und es wird im besser gehen.« Madaus berichtet von einem alten Volksglauben, der sagt, dass »die stachelige Pflanze nicht auf dem Ofen einer Gaststube aufbewahrt werden darf, da sonst unter den Gästen unbedingt Streit ausbricht«.

■ Aus den hübschen roten Blüten entwickeln sich die Samen der Mariendistel. Ernten Sie diese heilkräftigen Körner solange sie ihre weiße Haarkrone tragen.

Petersilie
Petroselinum crispum

Volkstümliche Namen Peterlein, Peterling, Peterchen, Peterle, Gartenpetersilie, Kräutel, Bittersilche, Silk, Steinsilge, Garteneppich, Felswurzel, Federselli, Suppenwurzel, Felseneppich

Heimat und Verbreitung Die Petersilie stammt aus den südöstlichen Mittelmeerländern. Auch in Nordwestafrika kommt sie vor. Bei den Griechen und Römern der Antike war sie bereits sehr beliebt. Karl der Große empfahl das Kraut unter dem Namen »petresilum«. Aber erst im 16. Jahrhundert wurde die Petersilie zum allgemein bekannten Küchenkraut in Nordeuropa.

Botanischer Steckbrief Die Petersilie gehört in die Familie der Doldenblütler (Apiaceae). Sie besitzt eine lange, möhrenähnliche Wurzel, aus der im ersten Jahr nur eine Blattrosette treibt. Im zweiten Jahr wächst daraus ein kantiger, verzweigter Stängel, der bis zu 1,20 m Höhe erreichen kann. Die dunkelgrünen Blättchen sind verschiedenartig gefiedert. Im Juni und Juli blüht die Petersilie. Die grünlich-gelben Blüten bilden eine Dolde. Die braunen Samen reifen im Herbst von August bis September.

Heilkräftige Wirkstoffe Die Blätter enthalten ätherische Öle mit Apiol, Flavonoide mit Apiin, Petrosilinsäure, Furanocumarine, Mineralstoffe und vor allem reichlich Vitamin C. Petersilie wirkt wassertreibend und deshalb günstig auf Rheuma, Nieren- und Blasenleiden.

Vorsicht: Der in allen Pflanzenteilen vorkommende Petersilienkampfer, Apiol, ist giftig. Deshalb darf die Petersilie nie in großen Mengen gegessen oder als Heilmittel angewendet werden. Kritische Werte erreichen vor allem die Samenkörner; sie enthalten besonders reichlich Apiol und sollten deshalb vorsichtshalber nie verwendet werden.

Geschmack und Würze Die ganze Petersilienpflanze duftet herb-würzig, die Blätter schmecken ein wenig streng und scharf-bitter.

Besondere Arten und Sorten

Krausblättrige Züchtungen entsprechen dem klassischen Bild der Petersilie: 'Mooskrause' ist eine bekannte und bewährte Sorte. 'Grüne Perle' und 'Green River' versprechen dicht gekrauste Blätter und reiche Ernte.

Glattblättrige Petersilie: wird auch **Bauernpetersilie** genannt. Sie besitzt eine mildere aromatische Würze.

'Einfache Schnitt 3, Typ Hamburger Schnitt' gehört zu den bewährten Sorten. 'Gigante d'Italia' ist ein neuerer »Star« im Angebot mit kräftigem Wuchs und sehr aromatischen Blättern.

Wurzelpetersilie (*Petroselinum crispum* var. *tuberosum*) liefert würzige Blätter und haltbare Wurzeln.

'Wurzelpetersilie Halblange' ist eine bewährte Sorte.

'Bardowicker' und 'Berliner Eagle' sind neue Züchtungen mit starken Knollen.

Anbau im Garten Im Küchengarten braucht die Petersilie nahrhaften, humusreichen Boden, der aber durchlässig sein sollte. Feuchte, halbschattige Plätze sind günstig für eine gesunde Entwicklung. Frischen Dünger verträgt das Kraut nicht. Auch hier ist Kompost die beste Vorbereitung für das Beet. Mulchen Sie die Erde, damit sie feucht bleibt. Petersilie ist nicht kälteempfindlich. Säen Sie deshalb die Samen schon im März in Reihen von 10 bis 15 cm Abstand. Sie keimen sehr langsam und brauchen oft 3 bis 4 Wochen, bis das erste Grün erscheint. Streuen Sie deshalb Radieschen als Markiersaat mit in die Rillen. Dann können Sie sicherer und früher Unkraut jäten zwischen den Reihen. Petersilie kann auch im Sommer bis August ausgesät werden, dann keimt sie rascher, muss aber bei Trockenheit sorgfältig gewässert werden.

Hacken, Jäten und bei Trockenheit Gießen – das sind die einzigen Arbeiten, die auf dem Petersilienbeet notwendig sind. Wenn Sie das Kraut im Spätherbst mit Kiefernzweigen locker abdecken, können Sie auch bei Schneewetter noch grüne Petersilie schneiden.

Säen Sie im nächsten Jahr die Petersilie nicht wieder an dieselbe Stelle im Kräutergarten, denn das Peterlein ist mit sich selbst unverträglich. Ein ständiger Fruchtwechsel ist nötig, wenn dieses Kraut gesund und üppig gedeihen soll. Andernfalls passiert Ihnen im übertragenen Sinn, was der Volksmund so anschaulich ausdrückt: Es verhagelt Ihnen die Petersilie! Mischkultur mit Tagetes trägt zu gesundem Wachstum des Krautes bei. (Siehe auch Seite 48–49.)

Für die **Wurzelpetersilie** gelten im Großen und Ganzen die gleichen Kulturmaßnahmen wie für die Blattpetersilie. Beachten sollten Sie die folgenden Sonderansprüche: Die Jungpflanzen werden in der Reihe auf 10 cm Abstand verzogen, damit die Wurzeln sich kräftig entwickeln, bevor sie im Spätherbst, vor dem ersten Frost, möglichst unverletzt ausgegraben werden. Entfernen Sie alle Blätter bis auf das Herz, denn die Wurzelpetersilie soll ja noch einige Wochen am Leben bleiben. Schlagen Sie die Pflanzen dann in einem frostfreien Keller in feuchten Sand ein. Sie werden ähnlich gelagert wie Möhren und können jederzeit nach Bedarf verwendet werden.

Ernte und Aufbewahrung Sobald die Pflanzen kräftig genug sind, können Sie laufend Petersilie schneiden – selbst im Winter. Erst wenn das Kraut blüht, werden die Blätter hart und ungenießbar. Schonen Sie bei der Ernte aber immer die Herzblätter, damit die Pflanzen weiterwachsen können. Petersilie können Sie sowohl trocknen als auch einfrieren. Aber bei beiden Konservierungsmethoden verlieren die Blätter viel Aroma. Wie grüne Petersilie und Wurzelpetersilie für die Winterernte eingetopft werden, lesen Sie auf Seite 44–45.

Verwendung in der Küche Petersilie wird nur frisch verwendet. Bei Hitze verflüchtigen sich die Vitamine. Streuen Sie das fein gehackte Kraut erst ganz zum Schluss über die fertigen Gerichte. Es passt zu Kartoffeln, Salaten, vielen Gemüsen, Suppen und Soßen. Wurzelpetersilie eignet sich als Gewürz zu

Suppen, Braten und Wild. Sie verleiht den Speisen einen kernig-kräftigen Geschmack.

Verwendung in der Hausapotheke Bei Verdauungsstörungen, Blähungen und zur Anregung der großen Ausscheidungsorgane Leber und Nieren gibt es andere wirksame Kräuter, die ungefährlicher anzuwenden sind als die Petersilie. Experimentieren Sie nicht, und essen Sie das Kraut lieber in mäßigen Mengen als gesundes Gewürz.

Historische Verwendung Die Petersilie, die bei uns heute ein »gewöhnliches« Küchengewürz ist, war in alten Zeiten hoch geachtet. Die ältesten Spuren reichen bis ins 4. Jahrtausend v. Chr. in jungsteinzeitlichen Siedlungen am Bodensee zurück. Petersiliensamen fanden Archäologen auch auf der Heuneburg am Oberlauf der Donau. Diese keltische Fürstenburg der Hallstattzeit stammt aus dem 7. bis

5. Jahrhundert v. Chr. Da Petersilie in diesen Regionen nicht wild gewachsen ist, müssen bereits sehr frühe Handelskontakte zu den mediterranen Ländern bestanden haben.

In der Antike konnten Heilkundige und Köche dagegen jederzeit frisch ernten. Dioscurides berichtet: »Die Petersilie wächst an steilen Abhängen in Mazedonien. Der Samen ist wie bei Ammi aber angenehmer, scharf und gewürzhaft riechend. Er wird gegen Verdauungsfehler und dergleichen gebraucht.« Außerdem empfahl der griechische Arzt Petersilie als Mittel gegen Blähungen, Nieren- und Blasenschmerzen.

Im alten Rom war die Petersilie bereits ein Küchengewürz. Römische Legionäre brachten das Kraut über die Alpen. Später empfahl es Karl der Große für den Anbau in seinen Gärten. Während des Mittelalters wurden die

krausen würzigen Blätter sehr geschätzt. Hildegard von Bingen beschrieb sie so: »Die Petroselino ist derb, mehr warm als kalt, und wächst durch den Wind und die Feuchtigkeit. Sie ist roh gesunder als gekocht. (...) Gegen Herz-, Milz- und Seitenstechen koche man Petersilie in Wein mit etwas Essig und viel Honig und lasse davon öfter trinken.«

Schon zu Zeiten des Kräutervaters Tabernaemontanus war die Petersilie das gebräuchlichste Küchengewürz. »Es wird der Peterlein heutiges Tages / als ein gesundes Condiment fast in allen Speisen gebrauchet / welchen Gebrauch wir von den Alten vererbet haben.«

Ganz ohne Aberglauben ging es aber in alten Zeiten auch im Garten nicht zu. Man glaubte, der Petersiliensamen wandere siebenmal zum Teufel und zurück, bis das Kraut zu grünen beginne. Daran war wohl die lange Keimzeit des Peterleins schuld. Auch musste ein besonders ehrenwerter Mann die Samen in die Erde legen, sonst wurde nichts aus den krausen grünen Wurzelblättern. Unbeschwerter gingen die alten Griechen mit dem Kraut um: Sie setzten sich Petersilienkränze ins Haar, wenn sie sich zu Gastmählern trafen, und nannten die Pflanze ein Symbol der Freude und der Festlichkeit.

■ Wussten Sie, dass unser »Allerweltsgewürz« Petersilie schon in der Steinzeit benutzt wurde? Auch im alten Rom kochte man bereits mit Petersilie. Sie können heute zwischen glatt- und krausblättrigen Sorten wählen.

■ Wurzelpetersilie wird im späten Herbst ausgegraben und frostsicher eingeschlagen. Dann steht sie den ganzen Winter zur Verfügung.

Stiefmütterchen, Wildes Stiefmütterchen
Viola tricolor

Volkstümliche Namen Ackerstiefmütterchen, Ackerveilchen, Dreifaltigkeitsblume, Jesuli, Sammetblümlein, Samtveigerl, Siebenfarbenblume, Stiefkinder, Unnütze Sorge, Nachtveigerl, Nachtviole, Liebgesichtli, Schwiegerei

Heimat und Verbreitung Das Stiefmütterchen ist in den gemäßigten Zonen Europas und Asiens zu Hause. Bei uns wächst die hübsche kleine Blume wild an Ackerrändern und auf Wiesen.

Botanischer Steckbrief Das Stiefmütterchen gehört zur Familie der Veilchengewächse (*Violaceae*). Es treibt nur eine dünne Wurzel in die Erde; daraus wachsen hohle, stark verzweigte Stiele. Die Blätter sind teils länglich, teils herzförmig ausgebildet mit gezähnten Rändern. Es gibt bei dieser variationsreichen Pflanze auch noch leierförmige und fiederspaltige Nebenblätter.

Die Stiefmütterchenblüten, in denen viele Menschen freundliche kleine Gesichter erkennen, sind aus 5 Kronenblättern zusammengesetzt, von denen das unterste einen Sporn trägt. Die Farben wechseln je nach den verschiedenen Unterarten: Es gibt weiß-gelbe, weiß-blaue, blau-violette und bunt gemischte Varianten. Die **Ackerstiefmütterchen** (*V. arvensis*) sind meist kleinblütiger und hellgelb mit wenig Violett gefärbt, während die **Gewöhnlichen** oder **Wilden Stiefmütterchen** (*V. tricolor*) etwas größere, meist leuchtend blau-violett und gelb gezeichnete Blumen haben.

Heilkräftige Wirkstoffe Die beiden wild wachsenden Stiefmütterchenarten werden als Heilpflanzen gleich gewertet. Sie enthalten Schleimstoffe, Flavonoide, Salicylsäureverbindungen, Gerb- und Bitterstoffe. Stiefmütterchen wirken blutreinigend und hustenlösend. Anerkannt sind sie auch als Heilmittel gegen Milchschorf bei Babys.

Geschmack und Würze Die hübschen Blumen haben keinen Duft. Die Pflanzen schmecken ein wenig bitter.

Besondere Arten und Sorten

Ackerstiefmütterchen (*Viola arvensis*) werden wie die Wilden Stiefmütterchen verwendet.

Duftveilchen (*Viola odorata*) sind auf Seite 166 beschrieben.

Anbau im Garten Die wilden Stiefmütterchen gedeihen, je nach Standort und Umweltbedingungen, ein- oder zweijährig. Saatgut oder Pflanzen gibt es normalerweise nicht zu kaufen. Nur bei Rühlemann werden sie in einem umfangreichen Spezialitäten-Katalog angeboten (siehe Bezugsquellen, Seite 243). Manchmal tauchen die kleinen »Wilden« ganz von selbst zwischen den Un-Kräutern des Gartens auf. Im Spätsommer können Sie Samen der wilden Stiefmütterchen am Wiesen- oder Feldrand sammeln; eine einzelne Pflanze dürfen Sie auch im Herbst oder Frühling ausgraben und in den Garten setzen. Dort samt sie sich später selbst aus.

Ackerstiefmütterchen werden, wie alle anderen zweijährigen Kräuter und Blumen, im Sommer gesät und später verpflanzt. Sie brauchen 10–15 cm Abstand und einen sonnigen Standort. Da sie niedrig bleiben (etwa 20 cm), können sie auch als Randpflanzung eingeplant werden. Natürlicher wirken sie aber »wild verstreut«, so, wie sie auch in der Wiese oder am Feldrand wachsen. An den Boden stellen die wilden Stiefmütterchen keine besonderen Ansprüche; nur Kalk mögen sie nicht. Ihre Ansiedlung ist einen Versuch wert. Sie bringen leuchtende, fröhliche Farbtupfer in den Kräutergarten.

■ Die bescheidenen Wilden Stiefmütterchen blühten einst überall an den Rändern der Äcker. Wenn Sie ihnen im Garten eine neue Heimat geben, können Sie auch wieder ihre fast vergessenen heilkräftigen Eigenschaften genießen.

Ernte und Aufbewahrung Während des Sommers wird das ganze blühende Kraut geschnitten und in Büscheln getrocknet. Verschließen Sie es, sobald es dürr ist.

Verwendung in der Küche Stiefmütterchen besitzen keinerlei Würze. Die Blüten können aber als essbare Zierde über Salate gestreut werden.

Verwendung in der Hausapotheke Aus dem getrockneten Kraut sowohl der Wilden als auch der Ackerstiefmütterchen wird ein Tee aufgebrüht, der den Stoffwechsel anregt und blutreinigend wirkt. Er ist heilsam bei Rheuma, Nervenschwäche, allgemeiner Schwäche und bei unreiner Haut. Auch bei trockenem Husten ist Stiefmütterchen-Tee hilfreich.

Weitere Verwendungsmöglichkeiten Gegen Pickel und andere Hautunreinheiten helfen Auflagen mit feuchten Tüchern, die in Stiefmütterchen-Tee getaucht werden. Der

■ An feuchten Teich- und Bachufern können Sie das Barbarakraut manchmal noch wild wachsend finden.

Teeaufguss kann auch als Waschwasser für das Gesicht benutzt werden.

Historische Verwendung Im Mittelalter nannte man die Wilden Stiefmütterchen Freysamkraut. Lonicerus beschreibt sie so: »Freysamkraut trägt Blumen dreyerley Farb / Violenbraun / weiß und gelb. Besämet sich selbst in Gärten / wo es einmal gesäet ist und wächst sonsten auch auf den Feldern von sich selbst.«

»Ist zu vielen Sachen gut / und sonderlich das Wasser darvon gebrandt / fürn Freyssam der Kinder / in Brey zu essen / oder das Freyssamwasser zu trincken gegeben.« (Unter Freyssam oder Freisch verstand man damals krampfartige, epileptische Anfälle bei Kindern.)

Winterkresse
Barbarea vulgaris

Volkstümliche Namen Barbarakraut, Echtes Barbenkraut, Barbelkraut, Frühlingsbarbarakraut, Hubertuskraut

Heimat und Verbreitung Die Winterkresse stammt aus Kontinentaleuropa. Sie ist auch in Nordafrika, im Vorderen Orient, Persien und Sibirien bis in die Mongolei, nach Tibet und China verbreitet. In Nordamerika, Australien, Neuseeland und Südafrika ist sie eingebürgert. Das Kraut wächst wild an feuchten Stellen, besonders an Gräben und Bachufern.

Botanischer Steckbrief Das Barbarakraut gehört zur Familie der Kreuzblütler (Brassicaceae). Die Pflanze hat einen verzweigten Wurzelstock und bildet im ersten Jahr dicht am Boden eine Rosette mit großen, fünf- bis neunfach gefiederten Blättern, die sattgrün und dick sind. Das letzte Blättchen an der Spitze ist auffallend rundlich geformt. Im zweiten Jahr entwickelt sich ein 30–80 cm hoher, verästelter Stängel. Die Blätter, die sich daran bilden, sind gezähnt und stängelumfassend. An langen Stielen erscheinen von April bis Juni die gelben Blüten. Sie sitzen in lockeren Trauben zusammen. Die Samenkörner liegen in schmalen Schoten.

Heilkräftige Wirkstoffe Winterkresse enthält ätherisches Senföl und Vitamine. Sie wirkt stoffwechselanregend.

Geschmack und Würze Das Barbarakraut schmeckt ähnlich scharf-würzig wie Kresse oder Brunnenkresse.

Anbau im Garten Säen Sie die Winterkresse im Frühling oder im Herbst an einen feuchten, etwas schattigen Platz. Sie gedeiht am besten in lehmhaltigem Boden, ist aber sonst sehr anspruchslos. Achten Sie nur auf ausreichenden Abstand und gleichmäßige Feuchtigkeit. Die Reihen müssen 20–30 cm auseinander liegen. Zwischen den Pflanzen ist ein Abstand von 30 cm empfehlenswert. Mulchen schützt den Boden vor dem Austrocknen! Unter guten Bedingungen sät sich das Kraut selbst aus.

Ernte und Aufbewahrung Die Winterkresse verrät schon in ihrem Namen, dass sie zu den wenigen Kräutern gehört, die in der kalten Jahreszeit frisch bleiben und auch im Winter Vitamine liefern. Vom Spätherbst bis zum Frühjahr können Sie bei offenem, frostfreiem Wetter grünes Kraut ernten. Verwendet werden aber nur die großen Blätter der Rosette. Konservierung lohnt nicht.

Verwendung in der Küche Aus Barbarakrautblättern können Sie einen pikanten Salat zubereiten. Sie lassen sich auch unter andere Salate mischen. In Butter gedünstet, ergeben sie ein spinatähnliches Gemüse.

Verwendung in der Hausapotheke Die Winterkresse wird nur frisch verwendet als würzige »Medizin in der Salatschüssel«, die den Stoffwechsel anregt.

Historische Verwendung »Das St. Barbellkraut wird auch unter die Kressen gezehlet. Etliche aber wöllen sie unter die Senffkörner rechnen ... Wann man das Kraut im Mund käuet / gibt es erstlich etwas scharffen Geschmack / darnach zeucht es ein wenig zusammen. ... Dieses wird im Winter statt des Kreß gebrauchet. Wird auch wieder den Scorbut gerühmet.« So genau beschrieb bereits Tabernaemontanus das Barbarakraut. Es schmeckt und wirkt heute noch genauso.

AUSDAUERNDE KRÄUTER

Zu den ausdauernden Kräutern gehören Stauden und verholzende Halbsträucher. Sie überwintern und treiben im Frühling neu aus. Bei guter Pflege können die mehrjährigen Gewürzpflanzen viele Jahre am gleichen Platz stehenbleiben. Nach einiger Zeit müssen sie durch Teilung oder Stecklingsvermehrung verjüngt werden. Dann wechselt man auch den Standort.

Viele ausdauernde Kräuter verlieren im Herbst ihre Blätter; bei anderen erfrieren alle oberirdischen Pflanzenteile. Sie überwintern unterirdisch im Wurzelstock oder als kahle Sträuchlein. Nur wenige Arten, wie zum Beispiel der Thymian, bleiben ganzjährig grün. Einige empfindliche »Südländer«, wie der Rosmarin, überstehen den Winter in unserem Klima nur dann, wenn sie eingetopft und in frostfreien Räumen weitergepflegt werden.

Die ausdauernden Kräuter können aus Samen gezogen oder als fertige Jungpflanzen gekauft werden.

Alant, Echter Alant
Inula helenium

Volkstümliche Namen Brustalant, Edelherzwurzel, Helenenkraut, Glockenwurz, Großer Heinrich, Ulenkwurz, Beinerwell, Odinskopf, Oltwurz, Aletwürze, Altwurz, Darmwurz
Heimat und Verbreitung Wahrscheinlich stammt der Alant ursprünglich aus Zentralasien; aber auch in Südeuropa war er schon früh heimisch. Verwildert findet man ihn heute in Nordeuropa und Nordamerika.
Botanischer Steckbrief Der Alant gehört in die Familie der Korbblütler (Asteraceae). Seine dicken, fleischigen Wurzeln reichen sehr tief in den Boden. Die derbe Staude treibt kräftige, behaarte Stängel, die leicht 1,50–2,50 m Höhe erreichen. Ihre großen grau-filzigen

Blätter haben im unteren Bereich eine länglich-elliptische Form; weiter oben werden sie breiter, manchmal herzförmig und umfassen den Stängel.
Von Juni bis September öffnen sich an den Spitzen der Stängel die leuchtend gelben Blütenkörbchen des Alants. Die ganze mächtige Pflanze stirbt im Winter oberirdisch ab. Nur der Wurzelstock bleibt erhalten.
Heilkräftige Wirkstoffe Die wichtigsten Inhaltsstoffe der Staude befinden sich in den Wurzeln, die ätherische Öle mit dem Alantkampfer Helenin, reichlich Inulin und Bitterstoffe enthalten. Alant wirkt schleimlösend bei Husten und Bronchitis außerdem krampflösend im Magen-Darm-Bereich. Äußerlich hilft er gegen unreine Haut.

Geschmack und Würze Die Wurzeln schmecken bitter. Getrocknet duften sie zart nach Veilchen!
Besondere Arten und Sorten
'Goliath' ist eine starkwachsende Sorte mit großen Blüten.
Anbau im Garten In guten Staudengärtnereien bekommen Sie vorgezogene Alantpflanzen. Da die Stauden sehr groß werden und lange an ihrem Platz bleiben, müssen Sie beim Pflanzen für reichlich Abstand sorgen; 50–80 cm Zwischenraum sind unbedingt nötig.
Der Alant gedeiht in der Sonne ebenso wie im lichten Halbschatten. Die kräftigen Wurzeln entwickeln sich am besten in tiefgründigem, feuchtem Lehmboden. Die besten Pflanzzeiten liegen im Herbst oder im zeitigen Frühling. Geben Sie den kleinen Stauden reichlich Kompost und einen organischen Langzeitdün-

■ Die getrockneten Wurzeln des Alant duften wunderbar nach Veilchen! Sie helfen gegen Husten und Verschleimung.

■ Der Alant soll einst aus den Tränen der Helena gewachsen sein und stand in der Antike als Heil- und Küchenkraut in hohem Ansehen.

ger ins Pflanzloch. Auch später müssen die kraftvollen Gewächse mit Kompost und Dünger versorgt werden. Solange der Boden noch nicht von den großen Blättern beschattet wird, sollten Sie unbedingt rund um die Pflanzen mulchen.

Der riesige Alant ist für kleine Kräutergärten viel zu wuchtig. Sie können die schöne Staude aber gut am Zaun oder auch als Blickfang im Ziergarten zum Beispiel in einer Staudenrabatte ansiedeln. Durch Wurzelteilstücke lässt sie sich vermehren.

Ernte und Aufbewahrung

Von erwachsenen Pflanzen können Sie im Herbst Teile des Wurzelstocks ausgraben. Seien Sie dabei aber vorsichtig und achten Sie darauf, dass die Stauden nicht zu sehr geschwächt werden; sie sollen ja weiterwachsen.

Die sorgfältig gereinigten Wurzeln (siehe Kapitel »Ernten und Konservieren«, Seite 209) werden entweder in der Länge durchgeschnitten und aufgefädelt oder in Scheiben zerteilt und auf Sieben getrocknet. Bewahren Sie die Alantwurzeln gut verschlossen auf.

Verwendung in der Küche

Alant ist kein Gewürz. Sie können aber frische Wurzelstückchen vor dem Essen kauen; sie sollen appetitanregend wirken.

Verwendung in der Hausapotheke

Pro Tasse wird ein Teelöffel voll getrocknete Wurzeln mit heißem Wasser überbrüht. Man kann aus den Wurzeln auch einen kalten Auszug zubereiten. (Siehe Seite 227.)

Alant-Tee kann mit Honig gesüßt werden; er wirkt dann lindernd bei Husten und Verschleimung. Die Droge kann auch mit anderen Hustenkräutern gemischt werden, zum Beispiel mit Thymian, Huflattich und Primelwurzeln. Der Tee wird auch bei Blutarmut und allgemeiner Schwäche als Stärkungstrank empfohlen. Alant sollte nie zu lange und nicht in hoher Dosierung verwendet werden.

Weitere Verwendungsmöglichkeiten

Ein selbst angesetzter Alantwein regt den Appetit an und wirkt stärkend, wenn Sie ihn vor dem Essen trinken.

Historische Verwendung

Der Alant war in der Antike bereits ein sehr bekanntes, viel genutztes Kraut. Seinen Namen *Helenium* soll er erhalten haben, weil er aus den Tränen der Helena gewachsen sein soll.

Dioscurides gibt eine genaue Anleitung für die Verwendung: »Man gräbt die Wurzel im Sommer. Zerschneidet und trocknet sie. Sie hat erwärmende Eigenschaften und wird gegen Husten, schweres Asthma, schwache Verdauung und so weiter gebraucht. Auch die Blätter werden arzneilich verwendet. Die Wurzel gibt auch, mit süßen Stoffen eingemacht, eine angenehme Speise. Zu diesem Zwecke wird sie etwas getrocknet, dann gekocht, in kaltes Wasser gebracht, in dickgekochten Most gelegt, und so zum Gebrauche aufbewahrt.«

Columnella beschreibt, wie der Alant im Garten behandelt wird: »Den Alant pflanzt man in einen fetten tief gegrabenen Boden, lässt 3 Fuß Zwischenraum, weil die Pflanze groß wird und ihre Wurzel wie die des Schilfrohrs kriecht. – Sie wird auf verschiedene Weise für die Küche eingemacht.«

Ein anschauliches Rezept dazu liefert Plinius: »Der Alant schmeckt bitter, ist an sich dem Magen nachteilig, bekommt ihm dagegen, mit irgend etwas Süßem gemischt, vortrefflich, schmeckt dann auch gut. Man trocknet die Wurzel, stößt sie zu Mehl, mischt sie mit einer süßen Flüssigkeit, oder macht sie auf andere Weise ein, und vermischt sie dann mit dickgekochtem Most, oder knetet sie mit Honig, Rosinen oder saftigen Datteln. Man gibt ihr auch einen Zusatz von Quitten (cotoneum malum), Spierlingsfrüchten (sorbum), Pflaumen, auch wohl von Pfeffer oder Thymian; eine solche Mischung gilt für magenstärkend und es ist bekannt, daß Julia, Tochter des Kaisers Augustus, sie täglich genossen.«

Sehr viel später schildert auch die Heilige Hildegard anschaulich, wozu das Helenenkraut nach ihrer Überzeugung gut ist: »Der Alant ist von warmer und trockener Natur und hat nützliche Kräfte in sich. Und das ganze Jahr über soll er sowohl dürr als auch grün in rei-

nen Wein gelegt werden. Aber nachdem er sich in Wein zusammengezogen hat, schwinden die Kräfte in ihm, und dann soll er weggeworfen werden und ein neuer eingelegt werden. Und wer in der Lunge Schmerzen hat, der trinke ihn täglich mäßig vor und nach dem Essen und das Gift – das ist der Eiter – nimmt er aus seiner Lunge weg, und er unterdrückt die Migräne und reinigt die Augen. Aber wenn jemand ihn so häufig trinken würde, den würde er wegen seiner Stärke schädigen. Wenn du aber keinen Wein hast, um ihn einzulegen, dann mache mit Honig und Wasser eine reine Honigwürze und lege den Alant ein und trinke wie oben gesagt wurde (…)«

Andorn, Gemeiner Andorn
Marrubium vulgare

Volkstümliche Namen

Dorant, Weißer Dorant, Weiße Leuchte, Marubelkraut, Marobel, Brustkraut, Helfkraut, Gotteshilfkraut, Lungendank, Gutvergeß, Schwindsuchtkräutel, Mutterkraut, Mariennesselkraut, Berghopfen, Mauerandorn

Heimat und Verbreitung

Ursprünglich ist der Andorn in Europa, Kleinasien, Mittelasien, Südrussland und Nordafrika zu Hause. »Eingebürgert« ist die Pflanze inzwischen auch in Nordamerika.

Botanischer Steckbrief

Der Andorn gehört zur Familie der Lippenblütler (Lamiaceae). Aus einer spindelförmigen Wurzel wachsen verzweigte vierkantige Stängel, die innen hohl und außen leicht behaart sind. Die Blätter sind eiförmig und an den Rändern gezähnt; an der Oberfläche sehen sie runzelig aus. Junge Blätter zeigen dichte weiß-wollige Haare; später werden sie glatter. Die kurzgestielten weißen Röhrenblüten sitzen als dichter Kranz in den Blattachseln. Die Samenstände bilden rund um den Stängel eine grünliche, borstige Kugel. Der Andorn erreicht 40–50 cm Höhe. Die Pflanzen blühen von Juni bis September. Im Winter sterben alle Stängel und Blätter ab.

Heilkräftige Wirkstoffe Das Kraut enthält vor allem Bitterstoffe, darunter das Marrubiin, ätherische Öle, Flavonoide und Lamiaceen-Gerbstoffe. Andorn lindert Durchfall und Husten. Die Bitterstoffe regen vor allem den Gallefluss und die Magensaftsekretion an.

Geschmack und Würze Die jungen Blätter verströmen einen sanften, leicht süßen Balsamgeruch. Sie schmecken aber bitter und etwas scharf.

Besondere Arten und Sorten
'Green Pompon' ist eine Züchtung mit dekorativen größeren Blütenständen. Der Wollige Andorn (Marrubium incanum) ist eine mediterrane Art mit starker Behaarung.

Anbau im Garten Die Pflanze gedeiht meist auf mageren Böden. Man findet sie auf Wiesen, an Wegrändern und auf Schuttplätzen. Schon Madaus berichtet, dass das Kraut sich eigenartigerweise zu Dörfern hingezogen fühlt und dort am besten auf gedüngtem Boden wächst. Geben Sie der Staude im Kräutergarten einen sonnigen Platz und reichlich Kompost ins Pflanzloch. Wenn Sie mehrere Andornpflanzen setzen möchten, sollten Sie einen Abstand von 30 cm einhalten. Vorgezogene Setzlinge bekommen Sie nur in Spezialgärtnereien. (Bezugsadressen finden Sie im Anhang.)

Andornstauden bleiben nach einer Beobachtung von Madaus frei von Parasiten. Er führt dies auf den »großen Gehalt an Bitterstoffen, Gerbstoffen, ätherischem Öl und anderen charakteristischen Inhaltsstoffen« zurück. Betrachten Sie die Pflanzen in Ihrem Kräutergarten auch einmal unter diesem Gesichtspunkt!

Ernte und Aufbewahrung Das blühende Kraut wird während des Sommers geschnitten. Die unteren, harten Stängel sollten Sie aber weglassen. Nehmen Sie nur die oberen Zweige. Binden Sie den Andorn zu lockeren Sträußen, die zum Trocknen aufgehängt und danach in Schraubgläsern aufbewahrt werden.

Verwendung in der Küche Andorn ist kein gebräuchliches Würzkraut.

Verwendung in der Hausapotheke
Aus frischem oder getrocknetem Kraut können Sie einen Tee aufbrühen, der gegen Durchfall und Appetitlosigkeit hilft. Dieses Getränk lindert aber auch, dank der vielfältigen Wirkstoffe der Pflanzen, durch schleimlösende Inhaltsstoffe den Husten. Älteren Menschen kann Andorn-Tee besonders empfohlen werden, wenn sie von ständigem Hustenreiz geplagt werden. Früher schätzte man das Kraut auch bei Lungenerkrankungen und Menstruationsbeschwerden.

Weitere Verwendungsmöglichkeiten Mit ungesüßtem Andorn-Tee kann man unreine, kranke Haut abwaschen.

Historische Verwendung Andorn gehört zu den uralten Heilkräutern, die seit Jahrtausenden in Gebrauch sind. Schon im alten Ägypten war die heilsame Wirkung des Krautes bei Erkrankungen der Atmungsorgane bekannt.

Natürlich kannten auch die antiken Griechen und Römer den Andorn. Dioscurides erzählt von der alten Heilpflanze, sie »wachse auf Schutt und diene vielfach zu Heilzwecken«. Er verschrieb den Andorn bei Husten und Asthma.

Ein Loblied auf den altwürdigen Andorn singt auch Walahfrid Strabo, der dem Kraut »mächtige Kräfte« bescheinigt. »Freilich brennt er gewaltig im Mund und schmeckt weitaus schlechter, als er riecht. Denn er duftet zwar süß, doch schmeckt er nicht süß, lindert aber quälende Beklemmung in der Brust, wenn man ihn als bitteren Trank einnimmt; besonders hilft er, wenn man ihn heiß vom Feuer trinkt und sich zwingt mehrere Becher davon nach dem Mahl zu nehmen.«

Und dann fügt der offenbar lebenserfahrene Abt hinzu, wenn »feindselige Stiefmütter Gifte zusammensuchen, (...) so unterdrückt ein sogleich genommener Trank des heilsamen Andorns die drohende Lebensgefahr«.

Auch Hildegard von Bingen empfiehlt Andorn in diesem Sinne: »Und wer in der Kehle krank ist, der koche Andorn in Wasser und siehe jenes gekochtes Wasser durch ein Tuch, und er füge zweimal soviel Wein bei, und er lasse es nochmals in einer Schüssel aufkochen unter Beigabe von genügend Fett; und so trinke er es oft und er wird in der Kehle geheilt werden...«

Tabernaemontanus greift beim Lob des Andorns auf die Berichte antiker Ärzte zurück: »Es beschreibet Galenus gar kürtzlich seine fürnemste Tugenden / dann er sagt / dass er am Geschmack gar bitter sey / und habe eine Krafft / die Verstopffung der Leber und des Miltzes hinweg zu nemmen / Raume die Brust und die Lungen von dem groben Schleim.«

»Ein Wein im Herbst über Andorn verjähren / und täglich getruncken / reiniget die innerliche Glieder.«

■ Schon Strabo bescheinigte dem Andorn »mächtige Kräfte« gegen Bronchitis und böse Schwiegermütter!

Arnika
Arnica montana

Volkstümliche Namen Echte Arnika, Berg-Wohlverleih, Engelkraut, Johannisblume, Hannsblume, Feuerblume, Ochsenaugen,

■ Oben: Die nordamerikanische Wiesen-Arnika besitzt ähnliche Inhaltsstoffe wie unsere heimische Arnika. Sie ist aber leichter im Garten zu kultivieren.
■ Unten: Arnika ist in der Natur streng geschützt. Im Garten dürfen Sie die Blüten pflücken und ihre entzündungshemmenden Heilkräfte nutzen.

Wundkraut, Stichkraut, Fallkraut, Kraftrosen, Kraftwurz, Gemsblume, Wolfsblume, Tabakblume, Schnupftabaksblume

Heimat und Verbreitung Die Echte Arnika ist in Europa, außer auf den Britischen Inseln, vor allem in Gebirgsregionen verbreitet. Die Pflanzen wachsen auf Bergwiesen, aber auch auf Magerrasen und Torfwiesen im Flachland. Sie lieben saure, humose Böden und vertragen keinen Kalk. Andere Arnika-Arten sind in Nordamerika, Kanada, Alaska, in Russland, am Amur und in Japan heimisch. Arnika ist eine Heilpflanze mit alter Tradition.

Botanischer Steckbrief Die Arnika gehört zu den Korbblütlern (Asteraceae). Tief am Boden wächst eine Rosette von meist vier Blättern, die eiförmig-spitz geformt sind. Aus der Mitte treibt ein behaarter Stängel mit zwei Paaren kleinerer Blätter bis 50 cm hoch. An der Spitze öffnet sind eine leuchtend gelbe Blume mit einem äußeren Kranz von schmalen Zungenblüten. Zwischen den oberen Stängelblättern treiben zwei weitere Blüten aus. Der Wurzelstock verbreitet sich horizontal im Boden. Die Arnika blüht von Juni bis Juli und bildet an ihren natürlichen Standorten oft goldgelb leuchtende Flächen. Die Pflanzen sind geschützt!

Heilkräftige Wirkstoffe Die Pflanzen enthalten vor allem Bitterstoffe (Sesquiterpenlactone), darunter Helenalin, ätherische Öle mit Thymol, Flavonoide und Cumarine. Das Wirkstoffspektrum der Arnika ist sehr komplex. Die Inhaltsstoffe wirken antimikrobiell, entzündungshemmend, schmerzlindernd bei Nerven- und Muskelschmerzen und sie fördern die Wundheilung.

Geschmack und Würze Arnika wird nicht gegessen und nicht als Würze verwendet. Das Kraut ist bitter-aromatisch.

Besondere Arten und Sorten
Die Nordamerikanische Wiesen-Arnika (*A. chamissonis*) wächst in Kanada, Alaska, Kalifornien und den Rocky Mountains. Sie hat ähnliche, aber nicht genau identische Wirkstoffe wie die Europäische Arnika und ist

ebenfalls heilkräftig. Im Garten ist die Amerikanische Arnika leichter zu kultivieren.

Anbau im Garten Die Ansiedlung von Arnika im Kräutergarten ist nicht ganz einfach. Die Pflanzen brauchen humusreichen, etwas sauren Boden und ausreichend Feuchtigkeit. Der Standort muss aber sonnig sein, damit sich die heilkräftigen Inhaltsstoffe entwickeln können. Am besten besorgen Sie sich einige Stauden in einer Spezialgärtnerei. Bei Rühlemann und Bornträger bekommen Sie die heimische und die amerikanische Arnika. (Siehe Bezugsquellen). Das Ausgraben wild wachsender Pflanzen ist streng verboten! Wenn Sie größere Mengen Arnika haben möchten, können Sie sich Stauden aus Samen anziehen, die im Frühling ausgesät werden. Von vorhandenen Pflanzen gewinnen Sie Nachwuchs, wenn Sie die kriechenden Wurzelrhizome teilen. Arnikapflanzen werden auf dem Beet mit 20 bis 30 cm Abstand gesetzt. Eine größere Gruppe wirkt im Sommer sehr schön mit ihren leuchtend gelben, margeritenähnlichen Blüten. Arnika ist winterhart. Ihre oberirdischen Pflanzenteile sterben aber vollkommen ab. Im Frühling treiben sie aus dem Wurzelstock neu aus.

Ernte und Aufbewahrung Die geöffneten Blüten werden geschnitten und getrocknet. Anschließend bewahren Sie sie wie alle Trockenkräuter gut verschlossen und dunkel auf.

Verwendung in der Küche Arnika ist kein Würzkraut.

Verwendung in der Hausapotheke
Auszüge aus Arnikablüten werden vor allem in Tinkturen, Salben und Ölen genutzt. Sie sind für die äußerliche Anwendung bestimmt und helfen bei Prellungen, Verstauchungen, Quetschungen und Blutergüssen, außerdem bei Zerrungen von Muskeln und Sehnen und bei Nerven- und Muskelschmerzen. Diese Medikamente sollte man fertig in Apotheken, Reformhäusern oder Bioläden kaufen und nach Vorschrift anwenden. Empfohlen wird Arnika auch zum Spülen bei Entzündungen im Mund- und Rachenraum.

Selbst zubereiten können Sie einen Tee aus 1 bis 2 Teelöffeln getrockneter Arnikablüten, die mit $^1/_4$ Liter kochendem Wasser übergossen werden. Nach 10 Minuten wird die Flüssigkeit abgegossen. Diesen Arnika-Tee können Sie warm zum Gurgeln und Spülen der Mundhöhle verwenden. Wenn Sie ein sauberes Baumwolltuch mit dem Tee tränken, eignet es sich als lindernder Umschlag bei Prellungen und Blutergüssen. Innerlich – zum Beispiel als Tee-Getränk – sollten Sie Arnika nicht einnehmen! Da die Pflanzen auch giftige Stoffe enthalten, wird von dieser Art der Verwendung abgeraten. Es könnten schädliche Wirkungen auf Herz, Magen und Darm auftreten. Äußerlich angewendet, wird Arnika auch von der modernen Medizin akzeptiert und empfohlen.

Vorsicht: Manche Menschen reagieren bei äußerer Anwendung allergisch mit Hautreizungen auf Arnika. Wer unter einer Allergie gegen Korbblütler leidet, sollte Arnika meiden.

Weitere Verwendungsmöglichkeiten Die Namen Tabakblume und Schnupftabakblume weisen darauf hin, dass getrocknete und zerriebene Arnikablüten früher in manchen Gegenden als Schnupftabak gebraucht wurden. Aus Frankreich ist dies überliefert. In Norwegen wurden dazu die Wurzel verwendet.

Historische Verwendung Bei den antiken Autoren und im frühen Mittelalter taucht die Arnika noch nicht auf. Die Kräuterväter des ausgehenden Mittelalters kannten dagegen schon zahlreiche Rezepte. Tabernaemontanus beschreibt bereits die noch heute empfohlenen Anwendungsgebiete: »Bey den Sachsen braucht es das gemeine Volck / denen so hoch hinunter gefallen / oder so sich sonst etwan mit Arbeyt verletzt haben: Nemet ein Handt voll / sieden es in Bier / drincken des Morgents einen Trunck warmb davon / decken sich zu und schwitzen; wo Sie sich dann verletzt haben / empfinden Sie an dem verletzten Ort großen Schmertzen / auf zwo oder drey Stundt / und werden also kuriert.« Madaus berichtet, dass Arnika bis zur Mitte des 18. Jahrhunderts eine sehr beliebte und

verbreitete Medizinpflanze war. Er schreibt: »Arnica war das letzte Heilmittel, das man dem sterbenden Goethe reichte.«

Baldrian
Valeriana officinalis

Volkstümliche Namen Waldspeik, Mondwurzel, Katzenkraut, Hexenkraut, Katzenwargel, Augenwurz, Wendwurzel, Viehkraut, Dreiguß, Tollerjahn, Bullerjahn

Heimat und Verbreitung Der Baldrian ist in Mittel- und Nordeuropa ebenso zu Hause wie in weiten Teilen Asiens bis in die Mongolei und nach China. Er wächst wild an Waldrändern und Bachufern; man findet ihn aber auch auf Wiesen. Typisch sind feuchte, halbschattige Standorte. Die anpassungsfähige

■ Oben: Die Heilkraft des Baldrians ist in den Wurzeln versteckt. Erst wenn sie trocknen, verströmen sie einen Duft, der Katzen magisch anlockt.
■ Unten: Der Baldrian ist als Wildkraut noch weit verbreitet. Er gedeiht auch problemlos im Kräutergarten. Mit seinen zart gefiederten Blättern und den weißen Blüten ist er ein hübscher Anblick.

Staude gedeiht aber auch in trockenerem Boden und in der Sonne.

Botanischer Steckbrief Baldrian gehört zur Familie der Baldriangewächse (*Valerianaceae*). Der große Wurzelstock setzt sich aus zahlreichen Einzelwurzeln zusammen, die ein »Nest« bilden. Daraus wachsen gerillte Stängel mit schön gefiederten Blättern. An den Spitzen der Zweige erscheinen von Juni bis August zartrosa bis weiße Blüten in lockeren Trugdolden. Die ganze Baldrianstaude erreicht 1–1,50 m Höhe. Im Winter erfrieren alle oberirdischen Pflanzenteile.

Heilkräftige Wirkstoffe In der braunen Wurzel des Baldrians finden sich als Hauptwirkstoffe Valepotriate, hinzu kommen antispastisch wirkende Valerensäuren, Alkaloide, Valeriansäure und ätherische Öle. Baldrian wirkt entspannend und nervenberuhigend; er erleichtert das Einschlafen und lindert nervöse Angstzustände.

Geschmack und Würze Der typische Geruch und auch der Geschmack der Baldrianwurzeln enthält eine eigenartige, leicht betäubende Süße. Auf Katzen wirkt der Duft wie eine Droge. Sie geraten »außer sich«. Intensiv entfaltet sich der Baldriangeruch aber erst, wenn die Wurzeln getrocknet werden.

Besondere Arten und Sorten

'Anthos' ist eine Auslese mit hohem Gehalt an heilkräftigen Wirkstoffen.

Anbau im Garten Das »Katzenkraut« ist eine hübsche Staude, die im Kräutergarten auch eine dekorative Rolle spielt. Ähnlich wie in der Natur können Sie Baldrian an unterschiedlichen Standorten pflanzen: halbschattig in feuchtem Boden oder sonnig in etwas trockener Erde. Geben Sie der kleinen Staude aber auf jeden Fall reichlich Kompost ins Pflanzloch. Halten Sie 30–40 cm Zwischenraum ein, damit der Baldrian genügend Platz hat, um einen kräftigen Wurzelstock zu entwickeln. An warmen Standorten mit gutem Boden soll das berühmte alte Heilkraut eine bessere Qualität entwickeln. Sie können Baldrian im Frühling im Garten aussäen. Saatgut gibt es im Fachhandel. Vorgezogene Pflanzen bekommen Sie in guten Staudengärtnereien und in Kräuter-Spezialgärtnereien. Später können Sie die Baldrianstauden im Garten durch Teilung des Wurzelstocks vermehren. Unter günstigen Bedingungen samen sie sich auch selbst aus.

Ernte und Aufbewahrung Von erwachsenen, kräftigen Pflanzen können Sie im Herbst (September bis Oktober) einen Teil der Wurzeln ausgraben. Achten Sie aber darauf, dass die Staude nicht zu sehr geschwächt wird. Die Wurzeln werden gesäubert, auf Fäden gereiht und zum Trocknen aufgehängt. Wenn sie ganz dürr sind, können Sie sie in kleine Stücke brechen und gut verschlossen aufbewahren.

Verwendung in der Küche Baldrian ist kein Gewürzkraut.

Verwendung in der Hausapotheke

Baldrianwurzeln sind ein uraltes, bewährtes Beruhigungsmittel, das auch in der modernen Medizin Anerkennung gefunden hat. Der Tee aus 2 Teelöffel getrockneten Wurzeln pro Tasse kann mit kaltem Wasser angesetzt oder mit heißem Wasser überbrüht werden (siehe »Teezubereitung«, Seite 227).

Baldrian-Tee hilft bei nervöser Unruhe, Herzklopfen, Angstzuständen, Verkrampfung und Prüfungsstress. Er ist auch ein ausgezeichneter Schlaftrunk. Trinken Sie ihn so heiß wie möglich auf der Bettkante. Sehr wirksam ist am Abend auch eine Teemischung aus Baldrianwurzeln, Melissenblättern und Hopfen. Baldrian-Tee können Sie unbesorgt eine Zeitlang trinken, er sollte aber nicht zur Gewohnheit werden.

Weitere Verwendungsmöglichkeiten

Auch ein Bad mit Baldrianauszügen wirkt sehr beruhigend und entspannend. Dafür können Sie fertige Baldriantinktur aus der Apotheke benutzen (etwa 200 Gramm für 1 Vollbad). Für einen selbst hergestellten Auszug brauchen Sie 100 Gramm Baldrianwurzeln, die mit 1 Liter Wasser 10 Stunden lang angesetzt werden. Diesen Auszug gießen Sie, durchgesiebt, ins Badewasser.

Historische Verwendung Der Baldrian wurde bereits in der Antike hoch geschätzt. Im ausgehenden Mittelalter war er vor allem als »Augenkraut« berühmt. Tabernaemontanus empfiehlt: »Es sind alle Baldriankräuter heilsame Augenkräuter / fast nützlich zu dem blöden Gesicht / welches man auch von den Katzen wahrnehmen kan / die ihre sonderliche Kurtzweil mit diesen Gewächsen haben / sonderlich aber mit dem gemeinen Baldrian / ihr Gesicht darmit zu stärcken und zu schärpfen. Gemeiner Baldrian mit Kraut und Wurtzel zerschnitten / und in weißem Wein gesotten / machet helle und klare Augen / die selbigen damit gewaschen / und jederweilen 1. Tröpflein oder etliche darein gethan.«

Im von Seuchen geplagten Mittelalter empfahl man auch dieses Rezept: »An die Baldrianwurtzel gerochen / trucknet das flüssige Haupt / und es nützt den Bösen / vergifften pestilentzischen Lufft zu verändern / und demselbigen Widerstand zu thun / derowegen etliche in Sterbensläuffen diese Wurtzel in Essig beitzen / und in höltzern Büxlein bey sich tragen / daran ohn Unterlaß zu riechen.«

Balsamkraut

Tanacetum balsamita
(Syn.: *Chrysanthemum balsamita*)

Volkstümliche Namen Marienblatt, Frauenminze, Schmeckblatt, Bibelblatt, Pfefferblatt

Heimat und Verbreitung Das Balsamkraut war ursprünglich im Vorderen Orient bis nach Persien und Mittelasien zu Hause. Schon lange gedeiht es auch in Mitteleuropa. In Russland und Nordamerika ist es inzwischen »eingebürgert«. Das duftende Kraut war früher in unseren Bauerngärten heimisch. Heute ist es in England viel bekannter als hierzulande.

Botanischer Steckbrief Das Balsamkraut gehört in die Familie der Korbblütler (Asteraceae). Der Wurzelstock bildet zahlreiche Ausläufer. An den verzweigten Stängeln entwickeln sich zartgrüne Blätter, die länglicheiförmig und an den Rändern gezähnt sind. An langen Stielen öffnen sich im Hochsommer sehr kleine gelbe Blüten, die lockere Dolden bilden. Die ganze Staude erreicht etwa 1 m Höhe. Im Winter frieren die oberirdischen Triebe ab.

Heilkräftige Wirkstoffe Das Balsamkraut enthält ätherische Öle mit Kampfer sowie Gerb- und Bitterstoffe. Es wirkt krampflösend bei Magen- und Menstruationsbeschwerden. Die frischen Blätter sollen auch zusammenziehende, antiseptische Eigenschaften haben.

Geschmack und Würze Das altmodische Kraut trägt den Namen »Balsam« zu Recht. Es verströmt, vor allem, wenn Sie es zwischen den Fingern zerreiben, einen herrlich würzigen Duft, in dem Erinnerungen an Minze und Zitrone, aber auch eine sanfte Süße enthalten sind. Der Geschmack ist aromatisch und leicht bitter.

Besondere Arten und Sorten

Das Kampferkraut oder Kampfer-Marienblatt (*T. balsamita* subsp. *balsametoides*, Syn.: *T. balsamita* var. *tomentosum*) ist eine nach Kampfer duftende Verwandte mit etwas kleineren Blättern und weißen Blüten.

Anbau im Garten Das duftende Balsamkraut braucht, um seine wertvollen Inhaltsstoffe zu entwickeln, unbedingt volle Sonne. Es liebt trockenen, gut wasserdurchlässigen Boden. Schwere Erde müssen Sie mit scharfem Sand lockern. Bei der Pflanzung geben Sie eine Handvoll Kompost unter die Wurzeln. Die kleinen Stauden werden bereits mit 50 cm Abstand auf dem Beet verteilt, damit sie sich gut entwickeln können; sie treiben ja nach allen Seiten Wurzeln. Aus solchen Ausläufern können Sie Ihre Bestände später leicht vermehren. Den jungen zarten Blattaustrieb müssen Sie im Frühling vor Schnecken schützen!

Das altmodische, lieblich-duftende Balsamkraut sollte wieder Einzug in unsere Gärten halten. Es braucht keine besondere Pflege und ist in jeder Beziehung ein Schmuckstück. Pflanzen bekommen Sie in Spezialgärtnereien; Bezugsquellen finden Sie im Anhang.

Ernte und Aufbewahrung Frische Blätter können Sie während des ganzen Sommers pflücken. Zum Konservieren werden die Blätter vor der Blüte geerntet und getrocknet. Sie können sie auch in Öl einlegen, das dann einen aromatischen Geschmack annimmt.

Verwendung in der Küche Frische junge Blätter können als sehr aparte Würze zu Salaten, Soßen und Geflügel verwendet werden. Nehmen Sie aber nur kleine Mengen, damit das Balsamkraut nicht alle anderen Zutaten »erschlägt«. Das Öl können Sie ebenfalls zum Würzen verwenden.

Verwendung in der Hausapotheke

Der Name Marienblatt deutet schon darauf hin, dass das Balsamkraut ein »Frauenkraut« ist. Sie können daraus einen Tee aufgießen, der krampfhafte Menstruationsbeschwerden löst. Er hilft auch bei Magenschmerzen. Leicht zerdrückte Blätter lindern Bienen- und andere Insektenstiche.

Weitere Verwendungsmöglichkeiten Das duftende Kraut vertreibt Motten und Fliegen. Getrocknet können Sie es zusammen mit Lavendelblüten in den Wäscheschrank legen. (Siehe auch Kapitel »Kräutersträuße gegen Motten und Fliegen«, Seite 239).

In England hieß das Balsamkraut Alecost. Ale bedeutet Bier. Cost leitet sich vom griechischen »costos« ab, das mit »würzig« übersetzt wird. Es handelte sich also um ein würziges Kraut für die Herstellung von Bier.

Im Sommer schmeckt eine Teemischung aus Balsamkraut und Minzeblättern herrlich erfrischend.

Historische Verwendung Der berühmte englische Kräuterkenner Culpeper empfahl das Marienblatt, um die »Schmerzen der Mutter (Wehen) erträglich« zu machen. Einen Nerventee empfiehlt Hildegard von Bingen: »Wenn bei einem Menschen durch zu viele zerstreute Gedanken Verstand und Sinnesempfindung ausgelöscht werden, so soll er Hun (Balsamkraut) nehmen und dreimal so viel Fenchel und alles zusammen in Wasser kochen, und wenn er die Kräutlein weggeworfen hat, soll er dies Wasser (Tee) ausgekühlt fleißig trinken.«

■ Oben: Im Alter bildet das Balsamkraut ausladende Büsche. In mittelalterlichen Klostergärten pflanzte man das beliebte Heilkraut in solche holzumrandeten Kastenbeete.
■ Unten: Das »Schmeckblatt« verströmt einen wunderbar balsamischen Duft. Dieses altmodische Kraut ist ein großer Gewinn für moderne Kräutergärten!

Bärlauch
Allium ursinum

Volkstümliche Namen Bärenlauch, Waldknoblauch, Waldlauch, Wilder Lauch, Waldknofel, Wurmkraut, Ramsen, Remsen, Ramsä, Jud'nzwifl, Zigeunerlauch, Hexenzwiebel.

Heimat und Verbreitung Der Bärlauch ist in fast ganz Europa, im Kaukasus, in Kleinasien und Nordasien zu Hause. Der Name »ursinus« bedeutet »bärengeeignet«. Man vermutet, dass das nahrhafte Kraut für wintermüde Bären eine stärkende Frühlingsnahrung war, die sie in großen Mengen in den Wäldern fanden.

Botanischer Steckbrief Der Bärlauch gehört in die Familie der Lauchgewächse (Alliaceae). Aus einer kleinen länglichen Zwiebel treiben im Frühling dicht am Boden ein bis zwei grundständige, sattgrüne Blätter. Sie besitzen eine lanzettliche Form und enden in einem 5–10 cm langen Stiel. Ab Mai treibt der Bärlauch an 20–25 cm langen hohen Stielen weiße, sternförmige Blüten, die eine Trugdolde formen. Die Pflanzen bilden in lichten Laubwäldern, vor allem unter Buchen, ausgedehnte Teppiche. Diese duften schon von weitem nach Knoblauch.

Heilkräftige Wirkstoffe Die Inhaltsstoffe des Bärlauchs ähneln denen des Knoblauchs: Alliine, die beim Zerkleinern in Knoblauchöle übergehen, Flavonoide und Vitamin C gehören dazu. Die Wirkstoffe sind niedriger dosiert als beim Knoblauch, das Anwendungsspektrum ist aber das gleiche.

Geschmack und Würze Frische Bärlauchblätter schmecken und duften intensiv würzig nach Knoblauch.

Besondere Arten und Sorten Bärlauch ist einzigartig.

Anbau im Garten Bärlauch liebt, wie an seinem natürlichen Standort, einen humusreichen, lockeren und feuchten Boden. Kalkhaltige Erde bekommt ihm gut. Wählen Sie für ein Bärlauchbeet einen halbschattigen Standort aus, zum Beispiel unter einem Haselstrauch oder am Rand einer Hecke aus Laubgehölzen. Am besten und sichersten gelingt die Ansiedlung des knoblauchduftenden Krautes durch Ableger. Im Frühling werden Bärlauchpflanzen in Töpfen bereits in zahlreichen Gartencentern und gut sortierten Gärtnereien angeboten. Auch auf regionalen Pflanzentausch-Börsen taucht das Kraut oft in großen Mengen auf, weil private Gartenfreunde ihre Bestände auslichten, wenn sie sich zu üppig ausgedehnt haben. Natürlich bekommen Sie Bärlauch auch in Kräuter-Spezialgärtnereien.

Setzen Sie die Bärlauchpflanzen im Frühling an die vorgesehenen Stellen. Lockern Sie vorher den Boden und säubern Sie das Beet gründlich von Un-Kräutern. Vor allem wuchernde Wurzeln müssen so sorgfältig wie möglich entfernt werden. Geben Sie dem Waldkraut reichlich Kompost mit auf den Weg ins Gartenleben und gießen Sie gut an. Weitere Düngung ist nicht erforderlich. Bärlauch breitet sich, wenn er einmal heimisch geworden ist, von selbst aus. Seine Samen keimen

■ In lichten Laubwäldern ist der Bärlauch zuhause. Er bildet dort an manchen Stellen immer noch dichte Teppiche. Inzwischen ist er als überaus beliebtes Küchenkraut auch in unsere Gärten eingezogen.

■ Im Frühling verschenkt der Bärlauch seine nach Knoblauch duftenden Blätter in Hülle und Fülle.

entweder an Ort und Stelle oder sie werden von Ameisen verschleppt.

Schwierig ist es dagegen, die Bärlauchsamen selbst auszusäen. Sie behalten nur kurze Zeit ihre Keimkraft. Wenn Sie es trotzdem versuchen möchten, streuen Sie die Samen am besten im Spätsommer auf einem kleinen Beet aus. Bärlauch ist ein Kaltkeimer. Die ersten kleinen Pflänzchen treiben deshalb erst im nächsten Frühling aus.

Nach der Blüte sterben die Blätter des Bärlauchs vollkommen ab. Die Pflanzen versinken zuerst im Sommer- und dann im Winterschlaf. Erst im nächsten Frühling treiben die herrlich würzigen Blätter in alter Frische und Vitalität wieder aus.

Ernte und Aufbewahrung Bärlauch wird stets frisch geerntet. Pflücken Sie die saftiggrünen Blätter von März bis Mai und verarbeiten Sie sie gleich in der Küche. Auch die hübschen weißen Blüten sind essbar. Sie enthalten ebenfalls Knoblaucharoma und können deshalb nicht nur zur Dekoration, sondern auch zum Würzen verwendet werden. Bärlauchblätter eignen sich nicht zum Trocknen. Als Konservierungsmethode empfiehlt sich die Zubereitung als Pesto (Rezept Seite 217). In dieser wunderbar würzigen Form hält sich das Bärlaucharoma noch lange Zeit. Bärlauch-Butter bleibt ein bis zwei Wochen im Kühlschrank frisch. Mit eingefrorenen Portionen retten Sie den würzigen Genuss bis in die Winterzeit. Dafür kneten Sie einfach fein gehackte Blätter unter zimmerwarme Butter. Nach Geschmack fügen Sie noch etwas Salz hinzu.

Verwendung in der Küche Frische Bärlauchblätter passen zu Frühlingssalaten, Quark und Suppen. Wildkräuter-Kompositionen verleihen sie einen kräftigen Knoblauchgeschmack. Streuen Sie die weißen Blüten über Salate oder schmücken Sie Vorspeisenplatten mit ihrer essbaren Schönheit. Mit Bärlauch-Pesto können Sie Nudelgerichte, vor allem Spaghetti und Gnocchi, in Gourmetgenüsse verwandeln.

Verwendung in der Hausapotheke

Benutzen Sie frischen Bärlauch als anregende und stärkende Frühjahrskur, indem Sie die Blätter so oft wie möglich in der Küche einplanen. Das Kraut regt die Verdauung an und wirkt sich wohltuend auf Galle und Leber, auf Magen und Darm aus. Es senkt den Cholesterinspiegel und entfaltet auch auf dem Weg über die Salatschüssel seine wertvollen, antibiotischen Eigenschaften.

Sicher nicht von ungefähr entstand das alte englische Spichwort: »Iss Porree im Frühling und Bärlauch im Mai, dann haben die Ärzte im nächsten Jahr frei.«

Vorsicht: Vor der Blüte können die Blätter des Bärlauchs mit giftigen Maiglöckchenblättern verwechselt werden! An zwei Merkmalen lassen sich beide Pflanzen gut unterscheiden: Nur Bärlauch duftet intensiv nach Knoblauch, wenn Sie die Blätter zwischen den Fingern zerdrücken. Nur Bärlauchblätter haben einen langen Stiel, Maiglöckchen treiben paarweise stiellos dicht am Boden aus.

Historische Verwendung Bereits in Ablagerungen aus der Jungsteinzeit fanden Archäologen Pollen und sogar verkohlte Zwiebelchen des Bärlauchs. Diese Funde zeigen, dass das Wildkraut damals schon genutzt wurde. In der griechisch-römischen Antike taucht das Kraut in schriftlichen Quellen nicht auf. Karl der Große nahm den Bärlauch zusammen mit Schalotten, Küchenzwiebeln, Winterheckezwiebeln, Breitlauch (Porree), Knoblauch und Schnittlauch in seine Pflanzliste auf. Dies ist bereits ein erstaunlich reichhaltiges Allium-Sortiment!

Aber erst bei den spätmittelalterlichen Kräutervätern wird der Bärlauch ausführlicher schriftlich erwähnt. Die Abbildungen zeigen auch schon botanisch unverkennbar den Wilden Bärlauch. Matthiolus nennt ihn bereits »allium Ursinum« und beschreibt ihn mit »weissen gestirnten Blümlint / und weissen länglichten Wurtzeln / solches wächst gern in lättichtem Erdtrich in Wäldern häuffig von sich selbst / da es das Viehe in der Weid isset / nimpt als

bald die Milch den geschmack sogar an sich / daß sie nicht jedermann wol geniessen kan. An sandichten orten aber wil es ungerne bleiben / wann man es gleich dahin pflanzet.« Diese Warnung gilt auch noch für heutige Bärlauch-Gärtner!

Matthiolus beschreibt dann, dass Bauern und Hirten den Bärlauch loben, weil er hilfreich ist »wider alle schädliche Lufft unnd Bradem (Brodem) / darumb sie die Bergleut bey sich zu haben pflegen / vermeinen daß sie also auch für Gespenster sicher seyn.«

Der Frankfurter Stadtarzt Lonicerus spricht in seinem Kreuterbuch von 1679 vom »Waldknoblauch«, der auch »Ramseren« genannt wird. Botanisch nennt er ihn »allium cohibrinum, anguinum, ursinum«. Die Abbildung zeigt deutlich erkennbar den Bärlauch. Lonicerus schreibt dazu: »Er wächst im Frühling fast in gantz finstern, feuchten Wäldern herfuer / hat etwann nur eins oder zwey Blätter / wie das Meyenblumen Kraut / trägt im Aprillen weisse Blumen gestirnt / die Wurtzel ist weiß / länglecht / als Gartenknoblauch.«

Interessant ist, dass Lonicerus bereits auf die Ähnlichkeit der Blätter von Bärlauch und Maiglöckchen hinweist. In den folgenden Jahrhunderten versinkt der Bärlauch wieder in relativer Bedeutungslosigkeit. Madaus schreibt, dass das Kraut nur noch »von der Volksmedizin« und zwar als kräftiges Blutreinigungsmittel bei chronischen Hautausschlägen angewandt wird. In unserer Zeit erlebt der knoblauchduftende Bärlauch eine unerwartete Renaissance als Feinschmeckerkraut. Die heilkräftigen Inhaltsstoffe entfalten ihre Wirkung nur auf dem Umweg über die Salatschüssel.

Beifuß
Artemisia vulgaris

Volkstümliche Namen Gänse-, Johannisoder Besenkraut, Wilder Wermut, Weiberkraut, Stabkraut, St. Johannskraut, Himmelsuhr, Buckel, Geißbart, Johannisgürtel, Jungfernkraut, Männerkrieg, Sonnwendkraut, Stabwurzelkraut, Roter und Weißer Bock, Bein-wuchskraut, Himmelskehrkraut, Bibes- oder Buckkraut, Buck, Beipes, Bibs, Muggert, Mugwurz, Sonnwendgürtel, Frauenkraut, Biboz, Peipoz

Heimat und Verbreitung Der Beifuß wächst in ganz Europa vom Mittelmeer bis nach Skandinavien wild. Er ist auch in Asien zu Hause. In Nordafrika ist er ebenso beheimatet wie in Kanada, Alaska und Neuseeland. Man findet ihn an Wegrändern und auf Geröllhalden. Die außergewöhnlich große Zahl seiner volkstümlichen Namen macht deutlich, dass der Beifuß zu den Heil- und Zauberkräutern gehört, die seit Jahrtausenden im Gebrauch sind.

Botanischer Steckbrief Der Beifuß ist in der Familie der Korbblütler (Asteraceae) zu Hause. Er hat verzweigte Wurzeln und einen mehrköpfigen Wurzelstock. Die kräftigen, stark verästelten Stängel bilden einen stattlichen Busch, der bis zu 2 m hoch werden kann. Sie sind weichbehaart und meist rötlich angelaufen. Die Blätter sind verschiedenartig gefiedert, auf der Oberseite grün und auf der Unterseite weißlich-grau gefärbt. Die gelblich bis rötlich-braunen, filzig behaarten Blütenköpfchen sitzen in länglichen Rispen an den Stängelenden. Sie erscheinen je nach Lage von Juli bis September. Im Winter friert die Pflanze ganz zurück.

Heilkräftige Wirkstoffe Beifuß enthält ätherische Öle, vor allem Cineol, sowie Gerb- und Bitterstoffe mit Kampfer und Thujon. Das Kraut wirkt krampfstillend und reinigend, lindert Magen-, Darm- und Menstruationsstörungen, fördert den Gallefluss und die Bildung von Magensäften.

Geschmack und Würze Das blühende Beifußkraut schmeckt und riecht aromatisch-würzig und etwas bitter.

Besondere Arten und Sorten
Der **Meerstrand-Beifuß** (Artemisia maritima) gedeiht auf den Salzwiesen an der Nordsee. Er wächst niedrig und teppichartig. Seine silbergrauen Blätter besitzen eine feine Beifuß-Würze.

'**Ligurischer Beifuß**' (Artemisia-Form) ist eine besonders aromatische italienische Spielart.

'**Oriental Limelight**' Diese englische Auslese bezaubert im Kräutergarten mit gelb-buntem Laub.

Der **Chinesische Beifuß** (A. argyi) gehört zu den in China gebräuchlichen Moxa-Kräutern.

Anbau im Garten Die natürlichen Standorte des wilden Beifußes zeigen Ihnen schon, dass diese Staude sehr anspruchslos ist. Geben Sie ihm im Küchengarten einen trockenen, sonnigen Platz, wo er jahrelang aushalten kann. Etwas Kalk wirkt sich günstig aus. Schwere Böden müssen mit viel Sand, eventuell sogar mit Kieselsteinen (Geröll!) gelockert werden. Normalerweise genügt eine Pflanze für den Bedarf einer Familie, denn der Beifuß bildet ja sehr stattliche Büsche. Sie können das Kraut

■ Der Beifuß ist eine stattliche, robuste Staude. Schneiden Sie zum Trocknen die Blütentriebe, wenn die Knospen sich zu öffnen beginnen.

■ Der Meerstrand-Beifuß ist ein heimisches Kraut, das auf salzigen Böden an der Nordsee wächst. Seine feinen Blätter duften aromatisch.

■ 'Oriental Limelight' heißt diese wunderschöne Beifuß-Auslese, die mit gelb-grünen Blättern vom Kräuterbeet leuchtet wie orientalisches Licht.

selbst aussäen, aber praktischer ist es, eine Jungpflanze beim Gärtner zu kaufen oder eine kleine Staude am Wegrand auszugraben. Später können Sie das Kraut bei Bedarf durch Teilung des Wurzelstocks vermehren.

Ernte und Aufbewahrung Schneiden Sie Zweige ab, solange die Blütenknospen noch geschlossen sind. Sobald die Blüten sich öffnen, werden sie bitter. Für die Verwendung in der Küche zupfen Sie alle Blätter ab und trocknen nur die Blütenknospen. Sie werden gedörrt, aber auch frisch zum Würzen gebraucht. Für die Hausapotheke ernten Sie die obersten Triebspitzen mit Blättern und Blütenknospen, die getrocknet einen aromatischen Tee liefern.

Verwendung in der Küche Beifuß passt vor allem zu fettem Fleisch: Enten-, Gänse-, Hammel- und Schweinebraten macht dieses Gewürzkraut verträglicher. Aber auch an einer Kalbshaxe ist sein Aroma nicht zu verachten.

Verwendung in der Hausapotheke Ein Teeaufguss aus frischem oder getrocknetem Kraut wird ungesüßt getrunken. Er hilft vor allem bei Magenverstimmungen. In der alten Volksmedizin wurde er auch gegen Nervenleiden, Gallebeschwerden, Schwäche und Kopfschmerzen empfohlen.

Weitere Verwendungsmöglichkeiten Beifuß ist der »sanfte Bruder« des bitteren Wermuts. Er kann ähnlich benutzt werden wie das starke Bitterkraut, wirkt aber milder. In China wird Beifuß als »Moxa« verwendet. Das getrocknete Kraut zünden die Ärzte der traditionellen chinesischen Medizin (TCM) über der Haut an, um die Akupunkturpunkte zu erwärmen.

Historische Verwendung Die alten Römer legten sich Beifußblätter in die Sandalen, weil sie damit ihre Füße vor Übermüdung schützen wollten. Im Mittelalter vertrieb man mit dem Kraut Teufel und Hexen. Zum Fest der Sommersonnenwende trug man »Sonnwendgürtel« aus Beifußzweigen. Nach dem Tanz um das Feuer wurde das heilige Kraut in die Flammen geworfen. Mit ihm zusammen verbrannte alles drohende Unheil – das kommende Jahr würde, nach altem Glauben, frei von Krankheit und Unglück sein.

Hildegard von Bingen empfiehlt: Wenn jemand vom Essen oder Trinken Schmerzen bekommt, dann soll er mit Fleischgerichten oder Schmalz oder im Gemüse oder mit irgendeiner anderen Zukost zum Ausgleich Beifuß mitkochen und essen.

Nicht als Zauberkraut, sondern als Medizin und Küchenwürze sieht auch Tabernaemontanus den Beifuß. Er empfiehlt ihn besonders den Frauen »als nützliche Kräuter zu den Mutterkranckheiten«. Den Köchen rät er: »Darzu seynd die gedöreten und abgestreifften Blümlein am dienlichsten und nützlichsten / Gänß, Hüner und andere Gevögel und Fleischspeisen damit gefüllt …«

Beinwell, Arznei-Beinwell
Symphytum officinale subsp. *officinale*

Volkstümliche Namen Schwarzwurz, Beinbruchwurzel, Heilwurzel, Wundwurzel, Schmalwurz, Speckwurz, Milchwurz, Wallwurz, Eselohrwurzel, Hasenlaub, Himmelsbrot, Küchenkraut, Honigblum, Soldatenwurzel, Schwarze Waldwürze, Wottel, Zottel

Heimat und Verbreitung Der Beinwell ist in ganz Mitteleuropa, Westsibirien, Zentralasien und in Westasien zu Hause. Er wächst wild an Bachufern und auf feuchten Wiesen.

Botanischer Steckbrief Der Beinwell gehört zur Familie der Raublattgewächse (*Boraginaceae*). Seine dicke, spindelförmige Hauptwurzel verzweigt sich und reicht tief in den Boden. Sie ist außen schwarzbraun und innen weißlich gefärbt – ähnlich wie Schwarzwurzeln. Die verzweigten Stängel sind sehr kräftig, stark wasserhaltig und rau behaart. Die großen, lang herunterlaufenden Blätter haben im unteren Bereich eine lanzettliche Form, weiter oben sind sie zungenförmig ausgebildet. Wie fast alle oberirdischen Pflanzenteile des Beinwells sind sie von rauen Haaren bedeckt. Von Mai bis September erscheinen lockere Trauben glockenförmiger Blüten, die malven-

farbig, trüb-rötlich oder cremeweiß gefärbt sein können. Je nach Standort wächst die Beinwellstaude 0,50–1,50 m hoch. Der Frost zerstört die saftreichen Blätter und Stängel. Nur die Wurzeln überwintern.

Heilkräftige Wirkstoffe Die Wurzeln enthalten Allantoin, Schleimstoffe, Gerbstoffe, Säuren, Saponine und Pyrrolizidinalkaloide. Beinwellwurzeln heilen – wie der Name andeutet – Knochenverletzungen, Wunden und Quetschungen. Dabei spielt das Allantoin eine große Rolle: Es regt die Gewebebildung (Granulation) an. Auch bei rheumatischen Schmerzen und Muskelverhärtungen können Beinwellpräparate Linderung bringen. Die Blätter enthalten Allantoin, Gerbstoffe, Schleimstoffe, Kieselsäure und Alkaloide. Sie werden als Gemüse oder Tee verwendet.

Geschmack und Würze Die Blätter schmecken frisch und borretschähnlich, die Wurzeln ein wenig nach Kampfer.

Besondere Arten und Sorten Der **Comfrey** (*Symphytum* × *uplandium*, Syn.: *S. peregrinum*), der im Kaukasus und in Russland heimisch ist, gilt als eine besonders ertragreiche und gehaltvolle Beinwellart. Sie ist eine Kreuzung aus *S. asperum* und *S. officinale*. Je nach Standort erreichen die Stauden bis zu 2 m Höhe. In seiner Heimat wird der Comfrey auch **Futter-Beinwell** genannt. 'Bocking Nr. 14' wird als Züchtung mit dem höchsten Allantoingehalt empfohlen. *Symphytum azureum* ist eine wunderschöne Zierstaude mit leuchtend blauen Blüten. Ein reizvoller Begleiter für den nützlichen Beinwell.

Anbau im Garten Ähnlich wie an den natürlichen Standorten braucht der Beinwell auch im Garten feuchten, nahrhaften Boden: Ein Platz im lichten Halbschatten ist günstig. Unter Obstbäumen oder am Rand einer Hecke ist die üppige Staude deshalb oft besser aufgehoben als im sonnigen Kräutergarten. Pflanzen Sie Beinwell mit reichlich Kompost und einer Handvoll organischem Vorratsdünger. Magere Böden sollten zusätzlich mit

Tonmehl verbessert werden. Die kleinen Beinwellpflanzen werden mit 40–50 cm Abstand in die Erde gesetzt, weil sie für ihr üppiges Blattwerk und auch für den Wurzelstock reichlich Platz brauchen. Decken Sie rund um die Stauden den Boden regelmäßig mit Gras oder anderen organischen Abfällen zu.

Beinwell kann mehrmals im Jahr zurückgeschnitten werden. Stängel und Blätter entwickeln sich immer wieder neu. Durch ausgegrabene Wurzeln können Sie Ihre Bestände gut vermehren. Bei alten Pflanzen ist es allerdings kaum noch möglich, die tief verankerten Wurzeln aus der Erde zu lösen. Ähnlich wie Meerrettich ist Beinwell kaum noch auszurotten, wo er einmal richtig Fuß gefasst hat. Er kommt dann auch ohne besondere Pflege jahrelang wieder. Besser ist es aber, wenn Sie Ihre Beinwellpflanzen regelmäßig mit Kompost und ein wenig Dünger versorgen. Den Boden bedecken die großen Blätter später von selbst.

Ernte und Aufbewahrung Die Wurzeln werden von März bis April oder im späten Herbst von Oktober bis November ausgegraben. Sie haben dann den höchsten Gehalt an Allantoin. Ernten Sie nur bei großen Pflanzen, die den Verlust schon verkraften können, und nehmen Sie nicht zu viele Wurzeln gleichzeitig weg.

Die braunen Wurzelstücke werden gereinigt, der Länge nach aufgeschnitten und sorgfältig getrocknet. Da sie sehr saftreich sind, eignet sich ein Trockenapparat besonders, weil er gleichmäßige Wärme und luftige Ausbreitungsmöglichkeiten garantiert. Beinwell darf auf keinen Fall Schimmel ansetzen! Bewahren Sie die getrockneten Wurzeln gut verschlossen auf.

Frische, noch zarte Blätter können Sie vom Frühling bis zum Herbst nach Bedarf pflücken. Zum Trocknen werden Beinwellblätter im Mai vor der ersten Blüte geerntet.

Verwendung in der Küche Die grünen Blätter können Sie als spinatähnliches Gemüse dünsten oder frisch und klein gehackt als Würze unter Salate mischen.

Verwendung in der Hausapotheke

Aus frischen oder aus pulverisierten, trockenen Beinwellwurzeln kann ein Brei angerührt werden, der, in saubere Baumwolltücher verpackt, auf Wunden, Quetschungen, Blut-

■ Der Comfrey stammt aus Russland und gilt als sehr ertragreich. Mit seinen blauen Blüten ist er auch ein reizvoller Gartenschmuck.

■ Der Beinwell ist eine üppige Prachtstaude. Er braucht reichlich Platz, um sich entfalten zu können. Pflanzen Sie ihn an eine halbschattige Stelle, wo der Boden feucht und nahrhaft ist, und geben Sie ihm genug Platz.

ergüsse oder schmerzende Entzündungen gelegt wird. Auch 10 Minuten lang ausgekochte Wurzelbrühe eignet sich für heilende Umschläge (siehe Rezepte, Seite 232). Berühmt ist vor allem Beinwellsalbe, die Wunden, Zerrungen und Verstauchungen heilt. Das Rezept finden Sie auf Seite 232.

Vorsicht: Die vor allem in den Wurzeln enthaltenen Pyrrolizidinalkaloide sind schädlich für die Leber. Deshalb sollten Beinwell-Präparate nur äußerlich angewendet werden. Schwangere und Kinder dürfen sie nicht benutzen. Geringe Mengen frischer Blätter in den Speisen sind unbedenklich.

Weitere Verwendungsmöglichkeiten

Im Garten dienen Beinwellblätter als Spezialmulch, zum Beispiel unter Tomatenpflanzen, und als Zutat zu Pflanzenjauchen. Früher war die Pflanze ein beliebtes, eiweißhaltiges Viehfutter, vor allem für Schweine.

Historische Verwendung Bereits in der Antike war der Beinwell als Knochenheilmittel bekannt und geschätzt. Hildegard von Bingen wusste schon von seiner nicht ungefährlichen »zweiten Seite«: »Die innere Anwendung von Beinwell bringt die gesamte Ordnung der Körpersäfte durcheinander. Aber auf die Haut aufgetragen, heilt er Geschwüre der Glieder.« Als Lonicerus sein Kräuterbuch schrieb, nannte man den Beinwell Wallwurtz. Schon damals war er ein altbekanntes Wundmittel: »Zu allen Wunden / rissen und brüchen / aussen und innen ein gar heilsame Wurtzel (...). Ein jeder Wundartzt / soll ihme Wallwurtz zielen / die ist zu allen Wunden / Beinbrüchen und Schäden sehr heilsam und bequem. Die Wurtzel zerstossen / und auf zerknirschte Glieder gelegt / heilet sie zu hand.«

Bergbohnenkraut

Satureja montana subsp. *montana*

Volkstümliche Namen Winterbergminze, Winterbohnenkraut, Staudenbohnenkraut

Heimat und Verbreitung Das Bergbohnenkraut stammt aus den Mittelmeerländern. Es ist auf dem Balkan und in Südrussland bis zum Kaukasus weitverbreitet.

Botanischer Steckbrief Das ausdauernde Bohnenkraut gehört in die Familie der Lippenblütler (Lamiaceae). Es wächst zu einem 25–50 cm hohen Halbstrauch heran. Die Pflanze besitzt eine starke Haupt- und reichverzweigte Nebenwurzeln. Die Stängel verästeln sich und verholzen schnell. Sie haben nicht den violetten Farbhauch des einjährigen Bohnenkrauts. Die Blättchen sind schmal, glänzend dunkelgrün und mit Drüsenschuppen besetzt. Die zierlichen Lippenblütchen können weiß, rosa oder violett gefärbt sein.

Heilkräftige Wirkstoffe Im Erscheinungsbild ähneln sich das einjährige und das mehrjährige Bohnenkraut sehr. Beide Arten haben die gleichen Inhaltsstoffe, die hauptsächlich aus ätherischen Ölen und Gerbstoffen bestehen. Auf den Magen hat das Bergbohnenkraut ebenfalls eine wohltuende, beruhigende Wirkung.

Geschmack und Würze Das Bergbohnenkraut schmeckt würzig und ein wenig beißend. Kenner behaupten, es sei im Aroma etwas gröber als das einjährige Bohnenkraut.

Besondere Arten und Sorten

Zitroniges Bergbohnenkraut (*S. montana* subsp. *citriodora*) überrascht mit warmem Zitronenaroma.

Anbau im Garten Geben Sie dem Bergbohnenkraut einen warmen, sonnigen Platz, der zur Winterzeit vor rauen Winden geschützt ist. Der Boden soll leicht und möglichst etwas kalkhaltig sein. Das Bergbohnenkraut verträgt Trockenheit und magere Erde besser als Feuchtigkeit und gute Ernährung. Wenn es dem kleinen Strauch zu gut geht, schießt er ins Kraut, reift nicht richtig aus und erfriert leichter.

Sie können dieses Küchengewürz selbst aussäen, sowohl im Freiland als auch in warm gestellten Saatschalen. Die günstigste Aussaatzeit liegt in den Monaten April bis Mai oder im August. Die feinen Samen des Lichtkeimers werden nur dünn mit Erde bedeckt.

Einfacher ist es, im Mai Jungpflanzen zu kaufen und im Abstand von 30 × 30 cm zu verpflanzen. Später können Sie Ihren Bestand durch Teilung der Wurzelstöcke oder durch Stecklinge vermehren. Das Kraut bleibt über Winter grün. In rauen Gegenden sollten Sie es mit Kiefernreisig abdecken. Im Frühling werden die Sträucher etwas zurückgeschnitten, damit sie frisch austreiben.

Ernte und Aufbewahrung Einzelne Zweige können Sie immer abpflücken, sobald die Sträuchlein kräftig genug sind. Vom zweiten Jahr an sind 2 bis 3 Ernteschnitte möglich. Kurz vor der Blüte ist der Gehalt an ätherischen Ölen allerdings am höchsten. Die Zweige werden dann gebündelt und getrocknet. Die Blätter behalten ihr Aroma sehr gut.

■ Wenn Sie das kräftige Aroma des Bohnenkrautes lieben, sollten Sie auch das winterharte, immergrüne Bergbohnenkraut pflanzen.

Führen Sie den letzten Ernteschnitt nicht zu spät aus, weil die Neutriebe sonst nicht mehr ausreifen und leicht erfrieren.

Verwendung in der Küche Das Bergbohnenkraut wird genau wie das einjährige Bohnenkraut verwendet: zu Bohnen, Kartoffeln und Eintöpfen.

Verwendung in der Hausapotheke

Aus dem Bergbohnenkraut können Sie einen magenstärkenden, entkrampfenden Tee aufbrühen.

Historische Verwendung »Von den Satureyen wird auch zur Zeit der Weinlesung ein Wein zugerichtet / gleich wie der Wermuthwein / ... Ist aber fürnemlich gut den alten Personen / welchen ihre natürliche Wärm entgehen will. ...« So empfahl Tabernaemontanus das »hitzige« Bohnenkraut zur inneren Erwärmung. Der belebende Wein wird das seine dazu getan haben.

Brennnessel

Urtica dioica und *Urtica urens*

Volkstümliche Namen Donnernessel, Hanfnessel, Haarnessel, Saunessel, Nessel, Nettel, Senznessel, Habernessel, Tausendnessel

Heimat und Verbreitung Die **Große Brennnessel** (*U. dioica* subsp. *dioica*) ist in ganz Europa ebenso heimisch wie im Vorderen Orient, in Nordafrika, Sibirien, Alaska, Kanada und großen Teilen der USA. Nur in den tropischen Regionen Afrikas, Südamerikas und in den Polargegenden sucht man sie vergebens. Die **Kleine Brennnessel** (*U. urens*) ist ein sogenannter Kosmopolit, der fast überall auf der Welt gedeiht.

Botanischer Steckbrief Die Brennnessel gehört zu den Brennnesselgewächsen (Urticaceae). Die Große Brennnessel besitzt einen sehr verzweigten, kriechenden Wurzelstock. Daraus wachsen vierkantige Stängel, die mit Brennhaaren bedeckt sind. Die länglich-eiförmigen Blätter haben grob gesägte Ränder. Sie sind ebenfalls mit Brennhaaren ausgestattet.

Die Große Brennnessel ist in der Regel zweihäusig: Die unscheinbaren grüngelben Blüten sind an einer Pflanze entweder männlich oder weiblich. Sie sitzen wie zierliche Rispen in den Blattachseln. Die Blütezeit der Großen Brennnessel reicht von Juli bis in den Herbst. Die Stauden werden je nach Standort 0,5–1,50 m hoch.

Die Kleine Brennnessel (*U. urens*) gedeiht nur einjährig. Sie ist aber hier mit beschrieben, weil ihre Inhaltsstoffe und ihre Verwendung der Großen, mehrjährigen Brennnessel gleichen. In der Pflanzengestalt sehen sich die beiden Nesseln ebenfalls sehr ähnlich. Die Blätter der einjährigen Art sind etwas kleiner und zierlicher. Die Kleine Brennnessel trägt weibliche und männliche Blüten gleichzeitig an einer Pflanze.

Brennnesseln siedeln sich mit Vorliebe auf gutem, humusreichem Boden an. Deshalb findet man sie oft an Zäunen, neben Häusern, Ställen und auf Gartenland.

Heilkräftige Wirkstoffe Die Blätter enthalten in den Brennhaaren ein Nesselgift, das bei Berührung die bekannten Entzündungen auf der Haut verursacht. Der Hauptwirkstoff des Nesselgifts ist Histamin, enthalten ist auch Ameisensäure. Hinzu kommen in den Blättern Mineralstoffe wie Kieselsäure und Kalium sowie Flavonoide, Pflanzensäuren. In den Samen finden sich vor allem fette Öle, Vitamin E und Schleimstoff. Die Wurzeln enthalten unter anderem Steroide und Polysaccharide. Brennnesseln wirken stoffwechselanregend und blutreinigend; sie starken die Widerstandskräfte. Ihre heilsamen Inhaltsstoffe bewähren sich besonders bei Rheuma und Gicht, bei Leber- und Galleleiden. Für Frühjahrs- oder Herbstkuren ist diese Pflanze besonders empfehlenswert.

Geschmack und Würze Brennnesseln haben einen eigentümlich strengen Geruch; der Geschmack ist herb und etwas bitter.

Besondere Arten und Sorten

Die **Pillen-Brennnessel** (*U. pilulifera*) ist ebenfalls weitverbreitet. Sie heißt auch

Römische Nessel und soll ähnliche Eigenschaften besitzen wie die Große Brennnessel.

Anbau im Garten In fast jedem Garten tauchen irgendwann Brennnesseln als »Un-Kraut« auf. Die meisten Gärtner reißen die Pflanzen murrend und mit Handschuhen bewaffnet aus. Natur- und Kräutergärtner sehen die brennenden Nesseln mit anderen Augen an. Sie erkennen in ihnen das uralte, einst hoch geachtete Heilkraut, das Menschen, Tieren und sogar der Erde gute Dienste leistet. Graben Sie einige Wurzelstöcke aus, und pflanzen Sie sie neben dem Kompost, unter einem Strauch oder in einer abgelegenen Gartenecke wieder in die Erde. Der Boden sollte etwas feucht und humusreich sein. Geben Sie dem Wildkraut zum Start reichlich Kompost und etwas stickstoffhaltigen Dünger, zum Beispiel Hornspäne. Weitere Pflege ist nicht nötig. Brennnesseln gedeihen sowohl in der Sonne als auch im Halbschatten.

Wer einen großen Kräutergarten besitzt und kein ängstliches Naturell hat, der kann die große Nesselstaude auch dort neben anderen Heil- und Gewürzpflanzen ansiedeln. Wenn Sie die Samenbildung verhindern und zu weit wandernde Wurzelausläufer mit dem Spaten ausstechen, kann eigentlich nichts Schlimmes passieren. Vielleicht entdecken Sie erst im Kräutergarten die verborgene Schönheit und die kraftvolle Pflanzengestalt der zu Unrecht geschmähten Nesseln.

Im Handel gibt es sogar Brennnesselsamen zu kaufen. Zu einem solchen Hilfsmittel muss man aber nur greifen, wenn in der näheren Umgebung alle Un-Kräuter ausgerottet worden sind.

Ernte und Aufbewahrung Von Mai bis Ende Juli/Anfang August kann das ganze Brennnesselkraut mit oder ohne Blüten geschnitten werden. Manche Kräutersammler nehmen auch die Wurzeln dazu, die ebenfalls Heilstoffe enthalten. In lockere Sträuße gebündelt, werden die Brennnesseln zum Trocknen aufgehängt. Die dürren Blätter streifen Sie später von den Stängeln ab; aber auch die getrockneten Stiele und Wurzeln können klein geschnitten und mit unter die Blätter gemischt werden. Bewahren Sie diese wertvolle Ernte gut verschlossen und dunkel auf. Aus dem frischen Kraut kann man auch Saft auspressen, der bald getrunken werden muss, weil er sich nicht lange hält.

Verwendung in der Küche Junge Brennnesselblätter werden im Frühling wie Spinat zubereitet oder unter Gartenspinat gemischt. Zusammen mit zarten Löwenzahnblättern und Gänseblümchenrosetten ergeben sie einen gesunden Salat. Die Brennnesselblätter brennen nicht auf der Zunge, wenn sie ganz leicht angewelkt sind. Das Welken geschieht schon während der Zubereitung.

Verwendung in der Hausapotheke
Brennnesseltee und Brennnesselsaft können

5 bis 6 Wochen lang als stoffwechsel-anregende Kur dreimal täglich getrunken werden. Sie regen die Wasserausscheidung an und lindern dadurch Rheuma und Gichtschmerzen. Verstärkt wird diese Wirkung, wenn Sie den Brennnesseltee mit Löwenzahnwurzeln und Birkenblättern mischen.

Eine Brennnesselkur im Frühling wirkt aber auch ohne Erkrankungen erfrischend wie ein »innerer Hausputz«, die Volksmedizin sagt, die Schlacken werden aus dem Körper ausgeschieden.

Weitere Verwendungsmöglichkeiten Bei Erkältungen, Rheuma und Neuralgien helfen auch Brennnesselbäder. Eine Abkochung aus 200 Gramm getrocknetem Kraut reicht für ein Vollbad. Fügen Sie noch bis zu 1 Kilogramm Kochsalz hinzu.

Früher rieb man die nackte Haut mit Brennnesselzweigen ab. Das förderte die Durchblutung und sollte gegen Rheuma helfen. Im Garten werden Brennnesseln zu Jauche oder zu Spritzmitteln verarbeitet (siehe Seite 38). Die Blätter dienen den Raupen mehrerer Schmetterlingsarten, wie Tagpfauenaugen und Kleinem Fuchs, als Nahrung.

Von der Bronzezeit bis ins 20. Jahrhundert wurden die Fasern der Brennnessel zu Garn und Stoffen verarbeitet.

Historische Verwendung In der Antike beschrieb schon Plinius die Brennnessel und empfahl sie als Gemüse. Im ausgehenden Mittelalter lobte Brunfels die Brennnessel über alles: »Was ist holtseliger dan ein Hyazynthus, ein Narcissus oder ein Gilgen (Lilie)? Noch dan übertrifft die Nessel diese allsammet.«

■ Falls Sie ein Brennnessel-Fan sind: Die Pillen-Brennnessel ist mit ihren kugelrunden Blütenständen eine besonders aparte Erscheinung.

■ Die Große Brennnessel wächst gern in der Nähe der Menschen und ihrer Häuser. Wer sie nur für ein lästiges Unkraut hält, der sollte wissen, dass sie eine große Wohltäterin sein kann – für Menschen, Tiere und Pflanzen.

Kräuter von A bis Z

Eine besondere, heute vergessene Eigenschaft der Nesseln entdeckte die Heilige Hildegard von Bingen: »Und ein Mensch, der gegen seinen Willen vergeßlich ist, der zerstosse die Brennende Nessel zu Saft und füge etwas Olivenöl hinzu, und wenn er schlafen geht, salbe er damit seine Brust und die Schläfen, und dies tue er oft, und die Vergeßlichkeit in ihm wird vermindert werden.«

Bei Lonicerus heißt es: »Nesselblätter mit Wein gesotten / darüber getruncken / erweicht den Bauch / vertreibt das Grimmen / zertheilet die Winde / treibt den Harn / reiniget die Lenden / und reitzet zum Beyschlaff an.«

Der Autor weiß auch Rat für »gebrannte« Kräutersammler: »Wer von Nesseln übel gebrannt were / der streiche Baumöl und Rosenöl über die Blätterlin / sie vergehen.«

Brunnenkresse
Nasturtium officinale

Volkstümliche Namen Bach-, Born-, Wasser- oder Wiesenkresse, Wasserlauchkraut, Quellenraukenkraut, Wassersenf, Kerschel, Kressenkraut, Bornkassen, Kersche, Paderkerse, Wasserkerse, Quellenrauch, Weiße Kresse

Heimat und Verbreitung Die Brunnenkresse wächst in fast ganz Europa und auch in anderen Erdteilen wild in Quellen und Bächen, die noch reines Wasser führen.

Botanischer Steckbrief Die Brunnenkresse gehört in die Familie der Kreuzblütler (Brassicaceae). Sie treibt bis zu 70 cm lange, waagerechte Stängel. An den Verzweigungen bilden sich Wurzeln. Die Blätter sind rundlich, sattgrün und fiederförmig zusammengesetzt. Von Mai bis September blüht die Brunnenkresse. Ihre weißen Blüten sind in lockeren Trauben angeordnet. In leicht gekrümmten Schoten reifen die Samen, die in zwei parallelen Reihen angeordnet sind. Tief unter der Wasseroberfläche können sich manchmal in der freien Natur ganze Rasen von Wasserkresse bilden.

Heilkräftige Wirkstoffe Die Pflanzen enthalten schwefelartige, ätherische Öle, Senfölglykosid, Vitamin C und Flavonoide. Wasserkresse wirkt stoffwechselanregend und wassertreibend. Sie kann gut als entschlackende Frühjahrskur benutzt werden.

Geschmack und Würze Die Blätter schmecken würzig scharf, kresseähnlich und leicht bitter.

Anbau im Garten Da die meisten Freizeitgärtner kein fließendes Gewässer ihr eigen nennen, müssen sie es mit einer Kressekultur in feuchten Kästen versuchen, die schattig aufgestellt werden. Die Samen (erhältlich im Fachhandel) streuen Sie in Saatschalen, decken sie mit Erde ab und halten sie ständig nass. Nach 10 bis 14 Tagen haben sich bereits kleine Pflänzchen entwickelt. Eine andere Möglichkeit: Besorgen Sie sich kleine Ableger der Brunnenkresse aus einem Bach. Sie wachsen, nass gehalten, rasch an. Setzen Sie sie ebenso wie die aus Samen gezogenen Jungpflanzen in eine wasserdichte Schale oder in einen Kasten, die beide nicht ganz mit Erde gefüllt werden. Der Abstand zwischen den Setzlingen beträgt etwa 7 cm. Das Wasser soll ständig 1 cm über der Erde stehen. Lockern Sie die Oberfläche öfter auf, damit keine Algenbildung entstehen kann. 6 Wochen nach der Pflanzung können Sie einen Flüssigdünger unter das Gießwasser mischen.

Der Wasserkresse-Garten im Miniaturformat hält natürlich nicht unbegrenzt. Legen Sie mit Hilfe von Stecklingen immer wieder neue Pflanzungen an.

Ernte und Aufbewahrung Sobald die Triebe der Brunnenkresse etwa 12 cm lang

■ Die Brunnenkresse ist im feuchten Element zu Hause. Wenn kein Bach durch Ihren Garten fließt, können Sie das Kraut auch in einer Schale mit Erde und Wasser ziehen.

gewachsen sind, können sie zum ersten Mal geschnitten werden. Ernten Sie aus der eigenen Anzucht vor allem während der Sommermonate frische Salatblätter. Die Wasserkresse in der freien Natur kann dagegen fast ganzjährig geschnitten werden. Besonders empfehlenswert ist das Frühjahr. Brunnenkresse kann nur frisch genossen werden. Sie lässt sich nicht trocknen oder auf irgendeine andere Weise konservieren.

Verwendung in der Küche In der Küche werden die frischen Blättchen samt den zarten Stielen unter Salate gemischt. Klein gehackt können Sie sie auch unter Quark und Kräuterbutter geben. Verzehren Sie Brunnenkresse immer frisch und roh.

Für eine stoffwechselanregende Frühjahrskur eignet sich eine Rohkostmischung aus Brunnenkresse, unter die Sie Löwenzahnblätter, junge Brennnesseln, Löffelkraut und Gänseblümchen mischen.

Verwendung in der Hausapotheke Der frisch geerntete Salat ist die beste Medizin aus der Brunnenkresse. Frischer Pflanzensaft, den man auch kaufen kann, dient ebenfalls als Frühjahrskur.

Vorsicht: Zu intensiver oder zu langer Gebrauch der scharfen Wasserkresse kann zu Nierenreizungen führen!

Historische Verwendung Samen der Brunnenkresse fand man bereits in Siedlungen der Jungsteinzeit am Bodensee. Die Römer glaubten, dass die Kresse, die aus dem Wasser kam, besonders zärtlich mache. Sie nannten das Kraut aber auch »nasi tortium« – Nasenschinder, weil es mit seiner Schärfe die Nase reizte. Noch im Mittelalter benutzte man getrocknete und zerriebene Brunnenkresse als Niespulver. Auch Karl der Große ließ die Wasserkresse auf seinen Landgütern anbauen. Tabernaemontanus unterschied zu Beginn der Renaissance zwischen Heil- und Küchenkraut: »Wann die Brunnenkressen noch jung und frisch seyn / weren sie an vielen Orten in salat gebraucht. Der gemeine Mann vermeinet den hitzigen Magen damit zu kühlen.«

Eberraute
Artemisia abrotanum

Volkstümliche Namen Eberries, Eberreis, Zitronenkraut, Gartheil, Eberwurzel, Stab- oder Stangenkraut, Stabwurzel, Albraute, Elfrad, Garthau, Garthagen, Girtwurz, Abergans, Garthagel, Gotthard, Gartholt, Gotthold, Gartenhahn, Gartenhühnchen, Lemonikräutel, Herrgottshölzel, Rukelbloem, Rückelbusch, Wingrusch

Heimat und Verbreitung Die Eberraute ist ursprünglich in Südeuropa, in Südosteuropa und in Westasien zu Hause. Das Kraut gelangte – wahrscheinlich im 9. oder 10. Jahrhundert – durch Mönche nach Mitteleuropa und war jahrhundertelang eine Pflanze der Kloster- und Bauerngärten. In den Küchengärten unserer Tage ist das Kraut leider noch eine große Unbekannte.

Botanischer Steckbrief Die Eberraute gehört in die Familie der Korbblütler (Asteraceae). Sie ist mit dem Beifuß, dem Wermut und dem Estragon verwandt. Die Pflanze hat einen starken, weitverästelten Wurzelstock. Die aufrechten Stängel verzweigen sich nach oben rispenartig. Die Blättchen sind sehr schmal und fein gefiedert. Sie haben eine graugrüne Farbe und sind mit vielen Drüsen besetzt. Der ganze Strauch wirkt buschig-rustikal und zart zugleich. Er wird etwa 1 m hoch. Der größte Teil der Zweige verholzt, nur die neuen Triebe sind weich und krautig. Von Juli bis Oktober erscheinen in günstigen warmen Lagen an den Spitzen kleine kugelige Blütenköpfchen von blassgelber Farbe.

■ Die zart gefiederten Blätter der Eberraute duften sehr eigenwillig aromatisch. Dieses uralte Bauerngarten-Kraut müssen Sie unbedingt kennenlernen!

Heilkräftige Wirkstoffe Die Pflanze enthält ätherische Öle, Bitter- und Gerbstoffe, Cumarin sowie das Alkaloid Abrotanin. Eberraute wirkt appetitanregend und magenstärkend.

Geschmack und Würze Die Eberraute duftet herb-zitronig. Die Würze der Eberraute ist sehr aromatisch – mit einem strengen und leicht bitteren Nachklang. Sie erscheint etwas fremdartig und geheimnisvoll.

Besondere Arten und Sorten

Die Kampfer-Eberraute *(Artemisia alba,* Syn.: *A. camphorata)* duftet intensiv aromatisch mit Kampfernote.

Die Baum-Eberraute *(A. abrotanum)* wächst bis zu 2 m Höhe. Sie kann aber zurückgeschnitten werden.

■ Die Baum-Eberraute ist etwas Besonderes. Sie kann bis zu 2 m hoch werden, verträgt aber klaglos jeden Rückschnitt.

Anbau im Garten Der ausdauernde Strauch braucht kalkhaltigen, humosen Boden. Trockenheit bekommt der Eberraute besser als zu viel Nässe. Geben Sie ihr einen sonnigen, geschützten Platz. Die Samen reifen in unserem Klima nicht aus und werden auch nicht im Handel angeboten. Pflanzen können Sie in Staudengärtnereien und in Kräutergärtnereien bekommen. Setzen Sie sie auf 40 × 40 cm Abstand. Meist wird aber für den Bedarf einer Familie ein Busch genügen. Aus Triebspitzen können Sie dann Stecklinge schneiden, die leicht bewurzeln. Die Vermehrung im eigenen Garten ist gar nicht schwierig, wenn Sie erst einmal eine Mutterpflanze besitzen.

Es ist schade, dass dieses herrliche Duftkraut mit den zarten, gefiederten Blättern in unseren Gärten so selten geworden ist. Die anmutigen kleinen Sträucher bringen eine nostalgische Note ins Kräuterbeet. Es würde sich sicher lohnen, hier und da die Tradition der mittelalterlichen Bauerngärten aufzugreifen und ein kleines Gewürzgärtchen mit einer niedrigen Hecke aus Eberrautenbüschen einzufassen. Das Kraut lässt sich ohne Schwierigkeiten in Form schneiden.

In rauen Gegenden braucht die Eberraute etwas Winterschutz. Ihre zarten Blätter erfrieren immer in unserem Klima. Im Frühling werden die schlanken, holzigen Stängel nur wenig zurückgeschnitten. Sie schlagen dann ohne Schwierigkeiten wieder aus.

Ernte und Aufbewahrung Verwenden Sie nur die zarten Triebspitzen – frisch oder getrocknet. Sie können während des ganzen Sommers gepflückt werden. Den höchsten Wirkstoffgehalt besitzen die Blätter im Juli und August.

Zum Trocknen können Sie auch blühende Zweige nehmen. Das gedörrte Kraut wird gut verschlossen aufbewahrt. Sie können einige Eberrauten-Triebspitzen auch in Kräuteressig verwenden.

Verwendung in der Küche Eberraute schmeckt zu Soßen, Braten und zu Salaten. Verwenden Sie sie aber immer sehr sparsam; schon ein oder zwei Zweigspitzen verleihen einem Gericht eine sehr aparte Note.

Verwendung in der Hausapotheke

Aus frischem oder getrocknetem Eberrautenkraut können Sie einen Tee aufbrühen, der appetitanregend und magenstärkend wirkt.

Weitere Verwendungsmöglichkeiten Die stark duftende Eberraute wird seit jeher zur Abwehr von Fliegen und Motten benutzt. Gute Dienste leistet das Kraut sowohl im Zimmer als auch im Kleiderschrank. Binden Sie dafür kleine Sträußchen (siehe Seite 239).

Historische Verwendung Die duftende Eberraute war schon den antiken Griechen bekannt. Auch Karl der Große empfahl sie für seine Landgüter. Im Garten des Walahfrid Strabo auf der Insel Reichenau wuchs der kleine Strauch ebenfalls. Der heilkundige Abt muss ihn sehr geliebt haben, denn er schrieb: »Ebenso nahe liegt es, die Sträucher der hochwachsenden Eberraute zu bewundern, die üppigen Zweige, die sich zart gefiedert entfalten und feinem Haar gleichen. (...) Zudem besitzt die Eberraute ebensoviele Kräfte wie haarfeine Blätter.«

Auch im Volksglauben war das Kraut später sehr beliebt. Eberrautenzweige unter dem Kopfkissen sollten kleinen Kindern einen ruhigen Schlaf schenken und brave Eheleute vor schädlichem Zauber bewahren. Alte Frauen nahmen das stark duftende Kraut als Riechsträußchen mit in die Kirche, um »frisch zu bleiben«. Bei Tabernaemontanus heißt die Pflanze »Stabwurz«. Er schrieb seitenlange Rezepturen auf, in denen die Wirkungen dieses Heilkrautes gepriesen wurden. Besonders originell ist der Ratschlag:

»Wilt du schöne und hübsche Haar am Bart machen wachsen / so nimm zwo Handvoll grüner und frischer Stabwurz / frisch und gut Jungfrauen-Honig ein Pfund / vermische es durch einander / und destillier es in einem Brennkolben mit sanfftem Feuer. Mit solchem Wasser bestreiche den Bart offtmals / und reibe es auch wohl ein / du gewinnest schöne Haar.«

Eibisch, Echter Eibisch
Althaea officinalis

Volkstümliche Namen Samtpappel, Weiße Pappel, Weißwurzel, Schleimwurzel, Ibisch, Ibsche, Ispe, Hübsche, Althee, Alter Tee.

Heimat und Verbreitung Der Echte Eibisch ist in ganz Europa, in Algerien und Tunesien, im Nahen Osten, in Sibirien, Afghanistan und Zentralasien zu Hause. In Nordamerika ist das Kraut eingebürgert.

Botanischer Steckbrief Der Eibisch gehört in die Familie der Malvengewächse (Malvaceae). Aus einer tief reichenden fleischigen Wurzel treiben feste behaarte Stängel, die bis 1,50 m Höhe erreichen können. Sie wachsen aufrecht und unverzweigt. Direkt an den Stängeln entwickeln sich wechselständige graugrüne Blätter mit gezähnten Rändern, die drei- bis fünffach gelappt sind. Ihre Oberfläche ist flaumig weich behaart. Daher stammt auch der Name Samtpappel. Die weißlich-rosafarbenen Blüten erscheinen – typisch für Malven – büschelweise in den Blattachseln. Das stattliche Kraut blüht im Spätsommer von Juli bis September.

Als wild wachsende Pflanze kommt der Eibisch nur noch selten vor. Er liebt feuchte, auch salzhaltige Böden und wuchs deshalb früher teilweise in Küstengebieten und in der Nähe von Salinen. Heute wird das Kraut überwiegend in Kulturen angebaut für die Gewinnung von Heildrogen. Auch im Garten hat die Samtpappel einen Platz als beliebte Zier- und Heilpflanze gefunden. Wildwachsender Eibisch ist geschützt!

Heilkräftige Wirkstoffe Eibisch ist vor allem reich an Schleimstoffen. Die Wurzeln enthalten 10–20 %, die Blätter 6–10 %. Hinzu kommen Pektine und Stärke. Die Samtpappel ist seit alten Zeiten berühmt für ihre reiz- und entzündungslindernden Eigenschaften. Aus den Klöstern wanderten die Pflanzen während des Mittelalters in die Bauerngärten. In der Volksmedizin spielte der Eibisch immer eine wichtige Rolle.

Geschmack und Würze Der Echte Eibisch ist kein Küchen- und Würzkraut. Die Blätter besitzen keinen ausgeprägten Geschmack.

Besondere Arten und Sorten
Den Hanfblättrigen Eibisch (*A. cannabina*) erkennt man an seinen hanfähnlichen Blättern. Er wird bereits in der Antike von Dioscurides erwähnt und soll ähnlich heilkräftig sein wie der Echte Eibisch.

Stockrosen (*Alcea rosea*) gehören zu einer verwandten Art. Sie werden auch **Baummalve, Chinesische Stockrose, Pappelrose, Stockmalve** oder **Bauerneibisch** genannt. Ursprünglich waren sie in Zentralasien zu Hause. Über den Vorderen Orient kamen sie im 16. Jahrhundert nach Europa. Ihre hohen, unverzweigten Stängel können 2 – 3 m Höhe erreichen. Stockrosen haben rundlich gelappte, rauhaarige Blätter. Aus den Blattachseln treiben seidige, offene Blüten in rosa, dunkelroten oder weißlichen Farbtönen, die an Hibiskus erinnern. Es gibt auch rosenähnlich gefüllte Sorten. Stockrosen sind zweijährig; wenn man sie nach der Blüte bis über den Boden zurückschneidet, leben sie aber länger. Im Garten lieben diese prächtigen Malvengewächse einen sonnigen Standort und humusreichen, durchlässigen Boden. Stockrosen sind typische Bauerngartenpflanzen, die oft am Zaun entlang gesetzt werden. Sie können diese Stockmalven leicht selbst aussäen. Für den Kräutergarten sind sie eine farbenfrohe Bereicherung.

■ Der stattliche Eibisch blüht im Spätsommer wochenlang. Dann können Sie die hübschen Blüten und die samtigen Blätter für einen wohltuenden Hustentee ernten. Die Wurzeln gräbt man erst im Spätherbst aus.

'Nigra' ist eine eindrucksvolle Züchtung mit offenen Blüten in dunklem Schwarzrot. Alle Stockrosen haben ähnliche Inhaltsstoffe wie der Eibisch. Vor allem sind sie reich an Schleimstoffen, hinzu kommen Gerbstoffe. Die Blüten sind Bestandteil von Hustentee-Mischungen. Sie werden auch zum Gurgeln benutzt bei Entzündungen im Mund- und Rachenraum.

Die Feigenblättrige Stockrose (Alcea ficifolia) stammt aus Sibirien. Sie besitzt tief eingeschnittene, gelappte Blätter, die an Feigenblätter erinnern. Die Pflanzen erreichen stattliche

■ Die dunklen Blüten der Stockrosensorte 'Nigra' wirken sehr geheimnisvoll. Hätten Sie gedacht, dass sie auch heilkräftig sind?

2 m Höhe und blühen in zarten Pastelltönen gelb, rosa oder aprikosenfarbig.

Anbau im Garten Der Echte Eibisch braucht, wie an seinen natürlichen Standorten, feuchten Boden, aber einen sonnigen Platz. Setzen Sie die Pflanzen mit 40–50 cm Abstand, damit sie sich kräftig entwickeln können. Reichlich Kompost und eine Mulchdecke, die vor Trockenheit schützt, fördern ein gesundes Wachstum. Im Übrigen ist das prachtvolle Kraut mit den samtig-weichen Blättern sehr anspruchslos. Im Kräutergarten bilden blühende Samtpappeln einen attraktiven Blickpunkt.

Sie können Eibisch im Frühling selbst aussäen. Praktisch ist es, sich bei Kräuterspezialisten einige vorgezogene Pflanzen zu besorgen. Später können Sie Ihre Bestände leicht selbst vermehren, indem Sie größere Stauden im Frühling teilen und neu einpflanzen. Das Kraut setzt reichlich Samen an, die Sie natürlich ebenfalls zur Vermehrung nutzen können. Der Echte Eibisch ist nicht durch Malvenrost gefährdet, wohl aber die prächtigen Stockrosen. Spritzen Sie sie vorbeugend öfter mit Schachtelhalm-Brühe. Kranke Blätter müssen entfernt und vernichtet werden, weil sie sonst die Pilzinfektion weitertragen.

Ernte und Aufbewahrung Blätter und Blüten werden frühzeitig im Sommer gepflückt, die Wurzeln graben Sie im Herbst aus. Diese müssen rasch gesäubert und getrocknet werden, weil sie sonst leicht von Schimmelpilzen befallen werden. Blätter und Blüten trocknen Sie wie üblich bei sanfter Wärme an einem schattigen Platz. Alle Pflanzenteile bewahren Sie anschließend gut verschlossen und dunkel auf.

Verwendung in der Küche Eibisch ist kein Küchenkraut. Die hübschen rosa Blüten können Sie aber als essbare Dekoration zu Salaten, Vorspeisen und Süßspeisen benutzen.

Verwendung in der Hausapotheke
Alle Pflanzenteile können als wirkungsvolle Schleimdrogen genutzt werden. Für die private Hausapotheke ist es aber einfacher, Blätter

und Blüten zu verwenden. Die Schleimstoffe schützen und beruhigen gereizte Atemwege und den Rachenraum ebenso wie den Darm und die Magenschleimhaut.

Eibisch-Tee aus Blättern wird mit kochendem Wasser aufgebrüht. Wenn Sie ihn als Hustentee benutzen möchten, süßen Sie ihn mit Honig. Ungesüßt trinken Sie ihn bei leichten Magen- und Darmstörungen. Er hilft auch, wenn Sie bei Entzündungen den Mund damit spülen und gurgeln. Bei kleinen Hautverletzungen legt sich der schützende Schleimfilm ebenfalls wohltuend über die Wunde. Sie können deshalb mit dem Tee einen Umschlag tränken und über die Verletzung legen. Noch eine gute Eigenschaft besitzt der sanfte Eibisch: Er hat keinerlei schädliche Nebenwirkungen.

Historische Verwendung Der Name *Althaea* soll sich vom griechischen Wort »althaeis« herleiten, das heilsam bedeutet. Der Echte Eibisch war bereits in der Antike eine hoch geachtete und vielfältig genutzte Heilpflanze. Dioscurides nennt ihn »Ibisch-Kraut/Althaea, Ibiscum.« Er beschreibt (in einer spätmittelalterlichen Übersetzung) die Pflanze, wie wir sie noch heute kennen: »... hat runde Blätter. (...) und dieselbe sind weiß / wollecht: Seine Blumen haben eine Gestalt der Rosen / seine Stengel wachsen zweyer Elenbogen hoch / die Wurtzel ist weich / innwendig weiß unnd hat einen zähen schleimigen Safft. Seinen Namen hat es bey den Griechen / von der Tugendt unnd heylsamen Krafft.« Dioscurides empfiehlt den Eibisch gegen mancherlei Beschwerden, zum Beispiel: »in Wein oder Honigwasser gesotten / oder allein vor sich gestossen / ist es trefflich gut ubergelegt / wider die Wunden / wider die Geschwulst unnd die Geschwer.« Dieses Rezept ähnelt sehr einem Teil der heutigen Verwendung.

In Germanien, wo der Eibisch wild, vor allem an den Meeresküsten, wuchs, fanden Archäologen Samenteile der Samtpappel bereits in Grabungen aus der Eisenzeit. Auch zur Zeit der römischen Besatzung tauchen Spuren dieser geschätzten Heilpflanze auf. Karl der Große setzte diese uralte Tradition fort und empfahl den Eibisch zum Anbau auf seinen Landgütern.

Im Mittelalter bleibt die medizinische Wertschätzung ungebrochen. Madaus berichtet: »Albertus Magnus (12. Jahrhundert) nennt den Eibisch als erweichendes, lösendes und Eiterungen zur Reife bringendes Mittel. (...) Bei Paracelsus fand der Eibisch als abzesserweichendes und reinigendes Mittel Anwendung.« Der Echte Eibisch hatte Jahrhunderte lang seinen Platz in den Bauerngärten und wurde immer für die Volksmedizin genutzt. Es lohnt sich, diese Tradition fortzusetzen und das sanfte Kraut mit den vielen guten Eigenschaften auch im modernen Kräutergarten wieder anzupflanzen und zu nutzen.

Engelwurz, Echte Engelwurz
Angelica archangelica

Volkstümliche Namen Gartenangelika, Engelbrustwurz, Echte Brustwurzel, Zahnwurzel, Theriakwurzel, Luftwurzel, Waldwurzel, Heiligen-Geist-Wurzel, Artelkleewurzel, Dreieinigkeitswurzel, Erzengelwurzel, Geistwurzel, Glückenwurzel, Heiligenwurzel, Heiligenbitter

Heimat und Verbreitung Die Engelwurz gehört zu den wenigen Heil- und Gewürzkräutern, die im hohen Norden zu Hause sind. Sie wächst wild in Island, Grönland, Skandinavien und Sibirien, außerdem in Mittel- und Osteuropa. Einige Autoren sind der Meinung, dass sie auch in Syrien und Asien ursprünglich vorkomme. Wahrscheinlich kam die Engelwurz im 14. Jahrhundert nach Deutschland. Sie wurde in den Klostergärten hoch geschätzt. Heute ist sie wild wachsend bis zu den Alpen und den Pyrenäen verbreitet. Man findet sie allerdings nicht allzu häufig. Das mächtige Kraut wächst verstreut auf feuchten Wiesen.

Botanischer Steckbrief Die Engelwurz gehört in die Familie der Doldenblütler (Apiaceae). Sie besitzt eine außergewöhnlich tief reichende, fleischige Hauptwurzel mit vielen Seitenwurzeln, ähnlich wie der Meerrettich. Die hohlen Stängel können bis zu 2,5 m hoch wachsen und an der Basis faustdick werden. Sie sind gerillt und verästeln sich im oberen Teil. Die großen hellgrünen Blätter sind verschiedenartig gefiedert und besitzen auffallend bauchige Blattscheiden. Von Juli bis August erscheinen große halbkugelige Dolden mit grünlich-weißen Blüten. Die imposanten Stängel und Blätter frieren über Winter ganz ab. Im Frühling schlägt die Staude aus den Wurzeln neu aus.

Heilkräftige Wirkstoffe Die Engelwurz enthält ätherische Öle, Angelicasäure, andere organische Säuren, Furanocumarine, Gerb- und Bitterstoffe. Die Engelwurz ist ein typisches Bittermittel *(Amarum aromaticum)*. Sie kann auch als Carminativum bezeichnet werden. Deshalb wirkt sie krampflösend im Magen-Darm-Bereich, regt die Verdauung und den Appetit an und lindert Blähungen. Außerdem werden die Gallensekretion und die Wasserausscheidung angeregt. In der Medizin wird vor allem die Wurzel verwendet.

■ Die Engelwurz ist in jeder Beziehung eine prachtvolle Erscheinung. Wurzeln, Blätter und Samen enthalten wertvolle Heilkräfte. Früher glaubten die Menschen, Engel hätten dieses gute Kraut auf die Erde gebracht.

Geschmack und Würze Die ganze Pflanze riecht kräftig gewürzhaft. Diesen Duft empfinden manche Menschen als moschusähnlich. Die Blüten duften nach Honig, die Stängel manchmal nach Äpfeln. Der Geschmack der Wurzeln ist würzig-süß mit bitter-scharfem Nachklang.

Besondere Arten und Sorten

Die Chinesische Engelwurz (*Angelica polymorpha* var. *sinensis*) ist ebenfalls eine stattliche Staude von bis zu 1,50 m Höhe mit graugrünen Blättern, die oft rötlich überlaufend sind. In China ist die Engelwurz ein hoch geachtetes Kraut, das ähnlich geschätzt wird wie der Ginseng.

Anbau im Garten Die mächtige Engelwurz hält 2 bis höchstens 4 Jahre an ihrem Platz im Garten aus, dann stirbt sie ab. Sie braucht humusreichen, nahrhaften Boden, der aber so durchlässig sein muss, dass die große Wurzel sich ohne Schwierigkeiten ausbreiten kann.

Ein feuchter, halbschattiger Standort ist am günstigsten. Die Engelwurz verträgt weder stauende Nässe noch große Trockenheit. Sie können dieses Riesenkraut selbst aussäen. Achten Sie aber auf frisches Saatgut, denn es verliert sehr schnell an Keimkraft. Die Angelika ist ein Frostkeimer. Säen Sie sie im frühen Herbst aus. Im nächsten Jahr verpflanzen Sie sie dann mit Abständen von mindestens 1 m. In Spezial-Kräutergärtnereien können Sie aber auch Jungpflanzen kaufen.

Ernte und Aufbewahrung Frische Blätter und Blattstiele wandern als besondere Delikatesse in die Küche. Vor der Blüte können Sie auch einige Blätter trocknen. Spät im Herbst (November) werden die Samen gesammelt. Die Wurzeln werden ebenfalls im Spätherbst ausgegraben. Säubern Sie die einzelnen Stücke sorgfältig, und schneiden Sie sie der Länge nach durch, bevor sie zum Trocknen aufgefädelt werden. Die aromatisch riechen-

den Wurzeln locken Insekten und Ungeziefer an! Achten Sie deshalb darauf, dass der Trockenplatz sehr sauber und luftig ist. Kontrollieren Sie öfter! Wenn Sie keinen geeigneten Raum besitzen, verwenden Sie am besten einen auf geringe Wärme eingestellten Trockenapparat. Sobald die Wurzeln ganz dürr sind, werden sie zerkleinert und dicht verschlossen aufbewahrt.

Verwendung in der Küche Klein geschnittene Blätter und Blattstiele würzen Suppen, Soßen und Salate. Aus Stängelabschnitten und jungen Blättern können Sie auch Gemüse kochen. In Großmutters Küche wurden Angelika-Stängelstücke kandiert.

Ein Tipp aus Lappland, wo die Engelwurz zu Hause ist: Die Stängel werden dort vor der Blüte geerntet, geschält und roh gegessen. Sie sollen dann wie Äpfel schmecken.

Verwendung in der Hausapotheke

Aus den getrockneten Wurzelstücken können Sie Tee zubereiten: Pro Tasse übergießen Sie 1 Teelöffel voll Wurzeln mit kaltem Wasser, das langsam bis zum Kochen erhitzt wird. Lassen Sie den Tee noch einige Minuten sieden, und sieben Sie ihn dann ab. Sie können auch einen kalten Auszug zubereiten (siehe »Tee-Zubereitung«, Seite 227).

Tee aus Blättern und Samen wird mit heißem Wasser überbrüht.

Alle Angelika-Tees helfen bei Magen-Darm-beschwerden, bei Blähungen und nervösen Krämpfen. Engelwurz kann mit anderen Magenkräutern, zum Beispiel Kalmus, Enzian, Wermut, Pfefferminze und Tausendgüldenkraut, gemischt werden.

Vorsicht: Die Cumarine in der Wurzel bewirken eine Lichtempfindlichkeit. Wer Engelwurz über längere Zeit einnimmt, sollte deshalb Sonnenbäder meiden!

Weitere Verwendungsmöglichkeiten Bei Rheumaschmerzen und Erschöpfung kann ein Engelwurz-Bad sehr wohltuend sein. Eine Handvoll Wurzelstücke (ca. 100 Gramm) oder Blätter und Samen gemischt werden mit 1 Liter Wasser erhitzt. Lassen Sie diesen Extrakt

■ Im Fernen Osten wird die Chinesische Engelwurz so hoch geschätzt wie der Ginseng. Die Wurzeln dienen unter anderem als Stärkungsmittel

noch eine Viertelstunde lang leise sieden, und sieben Sie ihn dann in das Badewasser. Engelwurz-Wein hilft auf angenehme Weise bei Verdauungsstörungen und nervösen Magenbeschwerden.

Historische Verwendung Zur Zeit der ersten großen Pestepidemie in Europa (1348/49) soll der Erzengel Raphael persönlich die Engelwurz zu den leidenden Menschen gebracht haben als Hilfe gegen den »Schwarzen Tod«. Die alten Kräuterväter sagten voll Ehrfurcht von dieser Pflanze: »Als wann der Heilig Geist selber oder die lieben Engel dem menschlichen Geschlecht dises Gewächs und heylsame Wurtzel geoffenbaret hetten.« Sie empfahlen Engelwurz ebenfalls gegen die Pest. Noch im vorigen Jahrhundert verriet ein Schweizer Einsiedler den Bauern des Berner Oberlandes das »Geheimrezept« der Angelika, als eine tödliche Grippewelle umging. Pfarrer Künzle erzählte die Geschichte: »Grabet die Angelica-Wurzel aus, siedet sie und gebt allen im Hause jeden Morgen einen Schluck davon, desgleichen abends vor dem Schlafengehen, dann wird die Krankheit nicht ins Haus kommen. Und so war es auch. Alle Familien, die so taten, blieben verschont, wenn ringsum alles krank war!«

Lonicerus empfahl: »Angelica in Wein und Hysop / oder in Hysopwasser / ist wunderbarlich gut wider alle Gebrechen der Brust /…«

Estragon
Artemisia dracunculus

Volkstümliche Namen Das Kraut, das die Kreuzfahrer mitbrachten, der kleine Drache, Schlangenkraut, Dragon, Dragun, Esdragon, Dragonbeifuß, Drachantkraut, Dragonellikraut, Trabenkraut, Eierkraut, Dragunwermut, Kaisersalat, Kaiserkraut, Bertram

Heimat und Verbreitung Der Estragon ist ursprünglich in Mittelasien, in der Mongolei, im Westhimalaja, China und in Sibirien zu Hause. Im Westen Amerikas ist er eingebürgert. Erst zur Zeit der Kreuzzüge gelangte er vermutlich in die Mittelmeerländer. Heute ist er in den meisten europäischen Landschaften als Kulturpflanze verbreitet.

Botanischer Steckbrief Der Estragon gehört in die Familie der Korbblütler (Asteraceae). Er hat kräftige, verästelte Wurzeln, die Ausläufer bilden. Die Stängel sind buschig verzweigt, meist weich und krautig. Sie wachsen 60–150 cm hoch. Die schmalen, länglichen Blätter sind locker verteilt. An den Stängelspitzen erscheinen von Juli bis September die unscheinbaren gelbgrünen Blütenköpfchen.

Heilkräftige Wirkstoffe Es gibt zwei Formen des Estragons, die bei uns angebaut werden. Beide enthalten ätherische Öle, Harz, Gerb- und Bitterstoffe. Der echte Aromatische Estragon, der auch Französischer oder Deutscher Estragon genannt wird, besitzt außerdem noch Estragol als Bestandteil seines ätherischen Öls. Dem Russischen Estragon fehlt dieser Wirkstoff. Estragon wirkt appetitanregend und wohltuend auf den gesamten Magen-Darm-Bereich. Als wassertreibende Pflanze ist er auch Rheumatikern zu empfehlen.

Geschmack und Würze Der Russische Estragon ist in der Würze weniger ausgeprägt. Das Aroma besitzt eine leichte Bitterkeit und erinnert manchmal ein wenig an Kerbel. Der echte Französische Estragon ist dagegen so feinwürzig und delikat, dass selbst Kenner Mühe haben, sein Aroma genau zu beschreiben. Das frische Kraut enthält eine leichte, nach Anis tendierende Süße.

Besondere Arten und Sorten

Der Russische Estragon *(A. dracunculus* subsp. *dracunculoides)* besitzt ein herberes, beißendes Aroma. Er kann durch Samen vermehrt werden.

Der Französische Estragon *(A. dracunculus* 'Sativa') ist der Feinschmecker-Estragon, der nur vegetativ vermehrt werden kann.

■ Der Estragon ist ein Feinschmeckerkraut, das in keiner Gourmet-Küche fehlen darf. Pflanzen Sie unbedingt den Französischen Estragon, weil er das feinste Aroma besitzt.

'Thüringer Estragon' (*A. dracunculus* var. *sativa*) ist eine wüchsige, aromatische Züchtung.

Anbau im Garten Die beiden Formen des Estragons müssen im Gewürzgarten unbedingt unterschieden werden.

Der **Russische Estragon** ist im Ganzen anspruchsloser, er wächst leicht und ist widerstandsfähig, auch in ungünstigen Lagen. Seine Samen reifen auch in unserem Klima aus. Er besitzt allerdings weniger Würze.

Der **Französische Estragon** wird von allen Feinschmeckern, vor allem von Kennern der französischen Küche, vorgezogen. In der Kultur ist er etwas empfindlicher und nicht so ertragreich. Aber im Geschmack bietet er Unvergleichliches. Französischer Estragon wird nur durch Wurzelausläufer vermehrt, weil er bei uns keine Samen ausbildet. Wenn Sie im Handel Estragonsamen kaufen, erhalten Sie also immer die weniger würzige russische Art. Humusreicher, feuchter Boden ist für beide Estragon-Arten die richtige Lebensgrundlage. Das Kraut braucht einen warmen, geschützten Platz und verträgt sowohl Sonne als auch Halbschatten; gleichmäßige Feuchtigkeit im Wurzelbereich ist wichtig, aber stauende Nässe mag der »kleine Drache« nicht. Versorgen Sie ihn mit reichlich Kompost und einer Handvoll organischem Dünger pro Pflanze als Zusatznahrung. Den **Russischen Estragon** können Sie im April im Freiland aussäen. Später wird er auf einen Abstand von 40 × 40 cm versetzt. Den echten **Französischen Estragon** erhalten Sie nur als Wurzelableger. Diese werden auf 30 × 40 cm Abstand gepflanzt. Von den erwachsenen Stauden können Sie später selbst neue Pflanzen heranziehen, indem Sie entweder Wurzelausläufer abtrennen oder Blattstecklinge schneiden. Vermehren Sie aber rechtzeitig im Sommer, damit die Jungpflanzen bis zum Winter gut eingewurzelt sind! In trockenen Zeiten müssen Sie Ihren Estragon durchdringend gießen. Im Winter braucht er in rauen Gegenden eine schützende Abdeckung mit Kiefernreisig. Nach 3 bis 4 Jahren muss der Estragon meist erneuert werden. Die Pflanzen verkahlen dann im Wurzelbereich. Nach dem ersten Frost oder zeitig im Frühling schneiden Sie die langen Stängel mit den dürren Blättern tief am Boden ab. Die Stauden treiben aus dem Wurzelstock neu aus.

Ernte und Aufbewahrung Frische grüne Triebspitzen können Sie während des ganzen Sommers abpflücken. Der Russische Estragon erreicht seine größte Würzkraft, wenn sich die Blütenknospen bilden. Der Französische Estragon ist stets gleichmäßig aromatisch.

Das eben erblühende Kraut wird zum Trocknen geschnitten. Sie können einen Teil der dürren Blätter als Küchengewürz verwenden. Das Aroma ist allerdings mit frischem Kraut nicht zu vergleichen. Empfehlenswert ist getrockneter Estragon als Tee.

Legen Sie einen Teil des frischen Krautes in Essig ein, und würzen Sie im Winter mit diesem sehr aromatischen Estragonessig Ihre Salate. (Siehe »Rezept für Kräuteressig«, Seite 221.)

Verwendung in der Küche Estragon wird in kleinen Mengen verwendet, damit er nicht alle anderen Zutaten übertönt. Er passt zu Salaten, Geflügel, Suppen, Soßen, Seezunge und zum Einlegen von Gurken.

Verwendung in der Hausapotheke

Aus dem getrockneten Kraut mit Blütenköpfchen brühen Sie einen Tee auf, der ohne Zucker getrunken wird und gegen Appetitlosigkeit hilft.

Weitere Verwendungsmöglichkeiten

Estragon-Öl wird zur Parfümherstellung benutzt.

Historische Verwendung Im Mittelalter war man noch davon überzeugt: »Die Blätter auf gifftige Biss geleget / ziehen das Gifft heraus / und heilen die Biss.«

Aber schon Tabernaemontanus ahnte etwas von der delikaten Verwendung, die den Estragon später in Frankreich so berühmt machte: »Es werden Salsen und Eintuncken aus diesem Kraut gemacht. Dann es bekommt wol dem kalten Magen / bringet ein Appetit und Begierd zu essen … Man isset das Kraut auch zu Lattich wie einen Salat.«

Der moderne »Kräutervater« Mességué berichtet vom Estragon: »Meine Großmutter verwendete ihn für alles und gegen alles. Sobald ich Schluckauf hatte, schickte sie mich in den Garten, um etwas davon zu pflücken, und ließ mich das Kraut kauen. Diese Methode war unfehlbar. (…) Ich hatte es nie zu bereuen.« Später empfahl er den »Kleinen Drachen« selbst: »Diese Pflanze ist hauptsächlich ein Appetitanreger und Magenfreund. Sie hat die Fähigkeit, selbst den Geschwächtesten, den Genesenden, Neurotikern, Geängstigten und Neurasthenikern die Lust am Essen wieder zu geben.«

Selten sind Heilkraft und feinste Würze so in einem Kraut vereint wie beim Estragon.

Fenchel, Gewürzfenchel
Foeniculum vulgare var. *dulce*

Volkstümliche Namen Frauenfenchel, Süßer Fenchel, Brotsamen, Britsamen, Finkel, Gemeiner Fenchel, Großer Fenchel, Römischer Fenchel, Fencheldill, Fenikel, Fenis, Fenkel, Finchel, Fennisamen, Brotwürzkörner, Brotanis, Kinderfenchel, Langer Anis, Kammfenchel

Heimat und Verbreitung Der Fenchel ist in den Mittelmeerländern, in Kleinasien, Persien, dem Kaukasus und Nordafrika zu Hause. Heute ist er in zahlreichen Ländern Europas verbreitet.

Fenchel gedeiht inzwischen auch in vielen subtropischen Ländern, in China, Japan, Neuseeland, Nord- und Südamerika.

Botanischer Steckbrief Der Fenchel gehört in die Familie der Doldenblütler (Apiaceae). Er treibt eine lange, rübenförmige Wurzel tief in den Boden. Alte, eingewachsene Bestände sind deshalb kaum noch auszurotten. Die gerillten, markigen Stängel haben oft eine bläulich angehauchte Farbe. Sie verzweigen sich und werden im unteren Teil mit zunehmendem Alter holzig. Die Blätter sind sehr fein gefiedert, die oberen wachsen aus lang gezogenen Blattscheiden heraus. Die ganze stattliche Staude erreicht 1,50–2,00 m Höhe.

Von Juli bis Oktober erscheinen große Dolden mit zahlreichen gelben Blütchen. Die Früchte sind halbmondförmig und gerippt. Der Gewürzfenchel ähnelt in seiner ganzen Gestalt dem Dill, ist aber viel größer und kräftiger.

Heilkräftige Wirkstoffe Die Samen sind sehr reich an ätherischen Ölen, deren Hauptbestandteile das süßliche Anethol und das herbere Fenchon sind. Hinzu kommen fette Öle, Cumarine und Flavonoide. Fenchel wirkt krampflösend und lindert Blähungen. Er ist das klassische »Bauchweh-Kraut« für Kinder.

Geschmack und Würze Fenchel riecht und schmeckt in allen Teilen süßlich-würzig, mit einem leichten Anklang an Anis-Aroma.

Besondere Arten und Sorten

'Berfena' wird als Züchtung mit intensivem Aroma angeboten.

'Atropurpureum' ist eine Bronzefenchel-Sorte, die mit wunderschönem rötlich-braunem Laub bezaubert.

Der Wilde Fenchel (*F. vulgare* var. *vulgare*) schmeckt strenger und schärfer. Er wird heute noch in lebendiger Tradition von den Italienern wie bei ihren Vorfahren, den »alten Römern«, verwendet.

Der Gemüsefenchel (*F. vulgare* var. *azoricum*) ist der einjährige Knollenfenchel, der auf seine Weise auf dem Umweg über den Kochtopf wohltuend und beruhigend auf Magen und Darm wirkt.

Anbau im Garten Der Gewürz- und Teefenchel stellt einige Ansprüche an den Boden. Er muss nährstoffreich, kalkhaltig, tiefgründig und feucht sein. Gleichzeitig brauchen die Fenchelpflanzen oberirdisch viel Wärme und Sonne, damit die Samen ausreifen.

Säen Sie das Kraut im Frühling auf ein gut vorbereitetes, separates Saatbeet in Reihen von 20–25 cm Abstand. Die Samen werden dünn mit Erde bedeckt. Die jungen Pflanzen bleiben bis zum nächsten Frühjahr in diesem »Kindergarten«. Im Herbst schneiden Sie das Kraut handhoch über dem Boden ab. In rauen Gegenden schützen Sie die Pflanzen durch eine Strohabdeckung.

Im März oder April des folgenden Jahres können Sie die kleinen Fenchelstauden an ihren endgültigen Standort setzen. Halten Sie 40 cm Zwischenraum ein und 60 cm von einer Reihe zur anderen.

Wenn der Tee-Fenchel in einem Kräutergarten heimisch geworden ist, fallen jedes Jahr Samenkörner aus, die nicht rechtzeitig geerntet wurden. Daraus keimen im nächsten Jahr von selbst neue Pflanzen, die zur Vergrößerung oder Verjüngung der Bestände verwendet werden können. Für kleine Gärten lohnt eine Aussaat kaum. Kaufen Sie lieber in Kräuter-Spezialgärtnereien ein paar vorgezogene Fenchelpflanzen. In ungünstigen Lagen wächst Fenchel nur zweijährig. Seine oberirdischen Pflanzenteile sterben im Winter ab. Nur die

■ Oben: Wenn Sie eine Gewürzfenchel-Staude im Garten haben, können Sie die duftenden Samenkörner selber ernten. Dann besitzen Sie Vorräte für wohltuenden Fencheltee.
■ Unten: Fenchel ist das klassische Bauchwehkraut – uralt und immer noch zuverlässig wirksam. Blüten und Blätter ähneln dem Dill. Das zarte Kraut dient als Würze in der Küche.

Wurzeln überdauern und treiben im Frühling wieder neu aus.

Ernte und Aufbewahrung Einzelne grüne Blätter dürfen Sie laufend für die Küche pflücken. Die Samen reifen im Spätsommer, aber nicht alle zum gleichen Zeitpunkt. Pflücken Sie deshalb regelmäßig die braunen, reifen Dolden heraus. Sie werden ausgeklopft und trocken aufbewahrt. Den Rest der Ernte schneiden Sie mit den Stielen ab und bündeln sie zu Sträußen; kopfunter aufgehängt, trocknen und reifen sie im Haus nach. Fenchelsamen wird in Schraubgläsern aufbewahrt.

Verwendung in der Küche Fenchelblätter würzen Salate, manche Gemüse, Fisch und Soßen. Die Körner passen zu Schweinefleisch, Suppen und zu Gebäck.

Verwendung in der Hausapotheke
Aus den würzigen, leicht zerdrückten Fenchelkörnern brühen Sie einen Tee auf, der für kleine Kinder und Erwachsene gleichermaßen empfehlenswert ist. Bei Husten wird er mit Honig gesüßt; bei Blähungen oder Magenbeschwerden trinkt man ihn besser »pur«.

Fenchel können Sie mit Anis und Kümmel mischen. So wird die wohltuend krampflösende Wirkung noch verstärkt.

Eine sehr alte Tradition, die bis in die Antike zurückreicht, empfiehlt den Fenchelsamen auch zur Förderung der Muttermilch.

Weitere Verwendungsmöglichkeiten
Fenchel-Tee mit Honig ist eine gesunde Bienennahrung.

Im Garten locken die Blüten des Fenchelkrauts Schwebfliegen, räuberische Wespen und Raupenfliegen an, die als Nutzinsekten bei der Schädlingsabwehr helfen.

Historische Verwendung Die ältesten archäobotanischen Nachweise sind bei Ausgrabungen in Syrien in Schichten aus dem 3. vorchristlichen Jahrtausend gefunden worden. Auch in alten ägyptischen Papyrus-Dokumenten wird der Fenchel erwähnt. Die antiken Griechen und Römer benutzten das würzige Kraut nicht nur in der Heimat, sondern auch in eroberten Provinzen. Deshalb kam der Fenchel schon früh über die Alpen und wurde später auch von Karl dem Großen in das Verzeichnis der wichtigsten Kulturpflanzen aufgenommen.

Plinius wusste Wunderbares vom Fenchel zu berichten: »Die Schlange bekommt im Winter eine neue Haut und streift die alte mit Hilfe des Fenchels ab. Den Menschen dient der Fenchel als Gewürz, auch wird er zur Stärkung schwacher Augen gebraucht …«

Das schönste Loblied auf den Fenchel sang der Abt des Klosters auf der Reichenau, Walahfrid Strabo: »Auch sei der Ruhm des Fenchels nicht verschwiegen, der mit kräftigem Sproß emporwächst und die Arme der Zweige weit ausstreckt; er schmeckt ziemlich süß und verbreitet auch recht süßen Duft. Wenn Schatten die Augen verdunkeln, soll er nützlich sein; auch soll sein Samen, getrunken mit der Milch einer Mutterziege, Blähungen im Bauch lindern, soll auch prompt die Verstopfung des zaudernden Leibes lösen.«

Tabernaemontanus empfiehlt das Kraut wärmstens für die Küche: »Es wissen die Köch

und etliche sorgsame Haußmütter / den Fenchel auf mancherley Weiß zu den Speisen zu bereiten. Etliche essen die jungen zarten Dolden des Fenchel mit Saltz / zum Fleisch und Gebratens. Etliche legen es in Zucker ein / Andere vermischen es mit Salatkräutern. Etliche machen die zarten Stänglein samt den Blättlein und halbzeitigen Saamen / mit Saltz und Eßig in irdine Geschir ein / und brauchen darvon übers Jahr.«

Lonicerus: »Fenchelsafft mit warmer Milch gemischt / das den säugenden Kindern zu trincken gegeben / ist ihnen gut zu den schweren Athem und Keichen.«

Frauenmantel, Gewöhnlicher Frauenmantel
Alchemilla vulgaris

Volkstümliche Namen Herrgottsmäntelchen, Liebfrauenmantel, Muttergottesmantel, Frauenmäntli, Mäntli, Trauermantel, Weiberkittel, Herbstmantel, Taumantel, Frauennachtmantel, Jungfernmantel, Hasenmänteli, Frauenhilf, Perlkraut, Taubecherl, Taublätter, Tauschüsseli, Taufänger, Regendachel, Taurosenkraut, Sintau, Ohmkraut, Krähenfüße, Löwenfußkraut, Alchemistenkraut

Heimat und Verbreitung Der Frauenmantel ist in ganz West- und Nordeuropa heimisch bis weit nach Russland. Er gedeiht auch in Sibirien und in Asien. In Nordamerika ist er eingebürgert. Man findet das wildwachsende Kraut noch oft auf fetten Weiden, feuchten Wiesen und am Waldrand.

Botanischer Steckbrief Der Frauenmantel gehört zur Familie der Rosengewächse (*Rosaceae*). Das Kraut wächst rosettenartig. Die Stängel können, je nach Standort, glatt oder zottig behaart sein. Charakteristisch sind vor allem die weichhaarigen sieben- bis neunlappigen Blätter; sie gleichen einem aufgeklappten Fächer. An ihren gezähnten Rändern scheiden sie kleine Wassertröpfchen aus (Guttation), die sich in der Mitte der Blätter in einer schüsselartigen Vertiefung sammeln.

■ Der Bronzefenchel ist mit seinem rötlich gefärbten Laub die attraktivste Schönheit in der Fenchel-Familie.

Wegen dieser Tropfen, die in der Sonne wie kleine Diamanten funkeln, wurde die Pflanze Alchemistenkraut – Alchemilla – genannt. An langen Stielen erscheinen von Mai bis August Büschel zarter gelblich-grüner Blüten, die einzeln sehr klein und unscheinbar aussehen. Das ganze Kraut wird je nach Standort 10–30 cm hoch.

Heilkräftige Wirkstoffe Bisher wurden Gerbstoffe, Bitterstoffe, Flavonoide und Spuren von Salicylsäure gefunden.Wie der Name bereits signalisiert, wird der Frauenmantel vor allem bei Frauenleiden eingesetzt.

Geschmack und Würze Das Kraut duftet nicht; es schmeckt etwas bitter.

Besondere Arten und Sorten

Der Weiche Frauenmantel *(A. mollis)* ist eine wunderschöne Zierstaude mit üppigen Blättern und gelben Blütenschleiern. Als Schnittblume ziert dieser Frauenmantel auch Kräutersträuße.

Anbau im Garten Die hübschen niedrigen Stauden können als natürliche Bodendecker in Gruppen gepflanzt werden. Sie gedeihen in der Sonne, noch besser aber im lichten Schatten höherer Kräuter. Humusreicher, feuchter Boden ist die beste Grundlage. Zu nährstoffreich sollte die Erde aber nicht sein, sonst schießt der Frauenmantel zu sehr ins Kraut. Versorgen Sie die Pflanzen stets reichlich mit Kompost, und mulchen Sie, solange die Blätter den Boden noch nicht selbst bedecken. Die Wildform des Frauenmantels bekommen Sie in Kräuter-Spezialgärtnereien. Staudengärtnereien bieten meist nur Zierarten an, die als Heilpflanzen wertlos sind.

Ernte und Aufbewahrung Von Mai bis August kann das ganze, blühende Kraut (ohne Wurzeln) gesammelt werden. Sie können auch die Blätter allein pflücken. Frauenmantel wird behutsam im Schatten getrocknet und dann verschlossen aufbewahrt.

Verwendung in der Küche Frauenmantel ist kein Würzkraut.

Verwendung in der Hausapotheke

Aus dem Kraut wird ein Tee aufgebrüht, der bei Beschwerden der Wechseljahre, Menstruationsstörungen und anderen Unterleibsleiden heilsam wirkt. Frauenmantel soll auch wundheilende Eigenschaften besitzen und bei Magen-Darm-Störungen helfen.

Weitere Verwendungsmöglichkeiten

Bäder mit Frauenmantel-Extrakt sollen die Muskulatur kleiner Kinder stärken.

Historische Verwendung Der Frauenmantel war bei den Germanen die Pflanze Friggas, der Göttin der Natur und der Gesundheit. Später wurde diese Verbindung auf die Mutter Gottes übertragen.

Bei Lonicerus wird der Frauenmantel Sinnau genannt und hauptsächlich als Wundkraut empfohlen. Sein Rezept dürfte heute nur noch im letzten Teil Nachahmer finden: »Dieses Kraut wäret ein gantz Jahr unversehrt an seiner Natur / und ist doch frisch gebraucht besser dann dürr. Nimm Sinnau / Sanickel / und heydnisch Wundkraut / jedes ein Handvoll / siede es in Regenwasser / darnach nimm der langen Regenwürm / zerstoß sie und truck die Feuchtigkeit durch ein Tuch / mische die unter das gesotten Wasser / dieß getruncken / stillet alle blutenden Wunden / und lege dies Kraut aufwendig auf die Wunden / es heilet. Sinnau in Wein gesotten / darvon getruncken / heilet die innerliche Versehrung und Brüche.«

Gänseblümchen
Bellis perennis

Volkstümliche Namen Maßliebchen, Matzliebche, Marienblume, Himmelsblume, Mondscheinblume, Regenblume, Maiblume, Augenblümchen, Gänseliese, Mägdelieb, Mutterblümchen, Busserl, Dorotheenstöckel, Mümmeli, Möppelchen

Heimat und Verbreitung Das Gänseblümchen wächst in ganz Europa wild auf Wiesen und Weiden, an Wegrändern und auf dem Rasen im Garten. Das hübsche Kraut gedeiht auch in Kleinasien; in Nordamerika ist es eingebürgert.

Botanischer Steckbrief Gänseblümchen gehören in die Familie der Korbblütler (Astera-

■ Wenn Tautropfen wie Diamanten in den Blättern des Frauenmantels funkeln, ahnt man, warum er den Namen Alchemistenkraut erhielt. Ein Schatz sind auch seine Heilkräfte.

ceae). Der dichte Wurzelstock breitet sich rasenartig aus. Daraus wächst eine niedrige Rosette spatelförmiger Blätter. Auf kurzen, behaarten Stängeln sitzen die überall bekannten Blumen, die aus einem einfachen Kranz rosaweißer Strahlenblüten bestehen. In der Mitte leuchtet ein Köpfchen aus gelben Röhrenblüten. Die kleine Staude wird nur 10–15 cm hoch. Sie blüht von März bis zum Frostbeginn.

Heilkräftige Wirkstoffe Das Gänseblümchen enthält Saponine, Gerbstoffe, Bitterstoffe, wenig ätherische Öle, verschiedene Säuren und Flavonoide. Das Kraut wirkt vor allem stoffwechselanregend; es hat aber auch leicht abführende sowie krampf- und hustenlösende Eigenschaften.

Geschmack und Würze Die Gänseblümchen riechen schwach aromatisch, ein wenig süßlich. Das Kraut schmeckt säuerlich und etwas bitter.

Anbau im Garten Am besten lassen Sie Gänseblümchen im Rasen oder auf einer Wildblumenwiese wachsen. Sie können die kleinen Stauden aber auch an einem sonnigen Platz in den Kräutergarten setzen. Sie eignen sich gut als Randpflanzung oder Bodendecker. Es gibt im Fachhandel auch Gänseblümchen-Saatgut zu kaufen. Die Samen werden breitwürfig auf einem Beet ausgestreut, dünn mit Erde bedeckt und gleichmäßig feucht gehalten. Später versetzen Sie die Pflanzen mit 8–10 cm Abstand. Sie können das Gänseblümchen-Saatgut auch einfach unter die Grassamen mischen, wenn Sie einen neuen Rasen anlegen.

Maßliebchen gedeihen gut in feuchtem, humusreichem Boden. Geben Sie den Pflanzen reichlich Kompost. Sonst ist keine besondere Pflege nötig. Wo sie heimisch geworden sind, da säen sich die Gänseblümchen leicht selbst aus.

Ernte und Aufbewahrung Die Frühlingsblätter werden für die Küche gepflückt, solange sie frisch und zart sind. Zum Trocknen eignet sich das ganze Kraut mit Blüten (ohne Wurzeln). Sie können es vom Frühling bis zum Hochsommer ernten.

Verwendung in der Küche Die Blätter und die Blüten der Gänseblümchen wandern in die Salatschüssel. Zusammen mit anderen Wildkräutern, wie jungen Löwenzahnblättern, Scharbockskraut und Gundelrebe, ergeben sie eine gesunde Delikatesse. Frische Gänseblumen wirken als stoffwechselanregende Frühjahrskur.

Verwendung in der Hausapotheke Aus dem getrockneten Kraut können Sie einen Tee aufbrühen, der blutreinigend wirkt; er regt die Leber, die Galle und den Appetit an.

Historische Verwendung Sehr abwechslungsreich sind die Rezepte, die Tabernaemontanus empfiehlt; er beruft sich dabei auch auf andere Autoren: »Es schreibet Tragus / dass die kleine Maßlieben / wenn sie noch jung sind / mit Saltz / Essig und Baumöl geessen / wie ein Salat / den Stulgang fertig machen / welches aber Lobelius nicht approbieret.

Matthiolus ist der Meynung mit dem Trago und schreibet / dass die Fleischbrühe darin der kleinen Blätter gekocht und getruncken / den harten Bauch erweiche.

Das Kraut von den wilden Maßlieben gedorret / gepülvert / und auf die Müslein der jungen

■ Die Wiesenschönheiten Gänseblümchen und Veronika können auch in Ihrem Rasen wachsen! Dann haben Sie immer blühende Vorräte für einen gesunden Wildkräuter-Salat.

Kinder gestreuet / dienet wieder das Rüchlen und kurtzen Athem.

Etliche halten für das Abnehmen sehr viel auf diese Blumen / so man sie nüchtern isset / und wann man schlaffen will gehen.«

Goldrute, Gewöhnliche Goldrute

Solidago virgaurea subsp. *virgaurea*

Volkstümliche Namen Goldwundkraut, Heidnisch Wundkraut, Heilwundkraut, Petrusstab, Himmelbrand, Pferdskraut, Ochsenbrot, Schoßkraut, Waldkraut, Nachtheilkraut, Vieharznei

Heimat und Verbreitung In ganz Europa ist die wilde Goldrute zu Hause. Sie wächst auch in der Türkei, im Kaukasus, in Sibirien, in Zentralasien bis nach China und Japan, außerdem in Nordwest-Afrika.

Botanischer Steckbrief Die Goldrute gehört in die Familie der Korbblütler (Asteraceae). Aus einem knorrigen Wurzelstock wachsen aufrechte, nur wenig verzweigte Stängel, die im unteren Teil oft bräunlich-violett gefärbt sind. Die Blätter sind schmal, länglich-elliptisch geformt und am Rand gezähnt. An den Spitzen der Stängel erscheinen von Juli bis Oktober in lockeren Rispen kleine gelbe Blütenkörbchen. Die Goldrute wächst wild auf trockenen Waldlichtungen, auf Kahlschlägen und an sonnigen Wald- und Wiesenrändern. Je nach Standort erreicht die Staude 40 bis 100 cm Höhe. Das Laub stirbt über Winter ab.

Heilkräftige Wirkstoffe Die Goldrute enthält ätherische Öle, Saponine, Flavonoide, darunter Rutin, Gerbstoffe, Bitterstoffe und verschiedene Säuren. Das Kraut hilft vor allem bei Nierenerkrankungen; günstig beeinflusst werden auch Leberleiden, Rheuma und Gicht. Goldrute regt den Stoffwechsel an und gehört zu den Blutreinigungsmitteln.

Geschmack und Würze Die Blüten riechen leicht aromatisch-süß. Das Kraut schmeckt bitter und scharf.

Besondere Arten und Sorten

Die Kanadische Goldrute (*S. canadensis*

var. *canadensis*) ist in Europa eingebürgert. Sie gedeiht oft wild an Bahndämmen. In der Indianermedizin wird dieses Kraut gegen Blasenentzündungen genutzt.

Die Anis-Goldrute (*S. odora*) stammt ebenfalls aus Amerika. Sie besitzt ein feines, süßliches Anisaroma. Die Blätter können in der Küche als Estragonersatz benutzt werden. Die Anis-Goldrute soll ähnliche Heilwirkungen besitzen wie die europäische Goldrute.

Solidago-Hybriden gibt es in vielen reichblühenden Züchtungen für das Staudenbeet. Sie wuchern nicht wie manche Wildarten. 'Nana' ist eine niedrige *Solidago-virgaurea*-Sorte, die Sie auch im Kräutergarten ausprobieren können.

Anbau im Garten Geben Sie dieser Wildstaude einen sonnigen Platz, und sorgen Sie für lockeren Boden mit gutem Wasserabzug. Lehmige Böden vermischen Sie mit etwas Sand. Kompost genügt als Nahrungsgrundlage.

Wenn Sie eine Gruppe von Goldruten zusammensetzen möchten, pflanzen Sie sie mit 30–40 cm Abstand. Sonst sind diese Wildstauden sehr anspruchslos. Sie erreichen bis 1 m Höhe und bilden zur Blütezeit einen leuchtend goldgelben Blickfang.

■ Die heilkräftige Goldrute ist ein heimisches Wildkraut, das man noch an Wald- und Wiesenrändern finden kann. Zur Blütezeit bildet sie auch im Kräutergarten einen hübschen Blickfang.

Ernte und Aufbewahrung Zu Beginn der Blütezeit schneiden Sie den oberen, noch nicht verholzten Teil der Stängel ab. Hängen Sie die Goldrutensträuße zum Trocknen auf, und verschließen Sie die Ernte später in Gläsern.

Verwendung in der Küche Die Goldrute ist kein Küchengewürz.

Verwendung in der Hausapotheke Seit Jahrhunderten wird die wilde Goldrute als wirksames Nierenheilmittel geschätzt. Auch die moderne Medizin hat die wertvollen Inhaltsstoffe der Pflanze anerkannt und nützt sie als Arznei. Sie wird vor allem bei Entzündungen zum Durchspülen der ableitenden Harnwege empfohlen.

Goldruten-Tee wird mit kaltem Wasser übergossen und langsam erhitzt. Er muss nach dem Kochen noch ein paar Minuten durchziehen. Sie können aber auch einen kalten Auszug ansetzen. Mit 3 Tassen Goldruten-Tee täglich kann man Nierenentzündungen, Blasenentzündungen, Wasserstauungen und Rheuma günstig beeinflussen. In Teemischungen gegen Rheuma und Gicht oder in Blutreinigungs-Tees ist oft auch die Goldrute enthalten.

Schädliche Nebenwirkungen sind nicht bekannt. Bei ernsthaften Erkrankungen dürfen Sie aber nicht auf eigene Faust herumdoktern.

Historische Verwendung Schon Martin Luther soll die wilde Goldrute »gegen seine vielen körperlichen Gebrechen« benutzt haben, wie Madaus berichtet. Die Kosaken trinken den Tee gegen Nierenschmerzen. Bei Tabernaemontanus heißt die Goldrute Gülden Wundkraut. Auch zu seiner Zeit war die Nierenarznei schon bekannt: »Es schreiben die beyden weitberühmte Medici Matthiolus und Dodonaeus, und bezeugen auch authoritate Arnoldi Villanovani, dass diß Kraut ein sonderliche Krafft und Eigenschafft habe wider den Stein und das Nierenwehe: Also dass es nicht allein den Gries und Sand / sondern auch den Stein selbst zermahle / und denselbigen auch zugleich ausführe: Über das reinige es auch die Nieren und die Harngäng

von allem grobem Schleim / dadurch offtermals der Harn auffgehalten und verhindert wird: Zu welchem Gebrechen dann das Kraut in Wein kan gesotten werden / und darvon getruncken.«

Gundermann, Gundelrebe
Glechoma hederacea

Volkstümliche Namen Gundermann, Erdefeu, Donnerrebe, Gundelkraut, Gundelreif, Buldermann, Blauhuder, Hederich, Wildes Katzenkraut, Zickelskräutchen, Schelleblume, Wald-Uschla, Soldatenpetersilie, Guckdurchdenzaun

Heimat und Verbreitung Die Gundelrebe wächst fast in ganz Europa wild. Ihre Heimat reicht bis nach Sibirien und in weite Teile Asiens. In Nordamerika ist das Kraut eingebürgert.

Botanischer Steckbrief Die Gundelrebe gehört zu den Lippenblütlern (Lamiaceae). Ihre vierkantigen Stängel kriechen weit über den Boden. An den Knoten wachsen Wurzeln, die das Kraut im Boden verankern. So bildet der Gundermann dichte, rasenartige Teppiche. Die nieren- oder herzförmigen Blätter sind an den Rändern grob gekerbt. Oft fallen sie durch eine rötlich-violette Färbung auf. Wenn der Erdefeu von März bis Juni blüht, bildet er aufrecht wachsende Stängel. Die hübschen lila Blumen mit dem dunklen Fleck auf der Unterlippe sitzen in den Blattachseln.

Die Gundelrebe wächst mit Vorliebe auf feuchten Böden. Man findet sie an Mauern und Zäunen, unter Hecken, auf Wiesen und an Wegrändern.

Heilkräftige Wirkstoffe Die Gundelrebe enthält Gerb- und Bitterstoffe, ätherische Öle, Saponin, Säuren, unter anderem Rosmarinsäure, Flavonoide, Mineralstoffe, besonders Kalium und Vitamin C. Sie wirkt stoffwechselanregend und heilend bei Katarrh sowie bei Magen-, Darm- und Nierenstörungen.

Geschmack und Würze Das Kraut verströmt einen eigenartigen herb-würzigen

Geruch. Die Blätter schmecken aromatischbitter.

Besondere Arten und Sorten 'Variegata' ist eine hübsche weißbunte Sorte, die sich als Hängepflanze für Ampeln und Kästen eignet. Sie ist heilkräftig wie der wilde Gundermann.

Anbau im Garten Oft taucht die Gundelrebe von selbst als »Un-Kraut« im Garten auf. Sie können das Wildkraut aber auch bewusst als Bodendecker ansiedeln: zum Beispiel auf Baumscheiben oder zwischen Sträuchern, wo der Boden nicht zu trocken ist. Im Halbschatten gedeiht der Erdefeu am besten. Außer feuchter, möglichst humusreicher Erde stellt er keine besonderen Ansprüche.

Pflanzen können Sie leicht am Wegrand oder auf einer Wiese ausgraben. Ein paar Ranken mit Wurzeln genügen, um die Grundlage für einen hübschen Gundelrebenteppich zu legen. Sie brauchen sie nur in die Erde zu drücken und anzugießen. Wenn Sie das Wildkraut nirgends in der Umgebung Ihres Gartens entdecken, können Sie sich Pflanzen aus einer Spezial-Kräutergärtnerei bestellen. (Adressen finden Sie im Anhang.)

Ernte und Aufbewahrung Im Frühling, solange das Kraut frisch und zart ist, können Sie junge Blätter und Triebe für die Küche pflücken. Zum Trocknen wird, ebenfalls in den Frühlingswochen, das ganze blühende Kraut geschnitten. Breiten Sie die gesäuberten Ranken locker und luftig aus, damit keine Fäulnis entstehen kann.

Verwendung in der Küche Die kräftigwürzigen Gundermannblätter eignen sich als Zugabe zu Salaten, Suppen und Soßen. Besonders empfehlenswert ist im Frühling eine stoffwechselanregende Wildkräuter-Salatmischung aus Löwenzahnblättern, Gänseblümchen, jungen Brennnesseln, Scharbockskraut und Gundelrebe. Hinzufügen können Sie auch noch Giersch, Sauerampfer, Vogelmiere und Nelkenwurz.

Verwendung in der Hausapotheke Gundelreben-Tee wird mit kochendem Wasser aufgebrüht. Mit diesem Heiltrank können Sie eine blutreinigende Frühjahrskur machen, die auf viele innere Organe wie ein »Hausputz« wirkt. Trinken Sie Gundelreben-Tee aber nur eine begrenzte Zeit lang; er darf nicht zu stark dosiert werden!

Weitere Verwendungsmöglichkeiten
In Lettland kochte man früher mit dem Kraut der Gundelrebe die Milchgefäße aus; dies sollte verhindern, dass die Milch sauer wurde.

Historische Verwendung Bereits die Heilige Hildegard empfahl das heimische Gundelrebenkraut: »Die Gundelrebe ist mehr warm als kalt, und sie ist trocken, und sie hat die Kräfte von Gewürzen, weil ihre Grünkraft (Viriditas) sanft und nützlich ist, so dass ein Mensch, der schon lange leidet und vom Fleisch gefallen ist, in einem mit Gundelrebe warm gemachten Wasser baden soll; und er soll auch (dieses Kraut) in einem Breigericht (Habermus) oder mit Fleischgerichten oder in Pfannkuchen gekocht oft essen und es wird ihm gar viel nützen, weil der gute Saft (dieser Pflanze) den Menschen innerlich ausheilt.«

An einer anderen Stelle empfiehlt Hildegard: »Wenn eine schwangere Frau sich bei der Geburt schwer tut, dann soll man mit großer Vorsicht und Zurückhaltung feine Kräutlein, nämlich Fenchelkraut und Gundelrebensaft in Wasser kochen und (die Kräuter) nach Abpressen des Wassers warm um die Oberschenkel und ihren Rücken legen und mit einem Tüchlein sachte festbinden, und die Geburtsschmerzen und ihre verschlossenen Geburtswege werden sich besänftigen und leichter öffnen.«

Tabernaemontanus beschreibt das Kraut so: »Die Gundelräbe / wie vermeldet / ist gar eines bitteren Geschmacks / und ein wenig scharff: Derowegen warmer und truckner Natur. Hat ein Krafft zu reinigen und zu eröffnen. Diß Kraut sampt Stängel und den Blumen gepülveret / oder ein Tranck daraus gemachet / ist gut den Schwindsüchtigen und die Eiter auf der Brust haben. Gundelräben mit Chamillenblumen / Beyfuß / Poleyen und Dosten in Wein gesotten / und davon getruncken / eröffnet die verstopffte Mutter / und treibet fort die verstandene Zeiten.«

Herzgespann
Leonurus cardiaca

Volkstümliche Namen Herzheil, Herzgold, Herzkräutel, Herzgesper, Löwenschwanz, Wolfskraut

Heimat und Verbreitung Das Herzgespann war ursprünglich in den gemäßigten Klimazonen Europas und Asiens zu Hause; in Nordamerika ist es eingewandert.

Botanischer Steckbrief Das Herzgespann gehört in die Familie der Lippenblütler (Lamiaceae). Aus einem flachen Wurzelstock wachsen vierkantige, haarige Stängel, die oft einen rotvioletten Farbton zeigen. Die behaarten Blätter wachsen an langen Stielen; im unteren Bereich sind sie handförmig, weiter oben dreilappig. Sie haben eine schöne ausgeprägte Form. Die lilarosa Blüten sitzen in Scheinquirlen in den Blattachseln. Die Staude blüht von Juli bis August; sie wird je nach Standort 0,50–1,50 m hoch. Wenn das Kraut den Höhepunkt der Blüte überschritten hat, fühlen sich die Triebe rau und »stachelig« an. Das Herzgespann findet man an Zäunen, Hecken, Wegrändern und auf trockenen Wiesen.

Heilkräftige Wirkstoffe Herzgespann enthält Bitterstoffe, u.a. Leocardin, Gerbstoffe, ätheri-

■ Der Gundermann siedelt sich oft von selbst im Garten an. Unter Hecken und Sträuchern bilden seine Ranken dichte Teppiche. Nutzen Sie im Frühling seine Stoffwechsel anregenden Kräfte.

sche Öle, Säuren, Flavonoide, Glykoside und wenig Alkaloide. Wie schon der Name verrät, ist das Kraut vor allem ein Herzmittel. Gespann bedeutete im Mittelalter Krampf.

Geschmack und Würze Die Pflanzen riechen eigenartig streng, ein wenig wie Taubnesseln. Der Geschmack der Blätter ist bitter.

Besondere Arten und Sorten Das Sibirische Herzgespann *(Leonurus sibiricus)* wird auch **Mutterkraut** genannt. Die Pflanzen wachsen zweijährig. Sie sehen unserem Herzgespann sehr ähnlich, besitzen aber zierlichere, tief gefiederte Blätter. Das Sibirische Herzgespann wird seit Jahrtausenden in der chinesischen Medizin hoch geschätzt als ein Kraut, das vor allem harntreibend wirkt. Bei Menstruationsstörungen, Blutungen nach der Geburt und bei Übelkeit während der Schwangerschaft ist es ebenfalls hilfreich.

Anbau im Garten Geben Sie diesem Heilkraut einen sonnigen Platz. Die Pflanzen benötigen 30–40 cm Abstand. Die Erde sollte eher mager als zu nahrhaft sein. Kompost in kleinen Mengen genügt als Nahrungsgrundlage. Im Übrigen ist das Herzgespann eine hübsche, anspruchslose Staude. Früher war diese alte Heilpflanze in den Bauerngärten sehr häufig zu finden.

Ernte und Aufbewahrung Vom blühenden Kraut schneiden Sie die oberen Teile der Stängel ab. Sie werden gebündelt zum Trocknen aufgehängt. Die dürren Blätter und Blüten streifen Sie später von den Zweigen ab und bewahren sie in Schraubgläsern auf.

Verwendung in der Küche Herzgespann ist kein Gewürzkraut.

Verwendung in der Hausapotheke Brühen Sie aus dem Kraut einen Tee auf, der ungesüßt getrunken wird. Er hilft bei Beschwerden der Wechseljahre, bei nervösem Herzklopfen, Herzschwäche, Unruhe, Schlafstörungen, Angstzuständen und Blähungen.

■ Das Herzgespann verrät schon mit seinem Namen, welche heilsamen Kräfte in ihm verborgen sind. Es hilft schon seit Jahrtausenden bei Herzbeschwerden. Für den Tee gilt: Bitter dem Mund, dem Herzen gesund!

■ Das Sibirische Herzgespann genießt in der Chinesischen Medizin hohes Ansehen. Dort gilt es vor allem als Frauen-Kraut.

Herzgespann kann mit anderen Herz- und Nervenkräutern, wie Johanniskraut, Melisse, Weißdorn und Baldrian, gemischt werden.

Weitere Verwendungsmöglichkeiten Herzgespann wird von Imkern als hervorragende Bienenweide geschätzt.

Historische Verwendung Schon im alten Griechenland benutzte man das Herzgespann, um schwangere Frauen mit Angstzuständen zu beruhigen.

Lonicerus schreibt im ausgehenden Mittelalter über das Herzkraut: »Hertzgespan hat die Tugend den Leib innwendig zu reinigen / und zu erweichen / dieses Kraut braucht man in der Artzney. Mit Römisch Köl gesotten / und gessen / bringt es dem Magen Sänfftigung / und machet auch wol dauen. Gestossen und den Safft genützt / benimmt das Wehe des Hertzens / und machet dem Hertzen gut Geblüt. Dieses Kraut ist gut dem zitternden Hertzen / gestossen / den Safft mit Zucker bereitet / und also nüchtern eingenommen. Mit seiner Wurtzel gestossen / und auff die Brust gelegt / benimmt es den Zwang am Hertzen. Und macht auch / also gebraucht / weit um die Brust.«

Huflattich
Tussilago farfara

Volkstümliche Namen Roßblätter, Roßhuf, Eselsfuß, Hofblätter, Lattich, Mehlblätter, Wollblumen, Märzblume, Mariaschupf, Sonnentürle, Sohn vor dem Vater, Doktorblume, Teeblume, Brandblätter, Brandlattich, Hustenkraut, Lungenkraut, Schwindsuchtblume, Berglatschen, Tabakkraut

Heimat und Verbreitung Der Huflattich ist in ganz Europa heimisch. Das Wildkraut wächst auch in Nordafrika, im Vorderen Orient, in Nord- und Zentralasien bis nach China. In Nordamerika ist es eingewandert.

Botanischer Steckbrief Der Huflattich gehört zur Familie der Korbblütler (Asteraceae). Der Wurzelstock des Krautes reicht tief in die Erde; er ist mehrköpfig und treibt Ausläufer. Sehr früh im Frühling – oft schon im Februar – wachsen daraus weiß-graue, schuppige Stängel mit leuchtend gelben Blütenkörbchen.

Erst nach der Blüte entwickeln sich die Blätter, deren lange Stiele direkt aus dem Boden wachsen. Sie sind oft handtellergroß, hufei-

senförmig und an den Rändern flach ausgebuchtet. Auf der Oberseite zeigen die Huflattichblätter eine grüne Farbe, auf der Unterseite sind sie mit wolligen, weiß-grauen Haaren bedeckt. Das Kraut wird nur 20–30 cm hoch; es wächst auf lehmigen, kalkhaltigen Böden. Man findet es an Weg- und Ackerrändern, auf Schuttplätzen, Böschungen und an Bahndämmen.

Heilkräftige Wirkstoffe Die Hauptwirkstoffe sind Pflanzenschleime, Bitter- und Gerbstoffe sowie Flavonoide und Inulin. Die Blätter des Huflattichs enthalten mehr heilkräftige Substanzen als die Blüten. Das Kraut wirkt schleimlösend, krampflösend und hustenstillend.

Geschmack und Würze Die Blüten duften ein wenig nach Honig; die Blätter schmecken etwas bitter und schleimig.

Anbau im Garten Pflanzen des Huflattichs bekommen Sie nur in Spezialgärtnereien, die auch Wildkräuter führen. (Siehe Adressen im Anhang.) Wenn in Ihrer Umgebung Huflattich wächst, dürfen Sie sehr vorsichtig ein oder zwei Stauden ausgraben. Suchen Sie sich aber junge Pflanzen aus, deren Wurzeln noch nicht so tief im Boden verankert sind.

■ Der Huflattich gehörte schon in der Antike zu den schleimlösenden Hustenkräutern. Seine nach Honig duftenden Blüten erscheinen im Frühling lange vor den Blättern.

■ Ab Mai können Sie Huflattichblätter ernten. Sie sind auf der Unterseite wollig-weiß behaart. Trocknen Sie dann Teevorräte für die Winterzeit.

Huflattich liebt zwar feuchten, lehmigen Boden, er sollte aber trotzdem einen sonnigen Standort bekommen, weil sich dort seine wertvollen Inhaltsstoffe besser und reichhaltiger entwickeln. Eine nach Süden gelegene Böschung könnten Sie zum Beispiel mit einem Huflattichteppich überziehen. Geben Sie den Pflanzen reichlich Kompost, etwas Tonmehl und Algenkalk. Mergelböden sind eine ideale natürliche Grundlage für das Wildkraut. Sandböden eignen sich nicht. Wenn der Huflattich gut angewachsen ist, braucht er keine besondere Pflege mehr.

Ernte und Aufbewahrung Sammeln und trocknen Sie die Blüten von Februar bis März, oder die jungen Blätter von Mai bis Juni. Große Blätter zerschneiden Sie besser, damit sie rascher und gleichmäßiger dörren. Bewahren Sie beide Huflattichdrogen gut verschlossen auf.

Verwendung in der Küche Frische junge Frühlingsblätter können Sie in einen Wildkräutersalat schneiden.

Verwendung in der Hausapotheke
Aus Blättern und Blüten können Sie einen Tee aufbrühen, der vor allem schleimlösend wirkt. Huflattich ist seit alten Zeiten ein bewährtes Mittel, das bei Bronchitis und Husten Erleichterung verschafft. Die Inhaltsstoffe des Huflattichs aktivieren die Flimmerhärchen in den Bronchien, die den Schleim abtransportieren. Die heilkräftigen Schleimstoffe legen sich als Schutzfilm über die Schleimhäute, der zähe Schleim in den Bronchien kann deshalb schneller abtransportiert werden.
Trinken Sie Huflattich-Tee mit Honig gesüßt. Das Kraut lässt sich gut mit anderen Hustenkräutern, wie zum Beispiel Königskerzen, Spitzwegerich, Malven und Thymian, mischen.
Vorsicht: Huflattich enthält in den Blättern, aber vor allem in den Blüten Pyrrolizidinalkaloide, die bei längerem Gebrauch krebserregend sein könnten. Deshalb werden heute in der Hauptsache die Blätter verwendet. Schwangere und stillende Mütter sollten auf Huflattich verzichten.

Weitere Verwendungsmöglichkeiten Ein altes Rezept empfiehlt, getrockneten Huflattich unter den Tabak zu mischen. Auf diese Weise soll die Schleimhaut des Gaumens glatt und feucht werden, so dass Raucher, die es nicht lassen können, wenigstens Erleichterung beim beschwerlichen Abhusten finden.

Historische Verwendung Huflattichrauch verordneten schon Dioscurides, Plinius und Galenus ihren Hustenpatienten. Auch Tabernaemontanus waren alle guten Eigenschaften dieses Krautes, das er Roßhub nannte, bekannt: »Diß Kraut wird für ein gut Brust- und Lungenkraut gehalten / weil es in truckenem Husten und Engbrüstigkeit sehr behülfflich. Die dürren Blätter und Wurtzen / wann sie auf die Glut gelegt / und der Dampff darvon / durch ein Trichter in den Mund / und durch den Athem eingezogen wird; ist sehr dienlich für den dürren trucknen Husten / und Enge der Brust / auch kurtzen Athem / eröffnet und bricht die Lungengeschwär …
Der Syrup / so aus dem Safft der Blättern wie auch der Blumen / auf gemeine Weiß gemacht wird; wie auch der Zucker von den Blumen / das destillierte Wasser; un Brustleck; so heutiges Tags in den Apothecken sehr üblich; werden bey jungen un alten Leuthen / in truckenem Husten und Lungengeschwären / gebraucht sehr embsig und fruchtbarlich.«

Johanniskraut
Hypericum perforatum

Volkstümliche Namen Blutkraut, Teufelsflucht, Tausendlochkraut, Tüpfelhartheu, Johannisblut, Altblut, Christi Kreuzblut, Herrgottsblut, Jesu Wundenkraut, Wundkraut, Unserer Frauen Bettstroh, Frauenkraut, Mannskraft

Heimat und Verbreitung Das Johanniskraut ist ursprünglich in Europa, Nordafrika, dem Vorderen Orient, Sibirien und Zentralasien zu Hause. Inzwischen wächst es auch in Australien, Neuseeland und in Amerika.

Botanischer Steckbrief Johanniskraut gehört zur Familie der Hartheugewächse (Gutiferae). Aus einer verzweigten Wurzel, die zahlreiche flache Ausläufer treibt, wachsen kantige Stängel, die sich im oberen Bereich verästeln. Die Blätter sind länglich geformt und laufen in eine Spitze aus. An den Enden der Zweige erscheinen von Juni bis September lockere Dolden mit gelben Schalenblüten. Aus ihrer Mitte wachsen dichte Büschel langer Staubgefäße. Die Stauden erreichen je nach Standort 30 bis 90 cm Höhe. Man findet sie auf trockenen, kalkhaltigen Böden an Wegen, Wiesenrändern und sonnigen Hängen. Alle oberirdischen Pflanzenteile erfrieren im Winter.
In Deutschland wachsen mehrere Arten wilder Johanniskräuter, die sich oft erst durch genaues Hinschauen unterscheiden lassen. Heilkräftig ist aber nur das »durchbohrte« Hartheu. An folgenden botanischen Merkmalen können Sie das echte Johanniskraut erkennen:

- Der Stängel hat nur zwei Kanten.
- Die schmalen Blätter sehen, wenn Sie sie gegen das Licht halten, aus, als wären sie von winzigen, punktgroßen Löchern übersät. Dies sind Drüsen, die ätherische Öle und Harze enthalten.
- Wenn Sie die Blütenknospen des Krautes zwischen den Fingern zerdrücken, tritt ein blutroter Saft heraus, der die Haut blaurot färbt.

Heilkräftige Wirkstoffe Johanniskraut enthält ätherische Öle, Flavonoide, darunter Rutin und Hyperosid, Harze, Gerbstoffe, Rhodan und den roten Farbstoff Hypericin. Es beruhigt die Nerven und regt Galle und Leber an.

Geschmack und Würze Die Blüten duften nur wenig; der Geschmack ist harzig-bitter.

Besondere Arten und Sorten
'Elixier' ist eine kanadische Sorte mit hohem Hypericingehalt.
'Topaz' entstand in Polen als ertragreiche niedrige Auslese.
Andere Arten des Johanniskrauts, die als Zierpflanzen angeboten werden, sind nicht heilkräftig.

Anbau im Garten Pflanzen Sie das Johanniskraut an den sonnigsten Platz im Kräutergarten. Der Boden soll durchlässig und locker sein. Lehmige Erde vermischen Sie am besten mit etwas Sand. Geben Sie außer einer Handvoll Kompost auch etwas Algenkalk ins Pflanzloch. Die kleinen Stauden benötigen 30–40 cm Abstand, weil sie seitlich Wurzelausläufer bilden und sich reichlich vermehren. Wenn das Johanniskraut einmal eingewachsen ist, braucht es keine besondere Pflege mehr. Mit seinen gelben Blumen bildet es einen hübschen Kontrast zu den blau blühenden Kräutern wie Lavendel, Ysop und Salbei. Jungpflanzen bekommen Sie in Spezialgärtnereien; Adressen finden Sie im Anhang. Wenn Sie das Wildkraut in Ihrer Umgebung finden, können Sie vorsichtig ein oder zwei Pflanzen ausgraben. Oft taucht das Hartheu auch von selbst als »Un-Kraut« im Garten auf. Die Zierformen des Johanniskrauts, die in Staudengärtnereien angeboten werden, sind für den Kräutergarten wertlos.

Ernte und Aufbewahrung Den höchsten Wirkstoffgehalt soll das Johanniskraut um Johanni, also gegen Ende Juni, besitzen. Dieser Termin ist aber sehr abhängig vom Wetter und auch von der Landschaft und ihrem Klima. Schneiden Sie das Kraut erst, wenn es in voller Blüte steht. Sie können einen Teil der Stängel mit Blättern verwenden oder nur die Blütenkronen pflücken. Blüten und Blätter werden entweder getrocknet oder in Öl eingelegt. Das Rezept für das berühmte Rote Johannis-Öl finden Sie auf Seite 230.

Verwendung in der Küche Johanniskraut ist kein Würzkraut. Sie können es aber mit klarem Korn ansetzen und daraus einen aromatischen, magenberuhigenden Schnaps herstellen.

Verwendung in der Hausapotheke Johanniskraut ist ein pflanzliches Antidepressivum. Der Hauptwirkstoff ist dabei das Hypericin. Aus dem getrockneten Kraut können Sie einen Tee aufbrühen, der die Nerven beruhigt und leichte Depressionen, vor allem in den Wechseljahren, sehr günstig beeinflusst. Sie müssen ihn dann allerdings 5 bis 6 Wochen lang dreimal täglich trinken.

Genau so, aber noch intensiver wirkt das Rote Johannis-Öl, wenn Sie es löffelweise schlucken. Trinken Sie hinterher eine Tasse heißes Wasser, das den öligen Geschmack sofort wegspült. Bei schweren Depressionen ist dagegen unbedingt eine ärztliche Behandlung zu empfehlen.

Äußerlich angewendet, ist Johannisöl ein gutes Einreibemittel bei Nerven- und Rheumaschmerzen. Vorzüglich wirkt das rote Öl bei Sonnenbrand, kleinen Brandwunden und harmlosen Verletzungen. Für solche kleinen Betriebsunfälle des Alltags sollte man es immer in der Hausapotheke vorrätig haben.

■ Oben: Das Johanniskraut gehört zu den wertvollsten heimischen Heilkräutern. Es lohnt sich, die Pflanzen im Garten anzusiedeln, um sie stets griffbereit zu haben.
■ Unten: In vielen Landschaften breitet sich das Johanniskraut noch an natürlichen Standorten aus. Dort können Sie es sammeln für Teevorräte und Heilöl.

Vorsicht ist nur bei längerer innerer Einnahme geboten: Johannisöl macht lichtempfindlich; während einer Kur dürfen Sie sich nicht in die Sonne legen, sonst bekommen Sie leicht einen Sonnenbrand!

Historische Verwendung Nach einer alten Legende soll das Blut aus dem abgeschlagenen Haupt Johannes' des Täufers in die Blüten des Johanniskrauts getropft sein. Deshalb enthalten sie noch heute einen blutroten Saft.

Konrad von Megenberg beschreibt in seinem »Buch der Natur« das Johanniskraut, das er Königskrone nennt, so: » … ist ein Kraut, das viele Blätter an einem Stängel hat, die haben eine Gestalt wie die Thymianblätter und sind alle durchlöchert mit vielen Löchlein. Des heißen sie auch in Latein ›perforata‹, das heißt: die Durchlöcherte und in griechisch heißt es ›hypericon‹. Das Kraut hat die Art, dass es das Herz stärkt und die Leber und die Nieren reinigt und die Geschwüre heilt. (….) Das Kraut heißt auch Sankt Johanniskraut.«

Tabernaemontanus sammelte in seinem umfangreichen Kräuterbuch Johanniskrautrezepte aus verschiedenen Quellen: »Aber dieser Zeit werden sie nicht allein innerlichen zu Wundträncken / sondern auch äusserlich / Oel und darvon gesottene Brühen / in großen tieffen Wunden / Verletzung des Geäders / nutzlichen gebraucht / solche zu reinigen und von Grund auf zu heilen.

In Polen pfleget man denjenigen / so ihnen von wegen schwärer Last weh gethan haben / diese Blumen in einem warmen Bier mit Butter und Saltz / warm einzugeben.

Die Apothecker und auch die Wundärzte pflegen ein köstlich Oel aus dieses Krauts Blumen zu machen; welches man aber auf schlechte Weis also präparieren soll: nimm der frischen Blumen so viel du wilt / thu sie in ein Glaß / geuß Baumoel darüber / stopffs oben zu / und stell es an die Sonne / etliche Tage darnach seige das Oel ab / truck die Blumen wol aus / und thu andere frische darein / setze es wiederum an die Sonn / darnach trucke es aus wie zuvor / solches thue etliche Mal nach einander / zuletzt stoß die Hülsen samt den Saamen und lege sie auch in das Oel / so wird das Oel schön blutroth: dieses Oel schreibet Matthiolus, heilet die Wunden gar wol …«

Lavendel, Echter Lavendel
Lavandula angustifolia subsp. *angustifolia* (Syn.: *Lavandula officinalis*)

Volkstümliche Namen Großer oder Echter Speik, Lavengel, Lafengel, Narden, Spikanard, Zöpfliblüten, Hirnkraut, Echter Lavendel, Spitznarde, Spiklavendel, Spiket, Balsam, Fanda, Nervenkräutlein, Spieke, Spikatblüte

Heimat und Verbreitung Der Lavendel stammt aus den südeuropäischen Mittelmeerländern, wo er auf felsigen und trockenen Hängen wild wächst. Benediktinermönche brachten ihn über die Alpen. Heute ist er als Duft- und Heilpflanze in zahlreichen Gärten in West- und Nordeuropa heimisch.

Botanischer Steckbrief Der Lavendel gehört in die Familie der Lippenblütler (Lamiaceae). Seine Pfahlwurzel reicht tief in den Boden. Er bildet einen verzweigten Halbstrauch von 30–60 cm Höhe, dessen ältere Äste verholzen. Die jungen Triebe sind graugrün und vierkantig. Die länglichen, schmalen Blätter, die wie Nadeln wirken, haben eine silbergraugrüne Farbe. An langen Stängeln erscheinen von Juli bis September die duftenden blauen oder lila Blütenähren. Sie sind in Quirlen angeordnet.

Heilkräftige Wirkstoffe Die Pflanze enthält vor allem reichlich ätherische Öle. Hinzu kommen Gerb- und Bitterstoffe, Flavonoide, Cumarine und Rosmarinsäure. Lavendel wirkt beruhigend, krampflösend und nervenstärkend.

Geschmack und Würze Der Lavendel hat einen überall bekannten frisch-würzigen Duft. Er schmeckt ein wenig herb-bitter, ähnlich wie Rosmarin.

Besondere Arten und Sorten Der Speik-Lavendel (*L. latifolia*) ist ein stark wachsen-

■ Ein Kräutergarten ohne Lavendel ist undenkbar. Sein Duft erfüllt die Sommertage, seine Heilkräfte sind Balsam für die Nerven. Die Sorte 'Hidcote Blue' bezaubert mit tief violetten Blütenähren.

der Strauch, der 80–100 cm Höhe erreicht und deshalb auch **Großer Lavendel** genannt wird. Sein kräftiges Aroma ist von Kampfer geprägt.

Der **Schopflavendel** *(L. stoechas)* besitzt schmale, grüne Blätter und einen rundlich-walzenförmigen Blütenstand, auf dessen Kopf sich ein Schopf von lilarosa Scheinblüten öffnet. Schopflavendel wirkt wie der Echte Lavendel krampflösend und entspannend.

Der **Provence-Lavendel** *(L. × intermedia)* ist eine Kreuzung mit intensivem Aroma. Er wird in zahlreichen Sorten in Südfrankreich angebaut. Bekannt ist die Züchtung **'Grosso'**, die an langen Stielen leuchtend dunkelviolette Blüten treibt.

Vom **Echten Lavendel** *(L. angustifolia)* werden eine Fülle bewährter und neuer Sorten angeboten: **'Hidcote Blue'** bezaubert mit dunkelblauen Blütenähren. Die kompakten Büsche eignen sich gut für Hecken. **'Munstead'** blüht früh in Lavendelblau.

'Miss Katherine' überrascht mit kräftigem Rosa. **'Alba'** duftet aus weißen Blüten.

Anbau im Garten Der silbergraue Duftstrauch, von dem es Züchtungen mit unterschiedlich gefärbten Blüten gibt, ist sehr anspruchslos in der Kultur. Er liebt trockenen, leicht kalkhaltigen Boden und viel Sonne. Sorgen Sie immer für guten Wasserabzug. Lavendelpflanzen können Sie überall kaufen. Wenn Sie Freude an der eigenen Anzucht haben, müssen Sie die feinen Samen im März in ein warmes Frühbeet oder in Schalen auf der Fensterbank aussäen. Die Samen keimen meist unregelmäßig und brauchen zum Aufgehen 2 bis 3 Wochen. Ab Mai können Sie die Jungpflanzen in den Garten setzen. Halten Sie etwa 30 cm Abstand ein. Später können Sie den Lavendel auch durch Stecklinge vermehren.

Halten Sie den kleinen Strauch, der aus felsigen Heimatregionen kommt, möglichst mager. Trockenmäuerchen oder ein sonniger Steingarten sind deshalb ideale Standorte. Stark

gedüngter Lavendel erfriert leicht. Geben Sie ihm in rauen Gegenden vorsichtshalber immer etwas Winterschutz. Nach der Blüte wird der Strauch etwas zurückgeschnitten. Lavendel bleibt ganzjährig grün.

Aus Lavendelsträuchern können Sie auch niedrige Hecken pflanzen. Damit lassen sich Kräuter- und Rosenbeete einfassen. So entstehen Gartenbilder von bezauberndem nostalgischem Charme.

Ernte und Aufbewahrung Junge Blattspitzen können Sie laufend ernten und in der Küche verwenden. Wenn die Blüten sich gerade öffnen, schneidet man sie mit den Stielen und bündelt sie zum Trocknen. Für die Hausapotheke können Sie auch ganze Zweige mit Blättern und Blüten ernten.

Verwendung in der Küche Junge Blatttriebe eignen sich als aparte Würze zu Fisch, Geflügel, Eintopf, Hammelfleisch, Suppen und Soßen.

Verwendung in der Hausapotheke Aus Lavendelblüten können Sie einen Tee

■ Der herbe Speik-Lavendel wächst zu großen, buschigen Sträuchern heran.

■ Der Schopflavendel fällt durch aparte farbenfrohe Blüten auf. Er ist bei uns nicht ganz winterhart. Sie können den duftenden kleinen Strauch sehr gut in geräumigen Töpfen halten.

aufbrühen, der bei innerer Unruhe und stress-geplagten Nerven ausgleichend wirkt, weil Lavendel beruhigend auf das Zentralnervensystem einwirkt. Auch Blähungen lösen sie auf. Mit Lavendel-Öl und Lavendel-Spiritus (Rezepte Seite 229) können Sie sich einreiben. Sie lösen Muskelverkrampfungen und helfen bei Kopfschmerzen.

Entspannend und zugleich herrlich erfrischend ist auch ein Lavendelbad. Es hilft bei vegetativer Dystonie und bei niedrigem Blutdruck. Einen duftenden Extrakt können Sie selbst herstellen aus 50 Gramm Blüten, die mit 1 Liter kochendem Wasser überbrüht werden. Nachdem sie 10 bis 15 Minuten zugedeckt durchgezogen sind, sieben Sie die Blüten ab und gießen die Flüssigkeit ins Badewasser.

Weitere Verwendungsmöglichkeiten

Seit alters her werden getrocknete Lavendelblüten als Duftsträuße in den Wäscheschrank gelegt. Sie verbreiten dort aber nicht nur ihren Wohlgeruch, sondern vertreiben auch die Motten. (Siehe auch Kapitel »Kräutersträuße gegen Motten und Fliegen«, Seite 239.)

Historische Verwendung

Obwohl der Lavendel in den Mittelmeerländern zuhause ist, spielte er in der Antike noch keine besondere medizinische Rolle. Sein Name ist vom lateinischen »lavare« abgeleitet, das »waschen« bedeutet. Die Römer verfeinerten mit dem erfrischenden Kraut ihr Badewasser.

Jenseits der Alpen erlangte der Lavendel neuen Ruhm. Er wurde dort zu einem hoch geschätztes Kraut der Kloster- und Bauerngarten. Hildegard von Bingen hielt noch nicht so viel von dem duftenden kleinen Strauch: »Die Lavendel ist warm und trocken, weil sie wenig Saft hat. Sie ist sehr wohlriechend, nützt dem Menschen nichts. Sie vertreibt die Läuse; der Geruch macht die Augen klar.«

Anders sahen das schon die Kräuterväter des ausgehenden Mittelalters: »Lafander (Lavendel) und Spica Nardi wasser heilen das Hauptwehe und den Schwindel / so von Kelte kommen / auff den Würbel und an die stirnen gestrichen ...« Von einer solchen erfrischenden Wirkung des Lavendelwassers war schon Hieronymus Bock überzeugt.

Im 19. Jahrhundert beklagte ein Kräuterbuchautor das schwindende Interesse an der altehrwürdigen Pflanze: »Ehedem legte man allgemein auch das Kraut zwischen das Leinenzeug, um diesem ein angenehmen Geruch zu verschaffen und verschiedenes Ungeziefer davon fernzuhalten; heute thut es kaum mehr eine alte Bauersfrau. Ich habe indessen durch Erfahrung die Überzeugung, dass Wäsche und Kleidungsstücke, die mit dem aromatisch-würzigen und reinigenden Geruch des Lavendels durchzogen sind, eine Art Schutzhülle gegen ansteckende Krankheiten bilden.«

Liebstöckel
Levisticum officinale

Volkstümliche Namen Bergliebstöckel, Badekraut, Liberstockkraut, Neunstöckel, Maggikraut, Schluckwehrohr, Heiserehrlich, Lubesteckel, Suppenlob, Labstockkraut, Neunstockkraut, Liestekraut, Sauerkraut-Kraut, Gebärmutterwurzel, Lieberstöckel, Lobstock, Laubstecken, Luststecken, Lieberöhre, Liebstängel, Gichtstock, Saukraut, Wasserkräutel

Heimat und Verbreitung Der Liebstöckel stammt ursprünglich aus dem Iran. In Europa und Amerika ist er eingewandert. Dioscurides vermutete, dass die Pflanze in der italienischen Landschaft Ligurien beheimatet sei. Sie soll dort in alten Zeiten »Panakes« oder »Panax«, das heißt die »Allheilende«, genannt worden sein. Eine Bezeichnung, die auch der berühmten asiatischen Ginsengwurzel beigegeben wurde. Mönche brachten den Liebstöckel schon früh über die Alpen und pflanzten ihn in die Klostergärten. In der Landgüterverordnung Karls des Großen ist das Kraut bereits um 800 beschrieben.

Botanischer Steckbrief Der Liebstöckel gehört zu den Doldenblütlern (Apiaceae). Die Pflanze ist sehr kräftig und robust gebaut. Ihr mehrköpfiger, verzweigter Wurzelstock wächst tief in den Boden. Die hohen Stängel können leicht 2 m hoch werden, in fettem Lehmboden erreichen einzelne Pflanzen sogar 3 m Höhe. Sie verzweigen sich erst im oberen Teil. Die Blätter sind glänzend grün, etwas derb und in rhombenförmige Fiederblättchen aufgeteilt. Von Ende Juni bis August erscheinen Dolden mit kleinen gelblich-grünen Blüten. Die Früchte fallen, wenn sie reif sind, in zwei Teile auseinander.

Das üppige Laub samt den hohen Stängeln friert im Winter ab. Im Frühling treibt der Liebstöckel dann mit dicken, rötlich gefärbten Trieben wieder aus.

Heilkräftige Wirkstoffe Liebstöckel enthält ätherische Öle, darunter Ligustilid, das den Maggigeschmack verursacht, Furanocumarine und Bitterstoffe. Er wirkt harntreibend, löst Blähungen und fördert die Verdauung.

Geschmack und Würze Die Blätter schmecken und riechen kräftig würzig. Das Aroma erinnert ein wenig an Sellerie und an das Suppengewürz »Maggi«. Dieses Gewürz wird allerdings aus fermentiertem Getreide hergestellt, es enthält überhaupt kein »Maggikraut«.

Besondere Arten und Sorten 'Magnus' ist eine im Kräuteranbau beliebte Sorte mit einheitlichem Wuchs.

Anbau im Garten Der stattliche Liebstöckel braucht tiefgründigen, nährstoffreichen Boden, um sich voll entfalten zu können. Geben Sie ihm einen Platz, der gleichmäßig feucht ist, und versorgen Sie ihn gut mit Kompost und organischem Dünger. Auch ein Guss Brennnesseljauche bekommt der kräftigen Staude gut. Sie verträgt Halbschatten, ist völlig winterhart und kann 10 bis 15 Jahre lang am gleichen Platz aushalten.

Liebstöckel können Sie im März oder im August selbst aussäen. Verwenden Sie nur frisches Saatgut; die meisten Doldenblütler behalten ihre Keimfähigkeit nur kurze Zeit! Suchen Sie nur die kräftigsten Setzlinge aus, denn der Liebstöckel wird so groß, dass 1 bis 2 Pflanzen für eine Familie ausreichen. Je nahrhafter der Boden ist, desto mehr Platz sollten Sie dem Liebstöckel gönnen. Halten Sie zu allen Nachbarpflanzen mindestens 50 cm, besser noch mehr Abstand ein. Eingewachsene Pflanzen sind sehr anspruchslos und brauchen außer den üblichen Gartenarbeiten keine besondere Pflege. Teilen kann man nur die jüngeren, nicht zu tief verwurzelten Pflanzen.

Ernte und Aufbewahrung Zarte junge Liebstöckelblätter können laufend geerntet werden. Die Blätter lassen sich auch trocknen, verlieren dabei aber einen Teil ihres Aromas. Im frühen Frühling oder im späten Herbst wird ein Teil der Wurzeln von erwachsenen Liebstöckelstauden ausgegraben. Nehmen Sie aber den Pflanzen nur so viel weg, wie sie ohne Schaden verkraften können. Trocknen Sie die gesäuberten Wurzeln nach Vorschrift (siehe Kapitel »Ernten und Konservieren«, Seite 209), und bewahren Sie sie gut verschlossen auf. An der Luft nehmen die Wurzeln leicht wieder Feuchtigkeit auf und verderben!

Verwendung in der Küche Zum Würzen verwenden Sie am besten frische grüne Blätter. Das Aroma des »Maggikrauts« ist so intensiv, dass Sie nur kleine Mengen brauchen. Liebstöckel passt zu Suppen, rustikalen Eintöpfen, Soßen und Fleisch. Die Blätter werden mitgekocht. In einer kräftigen Suppe können Sie auch einige Wurzelstückchen mitsieden lassen.

Verwendung in der Hausapotheke
Die getrockneten Wurzeln werden mit kaltem Wasser angesetzt, langsam aufgekocht und dann abgesiebt. Dieser Liebstöckel-Tee wirkt wassertreibend und ist deshalb bei Rheuma, Gicht und Nierenbeschwerden empfehlenswert. Er hilft auch bei Verdauungsstörungen. Schwangere Frauen sollten den Tee nicht trinken!

Als Mittel gegen Heiserkeit und Halsschmerzen ist Liebstöckel heute nicht mehr gebräuchlich. Auf diese frühere Verwendung weist noch der volkstümliche Name »Schluckwehrohr« hin.

■ Der Liebstöckel ist ein kraftvolles Kraut, das im Garten genügend Raum braucht, um sich voll zu entfalten. Dann können Sie immer frische, würzige Blätter für Suppen und Braten ernten.

Weitere Verwendungsmöglichkeiten Eine starke Abkochung der Wurzeln können Sie ins Badewasser gießen; so wirkt Liebstöckel stärkend auf die Unterleibsorgane bei Frauen. Liebstöckelöl wird als Zusatz zu Likören verwendet.

Historische Verwendung Walahfrid Strabo fand den Liebstöckel noch nicht besonders nützlich: »Dich, Liebstöckel *(lybistica)*, kräftiges Kraut, unter duftenden Büschen zu nennen, rät mir die alles umfassende Liebe zum kleinen Garten. Diese Pflanze soll zwar durch Saft und Geruch dem Zwillingspaar der Augen schaden und Blindheit bewirken, doch mischt man ihre kleinen Samenkörner oft anderen gesammelten Heilkräutern bei, so dass sie Ruhm durch fremdes Verdienst gewinnen.«

Hildegard von Bingen benutzte das starkwürzige Kraut bereits in der praktischen Medizin: »Eine Frau, die an verhaltenem Monatsfluß leidet, mache auch eine Suppe aus Eiern und hinreichend Butterschmalz unter Zugabe von etwas Liebstöckelsaft (und Wein). Davon mache sie Gebrauch vor dem Essen. Denn die Kühlheit der Eier und die Kühle des Liebstöckel samt der Kalorität des Weines und des Schmalzes löst die Verhocktheit in der Frau.«

»Die jungen Dolden oder Schoß des Liebstöckels / wann sie im Frühling aus der Erden herausser stossen / werden von etlichen in der Speiß gebraucht / etliche machen die unter die Salatkräuter. Diese bringen Stuhlgänge / und erweichen den Bauch …« So nützlich fand Tabernaemontanus den Liebstöckel.

In den folgenden Jahrhunderten wurde er oft als »bauchwee«-Kraut benutzt und als Mittel gegen Halsschmerzen. Seine hohlen Stängel dienten den Kranken als Trinkrohre. Noch im 20. Jahrhundert tranken kräuterkundige Pfälzer aus Liebstöckelstängeln heiße Milch, wenn sie heiser waren. Mit Liebe hat das gute Kraut, wie einige volkstümliche Namen vermuten lassen, leider nichts zu tun.

Lorbeer
Laurus nobilis

Volkstümliche Namen Lorbeerblatt, Suppenblätter

Heimat und Verbreitung Wahrscheinlich war der Lorbeer ursprünglich in Kleinasien zu Hause, aber er ist auch schon seit undenklichen Zeiten in den Mittelmeerländern heimisch, wo er in schattig feuchten Wäldern wächst. Griechen und Römer haben ihn als Medizin und als Küchengewürz benutzt. Sie verehrten ihn sehr und flochten ihren Helden und Göttern Kränze aus Lorbeerzweigen. In Mitteleuropa wurde der Strauch bereits von Karl dem Großen und von der Äbtissin Hildegard von Bingen empfohlen.

Botanischer Steckbrief Der Lorbeer gehört in die Familie der Lorbeergewächse (Lauraceae). In seiner südlichen Heimat wächst er als Baum, der unter guten Bedingungen bis 20 m hoch und sehr alt werden kann. In unserem Klima wird er als buschige Kübelpflanze gezogen. Er bildet kräftige, verholzende Sträucher. Seine immergrünen, ledrigen Blätter sind dunkelgrün gefärbt, länglich lanzettförmig und an den Rändern manchmal gewellt. Im Mai erscheinen hellgelbe, duftende Blüten in büscheligen Dolden; die Früchte bestehen aus eiförmigen, schwarzen Beeren.

Heilkräftige Wirkstoffe Lorbeerblätter enthalten ätherische Öle mit Cineol, Pinien, Linalol und Terpinen; fette Öle, Gerbstoffe und Säuren, u.a. Laurinsäure. Lorbeerblätter regen die Verdauung und den Appetit an. Sie galten schon im Mittelalter als Magenmittel. Das Heilöl aus den Früchten wirkt durchblutungsfördernd und antiseptisch. Es wird bei Entzündungen, Zerrungen und Verstauchungen angewendet.

Geschmack und Würze Die Blätter riechen stark würzig und schmecken etwas bitter, was sich beim Trocknen verliert.

Besondere Arten und Sorten Der **Kanarische Lorbeerbaum** *(Laurus azorica)*, der auch Azoren-Lorbeer genannt wird, ist ebenfalls immergrün. Er hat schmale elliptische Blätter, die an der Unterseite leicht filzig behaart sind. Der Baum kann in seiner Heimat bis zu 15–25 m Höhe erreichen. Falls man ihn bekommt, kann er bei uns ebenfalls im Kübel gehalten werden. Es gibt auf der Welt nur die beiden hier beschriebenen Lorbeerarten.

Anbau im Garten Lorbeerpflanzen müssen Sie in einer Gärtnerei kaufen. Durch Stecklinge können Sie sie dann selbst vermehren. Die Pflanzen brauchen große Gefäße und kräftige, nährstoffreiche Erde. In der sommerlichen Wachstumszeit, die sie auf jeden Fall im Freien verbringen sollten, müssen sie reichlich mit Dünger und Wasser versorgt werden. Geben Sie den Lorbeerpflanzen einen sehr sonnigen, geschützten Standort.

Im Winter sollten die Kübel in einem kühlen, hellen Raum stehen. Die Pflanzen werden nur sparsam gegossen, aber der Ballen darf nicht trocken werden (siehe Seite 43).

Ernte und Aufbewahrung Blätter und Triebspitzen können Sie nach Bedarf während des Sommers frisch pflücken. Achten Sie aber darauf, dass der Strauch nicht »geschröpft« wird. Für den Winter werden die Lorbeerblätter ohne Stiel getrocknet. Sie dürfen nicht zerbrechen, sonst verlieren sie ihre Würzkraft.

Verwendung in der Küche Lorbeer wird zu Suppen, Soße, Fisch, Frikassee, Wildmarinaden und zum Einlegen von Gurken verwendet.

Verwendung in der Hausapotheke

Das grünliche Lorbeeröl ist dick wie eine Salbe. Sie können es in der Apotheke kaufen. Für die Gewinnung benötigt man besondere Pressen, wie sie in der Arzneimittelherstellung verwendet werden. Das Öl wird äußerlich gebraucht, um Geschwüre zu erweichen oder um schmerzende Muskeln nach einer Zerrung oder Quetschung einzureiben.

Weitere Verwendungsmöglichkeiten Das Öl ist noch heute gebräuchlich zur Behandlung entzündeter Kuheuter.

Historische Verwendung Ein Lorbeerkranz schmückte einst im alten Griechenland das Haupt des Apoll. Mit den duftenden, glänzend grünen Blättern wurden in antiken Zeiten auch die Sieger in sportlichen Wettkämpfen, erfolgreiche Feldherren und Poeten bekränzt. – Noch heute gilt die Mahnung, man solle sich nicht auf seinen Lorbeeren ausruhen.

Dioscurides unterschied bereits zwei verschiedene Lorbeerbäume: »Es gibt eine Lorbeersorte mit schmalem Blatte, eine andere mit breitem. Beide werden zu arzneilichen Zwecken verwendet.«

Palladius überlieferte dazu ein Rezept aus der antiken Praxis, das auch heute noch funktioniert: »Aus den Früchten des Lorbeerbaums macht man folgendermaßen Öl: Man läßt eine große Masse ganz reifer, voller Beeren in heißem Wasser recht lange kochen, und bringt dann das sich an der Oberfläche sammelnde Öl allmählich in ein dazu bestimmtes Gefäß.«

Plinius lieferte dazu den Verwendungszweck: »Namentlich dient das Öl zu Wachssalben zur Beseitigung der Erkältungen, Erweichung der Sehnen usw.«

Plinius berichtete auch von der anderen wichtigen Funktion des Lorbeers in der Antike: »Der Lorbeer dient vorzugsweise bei Triumphen, wird aber auch vor die Türen der Kaiser und Priester, sowie an die Eingangstür und in den Hof anderer Leute gepflanzt.«

Suetonius schrieb: »Man bemerkte, daß jedesmal, wenn ein Kaiser starb, auch der Lorbeerbaum abstarb, welcher aus dem Lorbeerzweige, mit welchem der Kaiser triumphiert hatte, gewachsen war.«

Erstaunlicherweise nahm auch Kaiser Karl der Große den in Deutschland nicht winterharten Lorbeer in das Pflanzenverzeichnis für seine

■ Mit Lorbeerkränzen schmückte man in der Antike Götter, Helden und Dichter. In unserer Zeit ist das traditionsreiche Gehölz vor allem eine Zierde für Garten und Terrasse.

■ Im Mai blüht der Lorbeer. Seine würzigen Blätter können in der Küche für Suppen, Fisch und Fleischgerichte vielseitig verwendet werden.

Landgüter auf. Der Ruhm des Lorbeers muss also lange lebendig geblieben sein.

Hildegard von Bingen beschrieb den »Lauro« als warm und etwas trocken und als Sinnbild der Standhaftigkeit. Sie empfahl: »Auch das Einreiben der von der Gicht geplagten Körperstellen mit dem Öl der Früchte verschafft Besserung.«

Tabernaemontanus nimmt gegen Ende des Mittelalters die antiken Überlieferungen wieder auf: »Der ganze Baum ist schön anzusehen / und reucht wol / die Blätter bleiben stätigs grün. (...) Dioscorides schreibt / wann man die Blätter kleinzerstossen und anstreiche / so seyn sie gut wider den Bienen und Wespenstich. Die Blätter mit Polenta oder Gerstenmuss angestrichen / sänfftigen und hinderen alle hitzige Geschwülst.

Ein Bad von Lorbeerblättern / lindert den Schmertzen der Blasen / fürdert den Harn und die Frauenzeit.«

Löwenzahn
Taraxacum officinale

Volkstümliche Namen Hundeblume, Milchdistel, Pißkraut, Kuhblume, Pfaffenröhrlein, Mönchskopf, Kettenblume, Butterblume, Sonnenwirbel, Kettenstock, Mönchsblatten, Mistfink, Laterne, Saublume, Pumperblümchen, Teufelsblume, Melkdistel, Bettpisser, Gänsezunge, Milidistel, Bammbusch, Golichter, Apostelkraut, Augenmilch, Kuhlattich, Laternenblume, Leuchtenkraut, Marienschöpfl, Milchblume, Mönchsplatte, Papenkraut, Pfaffenkraut, Pusteblume, Wilde Zichorie, Apostenwurz, Eierkraut, Hundzahnkraut, Maienzahn, Jungeblumenkraut, Pampelkraut, Milchgrasblume, Saurnelken, Bitterblume, Gänseblume, Kettenröhrlein

Heimat und Verbreitung Der Löwenzahn ist ein über die ganze nördliche Erdhalbkugel verbreitetes »Unkraut«. Er wächst mit Vorliebe auf Wiesen und an Gräben. Mésségué behauptet von ihm, dass er »dabei ist, die ganze Welt zu erobern«.

Botanischer Steckbrief Der Löwenzahn gehört in die Familie der Korbblütler (Asteraceae) und ist mit den Zichoriengewächsen verwandt. Wie sie besitzt er eine tief reichende, fleischige Pfahlwurzel, die milchigen Saft enthält. Die Blätter sind länglich, gezähnt und bilden eine Rosette. Auf hohlen, milchhaltigen Stängeln öffnen sich im Frühling die goldgelben Blütenkörbchen. Die gefiederten Samen bilden die überall bekannte zarte »Pusteblume«.

Heilkräftige Wirkstoffe Hauptwirkstoff ist der Bitterstoff Taraxin, außerdem finden sich Gerbstoffe, Säuren, Inulin, Cholin, Flavonoide, Vitamine und Mineralstoffe mit hohem Kaliumanteil. Die Menge der heilkräftigen Substanzen schwankt sehr stark je nach Jahreszeit. Löwenzahn wirkt stoffwechselanregend und

■ Wenn auf Ihrer Wiese Löwenzahn wachsen darf, können Sie im Frühling immer frische Blätter für einen Stoffwechsel anregenden Wildkräutersalat sammeln.

■ Für den Anbau im Garten wurden spezielle Löwenzahnsorten mit etwas größeren Blättern gezüchtet. Auf dem Beet steht das Wildkraut dann schnittbereit in Reih und Glied.

entwässernd. Der Milchsaft des Stängels ist giftig!

Geschmack und Würze Die jungen Blätter schmecken bitter-aromatisch, die Wurzeln etwas süßlich. Die gelben Blüten verströmen einen leicht honigartigen Geruch.

Besondere Arten und Sorten

Für den Anbau im Garten wurden spezielle Sorten geschaffen:

'Lyonell' ist eine bewährte Züchtung.

'Vert de Montmagny' wird als Feinschmeckersorte mit zartgelben Blättern gelobt.

'Nouvelle' eignet sich zum Treiben.

Anbau im Garten Löwenzahn ist nicht anspruchsvoll. Sie können ihn aussäen, wo noch Platz übrig ist und wo er nicht stört. Bei Pflanzen, die genügend Feuchtigkeit bekommen, werden die Blätter nicht so schnell bitter. Achten Sie darauf, dass sie im Garten keine Samen ansetzen und sich nicht unkontrolliert aussäen. Sie können Löwenzahnsamen in speziellen Gartensorten im Handel bekommen. Am einfachsten ist es, wenn Sie im Rasen Löwenzahn wachsen lassen.

Ernte und Aufbewahrung Nur die zarten Blätter des Frühlingsaustriebs werden frisch verwendet, später ist der Löwenzahn zu bitter. Für Arzneizwecke werden vor allem die Wurzeln gesammelt; aber auch das ganze Kraut und die Blüten finden Verwendung.

Der Wirkstoffgehalt der Wurzeln ist starken Schwankungen unterworfen: Die Frühjahrswurzeln sind besonders reich an Bitterstoffen; im Spätsommer, ab August, steigt der Gehalt an Inulin am höchsten; im September enthalten die Wurzeln das meiste Taraxin, im Oktober das meiste Lävulin. Am besten werden die Wurzeln im Frühling oder im Herbst gegraben. Die Blätter schneidet man vor der Blüte. Blätter und Wurzeln werden sorgfältig getrennt getrocknet und anschließend luftdicht verschlossen aufbewahrt.

Verwendung in der Küche Sie können mit Löwenzahn Salate, Kräutersoßen und Frühlingssuppen würzen. Zusammen mit Spinat ergeben die Blätter ein herzhaftes Gemüse.

Der Löwenzahn ist ganz besonders gesund – Sie können schon aus den zahlreichen volkstümlichen Namen ablesen, wie beliebt und geachtet er zu allen Zeiten war.

Verwendung in der Hausapotheke

Löwenzahn-Tee wird aus getrockneten Wurzeln und Blättern hergestellt. Er kann kalt angesetzt oder mit heißem Wasser überbrüht werden. Wenn Sie mit diesem bewährten Heilkraut eine blutreinigende, entschlackende Frühjahrskur machen möchten, müssen Sie den Tee 5 bis 6 Wochen lang zwei- bis dreimal täglich trinken.

Sehr gut ist auch frisch gepresster Löwenzahnsaft. Das vitale Wildkraut regt die Leberfunktionen an und fördert die Wasserausscheidung. Deshalb bringt eine Löwenzahnkur auch Erleichterung bei Rheuma und Gicht.

Weitere Verwendungsmöglichkeiten

Die hübschen gelben Blütenblätter können Sie auszupfen und mit klarem Korn zu einem Schnaps ansetzen, der wohltuend wirkt, wenn Sie zu reichlich gegessen haben.

Früher wurden die Wurzeln des Löwenzahns geröstet und als Kaffee-Ersatz benutzt.

Historische Verwendung Der botanische Name *Taraxacum* taucht bereits in einer lateinischen Übersetzung des »Canon medicinae« auf. Dieses Buch schrieb im 11. Jahrhundert der arabische Arzt Avicenna. Man vermutet, dass der Name aus den arabischen Worten »tarak« und »sahha« entstanden sein könnte. Diese bedeuten: pissen lassen. Das französische »pissenlit« (Bettnässen) und der deutsche Volksname Bettpisser sagen bis heute auf die gleiche drastisch-bildhafte Weise: Der Löwenzahn regt die Wasserausscheidung kräftig an!

In der europäischen Literatur taucht das Wildkraut erst wieder im späten Mittelalter auf. Löwenzahnsaft nannten schon damals die Kräuterväter »eine gebenedeyte Artzney«. Noch in einem Kräuterbuch aus dem Jahre 1896 wird er im gleichen Sinne gepriesen: »Der Löwenzahn ist so recht unser Freund, und es ist zu bedauern, dass – besonders im

Frühjahre – bei uns so wenig Gebrauch von ihm gemacht wird. In dieser Jahreszeit, wo der Stoffwechsel in besonderer Weise statt hat, und in unserem Blute eine allgemeine Umwälzung vor sich geht, wäre er so recht das eigentliche Mittel, um eine günstige Ausscheidung alles Unreinen aus unserem Körper zu befördern und eine regelmäßige, gesunde Funktion der einzelnen Organe herbeizuführen. Wie viele Krankheiten könnten nicht durch seinen Gebrauch vermieden werden.« Mességué befand rund hundert Jahre später: »Essen Sie so viel Löwenzahnsalat, wie Sie nur wollen, und Sie werden sich wunderbar fühlen.«

Malve, Wilde Malve
Malva sylvestris

Volkstümliche Namen Käsepappel, Roßpappel, Schwellkraut, Käsenäpfchen, Käslikraut, Katzenkäse, Johannispappel, Hasenpappel, Gänsepappel, Schafkas, Ziegerli, Nüsserli, Zuckerplätzchenkraut, Blaumalve, Feldmalve, Wilde Malve, Hausmalve

Heimat und Verbreitung Die Malve wächst wild in ganz Europa; sie ist auch im Vorderen Orient, in Zentralasien, im Himalaja und in Nordafrika zu Hause. Eingewandert ist sie in Nord- und Südamerika, in Australien und Neuseeland.

Botanischer Steckbrief Die Malve gehört zur Familie der Malvengewächse (Malvaceae). Aus einer Pfahlwurzel, die tief in den Boden reicht, wachsen verzweigte, haarige Stängel. Auch die langstieligen Blätter sind behaart; ihre Form ist rundlich und fünf- bis siebenfach gelappt. Die hübschen rosa- oder lilafarbigen Schalenblüten sind mit dunklen Streifen gezeichnet. Sie wachsen – typisch für Malven – aus den Blattachseln.

Charakteristisch sind auch die Früchte, deren Form an runde Kuchen oder an Bauernkäse erinnern. Diesen Samenständen verdanken die Malven den Namen »Käsepappeln«.

Die Wilde Malve erreicht je nach Standort

30–120 cm Höhe. Sie wächst zwei- oder mehrjährig. Man findet sie meist an sonnigen, trockenen Wegrändern. Das Kraut liebt lockere und stickstoffreiche Böden.

Heilkräftige Wirkstoffe Die Wilden Malven sind reich an Schleimstoffen; hinzu kommen Flavonoide und Gerbstoffe. Die Blüten enthalten Malvin.

Alle genannten Malvenarten sind wirkungsvolle Heilmittel bei Husten und Halsentzündungen; sie wirken schleimlösend.

Geschmack und Würze Blätter und Blüten der Malven besitzen keinen Duft und kaum Geschmack.

Besondere Arten und Sorten

Die Wegmalve (M. neglecta) hat sehr kleine, hellrosa Blüten und rundliche Blätter. Sie wird auch Gänsemalve oder Kleine Käsepappel genannt.

Die Moschusmalve (M. moschata) fällt durch tief eingeschnittene, zierliche Blätter und große rosa Blüten auf. Sie gedeiht auf mageren Böden an sonnigen Wegrändern. An warmen Tagen verströmen die Pflanzen einen leichten Moschusduft.

Die Rosenmalve (M. alcea) wächst 50 bis 100 cm hoch. Ihre Blätter sind handförmig tief geteilt; sie entfaltet schöne große Blüten, die rosa oder lila gefärbt sind. Als Wildpflanze gedeiht sie in fast ganz Europa an sonnigen Böschungen und Wegrändern.

Von der Wilden Malve (M. sylvestris) gibt es für den Garten Züchtungen in wunderschönen Farben:

Die Mauretanische Malve (M. sylvestris subsp. mauritiana) leuchtet mit tiefvioletten Blüten.

Die Maharadscha-Malve 'Zebrina' öffnet monatelang helle Blüten mit roter Zeichnung.

Die Maharadscha-Malve 'Blue Fountain' blüht üppig in Violettblau.

Anbau im Garten An einem sonnigen Platz im Garten gedeihen alle Malven gut. Sie sind sehr anspruchslos und nehmen fast mit jedem Boden vorlieb, solange der Untergrund wasserdurchlässig ist. In guter, stickstoffreicher Erde wachsen sie am besten.

Setzen Sie mehrere Malven in einer Gruppe zusammen; so wirken sie am schönsten. Zwischen den Pflanzen soll 30–40 cm Zwischen-

raum frei bleiben, dann können sich die Malven locker verzweigen und viele Blüten ansetzen. Geben Sie den kleinen Stauden reichlich Kompost ins Pflanzloch. Fügen Sie ein wenig organischen Dünger, zum Beispiel Hornspäne, und etwas Algenkalk hinzu. Jungpflanzen und wilde Malvenarten bekommen Sie nur in Kräuter-Spezialgärtnereien. (Siehe Bezugsquellen im Anhang.)

Ernte und Aufbewahrung Während der Blütezeit können Sie das ganze Kraut schneiden und zum Trocknen bündeln. Es ist auch möglich, nur die Blüten abzupflücken. Diese müssen besonders sorgfältig und locker auf Rosten ausgebreitet werden, damit sie rasch und gleichmäßig trocknen. Sie brauchen die verschiedenen Malvenarten nicht zu trennen; ihre Wirkstoffe sind einander sehr ähnlich.

Verwendung in der Küche Junge Blätter und Triebe der Malven können als Salat zubereitet oder als Gemüse gedünstet werden. Im Sommer schenken Ihnen die Pflanzen bildschöne Blumensträuße für den Esstisch.

Verwendung in der Hausapotheke

Der schleimhaltige Malven-Tee wird nicht mit

■ Die Wilde Malve gedeiht problemlos im Garten. Dort können Sie jederzeit Blüten und Blätter für einen schleimlösenden Tee ernten.

■ Die Wegmalve oder Gänsemalve erkennen Sie an kleinen rosa Blüten und rundlichen, gelappten Blättern. Sie wirkt eher unscheinbar.

■ Die Rosenmalve öffnet besonders große rosa Blüten. Diese Freude bereitet sie Ihnen auch im Garten. Alle Malven sind heilkräftig.

heißem Wasser zubereitet: Nehmen Sie pro Tasse einen gehäuften Teelöffel voll Kraut und Blüten. Diese Menge wird mit lauwarmem oder kaltem Wasser angesetzt. Das Getränk muss 5 bis 10 Stunden ziehen. Zwischendurch wird es öfter umgerührt. Sieben Sie die Flüssigkeit zum Schluss ab, und trinken Sie den Malven-Tee mit Honig gesüßt. Er löst Husten und Bronchialkatarrh. Sie können auch mit dieser Flüssigkeit gurgeln, um Entzündungen im Rachen oder im Mund zu lindern. Malvenblüten können Sie auch mit anderen Hustenkräutern, zum Beispiel mit Schlüsselblumenwurzeln, Königskerzenblüten oder Veilchen, mischen.

Weitere Verwendungsmöglichkeiten

Kinder aßen früher die Früchte, die wie kleine Käse aussehen, gerne roh. Daher stammt der Name Käsepappel.

Historische Verwendung Die Malve gehört zu den ältesten Heil- und Nutzpflanzen. Malvensamen wurden in Deutschland bereits in Grabungen aus der Jungsteinzeit gefunden. Bei den antiken Griechen und Römern waren Malven als Gemüse und Arznei geschätzt. Hildegard von Bingen nannte das Kraut »Babel« und riet zur Vorsicht: »Die Malve hat eine mäßige Kälte, niemand genieße sie roh, weil sie slimech (schleimig) ist und giftige Säfte hat, und dieselben im Menschen hervorruft. Gekocht und mit Fett zu Mus gemacht, ist sie für den schwachen Magen gut.«
Vielseitig und praktisch sind die Rezeptvorschläge von Lonicerus, der die Malven »Pappeln« nennt: »Pappeln in Milch gelegt / alle Tag darab getruncken / nimt den Husten in sechs Tagen.
Plinius schreibt / wer alle Tag von Pappeln trincke / der sey sicher von allen zufälligen Kranckheiten. Die Blätter gessen wie ein Salat / heilet die Augengeschwer / oder stoß die Blätter mit Honig / und legs darauf. Pappeln in einer Hühnerbrüh mit Gerstenmeel / so lang biß es dick wird gesotten / mit zweyen Eyerdottern und Violoel gestossen / das es genug sey mit ein wenig Saffran / alles durcheinander gemengt / resolviert er oder zertheilt / erweicht und zeitiget alle Geschwer / und stillet die Schmerzen der Glieder / übergelegt.«

Mädesüß, Echtes Mädesüß
Filipendula ulmaria

Volkstümliche Namen Wiesenkönigin, Wiesengeißbart, Geißbart, Rüsterstaude, Bachholde, Spierblumen, Spierstauden, Sumpfspieren, Wurmkraut, Federbusch, Immenkraut, Wilder Flieder, Falscher Holler, Johanniswedel, Honigblüte.

Heimat und Verbreitung Das Echte Mädesüß ist in ganz Europa, in der Türkei, im Kaukasus, in Sibirien, Zentralasien und in der Mongolei zu Hause. In Nordamerika ist das Kraut eingebürgert.

Botanischer Steckbrief Mädesüß gehört zu den Rosengewächsen (Rosaceae). Aus einem kräftigen, buschigen Wurzelstock wachsen 0,50–1,50 m hohe kantige Stängel, die oft rötlich überlaufen und im oberen Bereich verzweigt sind. Die gefiederten Blätter sind wechselständig angeordnet und an den Rändern grob gezähnt. An der Unterseite sind sie heller gefärbt und behaart. Von Juni bis August erscheinen an verzweigten Stielen die cremeweißen, kleinen Blüten, die in lockeren Trugdolden angeordnet sind.
Die Wiesenkönigin wächst an ihren ursprünglichen Standorten auf feuchten Böden an Bach- und Teichufern, an Grabenrändern, auf nassen oder moorigen Wiesen und in Auenwäldern.

Heilkräftige Wirkstoffe Mädesüß enthält Salicylsäure-Verbindungen, unter anderem mit Salicylaldehyd und Salicylsäuremethylether, Flavonoide mit Spiraeosid und Rutin sowie Gerbstoffe. Das Kraut wirkt antimikrobiell, entwässernd, schweißtreibend und unterstützend bei Erkältungen.

Geschmack und Würze Die weißen Blüten duften wunderbar nach Mandeln und Honig. Dieses Aroma überträgt sich auch auf den Tee.

Besondere Arten und Sorten

Das **Kleine Mädesüß** (*F. vulgaris*) wird wegen seiner verdickten Wurzeln auch **Knolliges Mädesüß** genannt. Diese 30–40 cm niedrige Staude verträgt trockenere Standorte. Sie soll ebenfalls heilkräftig sein.
Staudengärtnereien bieten verschiedene *Filipendula*-Arten als reizvolle Zierstauden für feuchte Plätze an.
Filipendula rubra stammt aus Nordamerika und wird dort **Queen of the Prairie, Königin der Prärie,** genannt. Die Verwandtschaft mit unserer Wiesenkönigin ist unverkennbar. Eine reizvolle Züchtung dieser Art ist 'Venusta magnifica' mit leuchtend dunkelrosa Blüten.
Das **Japanische Mädesüß** (*F. purpurea*) ergänzt die Sammlung mit der Sorte 'Elegans', die in zartem Rosa blüht.

Anbau im Garten Wählen Sie für die kräftigen, hoch wachsenden Mädesüß-Stauden einen Platz mit feuchtem Boden aus. Am Rand eines Teiches oder eines Bachlaufs fühlen sich die Pflanzen wohler als auf einem Kräuterbeet. Wenn Sie einen solchen Standort nicht bieten können, müssen Sie für guten Humus sorgen und den Boden mit Mulchdecken feucht halten. In trockenen Sommerwochen braucht die Wiesenkönigin zusätzliches Wasser. Gießen Sie dann kräftig, so dass die Erde nie austrocknet.
Am besten besorgen Sie sich die Pflanzen aus Spezialgärtnereien. Da die Wiesenkönigin noch in großen Mengen in der Natur wächst, dürfen Sie auch eine einzelne Pflanze bei einem Spaziergang ausgraben. Setzen Sie das Kraut mit 30–40 cm Abstand an einen sonnigen bis halbschattigen Platz. Wenn das Mädesüß gut eingewachsen ist, braucht es außer Kompost kaum noch Pflege. Größere Pflanzen können Sie später im Herbst oder Frühling teilen.
Sowohl die schön gefiederten Blätter als auch die duftenden weißen Blütendolden sind vom Frühling bis zum Herbst eine Zierde für den Kräutergarten. Im Winter erfriert das Laub, im Frühling treiben die Pflanzen neu aus.

Ernte und Aufbewahrung Verwendet werden die duftenden Blüten, wenn sie sich öffnen. Schneiden Sie sie mit einem Stück des Stängels ab. Bündeln Sie sie anschließend zu lockeren Sträußen und hängen sie an einem schattigen Platz zum Trocknen auf. Legen Sie ein sauberes Tuch darunter, damit Sie abfallende Blüten später einsammeln können. Das getrocknete Kraut wird gut verschlossen und dunkel aufbewahrt.

Verwendung in der Küche Mädesüß ist kein gängiges Küchenkraut. Aber das feine Mandelaroma der Blüten verlockt zum Ausprobieren. Versuchen Sie, kleine Mengen zum Aromatisieren von Früchten oder Gelees zu verwenden. In England legt man die Blüten in Sirup ein.

Verwendung in der Hausapotheke
Tee aus Mädesüßblüten hilft bei fiebrigen Erkältungen und kann mit anderen Kräutern gemischt werden, die bei Grippe Verwendung finden. 1 bis 2 Teelöffel getrocknetes Kraut werden dafür mit $1/4$ Liter kochendem Wasser überbrüht, nach 10 Minuten abgegossen und heiß getrunken. Das feine Mandel-Honig-Aroma macht es leicht, von diesem Getränk zweimal täglich eine Tasse zu trinken. Mädesüß-Tee wirkt außerdem harntreibend und dadurch auch lindernd bei Rheuma und Gicht. **Vorsicht:** Bei Salicylsäure-Empfindlichkeit sollte man auf Mädesüß verzichten. Überdosierung kann außerdem zu Übelkeit und Magenbeschwerden führen.

Weitere Verwendungsmöglichkeiten
Früher verwendete man das Mädesüß, um damit Met zu aromatisieren. Daher stammt wahrscheinlich auch der Name. Mäde hat also nichts mit Mädchen zu tun. Die alte Bedeutung war wohl »Metsüßen«.
Der Name **Immenkraut** zeigt noch heute, dass die Imker die duftende Pflanze zum Ausreiben der Bienenstöcke benutzten.
Für Schafe und Ziegen soll Mädesüß, nach Madaus, eine gute Nahrung sein.
Blühende Zweige des Krautes wurden früher auch als duftende Streu auf dem Fußboden benutzt.

Historische Verwendung In den antiken Quellen wird Mädesüß nicht erwähnt. Für die Keltischen Priester, die Druiden, gehörte die Wiesenkönigin wie das Eisenkraut und die Mistel zu den heiligen Kräutern.
Erst im späten Mittelalter tauchen die ersten Rezepte auf. Der Frankfurter Stadtarzt Lonicerus fasst noch sehr undifferenziert Waldgeißbart, der »wächst in finstern Wäldern« und die Wiesenkönigin zusammen, die »... weisse, wohlriechende zusammengetrungene Blumen / wie ein Traube« hat.
»Beyde Geißbart seyn warm und trocken / mögen in Leib genommen / und gleichfalls

■ Oben: Das Kleine Mädesüß wird wegen seiner verdickten Wurzeln auch Knolliges Mädesüß genannt. Diese Art verträgt mehr Trockenheit.
■ Unten: Das Echte Mädesüß können Sie an Bachläufen entdecken. Wenn Sie es in den Garten pflanzen, erleben Sie den Duft nach Mandeln und Honig aus nächster Nähe.

auch aussen appliciert / und aufgelegt werden.« Lonicerus empfiehlt sie gegen die »rohten Ruhr«, und zum Zerteilen von Beulen. Die große Stunde der Wiesenkönigin schlug im Jahr 1838, als aus der Pflanze zum ersten Mal das Glykosid Salicin isoliert wurde. Als 1899 die synthetische Herstellung des Wirkstoffes Acetylsalicylsäure gelang, konnten daraus Arzneimittel in großem Umfang hergestellt werden. Damals hieß das Mädesüß botanisch noch *Spiraea ulmaria*. Daraus entstand der Name »Aspirin«! A steht für Acetyl, »spirin« wurde von »Spireasäure« abgeleitet. Ein wenig »Aspirin« nehmen Sie also auch zu sich, wenn Sie bei den ersten Anzeichen einer Grippe duftenden Mädesüß-Tee trinken, um heilsam ins Schwitzen zu kommen.

Meerrettich
Armoracia rusticana

Volkstümliche Namen Morrettig, Kren, Fleischkraut, Marr-Reddig, Pferderadies, Mähr-Retig, Bauernsenf, Rachenputzer, Englische Wurzel, Bauernkraut, Skorbutkraut, Krien, Mirch, Maressig, Pfefferwurzel, Gren, Marak, Märek, Mirchwurzel, Greinwurzel, Beißwurzel, Scharfwurzel, Waldrettich, Rachenputzer

Heimat und Verbreitung Der Meerrettich stammt aus Südrussland und der Ukraine. Im übrigen Europa und Nordamerika ist das Kraut eingebürgert. Meerrettich wurde schon im 12. Jahrhundert bei uns in Gärten angepflanzt.

Botanischer Steckbrief Der Meerrettich gehört in die Familie der Kreuzblütler (Brassicaceae). Er bildet eine auffallend kräftige, stangenförmige Hauptwurzel. Sie ist außen braun und innen weiß. Die dünnen Seitenwurzeln nennt man »Fechser«. Sie besitzen zahlreiche Wurzelknospen und können zur Vermehrung der Pflanze abgetrennt werden. Im ersten Jahr entwickelt der Meerrettich nur seine derben, bis zu 1 m langen Blätter, die an den Rändern eingekerbt sind. Vom zweiten Jahr an erscheint der bis zu 1,20 m hohe

Blütenstiel, an dem sich eine lockere Traube duftender weißer Blumen entfaltet.

Heilkräftige Wirkstoffe Wichtigster Inhaltsstoff ist ein ätherisches Öl mit dem Glykosid Sinigrin. Beim Zerkleinern der Wurzel entsteht unter dem Einfluss von Wasser und unter Mitwirkung des Enzyms Myrosin Senföl. Außerdem sind Kaliumverbindungen, Flavonoide und reichlich Vitamin C enthalten. Meerrettich wirkt entwässernd und allgemein kräftigend. Äußerlich angewendet, lindert er rheumatische Schmerzen.

Geschmack und Würze Die Wurzel des Meerrettichs hat einen scharfen, beißenden Geschmack.

■ Oben: Graben Sie im Herbst Meerrettichwurzeln aus. Sie werden im Keller in feuchten Sand eingeschlagen und dienen als Wintervorrat, wenn die Erde gefroren ist.
■ Unten: Der Meerrettich ist ein kraftvolles Kraut. Er liebt feuchten, tiefgründigen Boden, wo er seine starken Wurzeln gut ausbreiten kann. Geben Sie ihm einen ungestörten Platz.

Besondere Arten und Sorten

Japanischer Meerrettich (*Wasabia japonica*) oder **Wasabi** wird in Japan zu Sushi gereicht. Blätter, Stängel und Wurzeln werden zu einer grünen, scharfen Paste verarbeitet. Rühlemann bietet die Züchtung 'Matsum' an, die auch bei uns gedeiht.

Anbau im Garten Der Meerrettich braucht viel Platz. Wenn Sie nur ein kleines Kräutergärtchen besitzen, sollten Sie ihn an einen anderen geeigneten Platz im Garten setzen, sonst erdrückt er alle anderen Gewächse. Meerrettich braucht nahrhaften, tiefgründigen Boden, in den die Wurzeln gut eindringen können. Gleichmäßige Feuchtigkeit ist für seine Entwicklung wichtig. Bereiten Sie das Beet schon im Herbst gründlich vor, indem Sie es tief lockern, mit Kompost und Hornspänen versorgen und mit einer Mulchschicht abdecken. Ab März können Sie die Fechser pflanzen. Diese dünnen Wurzelableger bekommen Sie bei manchen Garten-Versandfirmen und bei Kräuter-Spezialgärtnereien. Manchmal bietet sie auch eine Gärtnerei am Ort an, oder ein freundlicher Nachbar überlässt sie Ihnen.

Für die Erzeugung besonders dicker Meerrettichstangen gibt es eine Spezialkultur: Entfernen Sie alle Seitenwurzeln von den Fechsern, und legen Sie sie schräg in die lockere Erde. Der Kopf des Wurzelstücks muss mit der Erdoberfläche abschließen. Der Abstand von einer Pflanze zur anderen beträgt 30 cm, der Reihenabstand 80 cm. Im Juni müssen Sie an einem trüben Tag die Meerrettichwurzeln vorsichtig aufdecken und alle inzwischen nachgewachsenen Seitentriebe mit einem scharfen Messer entfernen; nur die Hauptwurzeln bleiben erhalten. Danach decken Sie die Pflanzung wieder mit Erde zu. So erhalten Sie eine einzige, starke Wurzel pro Pflanze.

Einfacher haben Sie es, wenn Sie einige Wurzelstücke an eine Stelle des Gartens pflanzen, wo sie sich jahrelang ungestört vermehren können: zum Beispiel neben einer Hecke oder am Kompostplatz. Suchen Sie die Stelle aber sorgfältig aus, denn Meerrettich ist schwer wieder auszurotten, wo er einmal Fuß gefasst hat. Er braucht dann allerdings auch kaum noch Pflege und ist sehr winterhart.

Ernte und Aufbewahrung Die starken Wurzeln aus der Spezialkultur müssen Sie im Herbst ausgraben. Sie werden für den Winterverbrauch in einem kühlen Keller in feuchten Sand eingeschlagen. Von den wild wachsenden Meerrettichstauden können Sie während des Sommers nach Bedarf Wurzelstücke abschneiden. Sie ernten auf diese Weise immer frische Portionen, so wie Sie die Würze gerade in der Küche brauchen.

Verwendung in der Küche Meerrettich wird geschält und dann roh gerieben. Er passt zu gekochtem Rindfleisch, zu Fisch, Eiern, Tomaten, Quark und zu Rumpsteaks. Ein Rezept für frische Meerrettichsoße finden Sie im Kapitel »Kräuterwürze für die Küche«, Seite 217.

Verwendung in der Hausapotheke Eine Mischung aus frisch geriebenem Meerrettich und Honig zu gleichen Teilen wird teelöffelweise zwei- bis dreimal täglich eingenommen; sie lindert Husten.

Kleine Mengen von frisch geriebenem Meerrettich regen die Nieren an und bringen bei Rheumaleiden Erleichterung.

Äußerlich können Sie Breiumschläge aus geriebenen Meerrettichwurzeln auf Körperstellen legen, die von Nervenschmerzen befallen sind. Meerrettich wirkt ähnlich wie Senf stark erwärmend. Er reizt aber die Haut und sollte deshalb nur vorsichtig verwendet werden. Auch die Augen und die inneren Schleimhäute können empfindlich auf den »Rachenputzer« reagieren.

Weitere Verwendungsmöglichkeiten

Frisch geriebene Meerrettichwurzeln lindern schmerzhafte Insektenstiche. Wenn Sie Meerrettich mit Essig ansetzen und eine Woche ziehen lassen, können Sie mit diesem Auszug Sommersprossen betupfen, die dann verschwinden sollen.

Historische Verwendung Auf einem Wandgemälde in Pompeji ist der Meerrettich dargestellt und »erzählt« davon, dass das scharfe Kraut bereits in der Antike bekannt und beliebt war.

Hildegard von Bingen hat den Meerrettich später genau beschrieben: »Der Meerrettich ist warm: im März, wenn alle Kräuter zu grünen beginnen, ist er jedoch nur kurze Zeit weich und kräftigen Menschen eine gesunde Speise, gefährlich dagegen, wenn er hart wird; man sauge dann nur den Saft aus. Magere Leute sollen ihn nur sehr mäßig genießen. Frisch in der Sonne getrocknet und mit gleichviel Galgant gemischt zum Brot genossen, ist er ein Mittel gegen Herzleiden, mit warmem Wein oder Wasser genommen, gegen Lungenleiden.«

Valentini schreibt in seinem Kräuterbuch von 1719: »Am meisten wird der Meerrettich in den Küchen gebraucht, absonderlich in Ober-Teutschland, zu Wien in Oesterreich, da fast kein Bürger sein wird, welcher nicht einen steinernen Mörser im Hauß hätte, worinnen sie den Krien oder Kreen reiben ... Wann er aber kocht, so flieht die Krafft hinweg, und bekommen die Köche zum Recompens etwas ausgerichtet vor ihren Anrichten! Er muss in die Zung beißen, wann er dieses nicht thut, so ist er nicht gut ... Die Bierschläuche essen den Meerrettich deswegen nicht gern, weil das beste Bier darauff nicht gut schmäcket.«

Sehr anschaulich charakterisiert der berühmte französische Kräuterkenner Maurice Mességué das scharfe Kraut: »Der Meerrettich hat alle Merkmale einer »explosiven« Pflanze. Er ist gleichzeitig das Allerbeste und das Allerschlimmste; eine schwache Dosis dynamisiert den Körper und namentlich das Verdauungssystem; eine kräftige Dosis dagegen ist Dynamit!«

Melisse
Melissa officinalis

Volkstümliche Namen Zitronenmelisse, Gartenmelisse, Römische Melisse, Frauenwohl, Herztrost, Herzbrot, Honigblatt, Mutterkraut, Honigblume, Bienenkraut, Bienenfang, Immenkraut, Balsam-Melisse, Wanzenkraut, Pfaffenkraut, Limonikraut, Herbstkraut, Zitronellkraut, Muttertee, Frauenkraut, Billerkraut, Darmgichtkraut, Grasspiritus, Hasenohr, Englische Brennnessel, Spanischer Salbei

Heimat und Verbreitung Die Zitronenmelisse stammt aus dem Vorderen Orient und ist seit Jahrtausenden in allen Mittelmeerländern zu Hause. Araber, Griechen und Römer schätzten sie hoch. Die Benediktiner brachten sie nach Mitteleuropa, die Araber nach Spanien. In den Klostergärten des Mittelalters war sie eine der am meisten geschätzten Heilpflanzen. Das griechische Wort »melissa« bedeutet Honigbiene. Das Kraut war schon in der Antike als Bienenfutter beliebt.

Heute wird die Zitronenmelisse in Europa und Amerika kultiviert. Das Kraut wächst bei uns nicht wild.

Botanischer Steckbrief Die Melisse gehört in die Familie der Lippenblütler (Lamiaceae). Sie besitzt einen weitverzweigten Wurzelstock und treibt kurze Ausläufer am Boden. Die vierkantigen, behaarten Stängel wachsen aufrecht; sie verzweigen sich und werden 50–100 cm hoch. Die Blätter sind eiförmig und an den Rändern gezähnt. Von Juli bis August erscheinen in den Blattachseln die weißen, manchmal auch malvenfarbigen Blüten.

Heilkräftige Wirkstoffe Das Kraut enthält ätherische Öle mit den Hauptbestandteilen Citral, Citronellal, Geraniol und Linalool. Hinzu kommen Gerb- und Bitterstoffe, Flavonoide, Glykoside und Rosmarinsäure. Die Melisse wirkt nervenberuhigend, krampflösend, aufheiternd und erleichtert das Einschlafen.

Geschmack und Würze Wenn Sie sie zwischen den Fingern zerreiben, entfaltet die Melisse einen intensiven, lieblichen Zitronenduft. Er ist frisch und leicht süßlich. Auch der würzige Geschmack erinnert an Zitrone.

Besondere Arten und Sorten

Von der Melisse gibt es reizvolle Züchtungen und Varietäten, die den Kräutergarten bereichern:

■ Die Melisse ist ein wohltätiges Kraut. Ihr frischer Zitronenduft bereichert die Küche. Der Tee beruhigt die Nerven und die Blüten verschenken reiche Bienennahrung.

'Citronella' ist eine etwas niedriger wachsende Auslese mit sehr hohem Anteil an ätherischen Ölen.

'Aurea' und 'Variegata' leuchten im Frühling mit gelb-grünen Blättern vom Kräuterbeet. Im Sommer »vergrünen« sie wieder.

Die **Kretische Melisse** (*M. officinalis* var. *altissima*) besitzt weiche, behaarte Blätter und ein wunderschönes balsamisches Aroma.

Anbau im Garten Geben Sie dem duftenden Zitronenkraut aus dem Süden einen warmen, geschützten, sonnigen Platz im Kräutergarten. Es braucht humosen, durchlässigen Boden. Schwere Erde muss mit Sand vermischt werden. Versorgen Sie die Melisse besonders reichlich mit Kompost, denn sie kann sehr lange Jahre am gleichen Platz stehenbleiben und braucht nahrhaften Grund, um dichte Büsche zu entwickeln.

Sie können das Kraut selbst im April oder Mai aussäen – entweder an Ort und Stelle oder unter einem Folientunnel. Die kleinen Pflanzen werden später auf 30 cm Abstand versetzt. Einfacher haben Sie es, wenn Sie fertige Jungpflanzen kaufen, die überall im Handel angeboten werden. In Spezialgärtnereien bekommt man auch Melissensorten mit gelbbunten oder goldfarbigen Blättern. Durch Teilung der Wurzelstöcke oder durch Stecklinge können Sie Ihre Bestände vermehren. Oft sät sich das Kraut auch selbst aus. Achten Sie beim Hacken und Jäten darauf, dass die flach wachsenden Wurzeln nicht zerstört werden! Die Melisse überwintert mit einem Nest harter Blätter dicht am Boden, alle anderen oberirdischen Pflanzenteile erfrieren. In rauen Gegenden braucht sie Winterschutz.

Ernte und Aufbewahrung Pflücken Sie vom Frühling bis zum Herbst die jungen Triebe mit den frischen, weichen Blättern. Ältere Blätter werden hart und etwas bitter. Kurz vor der Blüte ist der Gehalt an ätherischen Ölen und damit an Aromastoffen am höchsten. Sie können dann einen größeren Vorrat abschneiden und trocknen. Verwenden Sie dafür die oberen Teile der Stängel. Leider verfliegt ein großer Teil des feinen Zitronenaromas beim Konservieren. Die Blätter können Sie auch in Essig oder Alkohol einlegen.

Verwendung in der Küche Melissenblätter können an allen Gerichten verwendet werden, zu denen auch Zitrone passt. Besonders gut schmeckt sie zu Tomaten, grünen Salaten, Quark und Kräutersoßen. Zitronenmelisse darf nicht mitgekocht werden.

Verwendung in der Hausapotheke
Melissen-Tee wird mit heißem Wasser aufgebrüht. Er beruhigt überreizte Nerven, reguliert nervöse Herzbeschwerden und schenkt entspannten Schlaf. Sie können die Melisse auch mit anderen Kräutern mischen, zum Beispiel mit Baldrian, Lavendel, Hopfen oder Johanniskraut.

Für eine tief greifende Beruhigung, zum Beispiel bei Schlafstörungen, kann Melissentee hoch dosiert werden. Nehmen Sie dann 3 Teelöffel voll zerschnittene Blätter für eine Tasse. Trinken Sie diesen Tee dreimal täglich über längere Zeit.

Berühmt ist der Melissengeist, der von Mönchen in einem Karmeliterkloster entwickelt wurde. Sein Rezept ist natürlich geheim. Kaufen Sie für Ihre Hausapotheke fertigen Melissen- oder Karmelitergeist. Sie können ihn innerlich zur Beruhigung nehmen oder als gutes Mittel bei Erkältungen, das die Abwehrkräfte stärkt. Äußerlich reibt man sich mit dem Alkoholauszug ein, um Kopfschmerzen oder Muskelverspannungen zu lösen.

Weitere Verwendungsmöglichkeiten
Ein Melissenbad wirkt herrlich entspannend. Bereiten Sie dafür einen Tee-Extrakt aus 50 bis 60 Gramm getrockneten Blättern und 1 Liter Wasser zu. Von frischen Blättern brauchen Sie mehr. Nehmen Sie einfach ein paar Hände voll. Dieser starke Tee wird, wenn er 10 Minuten durchgezogen ist, durch ein Sieb ins Badewasser gegossen. Melissen-Badeöl können Sie im Handel kaufen.

Historische Verwendung Berühmte Schriftsteller der Antike loben die Melisse. Virgil schreibt zum Beispiel: »Die Bienen lockt man mit Melisse.« Columnella berichtet von ähnlichen Erfahrungen: »Mit Melisse reibt man Bienenstöcke aus, in welche man die Schwärme locken will.«

Von der Melisse wissen auch die alten Krauterväter des späten Mittelalters viel Gutes zu berichten: »Melissengeist ist überaus gut / das

■ Die Kretische Melisse gedeiht problemlos in unseren Kräutergärten. Ihre samtigen, duftenden Blätter bereichern für Sommertees.

■ Buntblättrige Melissen schmücken den Garten mit ihrem sonnigen Farbenspiel. Ihr Zitrusaroma ähnelt der normalen Melisse.

schwache ohnmächtige Hertz zu stärcken und zu erquicken / insonderheit wann es des Nachts bochet und beängstiget wird / einen Trunck darvon gethan.«

Paracelsus lobte das Kraut ganz besonders: »Melissa ist von allen Dingen, die die Erde hervorbringt, die beste Pflanze für das Herz.« Und im »Zauberarzt« kann man die Empfehlung lesen: »Die Melisse macht anmutige Träume, weshalb man sie bei der Abendtafel genießen soll.«

Lonicerus berichtet von weiteren guten Eigenschaften: »Melissenwasser in trüben Wein gethan / macht denselbigen wieder klar. Es behält das Fleisch frisch vor Fliegen und Maden / daran gesprengt.«

Geradezu überschwänglich singt Mességué im 20. Jahrhundert sein Loblied auf die Melisse: »In meinen Augen ist sie die Königin unter den anregenden Kräutern. Zaghaften Liebhabern, beunruhigten Familienvätern, Frauen, die von Geldsorgen oder von ihren Frauenproblemen gequält werden, Verzweifelten, den ewig vom Leben Unterdrückten empfehle ich, dieses Zauberkraut, das wieder ermuntert und selbst den größten Melancholikern wieder Lebenskraft und Lebensfreude schenkt.«

Oregano, Wilder Dost
Origanum vulgare subsp. *vulgare*

Volkstümliche Namen Wilder Majoran, Oregan, Dost, Dosten, Frauendosten, Gemeiner Dosten, Dorant, Wohlgemut, Schusterkraut, Berghopfen, Badhopfenkraut, Costenz, Gemude, Brauner Dost, Mutterkraut, Maran, Müllerkraut, Ohrkraut, Spanischer Hopfen, Staudenmajoran

Heimat und Verbreitung Der Oregano oder Staudenmajoran ist in Südeuropa, Nordwest-Afrika, Kleinasien, Sibirien und in Zentralasien bis in die Mongolei und den Himalaja zu Hause. Er hat sich inzwischen in vielen Ländern Europas ausgebreitet und wächst an warmen, trockenen Plätzen auch wild. In China und Nordamerika ist er eingewandert.

Botanischer Steckbrief Der Oregano gehört in die Familie der Lippenblütler (Lamiaceae). Er bildet einen reichverzweigten Wurzelstock mit verholzten Ausläufern. Die Pflanze hat vierkantige, meist rötlich-braungefärbte Stängel, die 30–50 cm hoch wachsen. Die eiförmigen Blättchen sind fein behaart und mit Drüsenpunkten besetzt. Von Juli bis September erscheinen an den Spitzen der Zweige rosa oder weiße Blüten, die in lockeren Trugdolden zusammenstehen.

Heilkräftige Wirkstoffe Oregano enthält Gerb- und Bitterstoffe sowie ätherische Öle mit den Bestandteilen Carvacrol und Thymol

■ Der Oregano entfaltet im Hochsommer wochenlang ein Blütenfest für Gärtner und Insekten. In dieser Zeit wird das Kraut auch für Tee- und Gewürzvorräte geschnitten.

und Flavonoide. Er wirkt nervenstärkend und krampflösend bei Unterleibsschmerzen, Magenkrämpfen sowie bei Husten.

Geschmack und Würze Oreganoblätter haben ein sehr würziges Aroma, das ein wenig pfeffrig und scharf erscheint, aber auch etwas bitter-herb. Diese Nuancen sind aber nur »im Hintergrund« zu schmecken. Oregano befindet sich geschmacklich ungefähr zwischen Gartenmajoran und Thymian. Die Würzkraft des Wilden Majorans ist sehr davon abhängig, unter welchen Bodenverhältnissen und Klimabedingungen er aufwächst. Oregano aus Süditalien ist wesentlich aromatischer als seine deutschen Verwandten. In kühlen, nassen Sommern wird der Dost in unseren Gärten immer mehr nach »Grünzeug« als nach »Pizzagewürz« schmecken.

Besondere Arten und Sorten Der Griechische Oregano (*O. vulgare* subsp. *hirtum*, Syn.: *O. heracleoticum*) blüht weiß und besitzt eine kräftige Würze.

Kreta-Oregano (*O. dictamnus*) wird auch Diptamdost genannt. Er stammt von der Insel Kreta und fällt durch rundliche grau-weiße Blätter mit weichen Haaren auf. Außergewöhnlich sind auch seine überhängenden Blüten mit purpurroten Hochblättern und kleinen rosa Röhrenblüten. Seit der Antike wird dieser Oregano benutzt. Bei uns hält man ihn am besten im Topf. Der stärkende Tee ist gut für die Verdauung.

Der Syrische Oregano (*O. syriacum*) wird in seiner orientalischen Heimat Zatar genannt. Der kleine Strauch mit seinen stumpf-eiförmigen Blättern und den länglichen rosa Blütenähren gehört zu den uralten Gewürzen. Seine Verwendung reicht in biblische Zeiten zurück. Bei uns ist er nicht winterhart und muss im Topf gehalten werden. Blätter und Blüten können Sie zum Würzen von Fladenbrot, Fleisch und Oliven verwenden.

Der Blumen-Oregano (*O. vulgare* × *O. laevigatum* 'Aromatico') ist eine moderne Schweizer Züchtung mit wunderschönen roten Blütenständen.

Sorten von *Origanum vulgare* sind: 'Aureum' und 'Thumble's Variety' mit leuchtend goldgelben Blättern und 'Variegata' mit weiß-grün geflecktem Laub.

Anbau im Garten Geben Sie dem Oregano, seiner Herkunft entsprechend, den wärmsten Platz, den Sie finden können. Der Boden sollte trocken und durchlässig sein. In Steingärten gedeiht das anspruchslose Bergkraut oft besser als in niedrigen Beeten. Sie können ihn ab April in Reihen mit 25 cm Abstand aussäen. Die Jungpflanzen werden dann auf 20–25 cm Abstand verzogen. Einfacher ist es, wenn Sie sich in einer guten Gärtnerei im Frühling Oreganopflanzen besorgen. Spezialisierte Kräutergärtnereien bieten Oregano in zahlreichen würzigen Varianten an.

Später können Sie Ihre Bestände leicht durch Wurzelausläufer vermehren. Wo er sich wohlfühlt, da sät sich der Wilde Dost auch von selbst aus. In rauen Lagen brauchen die Pflanzen einen leichten Winterschutz aus Kiefernreisig. Im Frühling werden sie bis dicht über den Boden zurückgeschnitten.

Ernte und Aufbewahrung Blätter und junge Triebspitzen des Oregano können Sie während des ganzen Sommers pflücken und frisch verwenden. Während der Blüte hat der Staudenmajoran seine höchste Würzkraft. In dieser Zeit wird er in größeren Mengen handhoch über dem Boden abgeschnitten, gebündelt und getrocknet. Das Trockengewürz ist allgemein gebräuchlicher als die frischen grünen Blätter. Das Kraut behält auch in gedörrter Form ausgezeichnet sein Aroma. Sie können den getrockneten Dost sowohl als Gewürz wie auch als Tee für die Winterzeit gebrauchen.

Verwendung in der Küche Oregano ist das klassische Pizzagewürz. Außerdem können Sie ihn in der Küche noch zu Tomaten, Käse, herzhaften Aufläufen, Fleisch, Suppen und zu südländischen Gemüsen verwenden. Das Kraut wird mitgekocht.

Verwendung in der Hausapotheke
Aus frischen oder getrockneten Blättern und Blüten können Sie mit kochendem Wasser einen Tee aufbrühen. Er regt den Appetit an und hilft bei Durchfällen und anderen Störungen des Magen-Darm-Bereichs.

■ Wahrhaft golden leuchtet die Sorte 'Aureum' vom Kräuterbeet. Sie können diesen Oregano als Einfassung oder als gelben Teppich pflanzen.

■ Halten Sie den Kreta-Oregano im Topf. Mit seinen samtigen Blättern und den hängenden Blüten ist er eine Augenweide.

Ähnlich wie Thymian kann der Wilde Majoran auch als Hustentee mit Honig getrunken werden. Ungesüßt können Sie ihn bei Erkältungen zum Gurgeln benutzen.

Weitere Verwendungsmöglichkeiten Nehmen Sie bei »Grippewetter« ein heißes Oreganobad. Dafür brühen Sie aus 100 Gramm getrocknetem Kraut und 1 Liter kochendem Wasser einen Extrakt auf, der nach 15 Minuten abgesiebt und ins Badewasser geschüttet wird. Der Wilde Dost ist mit seiner üppigen Blüte eine hervorragende Bienenweide.

Historische Verwendung In den antiken Mittelmeerkulturen war Dost bekannt und vielfältig in Gebrauch. Columnella schrieb: »Der Dosten gibt den Bienen guten Honig.« Dioscurides betonte eine andere gute Eigenschaft: »Der Gemeine Dosten (...) dient gegen den Biß giftiger Thiere.«

Ganz aus der Gartenpraxis stammt der Rat des Palladius »Im März wird der Dosten im Garten versetzt. (...) Die Zweige der Pflanzen werden den Oliven beim Einmachen als Würze beigegeben.«

Im Mittelalter wehrte man mit Sträußchen aus Dost oder Wohlgemut, wie man den Oregano meist nannte, den Teufel ab. Den Schnittern und Feldarbeitern mischte man das Kraut als Stärkungsmittel unter das Essen.

Adamus Lonicerus empfahl: »Wohlgemuth in Wein gesotten / löschet alle Hitz / ... der warme Dampff darvon in die Ohren gelassen / stillet das Sausen und Klingen. Wer eine ungesunde Leber hat / der trinck über diese Blumen / es hilfft.«

Pfefferminze
Mentha × piperita

Volkstümliche Namen Minze, Krauseminze, Krauß Münz, Rote Münz, Spitzmünz, Katzenbalsam, Wassermünz, Edelminze, Flachskraut, Hirschminze, Flohkraut, Grüne Minze, Englische Minze, Teeminze, Oderminze, Prominenzblätter, Braunheiligenkraut, Balsamminze, Mänthenkraut, Feld-, Haus- und

Frauenminze, Maienminze, Peperminte, Aderminte, Schmeckerts

Diese Namen beziehen sich nicht nur auf die Edelminze *(Mentha × piperita),* sondern zum Teil auch auf die im Text aufgezählten anderen Minze-Arten.

Heimat und Verbreitung Minzen sind in unzähligen Arten in weiten Teilen der Welt verbreitet. Die bei uns heimischen Wildminzenarten stammen aus folgenden Heimatländern: **Wasserminze** *(M. aquatica)* Europa, Vorderer Orient, Kaukasus, Iran und Nordwest-Afrika.

Ackerminze *(M. arvensis)* Europa, Türkei, Kaukasus, Zentralasien, Himalaja, China, Alaska, Kanada und USA.

Rossminze *(M. longifolia)* Europa, Vorderer Orient, Nordwest-Afrika, Kaukasus, Iran.

Poleiminze *(M. pulegium)* Europa, Vorderer Orient, Nordafrika, Iran.

Die besonders heilkräftige **Edelminze** *(Mentha × piperita)* wird nur als Kulturpflanze angebaut. Sie soll gegen Ende des 17. Jahrhunderts auf einem englischen Pfefferminzfeld zum ersten Mal aufgetaucht sein als Bastard von Bachminze *(Mentha aquatica)* und Ährenminze *(M. spicata).*

Kultivierte Edelminze wächst auch in Indien, China und Japan sowie in Nord- und Südamerika.

Botanischer Steckbrief Die Minze gehört zu den Lippenblütlern (Lamiaceae). Sie hat flach

■ Die Rossminze gehört zu den heimischen Minzenarten. Sie wächst wild an feuchten Standorten. Ihre länglichen Blätter riechen streng.

wachsende Wurzeln und bildet zahlreiche Ausläufer, die über lange Strecken durch den Garten »wandern« können. Die Minze wird dadurch manchmal zum wuchernden »Un-Kraut«. Die Stängel der Edelminze sind erst im oberen Teil kantig und oft rötlich angelaufen. Sie werden 50–80 cm hoch. Die länglich-eiförmigen, gezähnten Blätter haben eine frische dunkelgrüne Farbe und sind manchmal rötlich-violett getönt. Die rosa bis violetten Blüten bilden an den Zweigspitzen dichte Scheinähren. Die Blütezeit liegt in den Monaten Juli und August.

Die echte Pfefferminze kann nur durch Wurzelausläufer vermehrt werden, da sie ein beinahe steriler Bastard ist und fast nie Samen ansetzt. Sie bekommen diese Ableger in Kräuter-Spezialgärtnereien und in Gartencentern.

Heilkräftige Wirkstoffe Das Kraut ist reich an ätherischen Ölen, die vor allem Menthol (Pfefferminzkampfer) und Menthon enthalten. Hinzu kommen Gerb- und Bitterstoffe, Flavonoide sowie Rosmarinsäure. Pfefferminze wirkt krampflösend und durchwärmend. Sie hat vor allem auf den Magen-Darm-Bereich eine wohltuende Wirkung bei Übelkeit, Blähungen und Krämpfen.

Geschmack und Würze Das ganze Minzenkraut riecht erfrischend aromatisch – eben typisch nach Pfefferminze. Es enthält eine leicht brennende Würze. Das schwache Kältegefühl, das die Pfefferminze beim Kauen vorübergehend erzeugt, entsteht durch die leicht betäubende Wirkung des Menthols.

Besondere Arten und Sorten

Wilde heimische Minzen:

Die **Wasser-** oder **Bachminze** (M. aquatica) liebt feuchte Standorte, gut geeignet ist im Garten ein Teichrand. Dunkelrote Stängel, eiförmige behaarte Blätter und lilafarbige, in Quirlen angeordnete Blüten an den obersten Trieben sind ihre Erkennungsmerkmale. Die Wasserminze besitzt ein kräftiges Pfefferminzaroma.

Die **Ackerminze** (M. arvensis) ist in Europa und Asien weit verbreitet. Ihre Blätter sind eiför-mig bis elliptisch geformt und leicht gezähnt. Die lilarosa Blüten bilden Scheinquirle in den Blattachseln. Der Geruch ist stechend-scharf.

Die **Rossminze** (M. longifolia) erkennt man gut an ihren schmalen, länglichen Blättern, die an den Rändern gesägt sind. Auf der Unterseite sind sie grau behaart. Ihre rosa oder rötlich lila gefärbten Blüten öffnen sich an langen Ähren. Das Aroma der Rossminze ist etwas streng, weil das ätherische Öl Piperitonoxid und Carvon enthält aber kein Menthol.

Die **Poleiminze** (M. pulegium) wurde früher auch Flohkraut genannt. Sie besitzt kleine eiförmige Blätter und blüht in zierlichen lila-rosa Quirlen, die an den oberen Trieben wie Perlen an einer Schnur aufgereiht sind. Ihr Duft ist scharf-aromatisch. In den Klostergärten des Mittelalters war die Poleiminze als Heilpflanze sehr beliebt. In der Volksmedizin wurde sie für Abtreibungen benutzt. Nach heutigen Erkenntnissen ist der Hauptinhaltsstoff Pulegon giftig. Deshalb wir die Poleiminze als Heilkraut nicht mehr empfohlen. Gegen Ungeziefer und zur Insektenabwehr kann das traditionsreiche »Flohkraut« aber immer noch gute Dienste leisten.

Edelminzen und Verwandte:

Die **Englische Minze** (M. × piperita 'Mitcham') ist die klassische Tee-Minze mit kräftigem mentholreichem Pfefferminzaroma. Charakteristisch sind ihre rot überlaufenen Stängel, dunkelgrüne Blätter und lila-rosa Blütenähren.

Die **Orangen-Minze** (M. × piperita var. citrata) hat rundliche Blätter und einen fruchtigen Orangenduft. Sie bleibt relativ niedrig und ist nicht so starkwüchsig. Diese Minze eignet sich gut für sommerliche Teemischungen.

Die **Kölnischwasser-Minze** (M. × piperita var. citrata) duftet erfrischend nach Eau de Cologne!

Die **Schokoladen-Minze** (M. × piperita 'Chocolate') überrascht mit einer unbeschreiblichen Mischung aus Mentholfrische und Schokoladensüße. Die Blätter eignen sich für Tees und Desserts.

Die **Thüringer Minze** (M. × piperita 'Multimentha') ist eine Züchtung, die stark wächst und nicht anfällig für Pfefferminzrost ist – eine gute Tee-Minze.

Die **Japanische Heilminze** (M. arvensis × piperascens) besitzt grün-graue Blätter, die intensiv duften. Aus dieser Minze, die einen sehr hohen Mentholgehalt hat, wird das japanische Pfefferminzöl gewonnen.

Die **Apfel-Minze** (M. suaveolens) ist eine alte Bauerngarten-Minze. Sie entfaltet eine Fülle weich behaarter, leicht grau-grüner Blätter und blüht reich mit helllila Blütenähren. Die Apfelminze hat ein weiches, süßliches Aroma, das auch Kinder lieben.

Die **Ananas-Minze** (M. suaveolens 'Variegata') unterscheidet sich von der Verwandtschaft durch grün-weiß gefärbte Blätter und weiße Blüten. Ihr Aroma ist herber und enthält eine Kampfernote. Die Ananas-Minze ist nicht so starkwüchsig und eignet sich auch für Balkonkästen und Terrassentöpfe.

Die **Grüne Minze** (M. spicata) wird auch **Ährenminze** genannt. Sie fällt durch leuchtend grüne, längliche Blätter und zylindrisch geformte Ähren mit lila-rosa Blüten auf. Diese Minze ist in England sehr beliebt. Ihr aromatisch-mildes Aroma eignet sich für vielseitige Verwendung. In England würzt man mit ihren Blättern Minzgelee, Minzsoßen, Lammbraten und sogar Gemüse, zum Beispiel Möhren.

Die **Türkische Minze** (M. spicata var. crispa) wird in ihrer Heimat **Nane** genannt. Sie treibt dunkelgrüne krause Blätter an rötlichen Stängeln. Ihr würziges Aroma ist im Mittelmeerraum sehr beliebt. Sie weckt Urlaubserinnerungen!

Anbau im Garten Ähnlich wie an ihren natürlichen Standorten möchte die Pfefferminze auch im Garten einen feuchten Platz haben. Sie wächst gut im Halbschatten, aber es muss ein lichter, luftiger Schatten sein, der die Aromabildung nicht behindert. Da die meisten Minzen stark wuchern, sollten Sie ihnen ein besonderes Quartier geben, das ihren »Wandertrieb« eingrenzt. Ein ausgedienter oder

■ Die Wasserminze können Sie gut an den Teichrand pflanzen. Sie wird sich dort wie zuhause fühlen und sich gerne ausbreiten.

■ Die Poleiminze wuchs früher in allen Klostergärten. Heute benutzt man das alte »Flohkraut« nur noch zur Insektenabwehr.

■ Die Orangenminze eignet sich mit ihrem fruchtigen Duft gut für sommerliche Teemischungen. Sie wuchert nicht so stark.

■ Pflanzen Sie die Sorte 'Chocolate'. Diese Überraschung aus Schoko-Aroma und Pfefferminzfrische müssen Sie einfach erleben!

■ Zu den traditionsreichen Bauerngartenpflanzen gehört die Apfelminze. Ihr sanftes Aroma ist auch bei Kindern beliebt.

■ Von der Krausen Minze sind zahlreiche Varianten, alle mit krausen Blättern, im Orient verbreitet, darunter auch die Türkische Minze.

eigens für diesen Zweck aufgestellter Früh-beetkasten eignet sich gut als Minzenbeet. Wo genügend Platz vorhanden ist, können Sie die herrlich duftenden Pfefferminzpflanzen auch als Bodendecker einsetzen, die jede Konkurrenz vertreiben. Praktisch ist ein Minzenbeet, das von Rasen umgeben ist. Der Mäher sorgt dann dafür, dass Ausläufer immer kurz gehalten werden! Eine Zeitlang können Sie Minzen auch in geräumigen Töpfen und Kästen halten. Der Boden sollte humusreich und feucht sein. Leichte Lehmböden sind ideal, aber auch moorige Erde eignet sich gut. Geben Sie der Minze reichlich Kompost und mäßig organischen Dünger.

Die Wurzelableger der Pfefferminze, die unbedingt nur von sortenechten Mutterpflanzen stammen sollen, können Sie im Frühling flach in die gut vorbereitete, lockere Erde legen. Halten Sie dabei etwa 30 cm Abstand ein. Anfangs sollten Sie sorgfältig alles Unkraut entfernen, später nimmt Ihnen die Minze diese Mühe weitgehend ab. Sie deckt den Boden dicht zu; dann müssen Sie nur noch für genügend Feuchtigkeit sorgen.

Ein gefürchteter Schädling des würzigen Krautes ist der Pfefferminzrost. Er breitet sich vor allem in engstehenden Kulturen aus und bildet kurz vor der Blüte rostrote Flecken an den Blättern. Da hilft nur eines: Schneiden Sie die Pflanzen radikal zurück. Der Neuaustrieb ist dann wieder gesund. In sehr strengen Wintern brauchen manche Edelminzen eine Frostschutzdecke.

Ernte und Aufbewahrung Frische Minzenblätter können Sie laufend abpflücken. Die Haupterntezeit liegt kurz vor der Blüte im Monat Juli. Dann werden die oberen Triebe mit den frischen Blättern abgeschnitten, gebündelt und getrocknet. Die abgestreiften, trockenen Blätter werden gut verschlossen aufbewahrt. In warmen Jahren können Sie im Spätsommer noch einen zweiten oder dritten Schnitt erwarten.

Verwendung in der Küche Die frische Minze wird vor allem nach englischer Art zum Würzen von Soßen und Lammfleisch verwendet. Eisgekühlter Pfefferminztee ist ein herrliches Sommergetränk. Aus frischen grünen Blättern zubereitet, schmeckt er unvergleichlich aromatischer als der Tee aus getrocknetem Kraut. Mischen Sie einmal Balsamkraut und wenig Eberraute unter die Minzenblätter! Auch Zitronenverbene, Honigmelonen-Salbei, Duftrosen und Lavendelblüten eignen sich als Minzen-Teepartner. Berühmt ist die orientalische Mischung von schwarzem Tee und Minzenblättern.

Verwendung in der Hausapotheke
Pfefferminztee aus frischen oder getrockneten Blättern wird mit kochendem Wasser aufgebrüht. Trinken Sie ihn ungesüßt, wenn Sie sich den Magen verdorben haben, bei Übelkeit, Leibschmerzen, Darmkrämpfen und Blähungen. Pfefferminztee sollte aber nicht aus Gewohnheit getrunken werden! Er ist ein Heilmittel und kein Allerweltsgetränk.

Pfefferminzöl von der Japanischen Heilminze (*M. arvensis × piperascens*) bekommen Sie in Apotheken und Reformhäusern. Äußerlich wird es zum Einreiben benutzt; dann lindert es Kopf-, Muskel- und Nervenschmerzen. Innerlich eingenommen, löst es Krämpfe und hilft auch bei Erkältungen.

Historische Verwendung Minzen sind uralte Kulturpflanzen. Die antiken Griechen und Römer pflanzten bereits verschiedene Arten in ihre Gärten. Dioscurides schreibt über die Minthe oder Kalaminthe: »Sie hat erwärmende, zusammenziehende, austrocknende Kräfte. Dient als Arznei (...) ist dem Magen zuträglich und gibt ein passendes Gewürz.« Columnella steht mit beiden Beinen auf dem Gartenboden: »Die Minze (Menta) pflanzt man im März ans Wasser. Kann man keine Gartenminze haben, so nimmt man Wilde Minze (silvestre mentastum) vom Brachfeld und pflanzt Stecklinge davon mit dem Oberende nach unten ein, wodurch sich die wilde in zahme verwandelt.«
»Im alten Griechenland schmückten die Landleute, wenn sie Gäste hatten, den Esstisch mit Minze ...« Dies erzählt ein Kräuterbuch aus dem 19. Jahrhundert.

Karl der Große empfahl bereits Poleiminze, Wasserminze, Ährenminze und Rossminze für den Anbau auf seinen Landgütern.

In Walahfrid Strabos Garten wuchs die Minze ebenfalls. »Auch darf mir nie ein Vorrat an gewöhnlicher Minze fehlen, die viele verschiedene Arten und Sorten und Farben und Kräfte aufweist. (...) Wer aber Kräfte, Arten und Namen der Minzen vollständig aufzählen kann, weiß auch bestimmt, wie viel Fische im Roten Meer sich tummeln ...«

Hildegard von Bingen empfahl: »Wer ein Gehirnleiden hat, so dass er verwirrt ist, der gebe Poleiminze in Wein und koche das ab und lege es dann warm rund um den Kopf auf und befestige es mit einem Tuch, damit das Gehirn sich erwärmt; und das unterdrückt ihm den Verwirrtheitszustand.«

Tabernaemontanus kannte bereits eine Fülle verschiedene Minzenarten wie Spitzmüntzen, Wilder Balsam oder Roßmünzen, Katzenmüntz, Bergmüntz, Basilienmüntz, Ackermüntz und Wassermüntz. Eines seiner vielen Rezepte mit Bergminze rät: »Wer mit dem Bauchgrimmen geplaget wird / der leg diese Kräuter in wein und wasser / laß sie bey dem Feuer gar heiß werden / und lege sie darnach heiß über den Nabel / es hillfft gar wol / und erwärmet wiederum die erkaltete Därm.«

Im 20. Jahrhundert setzte Mességué die ununterbrochene Tradition der Minzen-Medizin fort. Er lobte sie aber auch auf charmant-französische Art: »Die Araber treiben einen wahren Kult mit der Minze, und ich stimme in das Lob bereitwillig ein. Der niedrigste Fellah vergißt ebenso wenig wie der mächtigste Emir, einen kleine Minzestrauß bei sich zu haben. Dem Fellah dient die Minze als Antisepticum, denn sie vertreibt die Fliegen, die infektiöse Keime übertragen, und sie hält gefährliche Bakterien fern, dank der Essenz, mit der sie getränkt ist, dem Menthol. Dem Emir dient sie gewissermaßen als Bote der Freundschaft oder der Liebe. Die aphrodisischen Vorzüge dieser Pflanze sind allzu oft gepriesen worden, als dass da nicht ein Körnchen Wahrheit enthalten wäre.«

Pimpinelle, Kleiner Wiesenknopf
Sanguisorba minor

Volkstümliche Namen Kleiner Wiesenknopf, Bibernell, Bibernelle, Wiesenbimbernell, Blutskraut, Pimpernell, Pinellkraut, Weinpimpinellwurzel, Weinpimpinell, Kölbelskraut, Herrgottsbart, Sperbenkraut, Schneiderknopf, Hosenknopf, Grummetkopf, Trommelschlegel, Kölble, Braunelle, Schlotfeger, Rotkopf, Blutströpfli

Heimat und Verbreitung Die Pimpinelle wächst in vielen Ländern Mitteleuropas, im Vorderen Orient, im Kaukasus und in gemäßigten Klimazonen Asiens vom Altai bis zum westlichen Himalaja wild. Auch in Nordwest-Afrika kommt sie vor. Mit Vorliebe gedeiht sie auf trockenen Wiesen und an Wegrändern. Schon im Mittelalter war die Pimpinelle ein geachtetes und vielbenutztes Heilkraut. Ihr Name setzt sich zusammen aus »sanguis – Blut« und »sorbere – aufsaugen«. Er deutet auf die blutstillenden Eigenschaften hin.

Botanischer Steckbrief Die Pimpinelle, die auch Kleiner Wiesenknopf genannt wird, gehört zu den Rosengewächsen *(Rosaceae)*. Sie hat lange, verzweigte Wurzeln, aus denen eine dichte Blattrosette herauswächst. Die Blätter sind zierlich gefiedert und am Rand gezähnt. An langen Stielen erscheinen von Mai bis Juni rundliche Blütenköpfchen mit rötlich-grünen Einzelblüten. Die ganze Pflanze wird 30–50 cm hoch.

Heilkräftige Wirkstoffe Die Pimpinelle enthält Gerbstoffe, Flavonoide und Vitamin C. Das Kraut wirkt blutstillend, antiseptisch und zusammenziehend.

Geschmack und Würze Die Blätter der Pimpinelle schmecken frisch-würzig, ein wenig nach Gurken.

Besondere Arten und Sorten
Der Große Wiesenknopf *(S. officinalis)* treibt aus einer Rosette mit gefiederten Blättern einen etwa 1 m hohen Stängel mit walzenförmigen, rotbraun gefärbten Blüten. Dieses Kraut wächst mit Vorliebe auf feuchten, oft sogar moorigen Wiesen.

Der Große Wiesenknopf ist besonders heilkräftig. Er enthält Gerbstoffe wie Sanguisorbin, außerdem Tannine, Saponine, Flavonoide und Vitamin C. Er wirkt blutstillend, antiseptisch, entzündungshemmend und adstringierend. Das ganze Kraut erntet man zur Blütezeit, die besonders heilkräftigen Wurzeln im frühen Frühling oder im späten Herbst. Blätter und Blüten können auch – wie der Kleine Wiesenknopf – in der Küche verwendet werden.

Die Große und die Kleine Bibernelle *(Pimpinella major* und *P. saxifraga)* können für Verwirrung sorgen, weil auch die Pimpinelle manchmal Bibernelle genannt wird. Die echte Bibernelle ist ebenfalls eine Heilpflanze, die vor allem schleimlösend und entzündungshemmend wirken soll.

Anbau im Garten Im Gewürzgarten wird meist der Kleine Wiesenknopf angebaut. Das Kraut ist nicht besonders anspruchsvoll. In trockenen, kalkhaltigen Böden gedeiht es aber besser als in schwerer, feuchter Erde. In der Sonne entwickelt es ein feineres Aroma als im Schatten. Säen Sie Pimpinelle im März oder

■ Die Pimpinelle ist ein hübsches, unkompliziertes Wiesenkraut, das in jedem Küchengarten wachsen sollte. Für die berühmte Frankfurter Grüne Soße ist sie unentbehrlich!

April ins Freiland aus. Die Reihen sollten 30 cm Abstand haben. Später lassen Sie nur alle 30 cm eine Jungpflanze stehen. Pimpinelle lässt sich wegen der langen Pfahlwurzel nicht gut verpflanzen. Schneiden Sie die meisten Blütenstände heraus, weil es im Küchengarten nur auf die Blätter ankommt. Die Pimpinelle ist ausdauernd. Aber unter ungünstigen Bedingungen ist es besser, wenn man sie alle 2 Jahre frisch aussät. Sie kümmert sonst leicht.

Ernte und Aufbewahrung Pflücken Sie laufend frische, zarte Blätter. Ältere Blätter sind hart und unbrauchbar. Für die Hausapotheke können Sie auch einen Teil des ganzen blühenden Krautes mit den Wurzeln trocknen.

Verwendung in der Küche Die Pimpinelle gehört zu den klassischen sieben Kräutern der echten »grünen Soße«. Sie passt zu Salaten, Quark und Eiern. Verwenden Sie das Kraut in der Küche nur frisch.

Verwendung in der Hausapotheke Als Medizin wird meist der Große Wiesenknopf verwendet. Setzen Sie den Tee mit kaltem Wasser an, und erhitzen Sie ihn bis zum Kochen. Sie können ihn für Spülungen bei entzündetem Zahnfleisch benutzen oder auch als Mittel gegen Durchfall.

Weitere Verwendungsmöglichkeiten In China und Russland ist die Pimpinelle als blutstillendes Kraut bekannt und wird viel genutzt.

Historische Verwendung Bei Tabernaemontanus wird die Pimpinelle Sperbenkraut genannt: »Die beyden Geschlecht der Sperbenkräuter / haben ein zusammenziehenden und klebrichten Geschmack / haben derowegen eine Krafft und Eigenschafft mittelmässig zu kühlen / zu trucknen und die Wunden zu hefften / und das Blut gewaltiglich zu stillen. Es ist die kleine Welsch Pimpernell so gemein worden / dass die Köch deren in der Küchen nicht entbähren wollen / dann sie nicht allein zu den Salaten gebrauchet wird / sondern sie wird auch nützlich mit anderen Mußkräutern zu dem Gemüß und Suppen vermischet.

Dieses Kraut wird auch heutiges Tages den ganzen Sommer frisch in den Wein gelegt / darab zu trincken / dann es demselben ein anmütigen Geschmack mittheilet …« Der berühmte englische Heilkundige Culpeper bescheinigt dem Großen Wiesenknopf, vor allem dem Laub: »Es stillt Blutungen nach innen und nach außen.«

Quendel, Feldthymian, Arzneithymian
Thymus pulegioides

Volkstümliche Namen Feldthymian, Bergthymian, Karwendel, Kundlkraut, Kinderkraut, Rainbartkraut, Rainkinderle, Kunerle, wilder Thymian, Wurstkraut, Rainkümmel, Feldkümmel, Gundelkraut, Marienbettstroh, Hühnerklee, wilder Rosmarin, Frauenkraut, Geismajoran, Wilder Zimt, Feldbulla, Hühnerkümmel, Hühnerbolle, Hühnerpolei

Heimat und Verbreitung Der Quendel wächst seit alten Zeiten sowohl südlich als auch nördlich der Alpen wild. Man findet ihn in allen gemäßigten Klimazonen Europas an trockenen, sonnigen Plätzen, vor allem an Berghängen oder in Heidelandschaften. Die Ägypter, Römer und Griechen der Antike kannten und benutzten verschiedene Quendelarten; die Germanen weihten die Pflanze der Göttin Freya; im Mittelalter wurde der wilde Thymian als Arzneipflanze sehr geschätzt. Im Himalaja wächst der Quendel bis in Höhen von 4500 m. Er ist auch in Vorderindien, Nordsibirien und Grönland zu Hause. In Nordamerika zählt das Kraut zu den »Einwanderern«.

Botanischer Steckbrief Der Quendel gehört in die Familie der Lippenblütler (Lamiaceae). Er besitzt einen verzweigten, kaum verholzenden Wurzelstock und bildet kleine, buschige Halbsträucher von 10–25 cm Höhe. Die Stängel breiten sich oft über den Boden aus. Sie sind mit kleinen, eiförmigen oder länglichen Blättern besetzt, die einander gegenüberstehen. Von Juni bis August ist der Quendel von kugeligen Blütenständen übersät, die rosa oder purpurrot gefärbt sind.

Heilkräftige Wirkstoffe Die Pflanzen enthalten ätherische Öle, in denen vor allem Carvacrol, Borneol und wenig Thymol vorkommen, außerdem Gerbstoffe, Bitterstoffe und Flavonoide. Quendel wirkt krampflösend, besonders bei Menstruationsbeschwerden. Hinzu kommt eine allgemein kräftigende und nervenstärkende Wirkung.

Geschmack und Würze Während der Blütezeit hat das Kraut seine größte Würzkraft und verströmt in seiner Umgebung aromatische Düfte. Der wilde Thymian riecht und schmeckt sehr würzig. Er besitzt eine leicht bittere, kampferartige Komponente.

Anbau im Garten Siehe Garten-Thymian, Seite 162. Beide Kräuter werden in gleicher Weise angebaut.

Ernte und Aufbewahrung Während des Sommers können Sie jederzeit Quendelzweige zum Würzen pflücken. Zur Blütezeit wird das Kraut geschnitten und sehr locker zum Trocknen ausgebreitet.

Verwendung in der Küche Der Quendel wird zum Würzen genauso benutzt wie der Thymian.

Verwendung in der Hausapotheke Quendel-Tee wird mit kochendem Wasser aufgebrüht. Er regt den Appetit an und löst Magen- und Darmkrämpfe. Auch als Hustentee, mit Honig gesüßt, leistet er gute Dienste. Nervenstärkend und kräftigend wirkt ein Quendelbad. Bereiten Sie dafür einen starken Tee-Extrakt, der ins Badewasser gegossen wird.

Weitere Verwendungsmöglichkeiten Quendelkraut können Sie auch, gemischt mit der gleichen Menge Rosmarinblätter und Veilchenblüten (je 30 Gramm), in einer Flasche mit 0,5 Liter Franzbranntwein ansetzen. Nachdem diese Essenz einige Tage lang in der Sonne durchgezogen ist, wird sie abgesiebt und kann als Einreibemittel bei Rheumaschmerzen verwendet werden.

Historische Verwendung Wilder Quendel wurde schon in der Antike benutzt und auch im Garten gepflanzt. Dioscurides berichtet:

»Vom Feldthymian gibt es eine Sorte, welche in Gärten gezogen wird, an Geruch dem Majoran ähnelt und oft zu Kränzen verwendet wird.« Virgil beschreibt einen anderen Brauch: »Den von Hitze ermüdeten Schnittern wird Knoblauch und Feld-Thymian gestoßen und als Würze in die Speisen gethan.«

Später greift Hildegard von Bingen das alte Wissen von der Heilkraft des Quendels, den sie Quenula nennt, auf: »Der Quendel ist warm und gemäßigt. Wenn jemand schlecht genährtes Fleisch hat (...) genieße er oft Quendel mit Fleisch oder in »muse« (Gemüse) gekocht. Wer an feinem Schorf leidet, mache dagegen eine Salbe aus Quendel mit frischem Fett.«

Im Mittelalter hieß es: »In Summa es wird diß Kraut / nemlich der Quendel zu allen innerlichen Schwachheiten gebrauchet ...«

Ein »moderner Kräutervater«, Maurice Mességué, steht ganz auf dem Boden dieser Tradition: »Wenn heute die Grippe droht, hat man nur Antibiotika. Ich behaupte, dass man durch den regelmäßigen Gebrauch von antiseptischen Kräutern – und besonders von Thymian und Quendel – seinen Organismus vollkommen widerstandsfähig gegen alle Epidemien machen kann.«

Rosmarin
Rosmarinus officinalis

Volkstümliche Namen Meertau, Merdau, Balsamstrauch, Riechkräutlein, Weihrauchkraut, Weihrauchwurz, Fürst der aromatischen Pflanzen, Hochzeitsblümchen, Kranzenkraut, Antonskraut, Maria Reinigung, Rosemarie, Brautkraut, Kid, Marienkraut, Hochzeitsmaie

Heimat und Verbreitung Der Rosmarin ist in fast allen Ländern rings um das Mittelmeer zu Hause. Er wächst dort in verschwenderischer Fülle an sonnigen Felsenhängen. In seiner Heimat wird er bis zu 2 m hoch. Sein Name bedeutet »Tau des Meeres«.

Das stark duftende Kraut war vielen Völkern des Altertums – Juden, Ägyptern, Griechen und Römern – besonders heilig. Es galt als Zauber- und Heilkraut. Wahrscheinlich brachten die Römer den Rosmarin über die Alpen. Karl der Große ließ ihn bereits um 800 nach Christus in seinen Gärten pflanzen. Im Mittelalter stand die Pflanze in hohem Ansehen.

Botanischer Steckbrief Der Rosmarin gehört in die Familie der Lippenblütler (Lamiaceae). Er ist immergrün und bildet holzige Halbsträucher, die auch bei uns 50–150 cm hoch werden können. Die jungen, vierkantigen Triebe sind samtig behaart. Wie Nadeln wirken die schmalen, ledrigen Blätter. Sie sind an der Oberseite glatt und dunkelgrün, an der Unterseite grau-filzig. Von März bis Juni erscheinen in den Blattachseln wasserblaue bis zart-violette Blüten. Manchmal sind sie auch weiß.

Heilkräftige Wirkstoffe In den Blättern finden sich reichlich ätherische Öle, die kampferartige Stoffe enthalten sowie Säuren, z.B. Rosmarinsäure, Flavonoide, Gerb- und Bitterstoffe. Rosmarin wirkt anregend auf Kreislauf und Nerven und kräftigend bei Erschöpfungszuständen.

Geschmack und Würze Die ganze Pflanze riecht stark-würzig, ein wenig fremdartig nach Kampfer, Weihrauch und Nadelholz. Im Geschmack ist eine herb-bittere Nuance enthalten.

Besondere Arten und Sorten
Die Botaniker sind sich nicht einig, ob der Rosmarin nur in einer einzigen Art verbreitet ist oder ob es noch eine zweite gibt. Der Hängende oder Kriechende Rosmarin ('Postratus'-Gruppe, Syn.: *Rosmarinus lavandulaceus*) ist der umstrittene Kandidat. In der Natur kommt er nur in Südspanien und

■ Der Quendel bildet duftende Blütenteppiche, die Kräutergärtner und Bienen gleichermaßen erfreuen. Trinken Sie Quendel-Tee, wenn Sie Ihre Abwehrkräfte stärken möchten.

Nordafrika vor, wo er auf kalkhaltigen Felsen wächst. Der Hängende Rosmarin eignet sich gut für Natursteinmauern, hohe Töpfe und Ampelgefäße.

Von *Rosmarinus officinalis* gibt es zahlreiche attraktive Züchtungen, die zum Ausprobieren verlocken:

'Blauer Toskaner' ('Tuscan Blue') wächst stark und hoch. Zwischen den großen Blättern leuchten tiefblaue Blüten.

'Davor' erreicht nur 50 cm und eignet sich gut für Balkon und Terrasse. Die rosa Blüten sind ein besonderer Schmuck.

'Majorca Pink' wächst säulenförmig und schmückt sich mit lilarosa Blüten.

'Veitshöchheim' ist eine robuste bayerische Auslese, die sehr winterhart sein soll.

Anbau im Garten Der Rosmarin ist sehr wärmebedürftig und bei uns im Allgemeinen nicht winterhart. Nur in Landschaften mit mildem Weinbauklima können Sie ihn draußen im Garten lassen. Er braucht – wie in seiner Heimat – sehr viel Sonne und einen durchlässigen, aber humosen Boden. Wo immer es möglich ist, sollten Sie ihn vor eine Südwand pflanzen. In schweren Böden kann der Rosmarin nur gedeihen, wenn Sie seinen Pflanzplatz durch Sand und Kieselsteine auflockern. Ein erhöhtes Beet mit Dränageschicht oder der Steingarten sind für diesen Südländer empfehlenswerte Standorte.

Sie können Rosmarin selbst in einer Saatschale auf der Fensterbank oder im warmen Frühbeet aussäen. Dazu brauchen Sie aber viel Geduld, denn die feinen Samen keimen langsam. Oft dauert es einen Monat, bis das erste Grün erscheint. Die kleinen Pflänzchen werden sorgfältig pikiert und können ab Mitte Mai ins Freiland versetzt werden.

Sehr viel einfacher haben Sie es, wenn Sie sich Rosmarinpflanzen, die Sie in vielen Gärtnereien kaufen können, besorgen. Setzen Sie sie so weit auseinander, dass sie nach allen Seiten viel Luft haben. Von größeren Pflanzen können Sie später Stecklinge schneiden, die sich leicht bewurzeln.

Mit reichlich Kompost und einer organischen Düngung im Frühsommer sorgen Sie bei Ihren Rosmarinstöcken für kräftiges Wachstum. Ab August müssen die Pflanzen unbedingt trocken und mager gehalten werden, damit das Holz ausreift. An zu stark getriebenen Stöcken entsteht leicht Frostschaden.

Wo der Rosmarin im Freien überwintert, wird er mit einer luftigen Abdeckung aus Kiefernreisig geschützt. Im Allgemeinen gedeiht er aber in unserem mitteleuropäischen Klima nur in Töpfen, die während des Sommers im Garten eingegraben und im Spätherbst wieder ins Haus geholt werden. Hier braucht der duftende Gewürzstrauch unbedingt einen hellen, kühlen, aber frostfreien Platz. Er wird nur wenig gegossen, gerade so viel, dass der Wurzelballen nicht austrocknet. In warmen Räumen treibt der Rosmarin kraftlose Wintertriebe, die meist von Ungeziefer befallen werden.

■ Duftender Rosmarin darf in keinem Kräutergarten fehlen. Er gedeiht im Topf und findet deshalb auch auf Terrasse oder Balkon Platz.

■ In Kräutergärtnereien wird auch der Hängende Rosmarin angeboten. In wilder Schönheit überwuchert er Mauern und große Kübel.

■ Etwas Besonderes für Rosmarin-Sammler sind rosa blühende Sorten. Sie wirken besonders dekorativ auf Balkon und Terrasse.

Natürlich dürfen Sie Rosmarintöpfe auch auf die Terrasse oder den Balkon stellen. Dort können Sie den würzigen Duft aus der Nähe genießen und rasch einen kleinen Zweig für die Küche pflücken.

Je älter eine Rosmarinpflanze ist, desto weniger sollte sie umgetopft werden. Wählen Sie deshalb für erwachsene Exemplare möglichst große Töpfe, später sogar Kübel!

Ernte und Aufbewahrung Triebspitzen und einzelne Blätter können Sie während des ganzen Jahres pflücken. Passen Sie die Ernte aber immer der Größe der Pflanze an, schneiden Sie nur so viel, dass sie keinen Schaden nimmt. Rosmarin kann getrocknet werden und behält dabei sein intensives Aroma.

Es lohnt sich auch, einige Rosmarinzweige in Olivenöl einzulegen für eine kräftige Würze. Rezepte finden Sie auf Seite 222.

Verwendung in der Küche Benutzen Sie das starkwürzige Kraut in kleinen Portionen. Es passt besonders gut zu Gerichten der italienischen Küche. Rosmarin schmeckt zu Hähnchen, Tomatensuppe, gebackenen Kartoffeln, Hammel, Schweinebraten, Käse und pikanten Soßen. Er wird mitgekocht.

Verwendung in der Hausapotheke Rosmarin-Tee wird mit kochendem Wasser aufgebrüht; er wirkt anregend, kräftigt das Herz und stärkt die Nerven. Trinken Sie ihn bei niedrigem Blutdruck und Schwächezuständen. Rosmarinwein stärkt das Herz und hilft bei geistiger Erschöpfung. Sie können ihn fertig kaufen oder selbst ansetzen. Zum Einreiben benutzt man Rosmarin-Spiritus (Rezepte Seite 229). Diese Essenz hilft bei Rheuma-, Nerven- und Kopfschmerzen.

Weitere Verwendungsmöglichkeiten Sehr belebend und kreislaufanregend wirkt ein Rosmarinbad. Fertige Badezusätze werden in Apotheken, Bioläden und Reformhäusern verkauft. Sie können aber auch einen starken Tee selbst aufbrühen. Dafür verwenden Sie 50 Gramm Rosmarin auf 1 Liter Wasser. Nachdem dieser konzentrierte Aufguss durchgezogen ist, gießen Sie ihn ins Badewasser.

Achtung: Alle Rosmarin-Präparate – vom Tee bis zum Bad – sollten nicht am Abend benutzt werden; sie wirken so anregend, dass sie unter Umständen den Schlaf vertreiben können.

Historische Verwendung Rosmarin gehört zu den uralten, heiligen Kräutern.

In Südfrankreich und Spanien, der Urheimat des Rosmarins, wurden bei Ausgrabungen Samen des Krautes in Schichten aus der Jungsteinzeit und aus der Bronzezeit gefunden. Griechen und Römer bekränzten ihre Götterbilder mit seinen duftenden Zweigen. Jahrhundertelang trugen die Bräute Rosmarinkränze. Shakespeares Ophelia erklärt seine tiefe Symbolik: »Und da ist Rosmarin, das ist für die Treue.«

Dioscurides beschreibt den Rosmarin, als wäre es in einem Kräuterbuch aus unserer Zeit: »Der Rosmarin, welchen die Römer rosmarinus nennen, und dessen man sich zu Kränzen bedient, hat dünne Zweige und rings um sie dicht stehende, kleine, schmale Blätter, die unten grau, oben grün sind und stark riechen. Er hat erwärmende Eigenschaften und dient als Arznei.«

Tabernaemontanus schätzte das stark würzige Kraut im späten Mittelalter sowohl für die Küche als auch für die Hausapotheke. Er glaubte, dass man die Pflanzen auf junge Wacholder pfropfen und dadurch winterhart machen könne. Er meint: »Roßmarin gehöret in die Küchen / Keller und Apothecken / darumb dass alle Speiß und Tranck mit Rosmarin bereitet / lieblich und wol schmecken / auch zu vielen Gebresten dienlich ist … Man destillirt auch aus Rosmarin ein Wasser / ein Trüncklein am Morgen davon gethan / dient dem Magen und Hertzen … Aus dem Rosmarinholtz macht man nützlich Zahnstürer (Zahnstocher).«

Maurice Mességué hatte ein sehr inniges Verhältnis zu dem uralten Heilkraut seiner südfranzösischen Heimat: »Ich liebe es, an der Biegung eines Weges diesem Bäumchen zu begegnen, das von der starken Sonne genährt wird. Und wenn ich mich hinabneige,

um die elegante Form seiner kleinen, oben grünen und auf der unteren Seite ganz silbrig beflaumten Blätter genauer zu betrachten, scheint mir, dass seine blassblauen und manchmal weißen Blüten alle Freuden dieser Welt besingen.«

Salbei, Echter Salbei
Salvia officinalis

Volkstümliche Namen Gartensalbei, Königssalbei, Kreuzsalbei, Strauch, der das Heil der Welt barg, Salvei, Götterspeise, Tugendsalbei, Edelsalber, Gemeiner Salbei, Geschmackblatt, Altweiberschmecken, Salser, Salfat, Küchliblätter, Müsliblätter, Sophie, Schmale Sophie, Rauchsalbei, Griechischer Tee, Salbenblätter, Zahnblätter, Salfere, Selbinblätter, Sparleiblätter, Zafferblätter, Heilsalbei, Muskatellerkraut, Raue Salbe, Salgere, Sabikraut, Fischsalve, Scharlachkraut

Heimat und Verbreitung Der Salbei ist in den Mittelmeerländern zu Hause. Vor allem auf dem Balkan und in Griechenland. In Spanien, Frankreich und der Schweiz ist er eingewandert. Der Salbei wächst wild vor allem auf trockenen, kalkhaltigen Felsenhängen.

Schon Dioscurides, der berühmte Arzt der griechischen Antike, benutzte Salbei als Medizin. Auch die Römer kannten ihn und brachten ihn wahrscheinlich über die Alpen in den Norden. In allen Klostergärten des Mittelalters zählte Salbei zu den besonders hochverehrten und vielfältig genutzten Kräutern.

Botanischer Steckbrief Der Salbei gehört in die Familie der Lippenblütler (Lamiaceae). Er bildet verholzende Halbsträucher, die 30 bis 50 cm hoch werden. Sein Wurzelstock ist stark verzweigt, die Stängel sind vierkantig. Charakteristisch für die Pflanze sind vor allem die graugrünen, filzigen, etwas derben Blätter. Sie haben eine längliche Form, die manchmal an der Basis in zwei Seitenlappen ausläuft, und bleiben im Winter grün. Von Juni bis August erscheinen an langen Stielen die hübschen blauen oder violetten Blüten, die an lockeren Ähren in Scheinquirlen angeordnet sind.

Heilkräftige Wirkstoffe Die Blätter enthalten ätherische Öle, die unter anderem aus Thujon, Cineol, Borneol und Kampfer bestehen, außerdem Gerb- und Bitterstoffe, Säuren, Flavonoide und eine östrogene Substanz. Salbei wirkt bei Halsentzündungen, Entzündungen im Mund und Rachenraum, Zahnfleischbluten und nächtlichen Schweißausbrüchen. Auch auf den Magen-Darm-Bereich wirkt er sich wohltuend aus. Salbei hat allgemein kräftigende und antiseptische Eigenschaften.

Geschmack und Würze Die ganze Pflanze verströmt einen strengen, würzigen Duft. Ihr Aroma ist leicht bitter und kampferartig.

Besondere Arten und Sorten

Vom Echten Salbei (*S. officinalis*) gibt es eine Fülle reizvoller Züchtungen, die alle heilkräftig sind und als Würzkräuter benutzt werden können.

'Berggarten' fällt durch kompakten Wuchs und breite Blätter aus.

'Alba' hat Seltenheitswert. Seine weißen Blüten sind ein Blickfang im Kräutergarten.

'Rosea' bezaubert mit rosa Blüten.

'Icterina' leuchtet mit gelbgrün gezeichneten Blättern aus dem Beet.

'Purpurascens' wird auch Purpursalbei genannt. Seine Blätter sind dunkelviolettpurpurn mit grünem Schimmer.

'Tricolor' wirkt sehr heiter mit hellen Rosa-Creme-Grün-Tönen.

Der Muskatellersalbei (*S. sclarea*) ist ebenfalls eine alte, traditionsreiche Salbeiart. Er wird auch Stinkender Salbei oder **Römischer Salbei** genannt. Sein Verbreitungsgebiet reicht vom Mittelmeerraum über Vorderasien bis nach Zentralasien. Er liebt trockene Böden und Wärme. Der Muskatellersalbei besitzt breite, raue Blätter. Im zweiten Jahr treibt er hohe Stängel mit prächtigen Lippenblüten in zartlila, rosa oder cremeweißen Farbtönen, die von violett-rötlichen Hochblättern umgeben sind. Das Aroma der Blätter ist eigenwillig balsamisch-herb, die Blüten duften süß und würzig. Das Kraut ist vor allem reich an ätherischen Ölen. Es wirkt entspannend und nervenberuhigend. In höherer Dosierung soll Muskatellersalbei euphorische und erotische Zustände auslösen. Muskatelleröl wird in der Aromatherapie verwendet. Früher würzte man damit auch Wein. Frische Blätter werden in Omeletteig gebacken. Die duftenden Blüten kann man für Potpourris trocknen.

Im Kräutergarten ist das 1,00–1,50 m hohe zweijährige Kraut ein prächtiger Blickfang. Muskatellersalbei können Sie problemlos aussäen. Später verstreut er seine Samen auch selbst. Pflanzen von besonderen Sorten bekommen Sie in Spezialgärtnereien, siehe Bezugsquellen.

'Piemont' ist eine zauberhafte alte Sorte mit violett-roten Hüllblättern.

'Alba' leuchtet mit weißen Blütenständen.

Türkischer Muskatellersalbei (*S. sclarea* var. *turkestanica*) blüht lange in hellblau-rosa-weißen Farbtönen.

■ Ein Kraut, das in keinem Garten fehlen darf, ist der Salbei. Er genießt seit Jahrtausenden hohes Ansehen als Heilpflanze..

■ Salbei gedeiht sehr gut auf Trockenmauer-Beeten. In dieser Sammlung wächst links der dunkelviolette Purpursalbei und rechts die gelb-grün gezeichnete Sorte 'Icterina'. Beide Sorten brauchen einen sehr sonnigen Platz. Sie sind nicht ganz so frostfest wie der grünblättrige Salbei.

Ananassalbei und andere exotische Salbei-Arten siehe Kapitel »Kräuter aus fremden Ländern«, ab Seite 188.

Anbau im Garten Ähnlich wie in seiner südlichen Felsenheimat möchte der Salbei auch bei uns im Garten einen sonnigen Standort mit trockenem, durchlässigem Boden haben. Geben Sie ihm viel Kompost und etwas Kalk. Fette Erde lockern Sie am besten mit Sand auf. Sie können Salbei ab März auf der Fensterbank oder im Gewächshaus säen oder ab Mai ins Freiland. Die Jungpflanzen werden auf 30–40 cm Abstand versetzt.

Einfacher ist es, wenn Sie sich Salbeipflanzen besorgen. Sie werden in vielen Gärtnereien und auf Blumenmärkten angeboten. Besondere Arten und Sorten bekommen Sie in Kräuter-Spezialgärtnereien. Von erwachsenen Sträuchern können Sie leicht Stecklinge oder Ableger ziehen. Der Salbei bildet oft von selbst Absenker an heruntergebogenen Zweigen, die Wurzeln schlagen. Da die Sträucher mit zunehmendem Alter stark verholzen, sollten Sie immer für Nachwuchs sorgen. In rauen Gegenden braucht der Salbei etwas Winterschutz. Im Frühjahr wird er zurückgeschnitten, aber nicht bis ins alte Holz. Aus den noch saftigen Trieben treibt der kleine Strauch neu aus. Erfrorene und trockene Äste werden weggeschnitten.

Die im Handel angebotenen Ziersalbei-Arten und -Sorten und der Wiesensalbei sind für den Gewürzgarten ungeeignet.

Ernte und Aufbewahrung Junge zarte Blätter können Sie den ganzen Sommer über ernten. Kurz vor der Blüte sind sie am würzigsten. Für den Wintervorrat können Sie Salbeiblätter trocknen; sie bleiben sehr aromatisch. Schneiden Sie dazu büschelweise die Triebspitzen ab, aber nur so viel, dass die Pflanzen keinen Schaden nehmen. Sie müssen vor Winterbeginn unbedingt wieder genügend neue Blätter entwickelt haben, die den Strauch vor Kälte und greller Wintersonne schützen.

Verwendung in der Küche Salbei passt zu Fleisch, Spießchen, rustikalen Suppen, Gemüsen aus der Mittelmeerküche, Tomaten, Schinken, Käse und Aal. Er wird nur in kleinen Mengen verwendet.

Verwendung in der Hausapotheke
Aus frischen oder getrockneten Blättern wird mit kochendem Wasser ein Tee aufgebrüht. Trinken Sie ihn bei Halsschmerzen, denn er wirkt zusammenziehend und antiseptisch. Wenn er etwas abgekühlt ist, können Sie auch mit Salbei-Tee gurgeln oder den Mund spülen; so hilft er gegen Entzündungen am Zahnfleisch.

Mit stark aufgebrühtem Salbei-Tee (2 bis 3 Teelöffel pro Tasse) kann man nächtliche Schweißausbrüche erfolgreich bekämpfen.

Weitere Verwendungsmöglichkeiten
Wenn junge Mütter regelmäßig Salbei-Tee trinken und dabei die tägliche Portion immer etwas steigern, können sie die Milch zurückdrängen und das Abstillen beeinflussen.

Historische Verwendung »Warum soll ein Mensch sterben, der Salbei im Garten hat«, hieß es in einem Merkspruch aus der Zeit um 1300. Aber die Antwort lautete leider: »Gegen den Tod ist kein Kraut gewachsen.« Dennoch hielt sich die Hochachtung vor den Kräften des Salbeis bis in unsere Zeit. Noch heute sagt man in England: »Wer ewig leben will, der esse Salbei im Mai.«

Der Name des Krautes kommt vom lateinischen »salvus«, das bedeutet »gesund«. Die »alten Römer« begrüßten sich mit »salve«, damit wünschten sie sich Heil und Gesundheit. Bei den antiken Ärzten stand der Salbei, der in ihren Heimatländern wild wuchs, in hohem Ansehen. Mit dem römischen Heer gelangte das Heil- und Küchenkraut über die Alpen. Karl der Große empfahl sowohl den Echten Salbei (*S. officinalis*) als auch den Muskateller-Salbei (*S. sclarea*) für den Anbau auf seinen Landgütern.

Überschwänglich lobte Walahfrid Strabo das Kraut: »Vorn an der Stirn des Gartens blüht leuchtend der Salbei, der süß duftet, bedeutende Kraft besitzt und heilsamen Trank gewährt. Da er sich bei vielen Leiden der Men-

■ Von der Salbeisorte 'Berggarten' können Sie reichlich ernten. Sie besitzt auffallend breite Blätter und bildet üppige Büsche.

■ Die Salbei-Sorte 'Rosea' blüht sehr üppig und bildet einen attraktiven Kontrast zum üblichen Blau-Violett.

schen als hilfreich erwies, verdient er es, sich ewig grünender Jugend zu erfreuen.« Hildegard von Bingen schreibt: »Salbei (selba) ist warm und trocken und wächst mehr durch die Sonnenwärme als durch die Feuchtigkeit im Boden. Er ist roh und gekocht gut für schwache Säfte.« Unter anderem empfiehlt sie: »Wer wegen Kälte des Magens den Urin nicht halten kann, trinke eine Abkochung von Salbei in Wasser.«

Auch die Kräuterväter des Mittelalters schätzten das aromatische Kraut natürlich sehr:

»Under allen Teutschen kreuttern ist nichts breuchlicheres dann edel Salbey / würt nit unbillich / als ein köstliche wurtz (Würze) in die Kuchen unnd Keller geordnet … Die Zän mit frischen Salbey blettern geriben / behelt sie steiff und sauber.«

Mességué fasste Jahrhunderte später alles Gute, das der Salbei bewirkt, so zusammen: »Der Salbei bietet Ihnen die Möglichkeit, jene Zeit, die Ihnen auf Erden bemessen ist, angenehm, das heißt bei guter Gesundheit zu verbringen.«

■ Ein prachtvolles zweijähriges Kraut ist der Muskatellersalbei. Wochenlang leuchten im Sommer seine attraktiven Blütenstände vom Kräuterbeet. Sie können ihn auch ins Staudenbeet pflanzen und die Blüten ins Potpourri streuen.

Sauerampfer, Gartensauerampfer
Rumex rugosus

Volkstümliche Namen Gartenampfer, Säuerling, Sättling, Sauersenf, Sauerklee, Sauerblätter, Sauerampfel, Sauergras, Salatampfer, Sauerknöterich, Zauzompfer, Sauerlump, Haderlump, Sauerkraut, Kuckuckskraut, Roter Heinrich

Heimat und Verbreitung Wilder Sauerampfer *(Rumex acetosa)* wächst überall in Mitteleuropa auf feuchten Wiesen und an Grabenrändern. Sein Verbreitungsgebiet reicht bis nach Sibirien, Zentralasien, China, Japan, Marokko und Nordamerika. Der Garten-Sauerampfer ist eine Kulturform. Verschiedene Sauerampfer-Arten waren bei den Ägyptern und Römern der Antike bereits Bestandteil des Speisezettels und genossen auch im Mittelalter hohes Ansehen.

Botanischer Steckbrief Der Sauerampfer gehört zu den Knöterichgewächsen (Polygonaceae). Im Garten werden kultivierte Abarten des wild wachsenden Krautes angebaut. Die Pflanze hat eine senkrechte, dünne Pfahlwurzel, die sich stark verästelt. Die großen pfeilförmigen Blätter sind glatt und sattgrün. Sie stehen in dichten Büscheln 20–30 cm über der Erde. Auf hohen, rötlichen Stielen erscheinen von Mai bis Juli die weiß-rosa Blütenrispen. Die ganze Pflanze wird 30–80 cm hoch.

Heilkräftige Wirkstoffe Sauerampfer enthält Oxalsäure, Vitamin C, Salze und Gerbstoffe und Flavonoide. Er wirkt »blutreinigend« und günstig auf die Leber.

Geschmack und Würze Die Blätter schmecken säuerlich-frisch.

Besondere Arten und Sorten
Der Schildampfer oder Römische Ampfer *(R. scutatus)* fällt durch hübsche pfeilförmige Blätter auf. Er wächst buschig und wird nur 30–40 cm hoch. Römische Soldaten brachten ihn nach Germanien, aber nach dem Untergang des Imperiums geriet er lange Zeit in Vergessenheit. Die mild säuerlich-zitronige Würze der Blätter passt zu Salaten, Suppen,

Quark und Soßen. Schildampfer können Sie auch im Sommer ernten.

Der **Römische Ampfer, Silber** (*R. scutatus*-Form) wirkt besonders dekorativ mit silbrig-grünen Blättern.

Der **Blutampfer** (*R. sanguineus*) sieht sehr malerisch aus mit seinen schmalen Blättern, die von roten Adern durchzogen sind. Sie schmecken sanft säuerlich. Das Kraut sät sich leicht selbst aus.

Schildampfer und Blutampfer können Sie auch in Balkonkästen pflanzen.

'Profusion' ist eine Sauerampferzüchtung mit großen Blättern, die aus dem Wiesenampfer (*R. acetosa*) entstanden ist. Dieser Ampfer treibt keine Blüten und kann deshalb länger geerntet werden.

Anbau im Garten Der Sauerampfer stellt keine großen Ansprüche. Er bevorzugt feuchte, humose Böden und gedeiht auch gut im Halbschatten. Sie können ihn im Frühling oder im August im Freiland aussäen. Der Reihenabstand beträgt 25 cm, zu dichte Saat

wird auf 10–15 cm Lücke zwischen den Pflanzen vereinzelt. Viele Gärtnereien bieten auch vorgezogene Pflanzen an. Später können Sie Ihre Bestände durch Wurzelteilung vermehren. Halten Sie den Sauerampfer immer feucht, und brechen Sie seine Blüten rechtzeitig heraus.

Ernte und Aufbewahrung Zarte junge Blätter können Sie laufend im Frühling vor der Blüte ernten. Ältere Blätter werden bitter. Schonen Sie das Herz der Pflanze!

Verwendung in der Küche Sauerampfer wird zu Frühlingssuppen und Salaten verwendet. Sie können ihn auch zusammen mit Spinat als Gemüse kochen.

Verwendung in der Hausapotheke Sauerampfer-Tee und andere Heilmittel aus dem säuerlichen Kraut sind heute nicht mehr gebräuchlich. Benutzen Sie es als frische, blutreinigende Frühjahrskur zusammen mit Löffelkraut, Kresse und Löwenzahn. Menschen, die an Rheuma, Gicht, Arthritis, Nierensteinen oder allgemein an Übersäuerung leiden, sollten wegen des Oxalgehalts vorsichtig mit

Sauerampfer umgehen. Toxisch wirkt er aber nur in hoher Dosierung.

Historische Verwendung In der Antike waren bereits verschiedene Sauerampferarten bekannt. Dioscurides beschreibt einen Spitzampfer, Gartenampfer und einen »Lapathon«, der »spitzig, roth, von scharfem Geschmack« ist. Dies war wahrscheinlich der Blutampfer. »Alle Arten erweichen, als Gemüse gekocht, den Leib«, lobt Dioscurides den Ampfer. Caesars Soldaten sollen Sauerampfer, wahrscheinlich *Rumex aquaticus,* den Wasserampfer, gegen Skorbut benutzt haben. Tabernaemontanus kannte ebenfalls viele verschiedene Sauerampferarten: »Sauerampffer, Ampffer mit knodichten Wurtzeln, Runder Ampffer, Schaaffampffer, Klein Sauerampffer«. Er schreibt dazu: »Der Sauerampffer ist ein gut Kuchenkraut ... zeucht ein wenig zusammen. Dienet allerdings mit Kraut / Stängel / Wurtzel und Saamen zur Artzney ... Sauerampffer / Lattich und Endivien mit Eßig bereit und gegessen / benimmt das Grauen und unwillen des Magens / so von vieler hitziger Gall sein Ursprung hat.«

Schafgarbe, Gewöhnliche Schafgarbe, Wiesen-Schafgarbe
Achillea millefolium

Volkstümliche Namen Tausendblatt, Schafsrippe, Gänsezunge, Lämmerzunge, Mausleiterl, Grützblume, Grillenkrautgras, Teekraut, Bauchwehkraut, Blutkraut, Achillenkraut, Blutstillkraut, Kachelkraut, Kalikraut, Katzenkraut, Katzenschwanz, Margretenkraut, Herrgottrückenkraut, Frauenkraut, Gotteshand

Heimat und Verbreitung Die Schafgarbe ist in ganz Europa zu Hause. Sie wächst auch in der Türkei, im Kaukasus, im Iran, in Sibirien, im Himalaja und in Zentralasien. In Nordamerika, Neuseeland und Australien ist sie eingewandert. Die wilde Schafgarbe gedeiht auf Wiesen, an Wegen und Feldrändern. Sie stellt keine besonderen Ansprüche, nur nasse Böden meidet sie.

■ Der Sauerampfer liebt feuchten Boden und versorgt Sie im Frühling mit seinen säuerlichen Blättern für Salate und Suppen.

■ Der auffallend gezeichnete Blutampfer war schon den antiken Griechen bekannt. Auch im Mittelalter wird er beschrieben.

Botanischer Steckbrief Die Schafgarbe gehört in die Familie der Korbblütler (Asteraceae). Aus einem flach wachsenden, kriechenden Wurzelstock treibt im Frühling zuerst eine niedrige Rosette mit krausgefiederten, schmalen Blättern. Danach wachsen kräftige, etwas behaarte Stängel hoch mit länglichen, zwei- bis dreifach fiederschnittigen Blättern. Von Juni bis in den Herbst erscheinen an den Spitzen flache Blütenstände, die aus kleinen Einzelblumen bestehen und sich zu einer Scheindolde zusammensetzen. Diese Blüten sind weiß, rosa oder rötlich gefärbt. Die ganze Staude wird 30–80 cm hoch. Im Winter frieren die Stängel ab.

Heilkräftige Wirkstoffe Die Schafgarbe enthält einen großen Reichtum verschiedenartiger Inhaltsstoffe. Zu den wichtigsten Substanzen gehören ätherische Öle mit Cineol, Pinen, Kampfer und blauem Azulen, das auch in Kamillen vorkommt. Außerdem finden sich Bitterstoffe wie Achillein, Gerbstoffe, Flavonoide, Mineralstoffe, vor allem Kalium, verschiedene Säuren, Asparagin, Cholin und ein photosensibilisierender Stoff. Schafgarbe wirkt desinfizierend, krampflösend und entzündungslindernd. Als aromatisches Bitterkraut regt sie auch den Appetit an und wirkt wohltuend auf den Magen-Darm-Bereich. Seit alten Zeiten wird die Fähigkeit, Wunden zu heilen, gerühmt.

Geschmack und Würze Blüten und Blätter verströmen einen feinen aromatischen Geruch. Die Blätter schmecken würzig und ein wenig bitter.

Besondere Arten und Sorten

Die Sumpfschafgarbe *(A. ptarmica)* wurde früher auch als Heilkraut benutzt. Sie treibt weiße Blüten und liebt feuchte Standorte. Farbige Schafgarbenzüchtungen eignen sich nur für das Staudenbeet.

Anbau im Garten Die wilde Schafgarbe ist sehr anspruchslos. Sie bereichert den Kräutergarten mit ihren hübschen, haltbaren Blüten, ihrem Geruch und ihrer vielfältigen Verwendung. Pflanzen Sie die Stauden an einem sonnigen Platz mit 30 cm Abstand. Verbessern Sie die Erde mit Kompost. Wichtig ist, dass an dieser Stelle keine stauende Feuchtigkeit entstehen kann. Schwere, lehmige Böden sollten Sie mit Sand lockern. Eventuell muss unterhalb der Pflanzung eine Kiesschicht als Dränage eingefüllt werden.

Schafgarben-Pflanzen bringen Sie sich am besten von einem Spaziergang mit. Graben Sie aber nur wenige Exemplare aus; die Stauden können sich ja in Ihrem Kräutergarten weiter vermehren. Vorgezogene Wildpflanzen bekommen Sie auch in Kräuter-Spezialgärtnereien (Adressen finden Sie im Anhang). Später können Sie Ihre Bestände leicht vergrößern, wenn Sie Teile der flachen Wurzelausläufer ausgraben und neu einpflanzen.

Die gelben und roten Zierformen der Schafgarbe sind für den Kräutergarten wertlos.

Ernte und Aufbewahrung Die zarten Blätter des Frühlingsaustriebs können Sie frisch pflücken und roh zubereiten. Während der Blütezeit – von Juni bis September – wird das ganze blühende Kraut (ohne Wurzeln und die unteren harten Stängel) geschnitten und zum Trocknen aufgehängt.

Verwendung in der Küche Die zarten aromatischen Frühlingsblätter können Sie klein geschnitten in den Salat oder aufs Butterbrot streuen. Sie schmecken zu hartgekochten Eiern, Quark oder Kräutersoßen. Das grüne Kraut ist sehr gesund und kann zusammen mit anderen Wildpflanzen für eine erfrischende, blutreinigende Frühjahrskur benutzt werden.

Verwendung in der Hausapotheke

Aus den getrockneten Blüten und Blättern der Schafgarbe können Sie mit kochendem Wasser einen Tee aufbrühen. Er hilft bei leichten Magen-, Darm- und Gallebeschwerden. Besonders empfehlenswert ist das Bauchwehkraut aber bei krampfartigen Menstruationsbeschwerden. Der Tee sollte dann längere Zeit getrunken werden, bis die Schmerzen abklingen.

Das vielseitige Heilkraut regt außerdem die Nieren an, heilt Entzündungen, stillt innere Blutungen, verbessert das Blut und kann zusammen mit anderen Kräutern in Husten- und Erkältungstees gemischt werden.

■ Die Schafgarbe, ein altes, heiliges Kraut wird von unseren Wiesen vertrieben. Holen Sie es in den Garten und genießen Sie seine Heilkräfte.

■ Die Sumpfschafgarbe ist ein zierliches Wildkraut, das an feuchten Stellen wächst. Sie wurde in früheren Zeiten auch als Heilpflanze benutzt.

Achtung: Manche Menschen reagieren mit Hautausschlägen auf die Berührung mit Schafgarbe. Wer zu dieser »Wiesendermatitis« neigt, verzichtet besser auf Schafgarben-Medizin.

Weitere Verwendungsmöglichkeiten

In Schweden benutzte man früher Schafgarbe statt Hopfen zum Bierbrauen.

Historische Verwendung Die Schafgarbe ist ein uraltes heiliges Kraut. Die Chinesen und die Druiden benutzten Schafgarbenstängel für Weissagungen. Der Name geht auf Achill zurück, der nach der Schlacht von Troja die Wunden seiner Krieger mit Schafgarbe behandelt haben soll. Dioscurides nannte die Garbe »tausendblättriges Soldatenkraut« und befand: »Sie leisteten gegen Blutflüsse, Geschwüre und Fisteln treffliche Dienste.«

Plinius bestätigt diese Tradition: »Achilles, Schüler des Chiron, hat eine Pflanze entdeckt, mit welcher er Wunden heilen wollte. (...) bei den Römern heißt sie millefolium.«

Auch die Heilige Hildegard schätzte die heilenden Kräfte des »Blutkrautes« hoch ein: »Die Schafgarbe ist etwas warm und trocken, sie hat gesonderte und feine Kräfte für Wunden. Denn wenn ein Mensch durch einen Schlag verletzt wird, wäscht man nachher die Wunde mit Wein, und es soll in Wasser mäßig gekochte Schafgarbe, nachdem das Wasser mäßig ausgepresst wurde, so warm über jenes Tuch leicht gebunden werden, das auf der Wunde liegt. Und so nimmt sie der Wunde die Fäulnis und die Schwären, das heißt das Geschwür, und sie heilt die Wunde. Und so geschehe es oft, solange es nötig ist. Aber nachdem die Wunde begonnen hat, sich ein wenig zusammenzuziehen und zu heilen, dann soll nach Wegwerfen des Tuches und ohne (das Tuch) die Schafgarbe auf die Wunde gelegt werden, und sie wird um so gesünder und vollkommener geheilt. Wer aber im Körperinneren eine Wunde erhielt, sei es, dass er durch Spieße verwundet oder dass er innerlich zusammengeschnürt wurde, der pulverisiere diese Schafgarbe, und er trinke jenes Pulver in warmem Wein, bis er geheilt wird.«

Schlüsselblume, Echte Schlüsselblume, Wiesenschlüsselblume
Primula veris subsp. *veris*

Volkstümliche Namen Frühlingsschlüsselblume, Wiesenschlüsselblume, Apothekerprimel, Kirchenschlüssel, Burgerschlüssel, Peterschlüssel, Gelbschlüssel, Himmelsschlüssel, Frauenschlüssel, Heiratsschlüssel, Allelujablume, Eieräuglein, Eierkraut, Eierkuchen, Fastenblume, Handschuhblume, Gichtblume, Kraftblume, Märzenblümli, Mundfäulkraut, Schmalzschüsseli, Hühnerblind

Heimat und Verbreitung Die Schlüsselblumen wuchsen ursprünglich in Europa, vor allem in Mitteleuropa, wild. Heute gehören sie bei uns zu den geschützten Pflanzen! Die echten Wiesen-Schlüsselblumen gedeihen auf mageren Wiesen, auf Waldlichtungen und im Gebüsch.

■ In der Natur sind die Wiesenschlüsselblumen selten geworden und geschützt. Wenn Sie die hübschen Blumen in den Garten pflanzen, können Sie sie ernten und einen altbewährten Hustentee davon aufbrühen.

Botanischer Steckbrief Die Schlüsselblumen gehören zu den Primelgewächsen (Primulaceae). Der flach wachsende, kurze braune Wurzelstock ist mit vielen kleinen Faserwurzeln in der Erde verankert. Die länglicheiförmigen Blätter sind runzlig und kurz gestielt; sie sitzen dicht am Boden. An langen, zart behaarten Stielen erscheinen von März bis April süß duftende goldgelbe Blüten, die aus einem hellgrünen Fruchtkelch (Calyx) hervorwachsen. Die ganze Staude wird 15 bis 30 cm hoch. Die niedrige Blattrosette bleibt über Winter größtenteils grün.

Heilkräftige Wirkstoffe Die wichtigsten Wirkstoffe sind Saponine, besonders reichlich finden sie sich in den Wurzeln, sparsamer in den Kelchblättern und in den gelben Blüten. Hinzu kommen ätherische Öle, Gerbstoffe, Flavonoide und Primin.

Die Schlüsselblumen lösen Husten und Verschleimung, sie wirken auch wassertreibend, herzstärkend und helfen bei Schlaflosigkeit und Migräne.

Geschmack und Würze Frische Blüten riechen ein wenig süßlich und nach Honig;

■ Die Waldschlüsselblumen besitzen ähnliche Heilkräfte wie die Wiesenschlüsselblumen. Pflanzen Sie sie an halbschattige Plätze.

frische Wurzeln duften nach Anis. Die getrocknete Droge verliert den Duft.

Besondere Arten und Sorten
Die Waldschlüsselblume oder Hohe Schlüsselblume (*P. elatior* subsp. *elatior*) wächst wild in Laubwäldern und auf Auen. Ihre Blüten sind hellgelb gefärbt und flach geöffnet. Im Garten liebt diese Primel wie an den natürlichen Standorten feuchten, humosen Boden und Halbschatten. Die Waldschlüsselblume besitzt ähnliche Inhaltsstoffe wie die Wiesenschlüsselblume und wird in gleicher Weise genutzt.

Die Alpen-Aurikel (*P. auricula*) wurde früher von der bäuerlichen Bevölkerung der Alpenregion ebenfalls als Heilpflanze benutzt. Der Tee wurde zur Anregung der Nierentätigkeit und der Harnsäureausscheidung getrunken.

Die Gartenprimeln in ihren zahlreichen farbenfrohen Arten und Sorten sind für den Kräutergarten wertlos.

Anbau im Garten Die Wiesenprimeln lieben trockene, kalkhaltige Erde und einen sonnigen Standort. Sorgen Sie für guten Wasserabzug, und geben Sie reifen Kompost mit etwas Algenkalk ins Pflanzloch. Die hübschen kleinen Stauden eignen sich gut für Teppichpflanzungen. Sie können sie auch als Bodendecker vor Sträuchern verwenden. Achten Sie aber darauf, dass der Standort nicht zu schattig ist. Die Schlüsselblumen dürfen Sie auf keinen Fall irgendwo am natürlichen Standort ausgraben! Kaufen Sie sich vorgezogene Pflanzen in guten Staudengärtnereien oder in Kräuter-Spezialgärtnereien. Wenn Sie diese im Garten ansiedeln, können Sie mit dazu beitragen, eine selten gewordene Pflanzenart wieder zu vermehren. Durch Teilung gewinnen Sie später immer wieder Primelnachwuchs.

Manche Menschen reagieren allergisch auf die Berührung mit Primelblättern. Bei heimischen Schlüsselblumen kommt dies allerdings sehr selten vor.

Ernte und Aufbewahrung In der Natur dürfen unter keinen Umständen Schlüsselblumen gesammelt werden! Wenn Sie im Garten ern-

ten möchten, graben Sie im Frühling vor der Blüte die Wurzeln aus. Von März bis Mai werden die Blüten mitsamt dem Kelch gepflückt. Alle Pflanzenteile werden sorgfältig getrocknet und gut verschlossen aufbewahrt. Achten Sie darauf, dass in den Blüten keine Insekten sitzen. Frische, junge Blätter können Sie im Frühling für die Küche sammeln. Achten Sie aber darauf, dass sie auf der Unterseite keinen Mehltau zeigen, dann dürfen sie nicht verwendet werden.

Verwendung in der Küche Junge Wiesenprimelblätter können Sie klein gehackt zu Wildkräuter-Salaten und Frühlingssuppen geben. Aus frischen Schlüsselblumenblüten kann man einen wohlschmeckenden Likör herstellen.

Verwendung in der Hausapotheke
Schlüsselblumen-Tee aus frischen oder getrockneten Wurzeln und Blüten wird mit kaltem Wasser angesetzt und dann bis zum Kochen erhitzt. Nachdem er noch 5 Minuten durchgezogen ist, wird er abgesiebt. Trinken Sie ihn bei Erkältungen, Husten und verschleimten Bronchien. Sie können Schlüsselblumen auch mit anderen Hustenkräutern, zum Beispiel Huflattich, Malven und Veilchen, mischen.

Historische Verwendung Da die heilkräftigen Primeln vor allem in gemäßigten Klimazonen zu Hause sind, kommen sie in der antiken Literatur nicht vor. In der Klostermedizin Mitteleuropas waren sie dagegen sehr hoch angesehen.

Die Heilige Hildegard beschrieb das Kraut sehr anschaulich: »Die Schlüsselblume ist warm und sie hat ihre ganze Grünkraft vom Scheitelstand der Sonne. Denn gewisse Kräuter werden vornehmlich von der Sonne, andere aber vom Mond, einige aber von Sonne und Mond gleichzeitig gestärkt. Aber dieses Kraut empfängt hauptsächlich von der Sonne seine Kräfte. Daher unterdrückt es die Melancholie im Menschen. Daher lege dieser Mensch das Kraut auf sein Fleisch und an sein Herz, damit es davon warm werde.«

»Wer aber durch seinen ganzen Körper von der Lähmung geplagt wird, der lege dieses Kraut in seinen Becher, damit er davon den Geschmack annehme, und er trinke häufig, und er wird geheilt werden.«

Kneipp verordnete die hübschen Blumen gegen schlimme Schmerzen: »Wer Anlage hat zur Gliedersucht, zur Gliederkrankheit (Gicht) oder schon an diesen Gebresten leidet, trinke längere Zeit hindurch täglich eine Tasse Schlüsselblumentee. Die heftigen Schmerzen werden sich lösen und allmählich ganz verschwinden.«

Der berühmte Schweizer Kräuterpfarrer Künzle empfahl Schlüsselblumentee auch für den Alltag: »Der Schlüsselblumentee ist jedermann bekömmlich, dem Kind und dem Greis, in kranken und in gesunden Tagen. Wer einen ganz feinen Tee haben will, nimmt frische Schlüsselblumen, übergießt sie mit heißem Wasser und lässt es etwa 20 Minuten ziehen, schüttet das Teekraut ab und süßt mit Zucker. Dieser Tee ist herrlich goldgelb und aromatisch.«

Schnittlauch
Allium schoenoprasum var. *schoenoprasum*

Volkstümliche Namen Prieslauch, Pankokenkraut (Pfannkuchenkraut), Schnittling, Graslauch, Binsenlauch, Brislauch, Beestlauch, Schnittzwiebel, Spaltlauch

Heimat und Verbreitung Schnittlauch wächst – in verschiedenen Formen – in den kühlen Zonen Europas wild und bevorzugt an seinen natürlichen Standorten feuchten Boden. Sein Verbreitungsgebiet reicht von der Türkei über den Irak, den Kaukasus, den Iran und Pakistan bis nach Sibirien, Zentralasien, die Mongolei, den Himalaja, Japan und China.

■ Der altbekannte Schnittlauch sieht sehr hübsch aus, wenn er blühen darf. Dann lockt er auch viele Bienen an. Schneiden Sie ihn aber bald zurück, damit frische, würzige Halme nachtreiben und Sie wieder ernten können.

Auch in Alaska, Kanada und Nordamerika gedeiht der Schnittlauch. Die antiken Autoren erwähnen ihn nicht, wahrscheinlich weil er in Griechenland und Italien nicht wuchs.
In den Pflanzenlisten Karls des Großen wird der Schnittlauch empfohlen, was wohl zu seiner langsam wachsenden Beliebtheit beitrug.

Botanischer Steckbrief Der Schnittlauch gehört in die Familie der Lauchgewächse (Alliaceae). Er ist mit Zwiebeln und Knoblauch verwandt.

Aus seinen dicht bewurzelten Ballen wachsen unzählige grüne, röhrenförmige Blätter. Von Juni bis August steht der Schnittlauch in Blüte. Seine rötlich-lilafarbenen Blumen bilden dichte, kugelige Scheindolden. Die schwarzen, dreieckigen Samen reifen leicht aus. Die blühende Staude erreicht etwa 30 cm Höhe. Wenn es friert, sterben alle Halme ab.

Heilkräftige Wirkstoffe Die grünen Röhren enthalten ätherische Öle, Senfölglykoside, kleine Mengen herzwirksamer Glykoside und reichlich Vitamin C und Provitamin A. Schnittlauch regt den Appetit und die Verdauung an.

■ Mit weißen, duftenden Blüten schmückt der Schnittknoblauch Ihren Küchengarten. Seine flachen Halme schmecken nach Knoblauch.

Geschmack und Würze Schnittlauch-Röhrchen schmecken würzig nach frischen Zwiebeln und haben eine leichte Schärfe.

Besondere Arten und Sorten
Der Schnittknoblauch (*A. tuberosum*) treibt flache Halme mit Knoblaucharoma und weiße, duftende Blüten. Er wird wie Schnittlauch verwendet.

Chinesischer Schnittlauch (*A. ramosum*) zeichnet sich durch breitere Blätter als der Schnittknoblauch aus. Er schmeckt nach Knoblauch und eignet sich gut für die Winterernte im Gewächshaus oder auf der Fensterbank. Auch die weißen Blüten sind essbar.
Von *Allium schoenoprasum* gibt es verschiedene Züchtungen:
'Grolau' ist eine Sorte mit dicken Halmen, die sich gut für die Wintertreiberei eignet.
'Knolau' wird als Kreuzung zwischen Schnittlauch und Knoblauch angeboten.
'Profusion' ist eine wüchsige Züchtung, die keine Samen bildet. Die Blüten halten länger.
Schnittlauch, weiß stammt aus England und überrascht mit weißen Blüten.

Anbau im Garten Schnittlauch gedeiht am besten in kalkhaltigen Böden, die nährstoffreich und feucht sind. Sonne und Halbschatten verträgt er gleichermaßen. Magere Böden müssen mit Humus und Nährstoffen angereichert werden. Sandige Erde verbessern Sie mit viel Kompost und Tonmehl.
Sie können Schnittlauch ohne Schwierigkeiten im April oder im August ins Freiland aussäen. Im Handel ist Saatgut fein- und grobröhriger Sorten erhältlich. Beim Auseinanderpflanzen greifen Sie sich immer ein kleines Büschel junger Schnittlauchpflanzen und versetzen sie in Abständen von 20 × 20 cm. Geben Sie außer Kompost auch etwas Algenkalk ins Pflanzloch. Setzen Sie die kleinen Stauden nicht tiefer, als sie auch vorher gestanden haben, und halten Sie das Beet gut feucht. Im Frühsommer verträgt der Schnittlauch einen kleinen Guss Brennnesseljauche. Vorgezogene Schnittlauchpflanzen werden in fast jeder Gärtnerei im Frühling zum Kauf angeboten.

Eigene Bestände können Sie leicht durch Teilung der Wurzelballen vermehren. Pflanzen Sie Schnittlauch als blühende Beeteinfassung!

Ernte und Aufbewahrung Vom Frühjahr bis zum Herbst können Sie laufend frische Schnittlauchröhren schneiden. Wechseln Sie dabei von einer Pflanze zur anderen, damit einzelne Stöcke nicht zu sehr geschwächt werden. Am würzigsten und saftigsten sind allerdings die Blätter des ersten Frühlingsaustriebs. Zum Konservieren eignet sich Schnittlauch nicht, er wird dadurch unansehnlich und fade. Wie Sie Schnittlauch über Winter eintopfen und auf der Fensterbank antreiben können, erfahren Sie auf Seite 44.

Verwendung in der Küche Geben Sie das Würzkraut frisch geschnitten zu Rührei, Omelett, Quark, Salaten, Soßen, Suppen, Kartoffelsalat und Wurstsalat. Schnittlauch soll möglichst nicht erhitzt werden, er verliert sonst einen großen Teil seiner Vitamine. Die hübschen Schnittlauchblüten sind ebenfalls essbar. Streuen Sie sie als wohlschmeckende Zierde über den Salat.

Verwendung in der Hausapotheke
Das Kraut aus der Zwiebelverwandtschaft entfaltet seine gesunden Eigenschaften, wenn Sie es frisch essen. Dann versorgt der Schnittlauch Sie mit dem wichtigen Vitamin C und trägt dazu bei, die Verdauung zu regulieren und den Appetit anzuregen.

Historische Verwendung Kaiser Nero aß Schnittlauch mit Öl, um eine geschmeidige, wohltönende Stimme zu bekommen. Möglicherweise hat es sich dabei aber um Lauch gehandelt. Diese Geschichte hat sich lange gehalten. Noch Tabernaemontanus berichtet davon. Im Übrigen geht er vorsichtig mit den nach Zwiebeln schmeckenden Röhrchen um. Er meint, dass sie »bläst«, Blähungen hervorrufen und dem Magen schaden.
Bei Lonicerus heißt das Kraut Prießlauch oder Schnitlauch. »Der Prießlauch ist auch fast klein / stehen etwa zweyhundert an einem Stock / bringen an den Gipffeln purpurbraune knöpffechte Blumen. Wird in den Gärten gesäet.«

Spitzwegerich
Plantago lanceolata

Volkstümliche Namen Heilwegerich, Wundwegerichblätter, Ackerkraut, Rippenkraut, Siebenrippe, Roßrippe, Lämmerzunge, Schafzunge, Schlangenzunge, Spitzfederich, Wegetritt, Heufresser, Katzenstühlchen

Heimat und Verbreitung Der Spitzwegerich ist in ganz Europa, in weiten Teilen Asiens und in Nordafrika zu Hause. In Amerika ist er eingewandert. Das Kraut wächst wild auf Wiesen, an Wegrändern, an Gräben und auf Schutthalden; es bevorzugt trockene Erde und sonnige Standorte.

Botanischer Steckbrief Der Spitzwegerich gehört zur Familie der Wegerichgewächse (Plantaginaceae). Er besitzt einen kurzen Wurzelstock mit zahlreichen feinen Faserwurzeln. Dicht am Boden entfalten sich die schmalen, lanzettförmigen Blätter. Sie sind mit deutlich sichtbaren Adern gezeichnet und bilden eine lockere Rosette. Auf hohen Stielen erscheinen von Mai bis September walzenförmige Blü-tenähren. Ihre unscheinbare bräunliche Farbe wird durch weit herausragende elfenbeinweiße Staubgefäße belebt. Sie wirken wie ein zarter Schleier, der der sonst so schmucklosen, rustikalen Pflanze für kurze Zeit ein anmutiges Aussehen verleiht. Mit den Blüten erreicht der Spitzwegerich 10–40 cm Höhe.

Heilkräftige Wirkstoffe Die wichtigsten Heilsubstanzen sind Iridoidglykoside, das Glykosid Aucubin, Schleimstoffe, Flavonoide, Gerbstoffe, Kieselsäure, Kalium und Zink. Spitzwegerich wirkt schleimlösend, antibiotisch und wundheilend. Der Breitwegerich besitzt als Heilpflanze ähnliche Eigenschaften.

Geschmack und Würze Die Spitzwegerich-Pflanzen sind fast geruchlos. Die Blätter schmecken etwas bitter.

Besondere Arten und Sorten Der Breitwegerich (*P. major* subsp. *major*) wird auch Großer Wegerich genannt. Er besitzt breite eiförmige Blätter und treibt eine schmale, lange Blütenähre. Dieser Wegerich wächst auf Wiesen und an Wegen auf feuchteren Böden. Er ist ähnlich heilkräftig wie Spitzwegerich.

'Rubrifolia' ist eine dekorative Sorte des Breitwegerichs mit dunkelrot-braunen Blättern, die manchmal von Staudengärtnereien angeboten wird.

Hirschhornwegerich (*P. coronopus*) bereichert den Kräutergarten mit schmalen, fleischigen Blättern, die an den Spitzen geweihartig gefiedert sind. Die Pflanzen bleiben im Winter grün und liefern einen gesunden Wildsalat mit leicht salzigem Geschmack.

Anbau im Garten Dieses noch weitverbreitete heilkräftige Wildkraut brauchen Sie weder zu säen noch zu kaufen. Graben Sie sich einige Pflanzen aus, wenn Sie den Spitzblättrigen oder den Breitblättrigen Wegerich im Kräutergarten stets griffbereit haben möchten. Wählen Sie die beiden Arten nach den gegebenen Bodenverhältnissen aus: In trockener Erde an einer sonnigen Stelle wächst der Spitzwegerich gut, in feuchten Boden pflanzen Sie besser Breitwegerich. Setzen Sie stets mehrere Pflanzen in einer Gruppe zusammen. Ein Abstand von 10–20 cm genügt. Sie können das Kraut auch in einer Wildblumenwiese

■ Die zarten Blüten verleihen dem Spitzwegerich sommerliche Anmut. Ernten Sie die Blätter, die als Hustentee wertvolle Dienste leisten.

■ Vom ebenfalls heilkräftigen Breitwegerich gibt es reizvolle rotbraune Züchtungen, die Farbe in den Kräutergarten bringen.

■ Der Hirschhornwegerich hat einen großen Vorteil: Er bleibt im Winter grün und liefert Ihnen einen gesunden Wildsalat.

ansiedeln, falls es dort nicht von selbst erscheint. Besondere Pflegemaßnahmen sind nicht nötig.

Ernte und Aufbewahrung Im Frühling können Sie den ersten Blattaustrieb für die Küche pflücken; zum Trocknen sammeln Sie die Blätter von Mai bis zum Spätsommer. Die Pflanzen dürfen noch keine Samen angesetzt haben. Breiten Sie die Blätter locker zum Trocknen aus, und bewahren Sie sie gut verschlossen auf. Breitwegerich wird auf die gleiche Weise gesammelt.

Verwendung in der Küche Spitzwegerich oder Breitwegerich können Sie klein gehackt unter Salat oder in Frühlingssuppen streuen, die Blätter müssen aber von allen harten Pflanzenstellen befreit werden.

Verwendung in der Hausapotheke Spitzwegerich-Tee wird mit kochendem Wasser überbrüht und nach 15 Minuten abgesiebt. Mit Honig gesüßt, ist er ein ausgezeichnetes Hustenmittel, das den Schleim löst. Spitzwegerich-Blätter können auch mit kaltem Wasser angesetzt werden. Sie müssen dann 1 bis 2 Stunden ziehen. Nach dem Absieben wird die Flüssigkeit leicht erwärmt. Sie können das Kraut mit anderen Hustenkräutern, wie zum Beispiel Huflattich und Schafgarbe, mischen. Spitzwegerichsaft gilt auch als blutreinigendes Mittel für eine Frühjahrskur. Früher wurde das zerquetschte Kraut als Wundumschlag benutzt. Der Breitblättrige Wegerich kann in der Hausapotheke wie der Spitzblättrige benutzt werden.

Weitere Verwendungsmöglichkeiten Wenn Sie Spitzwegerich im Garten haben, brauchen Sie sich vor Insektenstichen nicht zu fürchten. Legen Sie so schnell wie möglich zerdrückte Blätter auf die anschwellenden Stellen. Wer Spitzwegerich-Essenz einnimmt oder längere Zeit den Tee trinkt, soll einen Widerwillen gegen Tabak entwickeln und sich das Rauchen abgewöhnen.

Historische Verwendung Der weitverbreitete Wegerich war schon in der Antike gut bekannt. Dioscurides unterschied in seiner »Materia medica«: »Es gibt zwei Arten von Wegerich, eine kleinere und eine größere. Die kleinere hat schmalere Blätter, welche länger, weicher, glatter, zarter sind. (...) Der Wegerich wächst an nassen oder feuchten Stellen und an Zäunen; wird vielfach als Arznei benutzt.«

Der Heiligen Hildegard war die wassertreibende Kraft des Spitzwegerichs, die wir heute durch den Kieselsäuregehalt erklären können, bereits ebenso bekannt wie die Heilwirkung bei Insektenstichen: »Nimm daher Wegerich und drücke seinen Saft aus, und nachdem er durch ein Tuch geseiht ist, mische ihn mit Wein oder Honig und gib ihn jenem zu trinken, der von der Gicht geplagt wird und die Gicht wird weichen.«

»Und wenn eine Spinne oder ein anderer Wurm einen Menschen berührt oder sticht, dann soll er sofort mit Wegerich-Saft die Stichstelle salben, und es wird ihm besser gehen ...« Pfarrer Kneipp empfahl das Kraut zur Wundbehandlung: »... schnell wird die Wunde ausgewaschen, einige Spitzwegerich-Blätter etwas geknetet und der Saft in die Wunde gepresst. Die Wunde wird dann gut zugepresst, Spitzwegerich-Blätter aufgelegt, und so heilt sie rasch zusammen. Mit Goldfäden näht der Spitzwegerich-Saft den klaffenden Riss zu und wie am Gold sich nie Rost ansetzt, so flieht den Wegerich jede Fäulnis und faules Fleisch.«

Staudenmajoran

Siehe Oregano (Seite 140).

Thymian, Echter Thymian, Garten-Thymian
Thymus vulgaris

Volkstümliche Namen Echter oder Gartenthymian, Römischer Quendel, Welscher Quendel, Demut, Jungfern-Demut, Feldkümmel, Immenkraut, Küchenwürze, Kuttelkraut, Zimis, Kunerle, Wurstkraut, Küchenpolich

Heimat und Verbreitung Der Thymian stammt ursprünglich aus den südwesteuropäischen Mittelmeerländern, wo er auf den Felsenheiden wächst. Er kommt auch in Marokko vor. In Europa, nördlich der Alpen, und in Nordamerika wird der Thymian nur in Kulturen angebaut. Er gedeiht bei uns nicht wild. Die Ägypter, Griechen und Römer der Antike benutzten ihn bereits auf vielfältigste Weise. Nachdem die Benediktiner den Thymian über die Alpen gebracht hatten, gedieh er auch bald in den mittelalterlichen Klostergärten. In der Heilkunde und in der Küche hat das würzige Kraut eine vieltausendjährige, ununterbrochene Tradition.

Botanischer Steckbrief Der Gartenthymian gehört in die Familie der Lippenblütler (Lamiaceae), in der auch Rosmarin, Lavendel, Minze, Salbei und Bohnenkraut zu Hause sind. Er bildet 10–40 cm hohe Halbsträucher, die im Inneren stark verholzen. Die Pflanze besitzt eine kräftige, ebenfalls verholzende Pfahlwurzel. Die Zweige sind stark verästelt. Schmale, feste Blättchen, die auch im Winter grün bleiben, stehen sich regelmäßig gegenüber. Sie sind auf der Unterseite behaart und am Rand etwas eingerollt. Von Mai bis in den Herbst hinein erscheinen duftende rosa oder malvenfarbige Blüten, die in Scheinquirlen angeordnet sind.

Heilkräftige Wirkstoffe Thymian entwickelt reichlich ätherische Öle, die sich aus Thymol (Thymian-Kampfer), Carvacrol, Cymol, Pinen, Linalool und Borneol zusammensetzen. Außerdem sind Flavonoide, Gerb- und Bitterstoffe vorhanden. Thymian wirkt desinfizierend. Er lindert Husten und Magenkrämpfe.

Geschmack und Würze Die ganze Pflanze riecht und schmeckt stark würzig; sie enthält ein wenig beißende Schärfe.

Besondere Arten und Sorten Zwei Sorten des Garten-Thymians sind weit verbreitet:

Der **Französische** oder **Sommer-Thymian** bleibt niedrig im Wuchs und hat fast silbergraue Blätter. Er wächst rasch, bringt reiche

Ernten und besticht mit feinem Aroma. Leider ist er frostempfindlich und bei uns nicht ganz winterhart.

Der Deutsche oder Winter-Thymian wächst langsamer, ist dafür aber viel widerstandsfähiger und ausdauernder.

Der Zitronen-Thymian *(Th. × citrodorus)* ist eine große Bereicherung des Kräutergartens. Seine Blättchen verströmen ein kräftiges Zitronenaroma, seine zartlila Blüten locken viele Bienen an.

'Variegatus' erfreut mit Zitrusduft aus weißgrünen Blättern.

'Aureus' und 'Golden Dwarf' leuchten goldgelb wie Zitronen.

Zitronen-Thymian verleiht sommerlichen Kräutertees eine aparte Note. Sein Aroma passt zu Fisch, Geflügel, Zucchini und Tomaten.

Der Kümmel-Thymian *(Th. herba-barona)* bildet lange Triebe und blüht lila-rosa. Seine Blättchen riechen und schmecken überraschend nach Kümmel. So kann er auch als Gewürz verwendet werden.

Lavendel-Thymian *(Thymus thracicus)* ist eine starke Aromamischung aus Lavendel und Thymian. Er wächst niedrig, aus seinen dunkelgrünen Blättchen strömt ein kampferartiges Aroma.

Anbau im Garten Vor allem braucht der Thymian einen trockenen, sonnigen Platz. Auf feuchten oder gar nassen Böden gedeiht er schlecht und verliert sehr an Würzkraft. Pflanzen Sie ihn entweder direkt in den Steingarten, oder bauen Sie im Kräutergarten einen kleinen, steinigen Hügel für ihn. Düngen Sie den Thymian nicht! Geben Sie ihm höchstens ein wenig Kompost. Er gehört zu den Kräutern, denen spartanische Lebensverhältnisse am besten bekommen. Denken Sie beim Pflanzen an die Felsenheiden, in denen der Thymian zu Hause ist!

Sie können Thymian in Schalen auf der Fensterbank oder ab April auf ein gut vorbereitetes Beet aussäen. Die Samen werden nur dünn mit Erde bedeckt, da der Thymian ein Lichtkeimer ist. Die kleinen Pflänzchen werden auf

■ Oben: Vom Thymian gibt es zahlreiche Arten und Sorten mit unterschiedlichen Duftnoten. Gelbblättrige Züchtungen verströmen herrliches Zitronenaroma. Hier bilden Thymiansorten ein apartes Teppichmuster.
■ Unten: Solche Stellen liebt der Thymian: Er wächst hier erhöht über einem kleinen Mäuerchen in der vollen Sonne. So kann er sein würziges Aroma gut entwickeln, das in der Küche zu deftigen Speisen passt.

einen Abstand von 20 × 20 cm versetzt. Später können Sie Ihre Bestände durch Stecklinge vermehren und verjüngen. Einfacher als die Aussaat ist der Kauf von Jungpflanzen, die in vielen Gärtnereien und Gartencentern angeboten werden.

Thymian ist wintergrün und behält ganzjährig seine Blätter. Wenn Sie nicht allzu viel von diesem Kraut brauchen und es deshalb während der sommerlichen Erntezeit nicht stark zurückschneiden, müssen Sie diesen Schnitt im Frühjahr nachholen. Dann treiben die Pflanzen frisch aus und verholzen nicht zu früh.

Ernte und Aufbewahrung Kurz vor der Blüte ist das Kraut besonders würzig. Ernten Sie es in der Mittagszeit, dann ist der Gehalt an ätherischem Öl am höchsten. Einzelne Zweige können Sie jederzeit pflücken. Für die Tee-Ernte und zum Trocknen schneidet man das ganze blühende Kraut. Thymian eignet sich sehr gut zum Trocknen und behält dabei seine intensive Würze. Wenn die Zweige ganz dürr sind, streifen Sie die kleinen Blättchen von den Stängeln und bewahren sie gut verschlossen auf. Sie dienen als Gewürz. Für den Teevorrat verwendet man Blätter und Blüten. Man kann Thymian auch in Essig oder Öl einlegen.

Verwendung in der Küche Thymian wird in kleinen Portionen zu Fleisch, Soßen, Eintöpfen, Kartoffelgerichten und Wild benutzt. Er wird mitgekocht. Das würzige Kraut macht schwere und fette Speisen leichter verdaulich. Thymian ist wichtiger Bestandteil der »Kräuter der Provence«.

Verwendung in der Hausapotheke Thymian-Tee wird mit kochendem Wasser aufgebrüht. Wenn Sie ihn mit Honig süßen, ist er ein ausgezeichnetes krampflösendes Hustenmittel. Sie können das Kraut auch mit anderen Hustenpflanzen, wie zum Beispiel Huflattich und Spitzwegerich, mischen. Ungesüßter Thymian-Tee lindert sanft und erfolgreich Krämpfe im Magen-Darm-Bereich.

Weitere Verwendungsmöglichkeiten Bei Erkältungen, Bronchitis und Asthma wirkt

ein Thymian-Bad sehr wohltuend. Dafür können Sie fertige Präparate im Handel kaufen. Aus 100 Gramm Thymian und 1 Liter kochendem Wasser ist aber auch rasch ein selbst gebrauter Kräuterextrakt hergestellt, der durch ein Sieb ins Badewasser gegossen wird. Thymian ist Bestandteil duftender Kräuterkissen. (Siehe Kapitel »Entspannter Schlaf auf Kräuterkissen«, Seite 237).

Die Thymianblüte lockt Scharen von Bienen in den Garten.

Historische Verwendung Die alten Ägypter brauchten Thymian zum Einbalsamieren. Die antiken Griechen schätzten ihn als Bienenpflanze und verwendeten das aromatische Kraut in ihren Küchen. Sie würzten mit Thymian Käse und Getränke.

Dioscurides beschreibt das Kraut sehr anschaulich: »Den Garten-Thymian kennt alle Welt. Es ist ein kleiner, fast dürrer Busch mit kleinen schmalen Blättern, der an den Spitzen purpurrötliche Blüthenköpfe trägt. Die Pflanze wächst vorzugsweis in felsigen oder sonst mageren Böden. Sie bekommt als Arznei den Kranken und als Gewürz den Gesunden gut.«

Jenseits der Alpen taucht der Thymian zum ersten Mal bei Hildegard von Bingen auf. Sie schreibt in ihrer »Naturkunde«: »Der Thymian (Thymo) ist warm und trocken. Er ist heilsam bei Geschwüren und Lepra (...) Zu heißen Bädern soll die Pflanze mit der an den Wurzeln hängenden Erde benützt werden.«

Im Mittelalter waren blühende Thymianzweige ein beliebtes Motiv, das edle Damen auf die Schärpen ihrer Ritter stickten. Thymian durfte auch in den geweihten Kräuterbüscheln nicht fehlen, die auf dem Lande zu Mariä Himmelfahrt gebunden wurden. Sie schützten Haus und Stall vor Unheil. Unglück wollten auch die Bräute abwenden, die sich einen Zweig des Krautes in den Schuh legten und dazu murmelten: »Ick tret', ick tret' up Thymian, kieck du mir keene andere an!«

Tabernaemontanus empfiehlt, Thymian mit Wein anzusetzen: »Dieser Wein hat ein treffliche Art / alle innerliche Glieder zu wärmen

und zu stärcken / die Verstopffung zu eröffnen / und auch die lebende Geister zu erquicken. Ist gut den ohnmächtigen / schwachen / traurigen / und bekümmerten Personen / hilfft den gar wol / so mit dem Schwindel des Haubts beladen sind / welche ein stätig Haubtwehe haben / so mit dem Schlag berühret sind / und sehr zittern: zertheilet den groben Schleim in der Brust / und machet denselben außwerffen / vertreibt das Magenwehe / das Darmgicht / und treibt den Schleim aus / ist gar nützlich denjenigen / so einen kalten Magen haben / und die Speiß nicht verdeuen können…«

Tripmadam
Sedum reflexum (Syn.: *S. rupestre*)

Volkstümliche Namen Mauerpfeffer, Fetthenne, Salat-Fetthenne, Steinkraut, Felsenpfeffer

Heimat und Verbreitung Tripmadam ist in ganz Europa, außer in England, zu Hause, wo sie auf sandigen Böden wild wächst. Das Kraut ist in französischen Gärten und Küchen besonders beliebt.

Botanischer Steckbrief Tripmadam gehört in die Familie der Dickblattgewächse (Crassulaceae). Sie ist mit Hauswurz und Mauerpfeffer verwandt. Die Pflanzen haben dünne, verzweigte Wurzeln und Sprossen, die dicht am Boden liegen. Die Blättchen sind spitz und fleischig, von grüner oder bläulich-grüner Farbe. Die gelben Blüten erscheinen auf 30 cm hohen Stielen von Juni bis August.

Heilkräftige Wirkstoffe Die Pflanzen enthalten Gerbstoffe und Schleim.

Geschmack und Würze Tripmadam schmeckt frisch-säuerlich.

Besondere Arten und Sorten Der **Scharfe Mauerpfeffer** (*S. acre*) gehört zu den seit Jahrtausenden benutzten Heilpflanzen. Er breitet sich mit flach wachsenden Sprossen aus, die mit kleinen fleischigen Blättchen besetzt sind. An den Spitzen öffnen sich goldgelbe, sternförmige Blüten. Das Kraut schmeckt scharf und brennend.

Madaus berichtet: »Dioscurides weiß von der erwärmenden, scharfen, Geschwüre erzeugenden Kraft des *Sedum stellatum* (Sternförmiger Mauerpfeffer), der mit Schmalz aufgelegt, Drüsen verteile, zu berichten. Auch in den mittelalterlichen Kräuterbüchern wird des Mauerpfeffers häufig Erwähnung getan.« Heute weiß man, dass der Mauerpfeffer Piperidinalkaloide, Flavonoide, Gerbstoffe und Schleim enthält. Wer Pflanzenteile zerkaut, muss mit Reizerscheinungen, Erbrechen und Durchfall rechnen.

Die Purpur-Fetthenne *(S. telephium)* wächst bei uns manchmal noch wild an Wegrändern und am Gebüschsaum. Sie hat fleischige, länglich-eiförmige Blätter und treibt kurze Stiele mit lockeren rosaroten Blütendolden. Saft aus den frischen Blättern diente in der Volksheilkunde als blutstillendes und wundheilendes Mittel bei Verletzungen, Ausschlägen und Schwellungen. Sie enthalten Flavonoide, Alkaloide, Schleimstoffe und Säuren wie zum Beispiel Apfelsäure. Die Blätter

können auch als Salatwürze oder als Gemüse benutzt werden.

Anbau im Garten Das Dickblattgewächs Tripmadam gedeiht am besten in mageren, durchlässigen Böden, an Plätzen, die in der vollen Sonne liegen. Schwere, lehmige Erde muss mit Sand gelockert werden. Nässe verträgt das Kraut nicht. Steingarten und Trockenmauern sind deshalb günstige Standorte.

Die Aussaat lohnt sich bei der Tripmadam nicht. Besorgen Sie sich einige Pflanzen beim Gärtner oder aus Kräuter-Spezialgärtnereien. (Adressen finden Sie im Anhang.) Später können Sie das Kraut sehr leicht vermehren, denn jedes Pflanzenteilstück schlägt Wurzeln, wenn Sie es einfach in die Erde drücken. Da die Tripmadam mit ihren Ausläufern bald den Boden bedeckt, können Sie sie auch an geeigneten Stellen als Teppichstaude verwenden.

Ernte und Aufbewahrung Triebspitzen können Sie das ganze Jahr hindurch ernten. Sie bleiben auch im Winter grün. Deshalb lohnt sich eine Konservierung nicht. Empfehlens-

wert ist nur das Einlegen des Krautes in Essig. Dabei wird die Tripmadam mit anderen Würzkräutern gemischt.

Verwendung in der Küche Die fleischigen Blätter werden stets frisch verwendet. Klein gehackt gibt man sie zu Salaten, Soßen und Rohkostplatten. Nur blühende Pflanzen eignen sich nicht zum Verbrauch. Ähnlich wie Petersiliensträußchen können Sie die Triebe der Tripmadam auch als essbare Dekoration verwenden.

Verwendung in der Hausapotheke Tripmadam wird nur als gesundes Gewürz verwendet. Heilkräftig sind andere Familienmitglieder: der Mauerpfeffer und die Purpur-Fetthenne.

Historische Verwendung Französische Feinschmecker waren die ersten, die das Kraut in ihre Küchengärten holten. Sie gaben ihm auch den lustigen Namen Tripmadam, der »dicke Madam« bedeutet. Im Vergleich zum Familiennamen »Fetthenne« ist dies geradezu ein Kompliment.

■ Tripmadam ist ein sonnenhungriges Dickblattgewächs, das auf magerem Boden und zwischen Steinen gut gedeiht. Die fleischigen Blättchen dienen als Salatwürze. Bei französischen Köchen sind sie sehr beliebt.

■ An manchen Wegrändern wächst die Purpur-Fetthenne. Sie ist ein heimisches Heilkraut, das früher als Wundheilmittel benutzt wurde.

Veilchen, Wohlriechendes Veilchen, März-Veilchen

Viola odorata

Volkstümliche Namen Veigerl, Viole, Märzveilchen, Osterchen, Osterveigerl, Heckenveigerl, Oeschen, Marienstängel, Schwalbenblume, Märzwohlgeruchblume

Heimat und Verbreitung Die wohlriechenden Veilchen sind ursprünglich in vielen Ländern rings um das Mittelmeer bis zum Kaukasus und Iran zu Hause. Auch in Nordwest-Afrika und auf den Kanarischen Inseln kommen sie vor. Sie haben sich aber schon lange in Westeuropa ausgebreitet. Wilde Veilchen findet man unter Hecken, an Zäunen und an sonnigen Waldrändern.

Botanischer Steckbrief Das Veilchen gehört zu den Veilchengewächsen *(Violaceae).* Die kleinen Stauden haben einen weit ausgebreiteten Wurzelstock mit zahlreichen Ausläufern. An langen Stielen bilden sich herz- oder nierenförmige Blätter, die sich zu einem dichten »Nest« zusammenfügen. An dünnen Stängeln erscheinen von März bis April die duftenden tiefvioletten Blüten. Selten gibt es auch weiße oder rosa Veilchen. Oft erscheint im Spätsommer oder Herbst eine duftende Nachblüte. Die Samen der Pflanzen werden von Ameisen verschleppt und weit verbreitet.

Heilkräftige Wirkstoffe Die wichtigsten Heilstoffe sind ätherische Öle, darunter das Veilchenblütenöl, Salicylsäure, Schleimstoffe, Flavonoide, Gerbstoffe und Säuren. Die meisten heilkräftigen Wirkstoffe enthalten die Wurzeln. Veilchen sind vor allem ein gutes Hustenmittel. Sie wirken auch leicht entkrampfend bei nervösen Beschwerden.

Geschmack und Würze Den süßen Wohlgeruch der Veilchen kennt jeder. Beim Trocknen verliert er sich leider fast ganz. Die Pflanzen schmecken grasartig und etwas scharf.

Besondere Arten und Sorten
Parmaveilchen *(V. suavis)* sind altmodische Schönheiten, die einen überwältigenden

■ Veilchen bilden dichte Teppiche und erfüllen den Frühling mit ihrem süßen Duft. Wussten Sie, dass diese alt vertrauten Blumen auch heilkräftig sind? Aus Blüten und Wurzeln können Sie einen guten Hustentee aufbrühen.

süßen Duft verströmen. Die Blüten sind gefüllt und hellviolett gefärbt. Parmaveilchen brauchen einen geschützten Platz und durchlässigen Boden.

'Marie Luise' ist eine historische Sorte, die seit mindestens 1830 bekannt ist. Sie bezaubert mit gefüllten mauve-lavendelfarbigen Blüten (erhältlich bei Gaissmayer, siehe Bezugsquellen).

Anbau im Garten Veilchen lieben halbschattige Plätze und humusreiche, feuchte Erde. Sie können sie als Bodendecker unter Sträuchern pflanzen. Voraussetzung ist allerdings, dass noch genügend Licht durchdringt. Der Wurzeldruck der Nachbargehölze darf nicht zu stark sein.

Im Kräutergarten sollten Sie eine Stelle aussuchen, wo etwas größere Pflanzen lichten Schatten spenden. Verbessern Sie die Erde mit reichlich Kompost, am besten Laubkompost, und ein wenig organischem Dünger. Setzen Sie mehrere Pflanzen mit 20 cm Abstand, und gießen Sie gründlich an. Die Veilchen werden schon bald zu einem dichten Duftteppich zusammenwachsen.

Pflanzen bekommen Sie in gut sortierten Gärtnereien. Achten Sie aber darauf, dass es sich um das echte Duftveilchen handelt. Großblumige Züchtungen sind für den Kräutergarten wertlos.

Sie können Veilchen auch aussäen. Die Samen brauchen Kälte, um zu keimen. Deshalb werden sie sehr früh im Frühling oder Herbst auf einem Saatbeet breitwürfig ausgestreut. Bedecken Sie die Körner nur dünn mit Erde, und halten Sie die Aussaat gleichmäßig feucht, bis die jungen Pflänzchen wachsen.

Ernte und Aufbewahrung Blätter und Blüten werden im Frühling von März bis April gepflückt und vorsichtig getrocknet. Im Oktober gräbt man die Wurzeln aus, die nach Vorschrift gedörrt werden. (Siehe Anleitung Seite 209.)

Verwendung in der Küche Veilchenblüten können Sie über den Frühlingssalat streuen. In Großmutters Küche zauberte man aus den duftenden Blumen Konfekt und Sirup.

Verwendung in der Hausapotheke
Tee aus Veilchenblüten und -blättern wird mit kochendem Wasser aufgebrüht. Die Wurzeln müssen Sie mit kaltem Wasser ansetzen und über Nacht (etwa 8 Stunden) durchziehen lassen. Dann wird das Getränk abgesiebt. Eine Mischung aus allen Pflanzenteilen übergießen Sie mit kaltem Wasser und kochen sie dann auf.

Die Wurzeln sind der wirkungsvollste Teil der Pflanze. Veilchen-Tee wird mit Honig gesüßt. Trinken Sie ihn, wenn Sie unter Husten oder Bronchitis leiden. Sie können Veilchen auch mit anderen Hustenkräutern, zum Beispiel Schlüsselblumen, Malven und Huflattich, mischen.

Weitere Verwendungsmöglichkeiten
Veilchenöl wird in der Aromatherapie und in der Parfümherstellung verwendet.

Historische Verwendung Bei den antiken Griechen und Römern stand das Veilchen in ähnlich hohem Ansehen wie die Rosen. Veilchen waren den Göttern heilig. Die duftenden Blumen wurden in Gärten und in größeren Kulturen angebaut. Man nutzte sie bereits als Medizin. Die Römer aromatisierten Wein mit den Blüten und missbrauchten sie in späteren Zeiten für ihr Luxusleben. Aelius Lampridius berichtet: »Kaiser Heliogabal ließ mannichmal zum Spaß über Gäste, die bei ihm schmausten, Veilchen *(Viola)* und andere Blumen in solcher Menge schütten, dass mehrere sich aus der Masse nicht herausarbeiten konnten und erstickten.«

Plinius beschrieb Veilchen als Mittel gegen das Lotterleben: »Man setzt Veilchenkränze als Schutzmittel gegen Rausch und Schwere des Kopfes auf.«

Eine Verehrerin des Veilchens war auch Hildegard von Bingen: »Ein Trank aus Veilchen in Wein mit Galgant und Süßholz hilft wider die Melancholie.«

Bei Lonicerus, dem Stadtarzt von Frankfurt, finden sich zahlreiche Veilchenrezepte, die schon eine lange Tradition haben: »Violen benemmen das hitzige Hauptweh / bringen Ruhe und Schlaff / sänfftigen die Brust / benemmen das Blat in der Keelen / unn die Halßgeschwulst / sonderlich der Violsyrup.«

»Violen gerochen / oder das Kraut auf dem Haupt getragen / vertreibe die Trunckenheit. Violen in Wasser gesotten / und getruncken / dienen für das schwerende Zahnfleisch.«

»Violenkraut und Wurzel mit Wasser gestossen / und das getruncken / ist den Kindern so husten / und röcheln / sehr bequem.«

»Einen Syrup von Violblumen zu machen: Lass drey Handvoll Violblumen in Wasser sieden / durchschlagen / mit Zucker süß machen / ist fast gut wider die Hitz deß Fiebers / bringt auch Stuhlgäng / und wird wider die Hitz der Leber / sehr gerühmt.« – »Diese Blum / ist nach der Rosen / die allergebräuchlichste unter allen Blumen / in der Artzney und Apotecken.«

■ Parmaveilchen, hier die alte Sorte 'Marie Luise', verströmen einen tiefen, süßen Wohlgeruch.

Kräuter von A bis Z

Waldmeister

Galium odoratum (Syn.: *Asperula odorata*)

Volkstümliche Namen Echter Waldmeister, Maikraut, Herzfreund, Leberkraut, Herzensfreude, Sternleberkraut, Waldmännchen, Maiblume, Maitrank, Maitee, Mäschtee, Maßlenkraut, Meserichkraut, Mösch, Möserich, Tabakskraut, Waldhahnel

Heimat und Verbreitung Der Waldmeister wächst in Nord- und Mitteleuropa im lichten Schatten von Buchenwäldern, gelegentlich auch in Nadelwäldern. Das Kraut ist auch in Südeuropa, der Türkei, dem Nordiran, in Sibirien, Zentralasien und Japan zu finden. Es war bereits im Mittelalter als Küchen- und Heilkraut im Gebrauch.

Botanischer Steckbrief Der Waldmeister gehört in die Familie der Rötegewächse (Rubiaceae). Er hat sehr feine, verzweigte Wurzeln, die flach kriechende Ausläufer bilden. Daraus wachsen senkrecht vierkantige Stängel hoch.

■ Lassen Sie den Waldmeister unter Bäumen und Sträuchern wachsen. Dann können Sie im Mai frische Blätter für die Bowle pflücken!

Die schmalen Blätter stehen in sternförmigen Quirlen etagenartig übereinander. Im Mai erscheinen an den Spitzen weiße, duftende Blüten. Waldmeister wächst 10–30 cm hoch. Das Laub stirbt über Winter ab.

Heilkräftige Wirkstoffe Der Duft entsteht, wenn beim Vertrocknen des Krautes Hydroxyzimtsäureglucosid zerfällt und dabei Cumarin bildet. Die Pflanze enthält außerdem Asperulosid, Gerb- und Bitterstoffe. Waldmeister wirkt leicht schmerzstillend und beruhigend, aber auch nervenstärkend und stoffwechselanregend.

Geschmack und Würze Die ganze Pflanze verströmt einen angenehmen, aromatischen Wohlgeruch, der sich im Verwelken noch verstärkt. Der Geschmack des Krautes ähnelt diesem Duft.

Anbau im Garten Der Waldmeister braucht im Garten ähnliche Bodenverhältnisse wie im Wald: humose, lockere, feuchte Erde und einen schattigen Standort. Verbessern Sie den Boden mit viel Kompost und Laubmulch. Die Aussaat des Waldmeisters ist sehr kompliziert und lohnt nicht. Besorgen Sie sich einige Pflanzen beim Gärtner, in gut sortierten Staudengärtnereien oder in Kräuter-Spezialgärtnereien. (Bezugsquellen finden Sie im Anhang.) Das Kraut vermehrt sich unter guten Bedingungen schnell von selbst und bildet dichte, grüne Rasen. Als Bodendecker unter Bäumen und Sträuchern ist es besser untergebracht als im Kräutergarten.

Wo das Waldkraut einmal Fuß gefasst hat, da vermehrt es sich durch seine Ausläufer rasch und ist kaum wieder auszurotten.

Ernte und Aufbewahrung Vom zweiten Jahr an können Sie das Waldmeisterkraut während der Blüte abschneiden. Lassen Sie es etwas anwelken, bevor Sie es zur Maibowle oder zu Fruchtsäften verwenden – es entfaltet dann ein intensives Aroma. Sie können Waldmeister auch zu lockeren Sträußen binden und zum Trocknen aufhängen.

Verwendung in der Küche Die bekannte Waldmeisterbowle ist – mäßig getrunken – ein anregendes Frühlingsgetränk. Größere

Mengen oder zu reichlich verwendetes Waldmeisterkraut können Kopfschmerzen verursachen. Ein altes Bowlen-Rezept finden Sie auf Seite 225.

Verwendung in der Hausapotheke Aus dem getrockneten Kraut können Sie mit kochendem Wasser einen Tee aufbrühen. Er regt Leber und Nieren an, beruhigt das nervöse Herz und hilft durch seine krampflösenden Eigenschaften bei Migräne und Kopfschmerzen. Vor allem ältere Menschen können Waldmeister-Tee, mit Honig gesüßt, als Schlafmittel benutzen.

Das Kraut darf nie in größeren Mengen eingenommen werden; dann wirkt das Cumarin leicht lähmend auf das Nervensystem und verursacht Übelkeit. In geringer Dosierung entfaltet das getrocknete Kraut beruhigende Eigenschaften; die frischen Blätter wirken dagegen – zum Beispiel im Wein – leicht anregend.

Weitere Verwendungsmöglichkeiten In Böhmen und Mähren legte man früher das frische, zerquetschte Kraut auf die Stirn, um Kopfschmerzen zu vertreiben.

Historische Verwendung Im Jahre 854 nach Christus erwähnte ein Benediktinermönch zum ersten Mal die Sitte, »Maiwein« anzusetzen. Er war der Ahnherr der »Maibowle«.

Im Kräuterbuch des Hieronymus Bock erfahren wir Näheres über die Verwendung von Waldmeister zu solchen erfrischenden Getränken. Das Kraut hatte damals bereits denselben Namen wie heute. Man nannte es aber auch Herzfreund und Leberkraut. Der Kräutervater schrieb darüber: »… die unsere brauchen diß Kraut aller meist in Meyen / inn Wein gelegt / und darüber getruncken / soll das hertz erfreuen (erfreuen) / und der versehrten Leber wider aufhelffen.«

Lonicerus ergänzt: »Leberkraut in Wein geleget / darab getruncken / benimmt die Geelsucht. Leberkraut trücknet / reiniget und kühlet / eröffnet derhalben die verstopffte Leber und Miltz /…«

Weinraute
Ruta graveolens

Volkstümliche Namen Raute, Gartenraute, Kreuzraute, Weinkraut, Totenkraut, Hofraute, Edelraute, Krätzraute, Pfingstwurzel, Mauerraute, Augenraute

Heimat und Verbreitung Die Weinraute ist in Frankreich, auf der Iberischen Halbinsel, dem Apennin, dem Balkan und auf der Krim ursprünglich zu Hause. In Zentral- und Osteuropa ist sie eingewandert. In Weinbergen findet man sie gelegentlich noch wild wachsend. Steinige, trockene Plätze sind ihre natürlichen Standorte. Im Allgemeinen wird das Kraut nördlich der Alpen nur in Gärten angepflanzt. Die Weinraute gehört zu den traditionsreichen Kräutern, die schon in der Antike von den Ägyptern, Griechen und Römern sehr geschätzt wurden. Über die Alpen muss sie schon früh vorgedrungen sein, denn in den Pflanzenlisten Karls des Großen ist die Raute bereits aufgeführt. Während des Mittelalters zählte sie zu den wichtigsten Heilkräutern in den Klostergärten. Später war sie vor allem in den Bauerngärten heimisch.

Botanischer Steckbrief Die Weinraute gehört in die Familie der Rautengewächse (Rutaceae). Sie hat einen holzigen, verzweigten Wurzelstock, der sich nur schwer wieder ausgraben lässt, wo er einmal Fuß gefasst hat. An den glatten, verästelten Stängeln, die nur an alten Stauden im unteren Teil verholzen, wachsen unpaarig gefiederte Blätter. Sie haben eine schöne, zierliche Form und sind apart blaugrün gefärbt. Die gelben Blüten öffnen sich im Juni und Juli. Sie weisen eine botanische Besonderheit auf: Die mittlere Blüte innerhalb einer Scheindolde, die als Erste aufblüht, besitzt immer 5 Blütenblätter. Alle anderen Blumen an diesem Zweig haben nur 4 Blütenblätter. Die grauschwarzen, kantigen Früchte reifen an kleinen Kapseln. Die ganze Staude wird 50–100 cm hoch.

Heilkräftige Wirkstoffe Die Pflanzen enthalten ätherische Öle, Flavonoide mit

■ Die Weinraute ist ein sehr dekoratives Kraut, das auf eine lange Tradition zurückblicken kann. Jahrhunderte lang glaubte man, dass die Raute gegen mancherlei Gifte helfe. Benutzen Sie sie lieber als aparte Würze.

dem Hauptbestandteil Rutin, Gerbstoffe, Furanocumarine und Alkaloide. Weinraute wirkt vor allem krampflösend, leicht beruhigend, wassertreibend und auch appetitanregend. Früher verwendete man sie oft als Augenheilmittel. In größeren Mengen ist die Raute giftig!

Geschmack und Würze Blätter und Blüten der Weinraute sind mit Öldrüsen besetzt. An heißen Sommertagen verströmen sie einen bitter-strengen Duft, der manchen Menschen unangenehm erscheint. Die Blätter entfalten eine sehr eigenartige, kräftige Würze, die einen leicht bitteren und etwas scharfen Nachgeschmack hat.

Besondere Arten und Sorten
Die Auslese 'Jackman's Blue' besticht durch intensivere bläuliche Färbung der Blätter.
Die Berg-Weinraute (*R. montana*) besitzt zierliches Laub und ein starkes Aroma.

Anbau im Garten Am besten gedeiht die Weinraute auf magerem Boden, in dem das Wasser gut abfließt. Steine und etwas Kalk tragen sehr zu ihrem Wohlbefinden bei. Dieses Würzkraut muss in der vollen Sonne stehen, damit es möglichst viel ätherische Öle entwickeln kann. Sommerliche Trockenheit macht ihm überhaupt nichts aus. In schweren Böden sollten Sie unter der Pflanzung eine Dränageschicht aus Kieselsteinen oder Tonscherben anlegen.

Sie können die Weinraute im April auf einem lockeren Saatbeet aussäen. Sie keimt innerhalb von 2 bis 3 Wochen. Später werden die Jungpflanzen auf einen Abstand von 30 × 40 cm versetzt. Da man aber von diesem bitter-aromatischen Kraut in der Regel nicht allzu viel braucht, ist es praktischer, wenn Sie ein oder zwei Pflanzen in einer Staudengärtnerei oder in einer Spezial-Kräutergärtnerei kaufen.

Wenn Sie einige Rauten in den Ziergarten pflanzen möchten, können Sie durch Stecklinge für eine preiswerte Vermehrung sorgen. Die Weinraute passt mit ihren zierlich-dekorativen Blättern auch gut als Strukturpflanze in ein Staudenbeet. Auch für den Kräutergarten ist sie ein Schmuckstück. In rauen Gegenden sollten Sie die Raute im Winter abdecken und anhäufeln. Sie behält auch in der kalten Jahreszeit einen Teil ihrer Blätter.

Ernte und Aufbewahrung Von der starkwürzigen Weinraute dürfen Sie immer nur wenige frische Blättchen verwenden. Sie verleiht den Speisen eine ganz besondere Note, darf aber nie dominieren. Während der Blüte können Sie auch ein paar Rautenzweige für die Kräuterapotheke trocknen. Dabei sollten Sie aber vorsichtig sein und vor allem nicht bei starker Sonne an den kleinen Büschen arbeiten. Das ätherische Rautenöl kann bei empfindlichen Menschen Hautentzündungen hervorrufen!

Verwendung in der Küche Weinraute passt in kleinen Mengen und fein gehackt zu Salaten, Soßen, Hammelfleisch, Käse, Fleischfüllungen und Hamburger Aalsuppe.

Verwendung in der Hausapotheke
Aus getrocknetem Rautenkraut können Sie mit kochendem Wasser einen Beruhigungstee aufbrühen. 1 Teelöffel genügt für eine Tasse. Besser ist es, eine Prise Weinraute unter andere nervenberuhigende Kräuter, wie zum Beispiel Melisse, Weißdorn oder Baldrian, zu mischen.
Die Weinraute ist zweifellos ein Kraut mit vielen guten Eigenschaften, sie ist aber im wörtlichen Sinn mit »Vorsicht zu genießen«. Mit ihren Nebenwirkungen ist nicht zu spaßen.
Vorsicht: Bei zu hoher Dosierung kann es zu Magen-Darmstörungen, geschwollener Zunge und anderen Erscheinungen kommen. Deshalb sollte die Weinraute besser dem Arzt vorbehalten bleiben. So gibt es zum Beispiel noch heute ein homöopathisches Mittel aus diesem Kraut, das bei »Sehschwäche durch Augenmuskelübermüdung« verschrieben wird. Für Schwangere ist der Genuss von Weinraute verboten!

Weitere Verwendungsmöglichkeiten
Madaus berichtet: »Der Geruch der Pflanze ist Katzen, Mardern und Ratten besonders widerlich.« Und weiter heißt es: »In den Gärten pflanzte man die Raute nicht nur als Heilkraut an, sondern auch, um das ›giftige‹ Ungeziefer fernzuhalten; auch soll man mit ihrem Saft junge Hühner besprengt haben, um die Katzen zu vertreiben.«

Historische Verwendung Die Raute ist ein uraltes Heil- und Zauberkraut. Die antiken Römer und Griechen benutzten das bittere Kraut als eine Art Gegengift.
Aristoteles war überzeugt: »Die Raute hilft gegen Hexerei.«
Dioscurides kannte zwei Arten der Raute, die wilde Bergraute und die Gartenraute. Er schrieb: »Am besten ist diejenige Gartenraute, welche neben Feigen wächst. Die Gartenraute wird als Gewürz und auch sehr vielfach als Arznei verwendet.«
Im Mittelalter war ein Rauten-Essig beliebt, den man auch »Pestessig« nannte. Wer sich damit einrieb, sollte vor Ansteckung geschützt sein.
Auch Walahfrid Strabo war von der besonderen Wirkung der Weinraute gegen Gifte überzeugt: »Da die Raute vielfach wirkende Kraft im Inneren trägt, sagt man, sie bekämpfe vor allem verborgene Gifte und vertreibe schädliche Stoffe aus befallenen Eingeweiden.«
Noch Tabernaemontanus ist von solcher Wirksamkeit überzeugt: »Es haben die alten sonderlichen grossen Fleiß / Mühe und Arbeit angewendet / die Rauten in ihren Wurtz- und Lustgarten / von wegen ihrer grossen Kraft / Tugend und mannigfaltigen Nutz / und täglichen Gebrauchs zu zielen und zu pflantzen / auch alles schädlich / gifftig Ungeziffer / auch all unreine gifftige Thier / durch den starken Geruch und sonderlichen Widerstand / damit die Rauten von GOTT dem Heren begabet / auß ihren Gärten zu treiben …«
Besonders wurde die Raute im Mittelalter den Malern und Bildhauern empfohlen: »Der Rauten Tugend ist, die Augen heiter machen, durch hülff der Rauten sieht ein Mann die scharffsten Sachen.«

Wermut, Echter Wermut
Artemisia absinthium

Volkstümliche Namen Absinth, Wurmkraut, Hilligbitter, Bitterer Beifuß, Wurmtod, Würmerkraut, Wirmat, Grabkraut, Bitterals, Elsenkraut, Gottvergiß, Mottenstock, Magenkraut, Bitterer Beyfuß, Kampferkraut, Kittelkraut, Wiegenkraut, Wurmzwiebel, Grasblume, Wermiete, Wormkraut, Wermet, Würmet

Heimat und Verbreitung Der Wermut ist in ganz Europa, mit Ausnahme des hohen Nordens, in der Türkei, im Kaukasus, im Nordiran, in Westsibirien und in Zentralasien zu Hause. In Nordamerika ist er eingewandert. Das Kraut wächst in warmen und in gemäßigten Zonen wild an steinigen, trockenen Plätzen. Der bittere Wermut wird schon seit Jahrtausenden genutzt. Bereits um das Jahr 1000 vor Christus taucht er in einem ägyptischen Papyrus auf. Griechen und Römer schätzten ihn ebenso wie die mittelalterlichen Heilkundigen und moderne Likörfabrikanten.

Botanischer Steckbrief Der Wermut gehört in die Familie der Korbblütler (Asteraceae). Aus seinem kräftigen Wurzelstock wachsen reich verästelte, harte Zweige, die 60–150 cm hoch werden. Die silbergrauen, behaarten Blätter sind zierlich gefiedert. Im Hochsommer, von Juni bis September, entwickeln sich lockere Rispen mit kleinen rundlichen, gelben Blüten.

Heilkräftige Wirkstoffe Wichtige Bestandteile sind ätherische Öle, in denen Thujon und Chamazulen enthalten sind, außerdem Gerb- und Bitterstoffe mit Absinthin, Artabsin und Marticin, sowie Flavonoide, die Artemisitin enthalten. Wermut wirkt wohltuend bei Magenbeschwerden, Völlegefühl und Stauungen im Leber- und Gallenbereich. Er regt auch den Appetit an. Schwere Speisen macht das Kraut leichter verdaulich.

Vorsicht: Ständiger oder starker Gebrauch von Wermut ist gesundheitsschädlich!

Geschmack und Würze Die ganze Pflanze riecht stark und streng aromatisch. Sie schmeckt bitter-herb.

Besondere Arten und Sorten Der Pontische Wermut (*A. pontica*) wird auch Römischer Wermut oder Pontischer Beifuß genannt. Er ist eine zierliche Staude mit graugrünen Blättern und einem milderen Wermutsaroma. Diese Art war schon in der Antike bekannt. Cato nannte sie »Absinthium ponticum«, Columnella sprach von »Ponticum absinthium«. Dioscurides war überzeugt: »Die beste (Wermutart) wächst im Pontus ...« Sie können sich diesen uralten Kräuterschatz heute wieder in Ihren Garten holen!

Der **Silber-Wermut** (*A. ludoviciana*) kommt aus Nordamerika. Der kleine Strauch mit dem hübschen silbergrauen Laub wird nur 30 cm hoch. Die Blätter besitzen ein mildes Aroma.

■ Der Wermut ist ein Bitterkraut, das schon die alten Ägypter, Griechen und Römer mit Erfolg benutzten. Auch wenn der Tee kein Genuss ist – er hilft bei Magenbeschwerden und Völlegefühl. Als naturgemäßes Spritzmittel vertreibt er auch Läuse!

■ Der Pontische Wermut schmeckt milder. Bereits Dioscurides war überzeugt: Der beste Wermut »wächst im Pontus«.

Sie wurden von den Cheyenne-Indianern für Reinigungszeremonien benutzt.

Der **Provence-Wermut** (A. gallica) ist ein 30 cm kleiner Strauch, der Ausläufer treibt. Die silbergrauen filigranen Blätter verströmen ein herbsüßes Aroma.

Anbau im Garten Der Wermut braucht viel Sonne. Lockerer, sandiger Boden, der etwas Kalk enthält, eignet sich besonders. Die kräftige Staude verträgt eher Trockenheit als Nässe. Im Übrigen ist der Wermut im Garten ebenso anspruchslos und winterhart wie in der freien Natur. Eine Aussaat ist möglich, lohnt sich aber im Grunde genommen nicht. Denn selbst ein passionierter Kräutergärtner kommt mit einer einzigen Pflanze aus, die er bequem beim Gärtner kaufen kann. Bedenken Sie nur, dass dieses Kraut einmal einen ausladenden Busch bildet und reichlich Platz braucht.

Der starke strenge Duft des Wermuts scheint auf viele Pflanzen einen ungünstigen Einfluss auszuüben. Wo es möglich ist, da sollten Sie dem eigenwilligen Kraut einen Platz geben, der ein wenig abseits liegt. Eine enge Nachbarschaft mit Gemüse oder anderen Kräutern ist nicht empfehlenswert. Gut aufgehoben ist der Wermut neben Johannisbeerbüschen, weil er dort den Säulchenrost vertreibt.

Ernte und Aufbewahrung Die bitteraromatischen Wermutblätter werden nur in kleinen Mengen verwendet und zu diesem Zweck laufend frisch gepflückt. Wenn Sie allerdings eine größere Menge Wermut trocknen möchten, so schneiden Sie ihn am besten während der Blüte. Nehmen Sie nur die oberen Spitzen der Zweige, die gebündelt und luftig zum Trocknen aufgehängt werden.

Verwendung in der Küche In der Küche passt das Kraut zu fettem Fleisch, Wild und Eintöpfen. Es wird mitgekocht. Beliebt ist auch das Würzen von Wein mit einem Wermutzweig.

Verwendung in der Hausapotheke Wermut-Tee wird mit kochendem Wasser aufgebrüht. Das bittere Getränk hilft zuverlässig, wenn der Magen durch zu reichliches oder zu fettes Essen überladen ist. Auch bei Appetitlosigkeit und bei Gallebeschwerden sollten Sie öfter Wermut-Tee trinken. Eine Prise Pfefferminze stimmt das bittere Getränk etwas »freundlicher«.

Vor dem Wermut-Schnaps Absinth muss man dagegen warnen: Regelmäßiger Genuss in größeren Mengen kann nämlich zu Gehirnschäden führen!

Weitere Verwendungsmöglichkeiten In einem »Kriegsarzneibüchlein für den Dreißigjährigen Krieg« wird der Wermut als Mittel gegen Parasiten empfohlen: »Willst du von Ungeziefer gesichert sein, so tauche dein Hemd in einem Absud von Wermut und Hufabschnitzeln von Pferden in halbverdünnter Lauge und lasse es trocknen: So kommt dir keine Laus hinein, während sonst eine im Hemd stürbe und viele Tausende mit ihrer Leiche gehen.«

Heute nützt man diese Eigenschaft des Krautes wieder im biologischen Garten, indem man Wermut-Brühe ansetzt, die Läuse und Milben von den Pflanzen abwehrt (siehe Seite 48).

Historische Verwendung Uralt ist der Gebrauch des bitteren Wermuts. Schon tausend Jahre vor der Zeitenwende kannten ihn die Ägypter. Griechen und Römer machten sich bereits seine magenstärkenden und verdauungsfördernden Eigenschaften zunutze. Plinius schrieb über den Wermut: »Dieses äußerst nützliche Kraut ist allgemein bekannt und zu vielen Heilzwecken im Gebrauch.«

Im heidnischen Germanien bettete man die Toten auf Wermutlager, ehe sie verbrannt wurden. Auch die frühen Christen pflanzten das bittere Kraut auf ihre Gräber.

Die Heilige Hildegard empfahl das folgende Rezept: »Der Wermut ist sehr warm und sehr kräftig und der wichtigste Meister gegen alle Erschöpfungen. Denn von seinem Saft gieße genügend in warmen Wein, und den Kopf des Menschen, wenn er schmerzt, befeuchte ganz bis zu den Augen und bis zu den Ohren und bis zum Nacken, und dies sollst du abends tun, wenn du schlafen gehst und bedecke den ganzen Kopf mit einem wollenen Hut bis zum Morgen, und es unterdrückt den Schmerz des geschwollenen Kopfes und den Schmerz, der sich im Kopf ›erbulset‹ von der Gicht, und es vertreibt auch den inneren Kopfschmerz.« Tabernaemontanus preist den Wermut als Arznei »zu dem schmertzlichen Magenwehe von Kälte und Winden verursacht« und als besänftigendes Mittel für die »zornigen und bösen gallsüchtigen Weiber«. – Auch in der Küche sei er zu gebrauchen: »dann die Köch den jungen Wermuth in die Eyer oder Pfannen-Kuchen pflegen zu mischen / welches denen / so erkaltete Mägen haben / eine sehr dienliche Speiß ist.«

Wiesenknopf

Siehe Pimpinelle (Seite 146).

Winterheckezwiebel
Allium fistulosum

Volkstümliche Namen Ewige Zwiebel, Röhrenschnittlauch, Schlottenzwiebel, Winterzwiebel, Welsche Zwiebel, Sibirische Zwiebel, Schnittzwiebel, Röhrenzwiebel, Jakobszwiebel, Johanneszwiebel, Fleischzwiebel, Hohllauch, Klöwen, Schlotten, Schnattra

Heimat und Verbreitung Die Winterheckezwiebel stammt vielleicht aus Sibirien. Meist wird ihre Herkunft aber als »unbekannt« beschrieben. Das Kraut ist auch in Japan und China verbreitet, die Wildformen sind dort aber inzwischen ausgestorben. Wahrscheinlich kam diese ausdauernde Zwiebel bereits im Mittelalter nach Europa, möglicherweise über Russland. Die Winterheckezwiebel wird bereits von Karl dem Großen empfohlen.

Botanischer Steckbrief Die Winterheckezwiebel gehört in die Familie der Lauchgewächse (Alliaceae). Sie bildet nur eine unscheinbare, länglich-schlanke Hauptzwiebel. An einem fast waagerechten Wurzelstock entwickeln sich viele kleine Nebenzwiebeln. Der leicht verdickte Scheinstamm hat Ähnlichkeit mit Lauch. Die grünen, röhrenförmigen Blätter gleichen dem Schnittlauch. Sie sind aber derber und haben einen größeren Querschnitt. Die Winterzwiebel blüht in kugeligen Scheindolden, deren Einzelblüten weißlich-grün gefärbt sind. Wenn es nicht zu stark friert, behalten die Pflanzen auch im Winter grüne Schlotten.

Heilkräftige Wirkstoffe Die Pflanze enthält ätherische Öle, Alliin, senfölähnliche Glykoside, Gerbstoffe, Mineralstoffe und Vitamine.

Geschmack und Würze Die Röhren schmecken zwiebel- und schnittlauchähnlich.

Besondere Arten und Sorten

'Milda' *(A. fistulosum)* ist eine Lauchzwiebel-Sorte mit langem, weißem Schaft und mildem Aroma.

'Toga' fällt durch rote Schäfte auf.

Die Lauchzwiebeln sind mit der Winterheckezwiebel verwandt, haben aber keine aufgeblasenen Schäfte. Diese Formen sind in Japan beliebt.

Anbau im Garten Die Ewige Zwiebel wird ähnlich wie Schnittlauch angepflanzt. In humusreicher Erde gedeiht sie am besten; Trockenheit macht ihr aber nicht allzu viel aus. Im April werden die kleinen Steckzwiebeln mit 20 cm Abstand auf ein Beet gepflanzt. Sie können das winterharte Kraut aber auch – ähnlich wie Zwiebeln – aus Samen anziehen. Steckzwiebeln und Saatgut sind im Handel erhältlich, vor allem bei Kräutergärtnereien und im Bio-Versand.

Im Übrigen ist die Winterzwiebel sehr anspruchslos. Sie gedeiht in fast allen Böden, und sie verträgt sowohl Sonne als auch Halbschatten. Geben Sie ihr einen Platz im Küchengarten, der im Winter nicht von kalten

■ Die Winterheckezwiebel heißt nicht umsonst auch Ewige Zwiebel. Sie bleibt oft über Winter grün und schenkt Ihnen schnittlauchähnliche Würze. Die weißen, kugeligen Blütenstände locken viele Bienen an.

Ostwinden gestreift wird. In sehr rauen Lagen schützen Sie das wintergrüne Kraut besser durch eine leichte Kiefernreisig-Abdeckung, dann ist es möglich, auch bei Frost unversehrte Halme zu ernten. Nur bei sehr strenger Kälte erfrieren die Röhrenblätter. Da sie aber sehr früh, oft schon im Februar, wieder austreiben, entsteht nur selten eine Erntepause. Durch Teilung der immer umfangreicher werdenden Horste können Sie im Frühling Ihre Bestände weiter vermehren.

Ernte und Aufbewahrung Die grünen Röhrenblätter samt den winzigen Zwiebeln können Sie fast das ganze Jahr hindurch ernten. Im Winter und zu Beginn des Frühlings sind sie besonders willkommen als seltene, frische Vitaminspender.

Verwendung in der Küche Winterheckezwiebel wird zu Salaten, Soßen, Suppen und Quark gebraucht.

Verwendung in der Hausapotheke Die wintergrüne Zwiebel wird nur frisch als

■ Für alle, die weiße Gärten lieben, ist die Sorte 'Alba' wie geschaffen.

gesundes Würzkraut verwendet, ähnlich wie Schnittlauch.

Historische Verwendung Diese winterharte Zwiebel ist vor allem im fernen Osten, in China und Japan beliebt. Dort gibt es von ihr viele unterschiedliche Züchtungen. Einige haben Blätter, die über 2 cm dick sind. Von antiken Rezepten berichtete schon Dioscurides: Die »Winterzwiebel ist schärfer, hat auch etwas Zusammenziehendes (…) dient für sich oder mit Honig zum Reinigen der Lunge und Luftröhre, schadet aber, wenn sie öfters gegessen wird, den Augen und dem Magen«.

Eine besondere Bedeutung hat die Winterzwiebel bei uns nie erlangt. Sie soll aber in schwäbischen Bauerngärten weitverbreitet sein. Dort wurde sie früher als Rabatteneinfassung benutzt. Noch heute werden junge Röhrenblätter für die schwäbische Spezialität »Grüne Krapfen« geschnitten. Für Kräuterliebhaber ist die Winterheckezwiebel eine wiederentdeckte, beliebte Spezialität.

Ysop
Hyssopus officinalis

Volkstümliche Namen Hysop, Isop, Weinespenkraut, Eisewig, Eisop, Kirchenseppli, Klosterysop, Joseph, Josop, Ispen, Ispenkraut, Eisenkraut, Bienenkraut, Maßkräutel

Heimat und Verbreitung Der Ysop stammt aus Südeuropa, der Türkei, Nordafrika und Vorderasien. Er kommt auch in Südrussland und bis zum Altai wild wachsend vor. In der Natur findet man ihn an sonnigen, steinigen und kalkhaltigen Plätzen. Seit alten Zeiten wird er als Heilpflanze benutzt. In asiatischen Lamaklöstern wurden Ysopbüschel aufgehängt, weil ihr würziger Duft Krankheiten vertreiben sollte. Auch in den antiken Mittelmeerkulturen schätzte und ehrte man das Kraut. Mönche brachten es in die Klostergärten Mitteleuropas. Heute gedeiht Ysop als Gewürz- und Zierstrauch.

Botanischer Steckbrief Der Ysop gehört in die Familie der Lippenblütler (Lamiaceae).

Er bildet kleine Halbsträucher, die 30–60 cm hoch werden. Die Stängel sind vierkantig und verholzen. Die schmalen, lanzettförmigen Blätter, die in Quirlen um die Stiele angeordnet sind, haben eine dunkelgrüne Farbe; sie sind behaart und mit Öldrüsen besetzt. Von Juli bis August öffnen sich in den Blattachseln hübsche Blüten, die zierliche Scheinähren bilden. Sie sind meist leuchtend blauviolett gefärbt, manchmal auch rosa oder weiß.

Heilkräftige Wirkstoffe Die Pflanze enthält ätherische Öle, den Bitterstoff Hesperidin, Gerbstoffe, wie Rosmarinsäure und Marrubiin, Flavonoide sowie den Farbstoff Hyssopin. Ysop fördert die Verdauung und regt den Appetit an. Er wirkt magenstärkend, leicht wassertreibend, schleimlösend und entkrampfend.

Geschmack und Würze Die Blätter riechen sehr würzig, ein wenig in Richtung Minzenaroma. Im Geschmack sind sie leicht bitter.

Besondere Arten und Sorten
'Rosea' bezaubert mit rosa Blüten, 'Alba' ist eine weiß blühende Sorte.

Der Grannen-Ysop (*H. officinalis* subsp. *aristatus*) hat einen niedrigen, kompakten Wuchs und eignet sich für Hecken. Seine Blüten leuchten lavendelblau. Sie erscheinen später und halten bis tief in den Herbst.

'Hohentwiel' ist ein Findling vom Hohentwiel, einer traditionsreichen Burgruine im Hegau. Möglicherweise stammen die Vorfahren aus dem ehemaligen mittelalterlichen Burggarten. Diese interessante Auslese von *Hyssopus officinalis* kommt aus der Gärtnerei Syringa, die in der Nachbarschaft ansässig ist (siehe Bezugsquellen).

Anbau im Garten Der kleine Halbstrauch gehört zu den anspruchslosen Gewächsen im Kräutergarten. Er braucht lockeren, trockenen Boden, etwas Kalk und viel Sonne. Am besten behandeln Sie ihn ähnlich wie Thymian. Sie können Ysop im Frühling unter Glas oder in Schalen auf der Fensterbank aussäen. Die Samen werden nur dünn mit Erde bedeckt und feucht gehalten. Die jungen Pflanzen versetzen Sie mit 25 × 30 cm Abstand, nachdem der Boden mit etwas Kompost und Algenkalk vorbereitet wurde.

Einfacher ist es, einige vorgezogene Stauden zu kaufen. Die im Anhang genannten Firmen haben Ysop-Pflanzen vorrätig. Oft bekommen Sie das Kraut in gut sortierten Staudengärtnereien, die es unter den Ziersträuchern führen. Durch Stecklinge können Sie Ihre Bestände vermehren und verjüngen. In rauen Gegenden brauchen die Sträucher einen Frostschutz aus Kiefernreisig.

Ernte und Aufbewahrung Blätter und junge Triebspitzen können Sie laufend abpflücken und frisch verbrauchen. Zum Trocknen schneiden Sie das Kraut während der Blüte. Blätter und Blumen werden verwendet. Das Trockengut muss schnell und dicht verschlossen werden, weil es sonst rasch die Würzkraft verliert.

Verwendung in der Küche Geben Sie frische Ysopblätter nur in kleinen Portionen an Salate, Soßen, Bohnengemüse, Kartoffelsuppe und Ragout. Sie verleihen den Gerichten eine sehr aparte Note. Auch zu Bowle ist das Kraut, ähnlich wie Waldmeister, zu gebrauchen.

Verwendung in der Hausapotheke Ysop-Tee wird mit heißem Wasser aufgebrüht. Mit Honig gesüßt, können Sie ihn als Hustentee trinken. Er löst Verschleimungen der Luftwege. Ungesüßt regt er den Appetit an und wirkt beruhigend auf den Magen.

Weitere Verwendungsmöglichkeiten Zusammen mit Salbei kann der Ysop zu einem doppelt starken Tee aufgegossen werden, der gegen nächtliches Schwitzen hilft.

Historische Verwendung »In den ersten christlichen Jahrhunderten wurde diese jetzt so bekannte und geschätzte Handels-, Zier- und Arzneipflanze als Sprengwedel (für Weihwasser) benützt«, weiß ein Kräuterbuch aus dem vorigen Jahrhundert zu berichten. Der Ysop war wohl immer ein heiliges Kraut; die Franzosen nennen ihn deshalb auch »herbe sacré«.

Hildegard von Bingen benutzte den Ysop schon als Heilkraut: »Der Hyssop ist von Natur trocken und mäßig warm; er hat eine solche Kraft in sich, dass er, selbst auf einen Felsen gesät, dort wächst. Gekocht genossen, nützt er mehr denn roh. Er hat eine hohe reinigende Wirkung, darf aber nicht nüchtern, auch nicht bloß mit Wein oder Wasser genommen werden, sondern nach der Mahlzeit, weil er sonst schädlich ist.«

Tabernaemontanus kannte viele Rezepte: »Wer sich gern brechen wolt / der siede Isop und Kressen mit Essig und Honig / trinck es lau / und stoß darnach ein Feder mit Baumöl in Hals.« »Von dem Ysop wird auch gar ein nutzlicher guter Wein bereitet / …und tauget dieser Wein sonderlich den Alten / dann er erwärmte alle innerliche Glieder…«

»Ysopwasser im Mund gehalten / vertreibt das Zahnwehe / so von Kälte verursacht wird.«

Zitronenmelisse

Siehe Melisse (Seite 139).

Zitronenthymian

Siehe Thymian (Seite 162).

■ Der Ysop gehört zu den Kräutern, die nicht nur Würze und Heilkraft schenken. Er wird Ihr Herz auch mit seinen leuchtenden blauvioletten Blütenähren gewinnen – ein kleines Juwel.

GÄSTE AM RANDE DES KRÄUTERGARTENS

Einige allgemein gebräuchliche Küchengewürze und Gemüsepflanzen gehören nicht im engeren Sinn zu den Kräutern. Sie haben, wie zum Beispiel Zwiebeln und Lauch, ihren Platz im Nutzgarten, oder sie schmücken, wie der Wacholder, eher den Ziergarten. Da sie aber alle altvertraute Gewürzlieferanten sind, müssen sie zusammen mit den aromatische Kräutern genannt und beschrieben werden. Passionierte Kräutergärtner, die über reichlich Platz verfügen, können mit etwas Geschick auch diese Pflanzen eingliedern. Eine Reihe Knoblauch und Schalotten reift auch auf den Gewürzbeeten. Etagenzwiebeln bilden einen interessanten »Hingucker« mit ihren Brutzwiebeln in luftiger Höhe. Die immergrüne Säule des Wacholders kann als Strukturelement an einer besonderen Stelle eingeplant werden.

Die *Allium*-Familie

Wichtige Mitglieder der *Allium*-Familie sind Bärlauch (siehe Seite 98), Knoblauch, Lauch und Zwiebeln. Die meisten haben ihren angestammten Platz im Gemüsegarten. Da sie aber alle nicht nur zu den traditionsreichen Nahrungspflanzen, sondern auch zu den ältesten Gewürzen und Heilpflanzen der Welt gehören, dürfen sie in einem umfassenden Kräuterbuch nicht fehlen. Lassen Sie sich überraschen, welchen Reichtum die »Gemüse-Kräuter« Ihnen zu bieten haben!

Knoblauch
Allium sativum var. *sativum*

Volkstümliche Namen Knobel, Knoblich, Knublich, Knubl, Knofel, Windwurzel, Alterswurzel, Magenwurzel, Stinkerzwiebel, Neidstern, stinkende Rose, Lauchkraut, Knoflak, Gruserich, Look

Heimat und Verbreitung Wahrscheinlich liegt die Urheimat des Knoblauchs in Zentralasien. Er war aber schon vor einigen tausend Jahren ein ausgesprochener Kosmopolit, und er ist es bis auf den heutigen Tag geblieben. Bereits lange vor der Zeitenwende wurde das Zwiebelgewächs in China, Japan, Indien, Ägypten, Griechenland und Rom angebaut und vielseitig verwendet. Knoblauch galt als Medizin und als Nahrungsmittel. Er gehörte zu denjenigen Pflanzen, die schon früh über die Alpen nach Mitteleuropa gebracht wurden. In den Empfehlungen Karls des Großen an seine Pächter ist er bereits enthalten. Heute gedeiht Knoblauch in allen Erdteilen als Kulturpflanze.

Botanischer Steckbrief Der Knoblauch gehört in die Familie der Lauchgewächse (Alliaceae). Er ist eng mit Zwiebeln, Schnittlauch und Lauch (Porree) verwandt. Botanisch gehört er zu den ausdauernden Pflanzen, aber in unseren Gärten wird er ein- bis zweijährig gezogen. Knoblauch hat eine Hauptzwiebel, die ringsum von sogenannten »Zehen« umgeben ist. Diese Nebenzwiebeln haben eine leicht gebogene Form. Im unteren Teil sind sie rundlich gewölbt, nach oben laufen sie in eine Spitze aus. Die Knoblauchzwiebeln sind von einer seidenpapierfeinen, trockenen Hülle umgeben. Sie können weiß, rosa oder violett gefärbt sein – je nach Sorte und Herkunft. Aus dem Zwiebelboden wachsen kurze, feine Saugwurzeln.
Die Pflanze besitzt lange, schmale, meist nach unten hängende Blätter. Der glatte, runde Blütenstängel kann 30–90 cm hoch wachsen. Der kugelige, rötlich-weiße Blütenstand wird von einem lang gezogenen, zipfeligen Hüllblatt umfasst. Die Büten sind meist steril; sie sitzen zwischen 20 bis 25 eiförmigen Brutzwiebelchen. Knoblauch wird nur durch die Zehen und die Brutzwiebel vermehrt.

Heilkräftige Wirkstoffe Die Zehen enthalten organische Schwefelverbindungen wie Alliin.

Beim Zerkleinern des Knoblauchs entstehen sogenannte Lauchöle. Dazu gehört Allicin, das antibiotische Eigenschaften besitzt und den typischen Knoblauchgeruch hervorruft. Hinzu kommen Saponine, Spurenelemente, Selen und Vitamine.
Knoblauch wirkt allgemein antibakteriell und antibiotisch. Er senkt den Blutdruck, verbessert die Durchblutung und verhindert die Verkalkung und Verengung der Blutgefäße. Die desinfizierenden Wirkstoffe bewähren sich bei Darminfektionen, die schleimlösenden Substanzen helfen bei Atemwegsinfektionen. Auffallend ist, dass es in denjenigen Ländern, in denen die Menschen ein Leben lang regelmäßig Knoblauch essen, besonders viele »Uralte« und wenig Krebskranke gibt!

Geschmack und Würze Die ganze Pflanze riecht eigenartig durchdringend, eben typisch nach Knoblauch. Die Zehen schmecken meist etwas süßlich, scharf und brennend; manche Sorten haben aber ein milderes Aroma. Die Würze ist abhängig vom schwefelhaltigen ätherischen Lauchöl. Die Produktion der Inhaltsstoffe ist wiederum abhängig vom Klima, vom Boden und von der Art des Anbaus. Das Knoblauch-Aroma kann also stark variieren.

Besondere Arten und Sorten Der Schlangenlauch (*A. sativum* var. *ophioscorodon*) wird auch Rockenbolle/Rocambole oder Italienischer Lauch genannt. Er treibt einen langen Blütenstiel, an dessen Spitze sich viele kleine Brutzwiebeln entwickeln, die für die Vermehrung benutzt werden können. Die Knoblauchknolle hat große Zehen, ist aber nicht lange haltbar.

'Elephant' (*A. ampeloprasum*) stammt vom Acker- oder Sommerlauch ab. Diese Züchtung, die auch Riesenknoblauch genannt wird, entwickelt sehr große Knollen ähnlich wie Gemüsezwiebeln. Sie schmeckt angenehm mild, das Laub kann zum Würzen verwendet werden.

'Rose von Lautrec' und 'Blanc de Lautrec' sind französische Sorten von *A. sativum* mit kleinen, schmackhaften Zehen.

Die **Knoblauchsrauke** (*Alliaria petiolata*) ist eine heimische Wildpflanze, die nicht direkt mit dem Knoblauch verwandt ist. Das Kraut wächst zweijährig. Seine Blätter schmecken nach Knoblauch und können im Frühling als Würze für Salate und Suppen verwendet werden. Knoblauchsrauke ist eine Gewürzgartenbereicherung für Knoblauchfans.

Anbau im Garten Knoblauch braucht einen Platz in der vollen Sonne. Der Boden soll locker, humusreich, aber nicht frisch gedüngt sein. Mit Kompost können Sie – wie überall im Kräutergarten – nichts falsch machen. Zerlegen Sie eine Knoblauchzwiebel in die Einzelzehen, und legen Sie diese alle 15 cm in einer Reihe 5 cm tief in den Boden. Der Abstand zwischen den Reihen beträgt etwa 20 cm. Sie können den Knoblauch im März oder April pflanzen. In wärmeren Gegenden gelingt auch eine Herbstpflanzung, für die der Oktober die richtige Zeit ist. Die Frühlingspflanzung wird im August reif, die Herbstpflanzung im folgenden Frühjahr.

Wenn Sie Knoblauch auf ein sorgfältig vorbereitetes, humusreiches Beet pflanzen, ist keine weitere Düngung erforderlich. Sie brauchen die Pflanzen auch im Sommer nicht zu gießen. Merken Sie sich auf jeden Fall, dass Stickstoffdüngung den Zwiebeln nicht guttut; sie lassen sich dann schlecht lagern.

Besorgen Sie sich möglichst einheimisches Saatgut. Südländischer Knoblauch hält unserem Klima meist nicht stand! Das ist aber kein Problem, weil gutes Pflanzengut heute überall im Fachhandel angeboten wird.

Ernte und Aufbewahrung Wenn die Blätter gelb werden, ist der Knoblauch im Allgemeinen reif. Die Merkmale sind ähnlich wie bei den Speisezwiebeln. Graben Sie die Knoblauch-Zwiebeln vorsichtig an einem warmen Tag aus, und lassen Sie sie an der Luft trocknen. Dann werden sie mit Hilfe des dürren Laubs zu Zöpfen geflochten und im Haus an einem luftigen Platz aufgehängt.

Einen Teil der Knoblauchzehen können Sie auch in Öl, Essig oder Alkohol einlegen.

Verwendung in der Küche Die würzigen Zehen werden zu sehr vielen Gerichten gebraucht – vorausgesetzt, man ist nicht emp-

■ Der Schlangenlauch mit dem verschlungenen Blütenstiel ist eine bizarre Erscheinung. Er liefert würzige Knollen mit großen Zehen.

■ Der Knoblauch gehört weltweit zu den bekanntesten Gewürzen. Seine Heilkraft ist unbestritten. Sie können ihn für größere Vorräte auf ein Gemüsebeet pflanzen oder in kleineren Portionen im Kräutergarten verteilen.

findlich gegen den Knoblauchduft, der nach dem Essen aus allen Poren dringt. Knoblauch passt zu Salaten, Soßen, Suppen, Fleisch und Gemüse. Er wird roh und gekocht verwendet.

Verwendung in der Hausapotheke Rohe Knoblauchzehen und frischer Knoblauchsaft werden als die beste Medizin angesehen. Beide verursachen aber intensive Ausdünstungen durch die Haut und den Atem. Dieser Knoblauchduft ist in unseren Breiten nicht jedermanns Sache. Weniger Probleme gibt es dagegen mit Knoblauchöl in Kapseln, die Sie in Apotheken und Reformhäusern kaufen können.

Aus der eigenen Knoblauchernte können Sie aber nach alten Rezepten eine Tinktur herstellen: Für 1 Liter reinen Branntwein (z. B. Weizenkorn) brauchen Sie 250 Gramm Knoblauch. Die Zehen werden geschält, in kleine Stücke geschnitten, in eine Flasche gefüllt und mit Alkohol übergossen. Dieser Ansatz muss gut verschlossen 2 bis 3 Wochen lang sehr warm in der Sonne stehen und öfter durchge-

schüttelt werden. Dann sieben Sie die Flüssigkeit ab und bewahren sie verschlossen und dunkel auf.

Von der Knoblauchtinktur können Sie zwei- bis dreimal täglich vor den Mahlzeiten 10 bis 15 Tropfen einnehmen. Dieses natürliche Mittel stärkt die Abwehrkräfte gegen Krankheiten. Es wirkt desinfizierend und blutreinigend.

Vorsicht: Reines Knoblauchöl kann auf der Haut Reizungen und Entzündungen hervorrufen!

Wissenschaftliche Untersuchungen haben erwiesen, dass Knoblauch-Präparate sich günstig auf den Cholesterinspiegel, auf Arteriosklerose und allgemein auf Schwäche und Leistungsabfall auswirken. Auch eine krebsvorbeugende Wirkung wird angenommen. Äußerlich wird zerdrückter Knoblauch bei Warzen, Herpes, Hühneraugen, Muskel- und Nervenschmerzen angewendet.

Weitere Verwendungsmöglichkeiten Im naturgemäßen Garten wird der Knoblauch bewusst als »Pflanzen-Medizin« in der Mischkultur eingeplant: Er wirkt vorbeugend gegen Pilzerkrankungen. Deshalb können Sie ihn auch zu den Rosen setzen.

Historische Verwendung Die heilsamen Kräfte des Knoblauchs müssen den Menschen schon sehr früh bekannt gewesen sein. Verkohlte Zehen fanden Archäologen im Irak in Schichten aus dem 2. vorchristlichen Jahrtausend. In ägyptischen Gräbern tauchen Knoblauchreste seit der 18. Dynastie (etwa 1532–1070 v. Chr.) auf. Die Arbeiter am Pyramidenbau erhielten regelmäßige Knoblauchrationen, damit sie gesund und leistungsstark blieben, überlieferte Herodot.

Die antiken Griechen nannten den Knoblauch zwar »stinkende Rose«, aber sie benutzten ihn ebenso wie die Römer in großen Mengen. Theophrastus schrieb: »Den Knoblauch pflanzt man kurz vor oder nach der Sonnenwende, indem man die Brutzwiebeln von den Mutterzwiebeln nimmt. (...) Geschmack, Geruch und Größe der Knoblauchzwiebeln hängen von dem Boden und der Behandlung ab.«

Dioscurides gab viele praktische Ratschläge: »Der Knoblauch hat einen beißenden, scharfen Geschmack (...). Er tötet die Eingeweidewürmer, ist das beste Mittel für Leute, die von Vipern gebissen sind, jedoch muss immer fleißig Wein dazu getrunken werden (...). Trinkt man eine Abkochung von Knoblauch und Dosten, so sterben die Läuse (...).«

Mit römischen Legionären gelangte der Knoblauch als stärkendes Nahrungsmittel und vielseitige Arznei über die Alpen. Als das antike Weltreich längst zusammengebrochen war, griff Karl der Große die ehrwürdige Tradition auf und ließ Knoblauch auf seinen Landgütern pflanzen. Im Mittelalter sollte er als Wundermittel gegen die Pest helfen. Der »Kräutervater« Tabernaemontanus sammelte zahlreiche Rezepte, die zum Teil auf antike Quellen zurückgehen: »So man ihn gern süß hat / und nicht zu starck am Geruch / so sollen die Zähen gesetzet werden / wann der Mondschein unter der Erden ist / und soll auch wann der Mond unter der Erden / außgezogen werden.«

»Den Geruch nach dem Essen zu vertreiben / essen etliche grüne Rauten darauf / andere eine rohe Bone / etliche ein gebraten Mangoltwurtzel / aber Peterlein oder Eppich darauf gebrauchet / demmet den Gestanck und Dämmpffung ins Haubt. Er erwärmet und trucknet den kalten und feuchten Magen / zertheilet die zähe Feuchtigkeit im Leib / eröffnet die Verstopffung / verheilt die Bläst.« Knoblauch wurde überall dort gegessen, wo es auf Kraft und Gesundheit ankam. Griechische Athleten und römische Legionäre kauten ihn als »Dopingmittel«. Matrosen aller Länder nahmen ihn mit auf die Reise, und sogar die Kampfhähne in Mexiko oder auf den Philippinen werden noch heute mit »Knoblauch-Kraftfutter« versorgt. Früher nannte man den Knoblauch »Theriak der armen Leute« – eine Art Allheilmittel, das gegen viele Übel half und widerstandsfähig gegen Krankheiten machte. Manches davon hat die moderne Medizin bestätigt.

■ Die Knoblauchsrauke besitzt nach Knofel duftende Blätter. Das heimische Wildkraut gedeiht im Küchengarten und sät sich selber aus.

Lauch, Porree
Allium porrum var. *porrum*

Volkstümliche Namen Winterlauch, Breitlauch, Preißlauch, Welsch Lauch, Fleischlauch

Heimat und Verbreitung Der Lauch ist eine Kulturform. Er stammt wahrscheinlich vom Wilden Sommerlauch *(Allium ampelopraasum)* ab, der im östlichen Mittelmeerraum, im Vorderen Orient und in Nordafrika ursprünglich zu Hause ist. Der Lauch wurde schon von den Ägyptern, Griechen und Römern des Altertums als Gemüse angebaut. Auch Karl der Große nahm ihn um das Jahr 800 in seine Liste der besonders empfehlenswerten Gewächse auf.

Botanischer Steckbrief Der Lauch gehört in die Familie der Lauchgewächse (Alliaceae). Seine Zwiebel ist nur wenig ausgeprägt, die zahlreichen weißen Wurzeln sind relativ kurz. Mehrere Lagen von Laubblättern bilden einen dicken Scheinstängel. Der Blütenschaft erscheint gut ein Jahr nach der Pflanzung; er wird bis zu 1,50 m hoch und trägt eine kugelige Trugdolde mit weiß-rosa Blüten.

Heilkräftige Wirkstoffe Lauch enthält schwefelhaltige ätherische Öle wie alle Zwiebelgewächse, außerdem Kalium, Kalzium, Phosphor und die Vitamine B und C. Das Gemüse regt die Verdauung an.

Geschmack und Würze Lauch schmeckt zwiebelartig-süßlich, ein wenig scharf und sehr würzig.

Besondere Arten und Sorten
Die alte Sorte 'Elefant' kann im Herbst geerntet werden.
'Blaugrüner Winter' ist eine bewährte winterharte Züchtung.

Anbau im Garten Das kräftige Zwiebelgewächs braucht nährstoffreichen, feuchten Boden. Geben Sie ihm Kompost und organischen Dünger. Sie können den Lauch im März und im April unter Glas oder Folie aussäen. Vorgezogene Pflanzen bieten im Frühling auch viele Gärtnereien an. Von April bis Juli verpflanzen Sie den Lauch auf gut vorbereitete Beete. Der Abstand von Pflanze zu Pflanze beträgt etwa 20 cm, der Reihenabstand 30 cm. Lauch wird tief gesetzt und später angehäufelt, damit die Schäfte bleichen. Er braucht viel Wasser, muss also in Trockenzeiten kräftig gegossen werden. Zwei- bis dreimal sollten Sie diesem stark zehrenden Gemüse einen Guss Brennnessel-Jauche während der Wachstumszeit geben.

Ernte und Aufbewahrung Sie können den Lauch nach Bedarf vom Herbst bis zum Frühling ernten. In milden Gegenden kann er über den Winter auf dem Beet bleiben und bei frostfreiem Wetter frisch ausgegraben werden. Wo dies nicht möglich ist, empfiehlt es sich, die Pflanzen im Frühbeet oder in einer geschützten Ecke einzuschlagen. Sie können Lauch, in Streifen geschnitten, auch einfrieren oder trocknen.

Verwendung in der Küche Lauch wird als gesundes, würziges Gemüse angerichtet oder als Rohkost serviert. Eine Lauchcremesuppe oder aber eine bunte Gemüsesuppe mit reichlich Lauch schmecken ebenfalls vorzüglich. Schließlich eignet sich Lauch – in kleinen Portionen – auch als kräftig aromatische Würze zu verschiedenen Suppen und zu Braten oder roh, in feine Streifen geschnitten, zu gemischten Salaten.

Verwendung in der Hausapotheke
Die gesunden Eigenschaften dieses Gemüses genießen Sie am besten in der Form eines guten Essens. In alten Rezepten aus der Volksmedizin wird Lauch ähnlich wie die verwandte Zwiebel verwendet. Für ein Hustenmittel schneidet man das Laub in Streifen und kocht es kurz in Milch auf; wenn das Getränke nur noch handwarm ist, süßt man es mit Honig

■ Natürlich ist der würzige Lauch ein Gemüse. Er enthält aber auch wertvolle heilkräftige Wirkstoffe. Denken Sie beim Essen an die alte Weisheit: Nahrungsmittel sollen Heilmittel und Heilmittel auch Nahrung sein.

und nimmt es esslöffelweise über den Tag verteilt ein.

Lauchgemüse, mit Milch angerichtet und mit Kartoffelbrei serviert, soll eine gute Nierendiät sein.

Weitere Verwendungsmöglichkeiten
Ein zerquetschtes Lauchblatt legt man auf Insektenstiche, damit die Schwellungen verschwinden.

Historische Verwendung Wahrscheinlich wurde Lauch seit dem 2. Jahrtausend vor Christus in Ägypten angebaut. In der griechisch-römischen Antike wird er schon ausführlich beschrieben als Gemüse und als Heilpflanze. In der Sammlung »geoponica« wird für die Entwicklung besonders kräftiger Pflanzen empfohlen:

»... wenn man so viele Samen, als man mit drei Fingern fassen kann, in ein morsches Stück Leinwand bindet, dann mit Mist umgibt und sogleich begießt!« Für die Verwendung gibt er folgende Ratschläge: »Mit Honig gekochter Porree und mit süßen Wein gemischter Porreesamen dient als Arznei. Oft als Speise genossen, stumpft er den Gesichtssinn ab und schadet dem Magen. Gegen den Biss giftiger Tiere wird eine Mischung aus Porree und Honigwasser getrunken.«

Dioscurides empfiehlt ebenfalls den Lauch mit etwas Vorsicht zu genießen: »Der Porree bläht, macht schlechte Säfte, stört den Schlaf (...) aber ›er löst den zähen Schleim der Lunge und befördert dessen Aussonderung.‹ Als Speise bekommt er besser, wenn man ihn kocht, das Wasser zweimal abgießt und ihn dann in kaltes legt.«

Der Römer Martial, ein Zeitgenosse Neros, hatte aus anderen Gründen Bedenken gegen das nach Zwiebeln duftende Gemüse. Einem Freund riet er: »Hast du stinkenden Porree gegessen, dann schließe wenigstens den Mund, wenn du jemanden küssen willst.« Möglicherweise brachten die Römer den Lauch bereits über die Alpen. Dafür gibt es aber keine Beweise. Die erste schriftliche Quelle ist das Verzeichnis Karls des Großen, der den

Lauch als »porrum« zum Anbau empfahl. Hildegard von Bingen beschreibt den Lauch als Arznei bereits ausführlicher: »Der Porree hat eine rasche Wärme, wie dürres Holz, Strauchwerk, welches angezündet schnell brennt und schnell erlischt. (...) Wer ihn genießen will, soll ihn vorher einen halben Tag in Wein mit Salz oder in Essig legen, damit er seine schädlichen Kräfte verliert.«

Im ausgehenden Mittelalter sammelte Tabernaemontanus allerlei Lauchrezepte für sein großes Kräuterbuch: »Die Blätter zerstossen und übergeschlagen / vertreiben die Masen und Flecken des Angesichts.

Der Safft aus den Blättern mit Essig und zerstossenen Weyhrauch vermischet und übergelegt / stillet den Blutgang / sonderlich der Nasen: wie auch die Blätter zerstossen und auf die Stirn gebunden.«

Wenn es Ihnen seltsam vorkommt, den Lauch zwischen den Kräutern zu finden, dann denken Sie an den Satz des großen griechischen Arztes Hippokrates: »Eure Nahrungsmittel sollen Heilmittel sein und Eure Heilmittel sollen Nahrungsmittel sein.«

Wacholder, Gemeiner Wacholder
Juniperus communis subsp. *communis*

Volkstümliche Namen Wacholderbeerstrauch, Säulenwacholder, Macholder, Recholder, Quickholder, Queckholder, Reckholder, Weckholder, Kadick, Krammetsbaum, Krammetsstrauch. Kromvetstrauch, Kranawitterstrauch, Kranabit, Kronabit, Kaddig, Kranawitt, Machandel, Machandelboom, Jachandel, Jochandel, Krammetbeere, Quakelbeere, Kaddigbeere, Granwirlbeere, Feuerbaum, Räucherstrauch, Weihrauchbaum, Wachteldörner, Knirkbusch

Heimat und Verbreitung Der Wacholder ist in ganz Europa heimisch und weit verbreitet. Er wächst auf sandigen Heideböden, im Moor und als Unterholz in lichten Nadelwäldern. Das Verbreitungsgebiet des Gemeinen

Wacholders reicht über die Türkei und den Kaukasus bis nach Zentralasien, Sibirien, Korea und Japan. Auch in Marokko, Algerien, Alaska, Kanada und Nordamerika wächst der heilkräftige Strauch.

Wacholder stand schon bei den Germanen in hohem Ansehen. Im Mittelalter wurden die Beeren auch als Räucherwerk verwendet.

Botanischer Steckbrief Der Wacholder gehört in die Familie der Zypressengewächse (Cupressaceae). Er hat die typisch schmale Gestalt der Zypressen. Seine kräftigen, zähen Wurzeln greifen tief in die Erde. Die Äste verzweigen sich schon dicht am Boden; sie haben eine rötlich schimmernde Rinde. Die graugrünen Blätter sind dünn wie Nadeln und zu dritt in Quirlen angeordnet. Der Wacholder ist zweihäusig; er entwickelt an getrennten Sträuchern männliche oder weibliche Blüten. Die kugeligen Früchte, die erst im zweiten Jahr reifen, bilden Scheinbeeren. Sie haben eine schwarze Farbe, die bläulich bereift ist. Der harzig duftende Strauch ist immergrün und kann bis zu 10 m hoch werden. Meist bleibt er aber kleiner.

Heilkräftige Wirkstoffe Die Wacholderbeeren sind vor allem reich an ätherischen Ölen. Sie enthalten außerdem Flavonoide, Gerbstoffe, Invertzucker und Säuren. Wacholderbeeren wirken harntreibend, sie lindern Verdauungsbeschwerden und Blähungen. In der Volksmedizin dienten sie auch zur Förderung der Menstruation. Das ätherische Öl der Wacholderbeeren ist Bestandteil von Einreibungsmitteln und Badezusatzen, die bei rheumatischen Beschwerden eingesetzt werden.

Geschmack und Würze Der ganze Strauch verströmt einen eigenwilligen, aromatischen Geruch. Die Wacholderbeeren schmecken sehr würzig, ein wenig süß und harzig und eine Spur bitter.

Besondere Arten und Sorten
Der Sadebaum *(Juniperus sabina)* wird auch **Stink-Wacholder** genannt. Er ist ein niederliegender Strauch, dessen schuppenförmige Blätter beim Zerreiben einen unange-

nehmen Geruch verströmen. Das Öl aus den Zweigspitzen ist sehr giftig; es wurde früher in der Volksmedizin für Abtreibungen benutzt, oft mit tödlichem Ausgang. Deshalb nannte man diesen Wacholder auch Baum des Todes. Der Sadebaum wird von zahlreichen historischen Autoren beschrieben.

Anbau im Garten Wacholderpflanzen bekommen Sie in Baumschulen. Der Strauch braucht durchlässigen, möglichst kalkhaltigen und sandigen Boden. Sonst stellt er keine besonderen Ansprüche und bleibt jahrzehntelang am selben Standort stehen. Im Kräutergarten wird nur selten genug Platz vorhanden sein für einen so großen Strauch. Sie können ihm innerhalb des Ziergartens einen geeigneten Platz geben. Der Standort sollte möglichst sonnig sein.

Von den vielen Wacholderarten, die in Baumschulen angeboten werden, ist nur *Juniperus communis* als Gewürz- und Heilpflanze zu verwenden.

Ernte und Aufbewahrung Sammeln Sie im Herbst (Oktober) die reifen Beeren. Dies ist wegen der stacheligen Zweige nicht ganz einfach; empfindliche Menschen ziehen besser Handschuhe an. Man kann die reifen Beeren auch abschütteln, wenn man ein sauberes Tuch unter den Strauch ausbreitet.

Die Wacholderbeeren müssen sehr sorgfältig auf Rosten zum Trocknen ausgebreitet werden. Ein luftiger Speicher oder ein frostfreies Gartenhaus sind zum Dörren gut geeignet. Vermeiden Sie möglichst künstliche Wärme! Trockene Beeren verschließen Sie in Schraubgläsern. Blechdosen sind für die Aufbewahrung nicht geeignet.

Verwendung in der Küche Wacholderbeeren können Sie zu Sauerkraut, Fischsud und Wildmarinaden verwenden. Wacholderschnaps – dazu gehören auch Gin und Gene-

■ Von den zahlreichen bekannten Wacholderarten ist nur der Gemeine Wacholder heilkräftig. Im Garten wird der säulenförmige Strauch nur noch selten gepflanzt. In der Landschaft ist er dagegen noch weit verbreitet.

ver – ist eine bekannte Spezialität. Dieses Getränk wärmt den Magen und fördert die Verdauung, wenn es, wie Medizin, in kleinen Mengen getrunken wird.

Verwendung in der Hausapotheke

Wer im Frühling eine Entwässerungskur durchführen möchte, der richtet sich am besten

■ Oben: Die Wacholderbeeren enthalten ätherische Öle, die stark entwässernd wirken. Sie können auch Wacholderschnaps damit ansetzen, der den Magen »wärmt«.
■ Unten: Der Sadebaum ist eine seit alten Zeiten bekannte Wacholderart. Seine unangenehm riechenden Zweige enthalten ein starkes Gift.

nach einem berühmten Rezept von Kneipp: Am ersten Tag kauen und schlucken Sie dreimal je eine Wacholderbeere. An den folgenden Tagen nehmen Sie jeweils eine Beere mehr, bis Sie bei dreimal 20 Beeren am Tag angelangt sind. Dann nehmen Sie täglich eine Wacholderbeere weniger, bis Sie am letzten Tag der Kur nur noch dreimal je eine Beere kauen.

Die ätherischen Öle der Wacholderbeeren wirken direkt auf die Nieren. Die starke Entwässerung ist sehr wohltuend für Rheumaleidende. Diese »Rosskur« kann aber nur von gesunden Nieren verkraftet werden.

Einfach ist ein Wacholder-Spiritus herzustellen: Übergießen Sie in einer Flasche 100 Gramm zerquetschte Beeren mit 500 Gramm 70%igem Weingeist (aus der Apotheke). Dieser Ansatz wird 2 bis 3 Wochen lang gut verschlossen auf eine sonnige Fensterbank gestellt und öfter durchgeschüttelt. Danach sieben Sie die Flüssigkeit ab und bewahren sie in einer verschlossenen Flasche kühl und dunkel auf.

Mit Wacholder-Spiritus können Sie schmerzende Körperstellen einreiben, die von Rheuma geplagt werden.

Vorsicht: Wegen der starken Reizwirkung sollte man Wacholderbeeren nicht im Übermaß genießen. Für Schwangere und Nierenkranke sind sie nicht geeignet.

Weitere Verwendungsmöglichkeiten

Bei Muskel-, Nerven- und Rheumaschmerzen bringt auch ein Wacholderbad Entspannung und Linderung. Wacholder-Badeöl können Sie zu diesem Zweck fertig kaufen. Es wird in Apotheken, Drogerien und Reformhäusern angeboten.

In Schlesien legte man zerdrückte Wacholderbeeren auf die Stirn, um Kopfschmerzen zu vertreiben.

Historische Verwendung Die antiken Autoren in Griechenland kannten bereits verschiedene Wacholder-Arten. Beliebt war im Mittelmeerraum vor allem der wohlriechende »Cypressen-Wacholder«, der heute als Phönizischer Wacholder (Juniperus phoenicea) bekannt ist. Homer erzählt: »Die Bettstelle des Priamus war aus Wacholderholz gefertigt und duftete lieblich. (...) In der Wohnung der Göttin Kalypso brannte ein Feuer von Wacholder und Lebensbaum und verbreitete weithin über die Insel Wohlgeruch.«

Galenus beschreibt die medizinische Verwendung: »Die Wacholderbeeren (...) haben einige Schärfe, sind etwas süß, haben auch etwas Zusammenziehendes und Gewürzhaftes. Sie erwärmen, reinigen Leber und Nieren, verdünnen die dicken, zähen Säfte und werden deshalb den Gesundheitsmitteln zugesetzt.«

Karl der Große empfahl für seine Güter den Sadebaum »Savinam«.

Hildegard von Bingen spricht vom Wacholderbaum: »Er ist ein Sinnbild des Überflusses. Gegen Brust-, Lungen- und Leberleiden hilft der ›Luterdrang‹ aus Wacholderbeeren, Honig, Essig, Süßholz und ›zengebern‹.«

Matthiolus war sich wohl des Risikos bewusst, als er in seinem Kräuterbuch über den Sadebaum schrieb: »Sevenbaum treibt der Frauen Zeit mit Gewalt. Die Hexen und Wettermacherinnen üben damit viel Zauberei ...«

Während der großen Pestepidemien zündete man in den Städten Feuer aus Wacholderholz an, um mit dem Rauch die Luft zu reinigen und den »Pesthauch« zu vertreiben. Damals ging der Spruch um: »Eßt Kranewitt (Wacholder) und Bibernell, dann sterbst nit so schnell.«

Loniccrus empfiehlt den alten Heilstrauch so: »Die Frucht deß Baums ist fast lieblich im Munde zu halten / und treibet den bösen Lufft auß.

Wechholderbeer befördern den Harn.« »Wecholderholtz reiniget den bösen Lufft / angezündet / und Rauch damit gemacht.« »Das Oel von Wechholderholtz dienet wohl zur Läme / welche von Kälte entspringt … Dieses Oel ist gut für das Gegicht im Leib / damit der Ruckgrat geschmirt / hat manchen Menschen geholffen.«

»Wechholderbeer Wasser / Morgens / Mittags / und zu Nachts / jedes mal zwey Loth getruncken / ist fast gut fürs Gries in Lenden und Blasen / reiniget die Nieren und Blasen …«

In »heidnischen Zeiten« wurden die Wacholdersträucher so hoch in Ehren gehalten wie der Holunder. In manchen Gegenden Deutschlands zog man vor dieser Pflanze ehrfürchtig im Vorbeigehen den Hut. Getrocknete Wacholderbeeren wurden häufig als Räucherwerk benutzt, um die Ansteckungsgefahr bei Seuchen zu vermindern.

In einem alten Kräuterbuch kommt der Autor zu dem Schluss: »Wenn Schnaps überhaupt empfohlen werden könnte, so müßte man es beim Wacholderbranntwein thun, denn als ›Medizin‹ betrachtet und in kleinen Gaben genossen, erwärmt er bei frostigem Wetter den Magen und verhütet dadurch Erkältungen.«

Zwiebel, Küchenzwiebel
Allium cepa

Volkstümliche Namen Sommer-, Küchen- oder Speisezwiebel, Zippel, Zipolle, Bolle, Bölle, Sipel, Oje, Zwifl, Zwiefel, Zibel, Oellig

Heimat und Verbreitung Sehr wahrscheinlich stammt die Zwiebel aus den innerasiatischen Steppenländern. In Afghanistan, im Altaigebirge, in der nördlichen Mongolei, in Ost- und Westturkistan und in Sibirien wachsen noch heute wilde Zwiebelarten, die von der Bevölkerung gesammelt und genutzt werden. Möglicherweise wuchsen in diesen Regionen auch einmal die wilden Vorfahren unserer Küchenzwiebeln.

Speisezwiebeln werden seit mindestens 4000 Jahren von den Völkern Asiens, des Orients und der Mittelmeerländer genutzt. Sehr früh wurden sie bereits kultiviert. Assyrer, Babylonier und Ägypter kannten sie ebenso gut wie die Griechen und Römer. Die Zwiebel ist eines der ältesten und gesündesten Gewürze der Welt. In Mitteleuropa wurde sie in den Pflanzenlisten Karls des Großen und im berühmten Kräutergarten-Plan des Klosters St. Gallen verzeichnet. Heute gibt es eine Vielzahl von Zwiebelzüchtungen, aber die Wildformen sind ausgestorben.

Botanischer Steckbrief Die Zwiebel gehört in die Familie der Lauchgewächse (Alliaceae). Sie kann eine runde, eine längliche oder eine abgeplattete Form haben. Ihre trockenen Außenhäute sind weiß, bräunlich oder dunkelrot gefärbt. Die Zwiebel hat röhrenförmige Blätter. Im zweiten Jahr erscheint ein langer, glatter Stängel, der den kugeligen Blütenstand trägt.

Heilkräftige Wirkstoffe Zwiebeln sind vor allem reich an schwefelhaltigen ätherischen Ölen, die Alliin und Alliciin enthalten. Beim

■ Zwiebeln werden seit mindestens 4000 Jahren als Gewürz und Heilpflanzen zugleich genutzt. Sie sind sehr reich an wertvollen Inhaltsstoffen, die antiseptisch, verdauungsfördernd und lindernd bei Husten und Bronchitis wirken. Pflanzen Sie Zwiebeln in Ihren Garten – für die Küche und für die Hausapotheke.

Zerkleinern der Zwiebel entsteht durch das Enzym Alliinase eine Verbindung, die zu Tränen reizt. Weitere Inhaltstoffe sind Flavonoide und Vitamine. Sie wirken desinfizierend, antiseptisch, appetitanregend, verdauungsfördernd, beruhigend auf das Nervensystem und schleimlösend. Nachgewiesen sind, ähnlich wie beim Knoblauch, positive Wirkungen auf Bluthochdruck, Arteriosklerose, die Blutfettwerte und Blutzucker.

Geschmack und Würze Die Frucht schmeckt beißend-würzig und ein wenig süß.

Besondere Arten und Sorten

Die Luftzwiebeln (*Allium cepa*, Proliferum-Gruppe, Syn. *A. cepa* var. *viviparum*) wird auch Etagenzwiebel oder Ägyptische Zwiebel genannt. Sie treibt an einem hohen Stiel eine Krone kleiner Brutzwiebeln, die schon in luftiger Höhe zu treiben beginnen. Sie eignen sich zur Vermehrung und zum Würzen. Diese winterharte zierlich-bizarre Zwiebel eignet sich besonders gut für den Kräutergarten.

Schalotten (*A. cepa*, Aggregatum-Gruppe, Syn. *A. cepa* var. *ascalonicum*) wurde früher auch Eschlauch genannt. Aus einer nussgroßen Mutterzwiebel wächst ein Nest von kleinen bis mittelgroßen Zwiebeln, die sich durch ihren besonders feinen mild-würzigen Geschmack auszeichnen.

'Golden Gourmet', 'Redsun' (außen rot, innen rosa-weiß), 'Longor' (länglich, innen rosa) sind empfehlenswerte Sorten.

Steckzwiebeln (*A. cepa*, Proliferum-Gruppe) sind die normalen Küchenzwiebeln. Aus einer kleinen Saatzwiebel wächst eine einzige dicke Zwiebel. Altbewährte Sorten sind 'Stuttgarter Riesen' (braun, innen weiß, plattrund), 'Braunschweiger Blutrote' (dunkelrot, innen rötlich-weiß).

Weiße Frühlingszwiebeln werden im August, Silberzwiebeln im Frühling ausgesät. Sie sind zum frischen Verbrauch bestimmt.

Winterheckezwiebel und Lauchzwiebel siehe Seite 172.

Anbau im Garten Alle Zwiebeln brauchen lockeren, humusreichen Boden. Nässe und zu viel Dünger schaden ihnen. Ab Mitte März können Sie Saatzwiebeln aussäen. Im April werden die Steckzwiebeln und die Schalotten gesetzt. Außerdem gibt es noch die weißen Frühlingszwiebeln, die im August gesät werden und im nächsten Mai erntereif sind. Die feinen weißen Perl- oder Silberzwiebeln werden im Frühling gesät.

Bei der Aussaat müssen Sie einen Reihenabstand von 20 cm einhalten. Die Saat keimt relativ langsam und kann bis zu 3 Wochen im Boden liegen. Steckzwiebeln werden in der Reihe mit 15–20 cm Abstand gepflanzt. Die kleineren Frühlingszwiebeln können dichter stehen. Zwiebeln haben flach ausgebreitete Wurzeln; seien Sie deshalb vorsichtig beim Unkrauthacken!

Ernte und Aufbewahrung Saat- und Steckzwiebeln sind im Hochsommer reif, wenn das Laub vergilbt. Sie werden ausgegraben, kurz

■ Karl der Große empfahl bereits »ascalonias« zu pflanzen. Spätestens seit dieser Zeit wachsen Schalotten in unseren Gärten. Sie bilden ein Nest kleiner Zwiebeln, die wegen ihrer feinen Würze sehr beliebt sind.

■ Luftzwiebeln treiben ihre Zwiebelchen in luftiger Höhe. Als kleine schmackhafte Attraktion passen sie gut in den Kräutergarten.

an der Luft getrocknet und dann in einem frostfreien Raum luftig gelagert. Sie können die Zwiebeln mit dem Laub auch zu hübschen Zöpfen flechten. Frühlingszwiebeln sind für den frischen Verbrauch bestimmt. Aber auch von den Speisezwiebeln können Sie einzelne Pflanzen jung auszupfen, vor allem dort, wo die Saat zu dicht aufgegangen ist. Sie werden zusammen mit den grünen Röhren gleich verwendet.

Kleine Zwiebelchen und die Brutzwiebeln der Etagenzwiebeln eignen sich zum Einlegen in Gewürzessig. Die trockenen Zwiebeln lassen sich monatelang lagern und können nach Bedarf frisch verwendet werden.

Verwendung in der Küche Zwiebeln passen zu unendlich vielen Gerichten: unter anderem zu Fleisch, Suppen, Soßen, Salaten, Quark und Kartoffeln.

Verwendung in der Hausapotheke Zwiebeln sind ein seit Generationen bewährtes Hustenmittel. Zerschneiden Sie eine frische Zwiebel sehr fein, und vermischen Sie sie mit 1 Esslöffel voll Honig. Dieser Brei wird löffelweise eingenommen.

Sie können auch eine gehackte Zwiebel mit 3 Löffeln Kandiszucker und wenig Wasser langsam aufkochen, bis sich ein dicker Saft bildet. Lassen Sie ihn erkalten, und drücken Sie die Flüssigkeit durch ein sauberes Baumwolltuch (Taschentuch). Dieser Hustensaft wird mehrmals täglich teelöffelweise eingenommen.

Altbekannt und berühmt ist der Zwiebel-Schmalz-Umschlag. Erwärmen Sie in einer Pfanne reines Schmalz, und lassen Sie dann reichlich Zwiebelringe glasig dünsten. Diese Masse wird warm über die Brust und die Bronchien verteilt. Legen Sie ein sauberes Baumwollhandtuch darüber, damit die Bettwäsche nicht fettig wird. Dieser Umschlag hilft bei Erkältung, Husten und Bronchienverschleimung. Im Übrigen sollten Sie möglichst oft Zwiebeln in der Küche verwenden. So kommen Sie immer wieder auf angenehm würzige Weise in den Genuss der vielen heilsamen Wirkstoffe.

Weitere Verwendungsmöglichkeiten
Träufeln Sie frischen Zwiebelsaft auf Insektenstiche; dann klingen Entzündungen rasch ab. Im Biogarten werden Zwiebeln mit Möhren als schädlingsabwehrende Mischkultur kombiniert. Sie sind Bestandteile von Pflanzen-Jauchen und -Brühen.

Historische Verwendung Zwiebeln sind seit Jahrtausenden gesunde Nahrung und Medizin in vielen Ländern der Welt.

Abbildungen von Zwiebeln, die Opfergaben darstellen, gibt es in Ägypten bereits im Alten Reich (3000–2100 v. Chr.). In den Pyramidentexten (etwa 2200 v. Chr.) sind Zwiebeln schriftlich erwähnt. Aus der Zeit des Neuen Reiches (etwa 1550– 1085 v. Chr.) sind echte Pflanzenfunde erhalten. Sie stammen aus Grabkammern, in denen man ganze Pflanzenbündel fand und Zwiebeln, die in die Mumienbinden eingewickelt waren.

In diese Zeit fällt auch der Auszug der Israeliten. Beim langen Marsch durch die Wüste klagten sie im 4. Buch Moses: »Wir gedenken der Fische, die wir in Ägypten umsonst aßen, der Gurken, der Melonen, des Lauchs, der Zwiebeln und des Knoblauchs.«

In der Antike wurden bereits unterschiedliche Zwiebelformen beschrieben. Dioscurides wusste: »Die lange Küchenzwiebel ist schärfer als die runde, die gelbe schärfer als die weiße, die trockene als die frische, die rohe als die gekochte oder eingesalzene. Sie haben jedoch sämtlich einen beißenden Geschmack, blähen, erregen Appetit, machen mager, erregen Durst, reinigen die Eingeweide und sind gesund. (...) Auf wunde, durch Druck der Schuhe verursachte Stellen der Füße legt man eine Mischung von Zwiebeln und Hühnerfett (...). Gekocht und mit Rosinen und Feigen aufgelegt, zeitigt und öffnet sie Geschwüre.«

Palladius berichtet Interessantes für »Mondgärtner« aus der alten Praxis: »Man sät die Samen im Februar an einem milden, heiteren Tage. Geschieht dies bei abnehmendem Monde, so werden die Zwiebeln dünn aber schärfer; geschieht es bei wachsendem, so werden sie stark und schmecken wäßrig!« Der Römer Varro fasst die allgemeine Wertschätzung der Zwiebeln anschaulich zusammen: »Unsere Großväter und Urgroßväter waren recht brave Leute, obgleich ihre Worte einen derben Knoblauch- und Zwiebelgestank hatten.«

Wahrscheinlich brachten römische Legionäre die ersten Zwiebeln über die Alpen nach Westeuropa. Um 800 nimmt sie Karl der Große in seine Pflanzenliste auf. Er empfiehlt sowohl die Küchenzwiebeln, die Cepas, als auch die Schalotten, die Ascalonias genannt werden.

Hildegard von Bingen teilt die uralte Hochachtung vor den Zwiebeln offenbar nicht. Über die Schalotten, die sie Alslauch nennt, schreibt sie: »Die Schalotte ist kalt und giftig und ist weder Gesunden noch Kranken als Speise ratsam.«

Im späten Mittelalter kehren die Kräuterväter zur alten Zwiebeltradition zurück. Tabernaemontanus berichtet: »Die Blätter sind hol wie die Trompeten / grün aufgespitzet am Geschmack scharff ... Die klugen Gärtner säen den Zwiebelsamen auch vor dem Herbst / auf dass sie im Frühling junge Zwiebeln haben ... Die Zwiebeln sind der Armen (zu Zeiten auch der Reichen) tägliche Kost / weil sie ihre Speisen damit würtzen ... Etliche gemeine Leut essen die rohe Zwieffeln mit Brodt und Saltz für die böse faule Lüfft / und ist nicht zu verwerffen.«

Lonicerus ergänzt diese Erfahrung: »Arbeitende Leuth essen Morgens Zwibeln mit Saltz und Brodt für den bösen Lufft / mit Tyriac / Müssiggänger aber werden toll / schwermütig und schläffrig davon. Rohe Zwiebeln zerschnitten / über Nacht in frisch Wasser gelegt / diß Wasser treibt den Kindern die Spulwürm aus.« »So einem Menschen wehe ist um die Brust / der brate Zwibeln auf einer Glut sänfftiglichen / und esse Abends und Morgens darvon / es hilfft den Unflad außwerffen / und macht weit um die Brust.«

KRÄUTER AUS FERNEN LÄNDERN

Die weite Welt ist überschaubar geworden. Pflanzen wanderten schon immer rund um den Globus. Aber in solcher Fülle wie heute waren sie noch nie für den Gärtner erreichbar. Auch die Auswahl an heilkräftigen Kräutern und aromatischen Gewürzen ist inzwischen verlockend groß geworden. Deshalb finden Sie hier neben den in jahrtausendealter euro-päischer Tradition verwurzelten Kräutern auch eine Auswahl von Einwanderern aus fernen Ländern, die erst in jüngster Zeit zu uns kamen. Probieren Sie ihre Schönheit im Garten und ihre Aromen in der Küche aus. Dies ist nur eine kleine Kostprobe zum Kennenlernen. Sie soll Sie zu ausgedehnteren Gewürzaben-teuern anregen.

■ Der Anis-Ysop stammt aus Nordamerika und gehört zu den bekanntesten Agastachen, die in unsere Gärten Einzug gehalten haben. Probieren Sie seine süßlich nach Anis duftenden Blätter zu Desserts und Tee.

Agastache
Agastache

Volkstümliche Namen Duftnessel, Falsche Brennnessel, Moskitokraut, Anis-Ysop, Limo-nen-Aniskraut, Koreanische Minze; diese Namen beziehen sich auf unterschiedliche Agastachen-Arten.

Heimat und Verbreitung Die 30 bekannten Agastache-Arten sind teils in Mittel- und Ost-asien, teils in Nord- und Mittelamerika ur-sprünglich zu Hause. Einige Arten sind in ihren Heimatländern seit Jahrhunderten als Arznei-mittel bekannt.

Botanischer Steckbrief Die Agastachen gehören in die Familie der Lippenblütler (Lamiaceae). Sie haben einen aufrechten Wuchs und verzweigte, meist kantige Stängel mit lanzettförmigen, an den Rändern gezähn-ten Blättern. Die Pflanzen erreichen je nach Art und Sorte 0,45 bis 1,80 m Höhe. Die röhrenförmigen zweilippigen Blüten öffnen sich im Sommer an aufrechten Ähren in rosa, malvenfarbigen, purpurnen, violetten und weißen Farbtönen.

Heilkräftige Wirkstoffe Der Anis-Ysop ent-hält Pinene, Kampfer, Estragol, Anethol, Limo-nen, Linalool, Glykoside und Phermonone.

Geschmack und Würze Je nach Art und Sorte können die Agastachen nach Anis, Minze, Lavendel oder anderen Kräuteraromen duften und schmecken.

Besondere Arten und Sorten
Der **Anis-Ysop** (*Agastache foeniculum*) stammt aus Nord- und Mittelamerika. Er be-sitzt große, spitz zulaufende Blätter, die auf der Unterseite heller gefärbt sind und intensiv süßlich nach Anis duften. Die schlanken Blütenkerzen sind blau-violett gefärbt. Von J uni bis in den Herbst locken sie Bienen und Schmetterlinge an.
Mit dem Ysop hat diese Agastache nichts ge-mein, der Name ist aber allgemein gebräuch-lich. Die attraktiven Stauden sind gut winter-hart. Sie passen als Blütenattraktion in den Kräutergarten oder ins Staudenbeet.

Während des Sommers können die aromatischen Blätter frisch gepflückt für Tees und als aparte Würze zu Süßspeisen und Obstsalat verwendet werden. Sie eignen sich auch zum Trocknen, weil sie ihren Duft behalten. Die hübschen Blüten sind ebenfalls essbar. Die Indianer Nordamerikas benutzten den Anis-Ysop als Hustentee.

Der Lemon-Ysop (A. mexicana) wird auch Limonen-Aniskraut oder Falsche Brennnessel genannt. Er stammt aus Mexiko und besitzt etwas schmalere Blätter. Im Hochsommer öffnen sich an langen Ähren leuchtend magentarote Blüten, die bis in den Herbst hinein farbige Blickpunkte im Kräutergarten bilden. Diese stattliche Agastache kann 0,80 bis 1,00 m Höhe erreichen. Sie verträgt keine Staunässe und benötigt etwas Winterschutz. Das Aroma der Blätter erinnert an Französischen Estragon mit einer feinen Anisnuance.

'Toronjil Morado' ist eine Selektion mit reinem Zitronenaroma. Die kräftigen Pflanzen können bis 1,60 m Höhe erreichen.

Die Blätter des Lemon-Ysop eignen sich für Sommertees mit ausgefallenem Geschmack und als Würze für Salate, Soßen und Fruchtdesserts. Die hübschen dekorativen Blüten sind ebenfalls essbar.

Das Orangenduft-Aniskraut (A. cana) wird in seiner Heimat Mexiko auch Moskitokraut genannt. Ovale Blätter und hübsche rosafarbene Blütenähren sind die Kennzeichen dieser Agastache. Sie erreicht etwa 50 cm Höhe, liebt trockenere Standorte und braucht in rauen Landschaften Winterschutz.

Die Blätter verströmen einen zarten Orangenduft. Sie können ebenso wie die Blüten für Fruchtdessert und Sommertees verwendet werden. In Mexiko dienen die Blüten den Kolibris als Nahrungsquelle.

Die Koreanische Minze (A. rugosa) stammt aus China und Japan. Die stattlichen, buschigen Pflanzen können über 1 m Höhe erreichen. Sie ähneln dem Anis-Ysop. Die Blätter sind sehr groß, auf der Unterseite hell behaart und etwas klebrig. An langen Ähren öffnen sich malven- bis lilafarbige Blüten vom Sommer bis zum Herbst. Empfehlenswert ist ein sonniger Standort.

Die Blätter der Koreanischen Minze, die gar keine Minze ist, machen ihrem Namen alle Ehre: Sie verströmen unverkennbar Minzenduft! Sie können sie für Tee und auch als apartes Fleischgewürz verwenden.

'Korean Zest' ist eine Züchtung mit wunderschönen azurblauen Blüten.

Koreanische Minze, weiß (A. rugosa var. albiflora) bezaubert mit weißen Blüten. In der Traditionellen Chinesischen Medizin, TCM, wird die Koreanische Minze als Heilpflanze benutzt.

Anbau im Garten Die Agastachen kommen aus warmen Heimatländern. Wählen Sie deshalb einen sonnigen Standort aus. Der Boden sollte humusreich, aber auch wasserdurchlässig sein. Wenn es sehr heiß ist, müssen Sie gießen. Das Orangenduft-Aniskraut verträgt mehr Trockenheit. Pflanzen Sie im Mai mit 40–50 cm Abstand, damit die Stauden sich buschig und kräftig entwickeln.

Im Frühling können Sie die feinen Samen der Agastachen in Schalen oder Töpfen aussäen. Die Anzucht gelingt aber nur an einem warmen Platz auf der Fensterbank oder im Gewächshaus. Einfacher ist es, gezielt Pflanzen derjenigen Arten und Sorten, die Sie haben möchten, bei Kräuter-Spezialisten zu bestellen. Anis-Ysop wird auch in normalen Gartencentern angeboten.

Im Sommer können Sie von den oberen Trieben Blattstecklinge schneiden und so Ihre Bestände vergrößern. Einige Arten benötigen, wenn es sehr kalt wird, etwas Winterschutz aus Stroh oder Fichtenzweigen. Dies ist bei den Einzelbeschreibungen angegeben. Agastachen gedeihen auch eine Zeitlang in großen Töpfen auf der Terrasse. Am schönsten entwickeln sie sich aber auf geräumigen Kräuterbeeten oder auch in einer Staudenrabatte. Zwischen überwiegend grünen Gewürzpflan-

■ Die Koreanische Minze 'Alabaster' leuchtet mit ihren weißen Blütenkerzen als fernöstlicher Agastachen-Gruß vom Kräuterbeet.

■ Der Lemon-Ysop, eine Agastache aus Mexiko, verbreitet warme Sommerstimmung. Das Aroma seiner Blätter erinnert an Estragon.

zen leuchten die Agastachen monatelang als attraktiver, farbiger Blickfang.

Ernte und Aufbewahrung Vom Frühling bis zum Herbst können Sie frische Blätter mit verschiedenen Duftnoten ernten für den täglichen Verbrauch. Das Laub eignet sich auch zum Trocknen für die Winterzeit, weil das Aroma gut erhalten bleibt. Die Blüten lassen sich frisch für essbare Dekorationen und getrocknet für Potpourris verwenden.

Verwendung in der Küche Wie bereits in den Einzelporträts beschrieben, eignen sich die aromatischen Agastachenblätter mit ihren unterschiedlichen Duftnoten wunderbar für sommerliche Tees mit fruchtigem Geschmack. Reizvolle Kompositionen entstehen, wenn Sie Agastachen mit Zitronenverbenen, Ananas- oder Honigmelonen-Salbei und Duftblattgera-

nien mischen. Die Anis-, Limonen-, Orangen- und Minzendüfte passen auch gut zum Verfeinern von Früchten und Desserts. Wenn Sie dann ausgezupfte farbige Blüten darüberstreuen, sind die delikaten Überraschungen perfekt.

Verwendung in der Hausapotheke Agastachen sind bei uns nicht als Heilpflanzen gebräuchlich. Sie können aber einen Tee aus Anis-Ysop in der alten Indianer-Tradition bei Husten und Erkältung trinken und die Wirkung ausprobieren. Es kann auch sicher nicht schaden, bei leichten Magenproblemen einen Tee aus der Koreanischen Minze aufzubrühen, wie es in Asien üblich ist.

Weitere Verwendungsmöglichkeiten In Nordamerika wird der Anis-Ysop auf großen Flächen als Bienenfutter angebaut. Der Honig

duftet nach Anis. Auch in unseren Gärten sind die Agastachen gute Bienenpflanzen. In Mexiko dient die Orangen-Agastache zur Mücken-Abwehr.

Historische Verwendung Anis-Ysop wurde von nordamerikanischen Indianern traditionell als Hustentee verwendet. Die Koreanische Minze ist eine alte asiatische Heilpflanze, die antibakteriell und krampflösend wirkt. Die Traditionelle Chinesische Medizin, TCM, benutzt die *Agastache rugosa* bei Übelkeit und Erbrechen sowie zur Anregung des Appetits.

Ananas-Salbei
Salvia rutilans

Volkstümliche Namen Sind nicht bekannt

Heimat und Verbreitung Der Ananas-Salbei stammt aus Mexiko und Guatemala.

Botanischer Steckbrief Der Ananas-Salbei gehört in die Familie der Lippenblütler (Lamiaceae). Er wächst als verzweigter Strauch, der mit zunehmendem Alter im unteren Bereich verholzt. Die Zweige sind dicht mit gegenständig angeordneten eiförmigen, spitz zulaufenden Blättern besetzt. Diese sind frisch-grün, an den Rändern sehr fein gezähnt und fühlen sich etwas rau an. Die oberen, weichen Zweige fallen durch violette Tönung und flaumig weiche Behaarung auf. Die röhrenförmigen, leuchtend roten Blüten erscheinen spät von Oktober bis Dezember. Unter sehr guten Wachstumsbedingungen erreicht der kleine Strauch bis 2 m Höhe. Im Topf sind es meist 0,50–1,00 m.

Heilkräftige Wirkstoffe Die Blätter enthalten vor allem ätherische Öle, darunter Thujon, Cineol, Kampfer und Borneol.

Geschmack und Würze Die Blätter des Ananas-Salbeis duften und schmecken fruchtig nach Ananas.

Besondere Arten und Sorten Fruchtig duftende Salbei-Arten und -Sorten sind vor allem in Mittelamerika verbreitet. Ihre Aromen sind sehr vielfältig und individuell ausgeprägt.

■ Die Heimat des Ananas-Salbeis liegt in Mittelamerika. Deshalb müssen Sie ihn im Topf halten und vor Frost schützen. Er liebt warme Terrassenplätze und verwöhnt Sie im Winter mit feuerroten Blüten.

Der Honigmelonen-Salbei *(S. elegans)* ist ein zierlicher, verholzender Strauch mit weich behaarten, herzförmigen Blättern. Seine Heimat liegt in Mexiko und Guatemala. Von August bis Oktober bilden sich an den Spitzen der Zweige lockere Rispen leuchtend roter Röhrenblüten. Im Topf wachsen die leicht überhängenden Pflanzen 50–60 cm hoch. Die Blätter duften frisch-fruchtig mit einem Hauch von reifen Honigmelonen.

Die Frucht-Salbei *(S. dorisiana)* stammt aus Honduras. Er wächst rasch zu einem bis 2 m hohen breit verzweigten Strauch heran. Seine großen herzförmigen Blätter sind hellgrün gefärbt und weich behaart. An langen Stielen erscheinen im Winter große rosarote Lippenblüten. Der Frucht-Salbei ist der Duftstar unter den aromatischen Salbeiarten Mittelamerikas. Wenn seine Zweige bewegt werden, strömt aus den Blättern ein tiefer, süßer Wohlgeruch, der an tropische Früchte erinnert. Dieser Duft erfüllt den Raum noch lange Zeit.

Der Johannisbeer-Salbei *(S. microphylla)* ist ein zierlicher, dicht verzweigter Strauch mit kleinen oval-länglichen Blättern. Er erreicht nur 40–50 cm Höhe. Vom Frühling bis weit in den Herbst schmückt sich dieser Salbei mit kräftig dunkelpinkfarbigen kleinen Blüten, die durch eine breite Lippe auffallen. Die Blätter duften herb-aromatisch wie die Zweige Schwarzer Johannisbeeren.

Der Pfirsich-Salbei *(S. greggii)* ist ursprünglich im Südwesten von Texas und in Mexiko zu Hause. Die kleinen Sträucher wachsen 40–60 cm hoch. Sie besitzen längliche Blätter und treiben von Mai bis November Blüten mit breiter Lippe ähnlich wie der Johannisbeer-Salbei. Diese können rot, rosa oder auch weiß gefärbt sein. Von dieser Salbeiart gibt es mehrere hübsche Sorten. Aus den Blättern des Pfirsich-Salbeis strömt ein fruchtiger, pfirsichartiger Wohlgeruch.

Anbau im Garten Alle beschriebenen Salbeiarten stammen aus warmen, subtropischen Heimatländern. Sie sind bei uns nicht winterhart und müssen deshalb in Töpfen gehalten werden. Da es sich um kleine Sträucher handelt, setzen Sie sie, sobald die Pflanzen kräftig zu wachsen beginnen, in möglichst große Töpfe. Verwenden Sie dafür – wie auf Seite 40 beschrieben – eine Mischung aus Kompost und etwas Sand oder käuflichen Humus ohne Torf. Eine Vorratsdüngung aus Hornspänen verteilen Sie im unteren Drittel des Topfes. Vom Frühling bis zum Sommer benötigen die Pflanzen zusätzliche Nahrung. Mischen Sie einen organischen Volldünger in die obere Erdschicht und gießen Sie außerdem noch einmal mit Brennnessel-Jauche.

Die Kinder des Südens brauchen bei uns einen sonnigen, warmen Platz. Eine geschützte Stelle an der Hauswand eignet sich zum Beispiel sehr gut. Der **Ananas-Salbei** gedeiht auch gut im lichten Halbschatten. Den weich-blättrigen **Frucht-Salbei** halten Sie besser im Haus oder im Wintergarten.

Alle aromatischen Salbeiarten, die in diesen Porträts versammelt sind, brauchen im Sommer, vor allem an heißen Tagen, reichlich Wasser. Gießen Sie regelmäßig, am besten mit temperiertem Regenwasser.

Eine Sammlung fruchtig duftender Salbeiarten ist eine Attraktion für sonnige Terrassen. Einzelne Töpfe eignen sich auch gut für den Balkon. Die leuchtenden Blüten schmücken Ihren Sitzplatz oft monatelang. Vor allem **Johannisbeer-** und **Pfirsich-Salbei** gehören zu den unermüdlichen Dauerblühern. Sie könnten aber auch Töpfe mit **Ananas-Salbei, Honigmelonen-Salbei** oder **Pfirsich-Salbei** auf ein Kräuterbeet zwischen Küchen-Salbei und Lavendel stellen. So entsteht eine kleine Multi-

■ Der Johannisbeer-Salbei ist ein kleines Blütenwunder. Unaufhörlich öffnet er immer neue Blumen in kräftigem Pink vom Frühsommer bis zum Spätherbst. Seine kleinen Blättchen duften herb-aromatisch nach Schwarzen Johannisbeeren.

Kulti-Gesellschaft, die vom Zauber der Kräuter auf der ganzen Welt erzählt.

Vor dem ersten Frost müssen Sie alle subtropischen Salbeiarten an einem kühlen, hellen Platz im Haus in Sicherheit bringen. Ideal sind ein frostfreies, aber kühles Gewächshaus oder ein unbeheizter Wintergarten. Ein kühles Schlafzimmer oder ein Gästezimmer eignen sich aber auch. Während der Winterzeit werden die Salbeitöpfe nur mäßig gegossen. Die Erde darf aber nicht austrocknen. Spätestens, wenn die Blätter »schlappmachen«, ist es Zeit für einen Schuss Wasser.

Der **Frucht-Salbei** ist eine Ausnahme von der kühlen Überwinterungsregel. Er liebt einen wärmeren Platz. Nur dann wird er sich entschließen seine winterliche Blütenpracht auch zu entfalten. Genießen Sie seinen Duft und seine Schönheit in einem Wohnraum.

Ab März können Sie die kleinen Sträucher zurückschneiden. Der Rückschnitt ist wichtig, damit die Pflanzen nicht verkahlen und verholzen oder im eigenen Zweiggewirr ersticken. Sie werden danach wieder frisch und kräftig austreiben.

Im Frühling, wenn die Kraft der Sonne zunimmt, kann auch wieder häufiger gegossen werden. Sträucher, die ihren Topf ganz durchwurzelt haben, werden nach dem Rückschnitt in größere Gefäße umgepflanzt. Je mehr Raum sie bekommen, desto üppiger werden sie sich im Laufe des Sommers entwickeln. Alle Frucht-Salbeiarten können Sie leicht durch Stecklinge vermehren. Beim Rückschnitt oder während des Sommers schneiden Sie einige Triebspitzen ab, deren Stängel noch nicht verholzt sind. Entfernen Sie das Laub bis auf die obersten drei bis vier Blätter. Stecken Sie diese kleinen Zweige in Töpfchen mit einer sandigen Erdmischung und halten Sie das Substrat gleichmäßig, aber mäßig feucht. An einem warmen, halbschattigen Platz treiben diese Stecklinge schon bald Wurzeln und beginnen zu wachsen.

Ernte und Aufbewahrung Von allen Frucht-Salbei-Arten können Sie während des ganzen Jahres für die Küche frische Blätter pflücken. Im Sommer ist das Aroma natürlich viel stärker als in der kalten Jahreszeit. Trocknen ist möglich, lohnt aber eigentlich nicht. Experimentieren Sie selbst.

Verwendung in der Küche Die fruchtigen Aromen der südländischen Salbeiarten eignen sich hervorragend als aparte Würze und als Zutat zu erfrischenden Teemischungen. Man kann mit ihnen auch Süßspeisen verfeinern. Die Blätter des **Ananas-Salbei** passen mit ihrem Ananasduft zu Süßspeisen und Obstsalaten. Das Aroma prägt auch sommerliche Tees. Mischen Sie die Blätter nach Geschmack mit anderen Frucht-Salbei-Arten. Eine gute Ergänzung bilden dazu Prisen von Zitronen-Verbene, Rosen-Geranien und Orangen-Minze. Die leuchtend roten Blüten sind ebenfalls essbar. Sie können damit Süßspeisen dekorieren. Der Überraschungseffekt ist Ihnen sicher!

Honigmelonen-Salbei und **Pfirsich-Salbei** können Sie ganz ähnlich verwenden wie Ananas-Salbei. Das Aroma ist etwas sanfter und lieblicher. Es passt zu Süßspeisen und Sommertees.

Der **Johannisbeer-Salbei** bringt mit seinem herberen Aroma Abwechslung in die Frucht-Kombinationen. Verwenden Sie ihn nach Geschmack für Tees und Desserts.

Der **Frucht-Salbei** verschenkt das stärkste Duftbouquet. Probieren Sie es vorsichtig aus zu Süßspeisen und als Tee. Getrocknete Blätter bereichern Potpourris.

Verwendung in der Hausapotheke Als Heilpflanzen sind die Frucht-Salbei-Arten bei uns nicht gebräuchlich. Genießen Sie ihre guten Eigenschaften auf dem Umweg über die Küche.

Historische Verwendung Ananas-Salbei wird in der mexikanischen Volksmedizin traditionell gegen Angstzustände verwendet. Wissenschaftliche Untersuchungen haben Hinweise darauf ergeben, dass die Pflanzen möglicherweise antidepressive Wirkstoffe enthalten.

Duftblatt-Geranien
Pelargonium-Arten und -Sorten

Volkstümliche Namen Malva in Afrikaans, Kappland Pelargonie, Kalwerbossie, Rabassam, Rabas, Rooirabas sind südafrikanische Bezeichnungen der Eingeborenen.

Die Namen der verschiedenen Arten verraten meist die Duftnoten: zum Beispiel Rosen-Geranien, Zitronen-Geranien oder Pfefferminz-Geranien.

Heimat und Verbreitung Die Duftblatt-Geranien sind in Südafrika zu Hause.

Botanischer Steckbrief Die Duftblatt-Geranien gehören zur Gattung der Pelargonien und zur Familie der Storchschnabelgewächse (Geraniaceae). Diese Bezeichnung entstand, weil die langen, schmalen Samenstände der Geranien einem Storchenschnabel ähneln. Botanisch korrekt müssten die Duftblatt-Geranien Pelargonien genannt werden. Beide Namen sind aber gebräuchlich; »Duftblatt-Geranie« ist gewissermaßen die volkstümliche Variante. Ihre Schwestern, die Balkon-Geranien, wurden schon immer so genannt. Geranie ist also traditionell der ältere Name. Kennzeichnend für die Duftblatt-Geranien sind – wie schon der Namen verrät – die wohlriechenden Blätter. Das Aroma entfaltet sich, wenn das Laub bewegt wird. Die Blüten sind sehr viel zierlicher als diejenigen der Prachtgeranien, die heute für Balkonkästen und Terrassengefäße angeboten werden. Duftblatt-Geranien haben meist einen verzweigten, buschigen Wuchs. Sie zeigen eine Fülle verschiedener Blatt- und Blütenformen. Auch die Düfte umfassen ein großes Aromaspektrum. Detailbeschreibungen finden Sie in der Auswahl verschiedener Arten und Sorten.

Heilkräftige Wirkstoffe Duftblatt-Geranien sind vor allem reich an ätherischen Ölen, die zum Teil auch Verwendung in der Parfümindustrie finden. Das sogenannte Geraniumöl wird aus den Rosenduft-Geranien (*P. graveolens, P. radens* und *P. capitatum*) gewonnen.

Zu den wichtigsten Bestandteilen gehören Geraniol, Citronellol und Linalool.

In ihrer südafrikanischen Heimat werden Duftblatt-Geranien von den Einheimischen traditionell auf vielfältige Weise als Heilpflanzen genutzt.

Geschmack und Würze Von Apfelaroma bis Zitronenduft entfalten die Duftblatt-Geranien Wohlgerüche und Würze in großer Vielfalt. Es gibt zum Beispiel Arten, die nach Rosen, Pfefferminze, Kampfer, Muskat, Fichtennadeln oder Aprikosen duften. Der Wohlgeruch verbreitet sich, wenn man die Blätter mit der Hand bewegt. Dann werden die ätherischen Öle freigesetzt und schweben wie Duftwolken durchs Zimmer oder über die Terrasse.

Besondere Arten und Sorten

Rosenduft-Geranien sind die Lieferanten des Geraniumöls, mit dem das teure Rosenöl gestreckt wird. Drei Arten werden dazu benutzt.

Die **Rosen-Geranie** *(P. graveolens)* ist eine Wildform, die für zahlreiche Sortenzüchtungen benutzt wurde. Diese kraftvolle Art kann bis zu 1 m hoch wachsen, Die tief eingeschnittenen Blätter sind an den Rändern gezackt. Ihre kleinen, in lockeren Büscheln zusammenstehenden Blüten sind zartrosa gefärbt. In ihrer Mitte leuchten rote Flecken. Die Blätter entfalten ein zitronig-würziges Rosenaroma.

'Lady Plymouth' ist eine alte Sorte, die schon 1805 zum ersten Mal auftaucht. Sie wirkt sehr elegant mit grau-grünen, elfenbeinweiß gezeichneten Blättern, die tief eingeschnitten und leicht behaart sind. Ihre Blüten sind kräftig rosa gefärbt. Die Pflanzen wachsen

■ Duftblatt-Geranien verlocken zum Sammeln. Die Fülle der Wohlgerüche ist so überwältigend, dass die Wahl schwer fällt zwischen Rosen-, Zitrus-, Apfel-, Pfefferminz- und zahlreichen anderen Duftnoten.

zierlich-buschig. Aus ihren kleinen Blättern strömt ein minzeartiger Rosenduft.

Die **Rosen-Geranie** (*P. capitatum*) besitzt gelappte, herzförmige Blätter, die weich behaart sind. Sie duften intensiv nach Rosen. Ihre kleinen Blüten sind cyclamrosa gefärbt. Die strauchartig wachsenden Pflanzen können bis zu 1 m hoch werden.

'Attar of Roses' ist eine berühmte Sorte mit starkem Rosenduft, die schon seit dem Jahr 1800 bekannt ist. Ihre großen, rundlichen Blätter sind mehrfach eingebuchtet und behaart. Die Pflanzen schmücken sich mit kleinen rosa Blüten. Sie können eine Höhe von 60 cm erreichen.

Die **Rosen-Geranie** (*P. radens*) wird auch **Raspelblättrige Geranie** genannt. Diese Wildform fällt durch sehr fein gefiederte, tief zerteilte raue Blätter auf. Die kleinen rosa Blüten sind eher unscheinbar. Der dicht verzweigte kleine Strauch wächst etwas unordentlich bis 1,50 m Höhe und muss immer wieder in Form geschnitten werden. Die Blätter duften nach Zitrone und Rosen.

Zitronenduft-Geranien bezaubern mit unterschiedlichen Zitrusdüften.

Die **Zitronen-Duftblattgeranie** (*P. crispum*) besitzen kleine rundliche Blätter, die mehr oder weniger eingebuchtet sind.

'Queen of Lemons' schmückt sich mit großen rosa Blüten. Ihre Blätter sind leicht gewellt und entfalten einen feinen Zitrusduft.

'Lemon Fancy' hat kleine gezackte Blätter, die ein kraftvolles Zitronenaroma enthalten. Die rosa Blüten sind mit einem dunklen Fleck gezeichnet.

'Prince of Orange' ist eine berühmte, sehr beliebte Züchtung aus dem Jahr 1820. Die gekrausten Blätter duften sehr apart nach Orangenschalen. Ein hübscher Blickfang sind die großen zartrosa Blüten, die eine auffallende karminrote Zeichnung besitzen.

Pelargonium citronellum ist eine botanische Art mit tief eingeschnittenen behaarten Blättern, die ein sehr reines, starkes Zitronenaroma enthalten. Die hübschen purpurrosa Blüten zeigen eine dunklere Zeichnung. Die Pflanzen können bis 1 m Höhe erreichen.

'Mabel Grey' (*P. citronellum × scabrum*) gehört zu den berühmten älteren Kreuzungen. Sie besitzt rauhaarige, tief eingeschnittene Blätter, die nach Zitronenschale duften. Der kleine aufrechte Strauch kann 60–90 cm Höhe erreichen. Die rosa Blüten sind mit einer dunklen Zeichnung geschmückt.

Die **Apfelduft-Geranie** (*P. odoratissimum*) wächst niedrig und buschig. Außergewöhnlich für Duftblatt-Geranien sind ihre langen hängenden Triebe. Die kleinen rundlichen Blätter sind samtig weich behaart. Sie duften nach frischen Äpfeln. Die winzigen weißen Blüten verleihen der Apfelduft-Geranie zeitweise eine Ähnlichkeit mit Schleierkraut. Pflanzen Sie diese anmutige Geranie in Ampeln. Sie vertreibt im Sommer Insekten.

Diese zierliche botanische Wildform kann auch als Ampelpflanze gehalten werden. Ihr Geruch soll Insekten vertreiben.

Die **Pfefferminz-Geranie** (*P. tomentosum*) ist ein außergewöhnliches Erlebnis. Ihre großen dreilappigen, rundlichen Blätter leuchten smaragdgrün. Sie sind samtig weich behaart und verlocken zum Streicheln. Dann entfaltet sich ein intensiver, reiner Pfefferminzduft, der noch lange an den Händen haftet. Pfefferminz-Geranien sind robust und starkwüchsig. Sie bilden lange Triebe, die herunterhängen. Deshalb brauchen sie einen erhöhten Platz oder eine große Ampel. Diese Art mit den weichen Blättern liebt einen halbschattigen Standort und muss regelmäßig gegossen werden. Im Frühling treibt die Pfefferminz-Geranie an langen Stielen lockere Dolden mit winzigen weißen Blüten. Sie erscheinen in großer Fülle und umhüllen die Pflanze wie ein zarter Brautschleier.

Anbau im Garten Duftblatt-Geranien haben aus ihrer heißen südafrikanischen Heimat ein großes Bedürfnis nach Sonne mitgebracht. Sie sind bei uns nicht winterhart und gedeihen deshalb nur in Töpfen. Auf dem Balkon, auf einer warmen Terrasse oder vor einer sonnigen Südwand sind sie gut aufgehoben. Im Sommer müssen die Pflanzen regelmäßig gegossen werden.

Bevor es Winter wird, müssen Sie Ihre Duftblatt-Geranien an einen frostsicheren Standort bringen. Ein kühles Gewächshaus oder ein schwach temperierter Wintergarten eignen sich dafür sehr gut. Aber auch ein ungeheiztes Schlafzimmer, ein Gästezimmer oder ein Platz in einem Treppenhaus können als Winterquartier benutzt werden.

Geranien, die zu groß und sperrig geworden sind, können Sie mäßig zurückschneiden, damit sie auf dem vorhandenen Raum untergebracht werden können. In dieser kühlen Ruhezeit benötigen die Pflanzen ausreichend Licht. Sie werden nur mäßig gegossen, weil sie jetzt nicht treiben sollen.

Ab März oder April ist es Zeit, ältere Duftblatt-Geranien umzutopfen, wenn sie die Erde ganz durchwurzelt haben. Verwenden Sie dafür eine lockere Erdmischung aus Kompost und Sand oder käuflichen Humus, der keinen Torf enthält. Streuen Sie Hornspäne als Vorratsdüngung unter die Erde. Jetzt werden die Pflanzen auch zurückgeschnitten. Vor allem kraftlose Wintertriebe müssen eingekürzt werden.

Wenn die Geranien anschließend hell und warm stehen und regelmäßig gegossen werden, bilden sie bald neue Triebe. Im späten Frühling sind alle Duftblatt-Geranien für eine weitere Düngung dankbar. Gut geeignet sind dafür organische Volldünger, die unter die obere Erdschicht gemischt werden.

Manche Duftblatt-Geranien fangen im Spätwinter an zu blühen. Dann sollten Sie zuerst diese Freuden genießen und das Umtopfen auf den späteren Frühling verschieben. Von gesunden Triebspitzen können Sie nach dem Rückschnitt sehr leicht Stecklinge heranziehen. In kleinen Töpfen mit sandiger Erdmischung wachsen sie in der Regel problemlos an. Mit diesem Nachwuchs können Sie Ihre eigenen Bestände ohne Kosten vergrößern. Hübsch verpackte duftende Geranien sind auch ein besonderes Geschenk für Gartenfreunde oder Gourmet-Köche!

Ernte und Aufbewahrung Einige Blätter von Ihren Duftblatt-Geranien können Sie während des ganzen Sommers frisch pflücken. Manche Arten wie Rosen- und Zitronenduft-Geranien kann man auch trocknen. Sie behalten ihr Aroma noch lange Zeit. Aber dafür nimmt man natürlich nur wenige Zweige von besonders üppig wachsenden Exemplaren, damit die Pflanzen ihr schönes Aussehen behalten.

Verwendung in der Küche Blätter und auch die Blüten der Duftblatt-Geranien sind essbar. In Maßen verwendet, können Sie überraschende Genüsse schenken.

Rosenduft-Geranien eignen sich frisch gepflückt wunderbar für fruchtigen Sommer-Tee. Sie können sie mit anderen Kräutern mischen, zum Beispiel mit Minzen, Ananas-Salbei, Balsamkraut oder Zitronenmelisse. Sehr gut eignet sich der Rosenduft auch zum Aromatisieren von schwarzem Tee. Probieren Sie die wohlriechenden Blätter auch zu Früchten und Desserts, zu aparten Gelees und Rosen-Essig. Die essbaren Blüten können Sie zum Dekorieren benutzen.

Getrocknete Blätter entfalten auch im Winter ihr köstliches Aroma in verschiedenen Tee-mischungen.

Zitronenduft-Geranien können genau wie Rosenduft-Geranien verwendet werden. Wählen Sie sie überall dort, wo Zitrusaroma Speisen und Getränke verfeinern soll. Experimente lohnen sich!

Apfelduft-Geranien verschenken ein sehr spezielles Aroma. Probieren Sie aus, ob es in Ihren Tee oder zu fruchtigen Desserts passt.

Pfefferminz-Geranien besitzen eine starke Würze, die vorsichtig dosiert werden muss. Die Blätter passen zu Tees, Süßspeisen, Schokoladeneis und zum Dekorieren sommerlicher Platten.

Alle Duftblatt-Geranien liefern auch reichlich Material für wohlriechende Potpourris und Kräuterkissen (Rezepte Seite 241).

■ Oben: Rosenduft liegt in der Luft, wenn Sie die Blätter von *Pelargonium graveolens* mit den Händen bewegen.
■ Mitte: Queen of Lemons' ist eine berühmte Sorte, deren kleine, gewellte Blätter einen feinen Zitrusduft verströmen.
■ Unten: Eine ältere Zufallskreuzung ist die Sorte 'Mabel Grey'. Sie bezaubert mit hübschen Blüten und duftet nach Zitronenschalen.

■ Oben: Die Apfelduft-Geranie bildet hängende Triebe und einen duftigen weißen Blütenschleier.
■ Mitte: Die smaragdgrünen, samtweichen Blätter der Pfefferminz-Geranie verlocken zum Streicheln. Danach duften Ihre Hände intensiv!
■ Unten: Sehr bekannt als Erkältungsmedizin wurde die Geranien-Wildart *Pelargonium sidoides* unter dem Namen Umckaloabo.

Verwendung in der Hausapotheke

Bei uns sind Duftblatt-Geranien als Arznei nicht gebräuchlich. In Südafrika werden die verschiedenen Arten aber seit langem von den Einheimischen zum Heilen benutzt.

Ein Tee von **Rosenduft-Geranien** gilt als krampflösend bei Menstruationsbeschwerden und Bauchschmerzen.

Die **Apfelduft-Geranie** soll antiseptisch, adstringierend und blutstillend wirken.

Aus der **Pfefferminz-Geranie** werden von den Einheimischen Breiumschläge hergestellt, die bei Verletzungen und Verstauchungen helfen sollen.

Andere *Geranium*-Arten, die Gerbstoffe enthalten, werden gegen Durchfall und Ruhr eingesetzt. Sehr bekannt wurde eine Pelargonium-Medizin, die in Afrika **»Umckaloabo«** heißt. In der Sprache der Zulu bedeutet das »schwerer Husten«. Verwendet werden dafür die getrockneten Wurzeln von *Pelargonium sidoides* und *P. reniforme.* Man erntet sie im Alter von drei Jahren, weil sie dann den höchsten Wirkstoffgehalt haben. Diese Pflanzen sind inzwischen gut untersucht. Sie enthalten Gerbstoffe, Cumarine, Phenol, Flavonoide, ätherische Öle und Terpene.

Arzneimittel unter dem Namen Umckaloabo werden in Apotheken angeboten. Diese *Pelargonium*-Präparate helfen bei akuten und chronischen Atemwegsbeschwerden. Sie stärken das Immunsystem und besitzen eine antibakterielle Wirkung. In der afrikanischen Volksmedizin verwenden die Eingeborenen Umckaloabo auch bei Durchfall sowie bei Magen- und Leberbeschwerden.

Historische Verwendung und Verbreitung

Die ersten Pelargonium-Arten kamen schon früh nach Europa. Am Anfang war das **Knollige Pelargonium** (*Pelargonium triste*), das wahrscheinlich von einem aus Indien kommenden Schiff mitgebracht wurde und zunächst in England landete. Man nannte es *Geranium indicum odoratum* und glaubte anfangs, dass die Pflanze aus Indien stamme. Sie besaß dunkle, schwarzrote Blüten mit weißen Rändern. 1621 wuchs dieses *Pelargonium* in Frankreich im Garten von René Morin, der es **»Nachts duftende Geranie«** (*Geranium indicum nocte odoratum*) taufte. 1635 beschrieb Jacques Cornut in Paris die Pflanze zum ersten Mal als *Geranium triste,* so wie sie noch heute botanisch heißt, nur dass *Geranium* in *Pelargonium* umgewandelt wurde.

1678 gelangte diese »Pionier-Geranie« zum ersten Mal nach Deutschland. Der Siegeszug der südafrikanischen Blumen war bald nicht mehr aufzuhalten. Im 18. Jahrhundert war bereits eine Vielzahl von *Geranium*-Wildformen in Europa verbreitet. Zu Beginn des Jahrhunderts tauchten auch die ersten Duftblatt-Geranien auf. Dazu gehörte *Pelargonium odoratissimum,* das wir heute als Apfelduft-Geranie lieben. 1720 wurde sie in Leyden kultiviert. Von dort gelangte sie nach England. 1732 beschrieb Johann Jacob Dillenius diese Duftblatt-Geranie als *Geranium africanum humile, Malvae folio molli, flosculis albis, odore fragentissimo,* also als afrikanische Geranie mit weichen, malvenartigen Blättern, weißen Blüten und sehr starkem Duft.

Die Duftblatt-Geranien waren bald sehr beliebt, auch Johann Sebastian Bach soll zu ihren Verehrern gehört haben. Im 19. Jahrhundert entstanden zahlreiche Züchtungen, die zum Teil bis heute erhalten sind. Duftblatt-Geranien waren damals weitverbreitet – bis hin auf die Fensterbretter der Bauernhäuser. Im 20. Jahrhundert gerieten sie in Vergessenheit. Erst gegen Ende des Jahrhunderts wurden sie wiederentdeckt und erlebten eine beispiellose Renaissance.

In der ersten Auflage dieses Kräuterbuches im Jahr 1979 habe ich bereits Zitronen-, Rosen-, Pfefferminz- und Apfelduft-Geranien beschrieben. Damals konnte ich meinen Lesern nur empfehlen, irgendwo auf einer Reise oder bei Bekannten Ableger dieser selten gewordenen Duftschätze aufzutreiben, so wie ich selbst meine ersten Exemplare gefunden hatte. Andere Bezugsquellen gab es nicht. Damals schrieb ich am Ende des Kapitels: »Alle diese zauberhaften Duftblattgeranien können in der Küche verwendet werden. Sie wären es wert, dass viele Kräutergärtner sich auf die Suche machten, um sie wieder zu entdecken und zu vermehren. Vielleicht könnte die Nachfrage auch einige Gärtnereien anregen, sie wieder in ihre Sortimente aufzunehmen. Für den Gewürzgarten sind diese edlen Duftgewächse eine phantasievolle Bereicherung – ein Hauch orientalischer Wohlgerüche in kühlen europäischen Breiten.«

Dieser Wunsch ist in Erfüllung gegangen. Heute werden von Spezialgärtnereien umfangreiche Sortimente angeboten – wahre Schatztruhen exquisiter Formen und Wohlgerüche. Wenn Sie nun vom Zauber der duftenden Blätter angesteckt sind, brauchen Sie nur noch zuzugreifen. Bezugsquellen finden Sie im Anhang.

Monarde, Indianernessel
Monarda didyma

Volkstümliche Namen Etagenblume, Rote Monarde, Bienenbalsam, Scharfe Melisse, Rote Melisse, Indianerfeder, Oswego-Tee, Scharlach-Goldmelisse, Pferdemelisse

Heimat und Verbreitung Die Monarde ist in Nordamerika zu Hause. In Europa, wohin sie nach der Entdeckung der Neuen Welt gelangte, wird sie vor allem als Zierstaude gepflanzt. Immer öfter findet sie aber auch einen Platz in gut sortierten Kräutergärten.

Botanischer Steckbrief Die Monarde gehört in die Familie der Lippenblütler (Lamiaceae). Sie hat kantige Stängel, die 80–100 cm hoch wachsen. Ihre Wurzeln verlaufen flach unter der Erde. Die Blätter sind spitz eiförmig und am Rand regelmäßig gezähnt. Von Juni bis Oktober erscheinen die roten Blüten, die in Quirlen angeordnet sind und mehrere Etagen bilden.

Heilkräftige Wirkstoffe Monarden enthalten ätherische Öle, unter anderem Linalool, Pinen, Limonen, Thymol und Carvakrol, außerdem

Bitterstoffe, Gerbstoffe, Flavonoide und Rosmarinsäure. Indianernesseln haben verdauungsfördernde Eigenschaften.

Geschmack und Würze Im würzigen Duft der Blätter und Blüten schwingt ein Hauch von Thymian mit. Der Monarden-Tee schmeckt ein wenig »rauchig«, aber nicht streng.

Besondere Arten und Sorten

Die Rosenmelisse *(M. fistulosa)* wird auch Wildes Bergamott genannt. Sie besitzt lilarosa Blüten und ein kräftiges etwas strenges Aroma. Die Indianer benutzten sie als Medizin bei Bronchienbeschwerden und als Fleischgewürz.

Die Zitronenmonarde *(Monarda citriodora)* schmückt den Kräutergarten mit rosafarbigen, purpurn gepunkteten Blüten und Blättern, die nach Zitrone duften. Die Hopi-Indianer würzten damit Wildbraten.

Die Gelbe Monarde *(M. punctata)* gedeiht ein- bis zweijährig. Über ihren aparten gelben Blüten entfalten sich lila oder rosa Hochblätter. Ihr Aroma ist kräftig minze-thymianartig.

'Trinity Purple' *(M. fistulosa × didyma)* ist eine englische Züchtung mit großen purpurlilafarbigen Blüten.

Anbau im Garten Die Indianernessel stellt als ursprüngliche Präriepflanze keine großen Ansprüche; sie gedeiht am besten in der Sonne, nimmt aber auch mit leichtem Schatten vorlieb. In feuchtem, humusreichem Boden wachsen die Stauden besonders gut. Sie können sie aber auch an trockenere Stellen setzen.

Verbessern Sie die Erde vor der Pflanzung mit reichlich Kompost und etwas organischem Dünger. Die jungen Stauden müssen gut angegossen werden. Indianernesseln wirken sehr dekorativ, wenn Sie sie in Gruppen pflanzen; dann leuchten ihre roten »Federbüsche« weit durch den Garten. Halten Sie zwischen den einzelnen Pflanzen einen Abstand von 30–40 cm ein, damit sich kräftige Büsche bilden können.

Wenn Sie im ersten Jahr die Blütenknospen auskneifen, entwickelt sich die duftende Indianernessel kräftiger. Im Herbst oder Frühling werden die erfrorenen Triebe bis zum Boden abgeschnitten. Nach etwa 3 Jahren ist es empfehlenswert, die Stauden im Frühling oder Herbst auszugraben und den flachen Wurzelstock zu teilen. Pflanzen Sie die einzelnen Stücke wieder mit genügend Abstand ein. Auf diese Weise werden die Indianernesseln verjüngt, und Sie gewinnen gleichzeitig reichlich Nachwuchs.

Jungpflanzen bekommen Sie in Staudengärtnereien oder in Kräuter-Spezialgärtnereien. Saatgut gibt es auch im Handel. Die Samen gehen leicht auf, und die Pflänzchen wachsen ohne Probleme heran. So können Sie eine größere Menge Indianernesseln preiswert selbst heranziehen. Die zahlreichen farbenfrohen Zuchtformen der *Monarda*-Hybriden sind als Heil- und Würzpflanzen wertlos.

Ernte und Aufbewahrung Frische Blätter können Sie während des ganzen Sommers pflücken. Zum Trocknen werden sie kurz vor der Blüte geerntet. Breiten Sie die Blätter locker und luftig aus; sobald sie ganz dürr sind, werden sie in Schraubgläsern aufbewahrt.

Verwendung in der Küche Aus den grünen, duftenden Blättern der Indianernessel können Sie einen erfrischenden Sommertee aufgießen. Besonders gut schmeckt er, wenn Sie ihn kalt servieren und eine Zitronenscheibe hinzufügen. Mit den Blättern können Sie auch Obstsalaten, Gelees und Fruchtge-

■ Indianernesseln kamen aus der nordamerikanischen Prärie zu uns. Ihre roten Blüten zünden Leuchtfeuer im Kräutergarten an, die Blätter schenken würzigen Tee.

tränken eine aparte Note verleihen. Die Blüten sind ebenfalls essbar. Sie können damit Salate und Desserts dekorieren.

Verwendung in der Hausapotheke

Aus den getrockneten Blättern wird ein Tee aufgebrüht, der die Verdauung fördert. In der Schweiz empfiehlt man ihn auch bei Husten und Unterleibskrämpfen.

Historische Verwendung Auch die Indianer haben *Monarda-fistulosa*-Auszüge zur Heilung von Atemwegserkrankungen benutzt. Die nordamerikanischen Oswego-Indianer bereiteten aus dem heimischen Monardenkraut einen kräftigen Tee. Nach dem großen Teesturm von Boston im Jahre 1773, während des amerikanischen Unabhängigkeitskrieges, griffen auch die weißen Siedler zu dem indianischen Kräutertee.

Purpursonnenhut, Roter Scheinsonnenhut

Echinacea purpurea

Volkstümliche Namen Amerikanischer Sonnenhut, Kegelblume, Igelkopf, Sonnenblume, Rudbeckie

Heimat und Verbreitung Der Purpursonnenhut stammt aus den östlichen bis mittleren Staaten Nordamerikas. Dort wächst er in der Prärie und an sandigen Standorten. Die Staude kam gegen Ende des 17. Jahrhunderts nach Europa.

Botanischer Steckbrief Der Purpursonnenhut gehört in die Familie der Korbblütler (Asteraceae). Er ist eine kräftige Staude, die bis 1,20 m Höhe erreichen kann. Aus einer Pfahlwurzel, die zahlreiche senkrecht in den

Boden wachsende Nebenwurzeln bildet, treiben aufrechte Stängel, die mit borstigen Haaren besetzt sind. Daran sind in unregelmäßiger Anordnung lanzettförmige, glattrandige Blätter verteilt. Sie sind ebenfalls rau behaart. Im Spätsommer öffnen sich an den Spitzen der Stängel Blüten, die aus einer kegelförmigen braun-orangefarbigen Mitte bestehen, um die ein einfacher Kranz aus purpurroten Strahlenblüten angeordnet ist. Die Form des Blütenbodens, die einem spitzen Hut gleicht, verhalf dem Kraut zu seinem deutschen Namen. Die volkstümliche Bezeichnung Igelkopf verrät, dass der »Hut« sich hart und stachelig anfühlt. Der botanische Name *Echinacea* ist von dem griechischen Wort »echinos« abgeleitet, das ebenfalls »Igel« bedeutet. Über Winter erfrieren die oberirdischen Pflanzenteile des Sonnen-

■ Eine blütenreiche Augenweide holen Sie sich mit der Zitronenmonarde in Ihren Kräutergarten. Das Zitrusaroma der Blätter verlockt zu besonderen Küchenexperimenten.

■ Die Gelbe Monarde gehört nicht zu den Stauden. In ihrem kurzen, ein- oder zweijährigen Leben entfaltet sie besonders reizvolle Blüten. Die würzigen Blätter helfen bei Verdauungsproblemen.

huts. Im Frühling treibt die Staude neu aus.

Heilkräftige Wirkstoffe Die Pflanzen enthalten wasserlösliche, immunstimulierende Polysaccharide, ätherische Öle, Flavonoide, Echinacosid und Echinacein. *Echinacea*-Präparate stärken das Immunsystem. Sie wirken unterstützend bei Atemwegs- und Harnwegs-Infekten. Außerdem werden sie auch äußerlich bei schlecht heilenden Wunden eingesetzt.

Geschmack und Würze Der Purpursonnenhut ist kein Gewürzkraut. Sein Geschmack ist bitter, der kegelförmige Hut duftet leicht nach Honig.

Besondere Arten und Sorten

Der Blassfarbene Sonnenhut *(E. pallida)* unterscheidet sich durch seine blassrosa, herunterhängenden Strahlenblüten. Sonst gleicht er dem Purpursonnenhut. Von dieser Art werden die besonders heilkräftigen Wurzeln in der Arzneimittel-Herstellung verwendet. Zu diesem Zweck werden die Stauden in Europa in großen Mengen kultiviert. Die Inhaltsstoffe ähneln denen des Purpursonnenhuts, sind aber nicht ganz identisch. Die Wurzelextrakte des Blassfarbenen Sonnenhuts stärken das Immunsystem. Ihre Wirksamkeit bei Virus- und Bakterieninfektionen der oberen Atemwege ist wissenschaftlich nachgewiesen.

Der Schmalblättrige Sonnenhut *(E. angustifolia)* besitzt rötliche oder weiße Zungenblüten, die nur 2–4 cm lang sind. Die Pollen leuchten gelb. Von dieser Art wurden früher die Wurzeln und das ganze Kraut verwendet. Heute gibt die Medizin allgemein dem Blassfarbenen Sonnenhut den Vorzug, weil die Wirkstoffe stärker sind und besser untersucht wurden.

Anbau im Garten Denken Sie an die weiten Prärien Amerikas, wenn Sie den Purpursonnenhut pflanzen. Die Stauden lieben nährstoffreichen, aber lockeren Boden, in dem das Wasser gut abfließen kann, Schwere, lehmige Erde müssen Sie mit Sand auflockern. Pflanzzeit ist im Herbst oder im Frühling. Wählen Sie einen sonnigen Platz aus, und verteilen Sie die Sonnenhut-Pflanzen mit einem Abstand

■ Oben: Der Purpursonnenhut ist als Schmuckstaude ebenso begehrt wie als Arznei. Die Indianer Nordamerikas benutzten den wilden Sonnenhut in der Prärie wegen seiner antiseptischen Eigenschaften als Wundheilmittel.

■ Unten: Der Blassfarbene Sonnenhut – hier am Naturstandort – wird in Europa als Arzneipflanze angebaut. Die daraus gewonnenen *Echinacea*-Präparate stärken das Immunsystem.

von 25–30 cm, damit sie sich gut entwickeln können. Wenn Sie einmal Fuß gefasst haben, sind diese Stauden anspruchslos und vital. Kompost und Hornspäne reichen für ihre Ernährung. Ab und zu ein Guss Brennnessel-Jauche kann aber nicht schaden.

Pflanzen des Purpursonnenhuts bekommen Sie in Staudengärtnereien und Gartencentern. Die anderen Arten besorgen Sie sich am besten bei Kräuterspezialisten. Größere Stauden können Sie später durch Teilung vermehren. Im Fachhandel bekommen Sie auch Saatgut. Ab Februar ist es Zeit, den Purpursonnenhut im Warmen auszusäen. Ab Mai gelingt auch die Aussaat im Freiland.

Vor allem der Purpursonnenhut bringt den Kräutergarten im Spätsommer zum Leuchten. Seine Blüten locken Bienen und Schmetterlinge aufs Beet. Lassen Sie die trockenen Blütenstände über Winter stehen. Sie bilden wunderschöne Strukturelemente.

Auch wenn Sie das heilkräftige Indianerkraut nicht selbst zu Medizin verarbeiten, so ist es doch ein schönes Symbol für die Tradition der Heilkräuter überall auf der Welt. Und wenn Sie ein *Echinacea*-Präparat kaufen, werden Sie vielleicht ein anderes Verhältnis zu dieser wirkungsvollen Pflanzenmedizin haben, wenn Ihnen das Kraut aus dem eigenen Garten vertraut ist.

Ernte und Aufbewahrung Die Wurzeln können im Herbst oder Frühling ausgegraben, gesäubert und getrocknet werden. Das Kraut wird zu Beginn der Blüte geschnitten und getrocknet.

Verwendung in der Küche Alle Sonnenhutarten sind keine Gewürzpflanzen. Sie spielen in der Küche keine Rolle.

Verwendung in der Hausapotheke *Echinacea* ist bei uns kein gebräuchliches Hausmittel, das man selbst zubereiten kann. Alle Pflanzenteile enthalten zwar wertvolle Inhaltsstoffe, aber sie stehen nur in professionell hergestellten Auszügen in optimaler Form zur Verfügung. In der Apotheke werden *Echinacea*-Präparate vor allem als Tinkturen oder Presssäfte und als Salben angeboten. Es gibt aber auch Tabletten.

Innerlich eingenommen, helfen diese Mittel vor allem gegen Infektionen der Atemwege und der Harnwege. Unterstützend wirken sie auch bei Hautkrankheiten wie Schuppenflechte und Herpes. Die Salben werden bei schlecht heilenden Wunden eingesetzt.

Allgemein stärken *Echinacea*-Präparate das Immunsystem. Sie wirken antibakteriell und virustatisch. Außerdem sind sie hilfreich als begleitende Medikamente zur Chemotherapie. Die heilkräftigen Inhaltsstoffe und ihre Wirkung sind bei den drei beschriebenen Sonnenhut-Arten wissenschaftlich sehr gut erforscht. Am wirksamsten sind sie immer als Gesamtauszug. *Echinacea*-Präparate werden deshalb auch in der Schulmedizin empfohlen.

Vorsicht: Menschen, die auf Korbblütler allergisch oder empfindlich reagieren, sollten bei *Echinacea*-Präparaten aufpassen. Grundsätzlich nicht geeignet ist Sonnenhut bei Tuberkulose, multipler Sklerose, AIDS und HIV-Infektionen. Auch während der Schwangerschaft ist Vorsicht geboten.

Historische Verwendung Bei den Indianerstämmen Nordamerikas wurde der Sonnenhut seit alten Zeiten als Heilpflanze genutzt. Madaus berichtet in seinem Lehrbuch der Biologischen Heilmittel aus dem Jahr 1938: »In der amerikanischen Volksmedizin ist Echinacea schon lange als Antiseptikum bekannt. Ein homöopathischer Arzt soll eines Tages eine ›Squaw‹ (Indianerfrau) dabei angetroffen haben, wie sie Echinaceapflanzen zwischen Steinen zerquetschte. Sie erzählte ihm, dass der so gewonnene Pflanzenbrei zum Verbinden von Wunden diente, die sich die Männer auf der Jagd zugezogen hätten, und dass die so behandelten Wunden rasch heilten. Auch gegen Schlangenbiss sollte die Pflanze helfen. Der Arzt verschaffte sich Echinacea und stellte Versuche damit an, die sich erfolgreich erwiesen. Durch ihn kam dann Echinacea in den Vereinigten Staaten von Nordamerika bald allgemein in Gebrauch.«

Tagetes, Gewürztagetes
Tagetes

Volkstümliche Namen Studentenblume, Samtkäppchen, Sammetblume, Stinkerkes, Afrikänchen, Tunisblume, Afrikanische Negeln, Flos Africanus, Indianische Neglein, Indische Sammatblumen, Sammetrößlin.

Heimat und Verbreitung Tagetes sind in Mittel- und Südamerika zu Hause; teilweise sind sie in tropischen Ländern und in Südeuropa eingebürgert.

Botanischer Steckbrief Tagetes gehören zu den Korbblütlern (*Asteraceae*). Es gibt ein- und mehrjährige Arten. Die stark duftenden Blätter sind verschiedenartig gefiedert oder auch lanzettlich geformt. Die unterschiedlichen Erscheinungsformen werden bei den Arten-Beschreibungen vorgestellt.

Heilkräftige Wirkstoffe Von der **Hohen Studentenblume** (*Tagetes erecta*) sind unter anderem folgende Inhaltsstoffe bekannt: Beta-Carotine, Limonen, Linalool, Helenien, Kaempferol, Tagetiin, Pyrethrine sowie das Carotinoid Lutein!

Das Gelbpigment Lutein ist wichtig für das Auge. Bei Luteinmangel kann eine Degeneration der Makula im Alter auftreten. Tagetes werden kommerziell angebaut, um Lutein für Arzneimittel zu gewinnen.

Mehr über die traditionelle, medizinische Verwendung erfahren Sie in den Arten-Portraits.

Geschmack und Würze Die Gewürz-Tagetes verströmen intensive Düfte, die je nach Art und Sorte nach Zitrone, Orangen, Estragon oder anderen Aromen riechen und schmecken. Einige Arten können deshalb auch als aparte Würze in der Küche verwendet werden. Die Zierpflanzen haben einen unangenehm strengen Geruch.

Besondere Arten und Sorten
Niedrige Studentenblumen (*T. patula*) und **Hohe Studentenblumen** (*T. erecta*) sind die in unseren Gärten seit langem heimischen Zierpflanzen. Sie gelangten nach der

Eroberung Süd- und Mittelamerikas nach Europa. 1532 sind beide Arten bereits in Italien bezeugt. Auch der Name »Tagetes« stammt aus diesem Land. Er soll von dem etruskischem Halbgott Tages abgeleitet sein. Die alten Bezeichnungen »Tunisblumen« und »Africanische Negeln« sind dagegen durch einen Irrtum entstanden: Man glaubte, dass Kaiser Karl V. die Blumen nach seinem Afrika-Feldzug aus Tunis nach Europa gebracht habe.

Die Niedrigen und die Hohen Studentenblumen spielen in unseren Gärten seit Jahrhunderten ihre Rolle als beliebte einjährige Zierpflanzen. Zahlreiche Sorten in warmen Gelb-, Orange- und Rotbrauntönen werden überall angeboten. Ihr strenger Geruch wird von vielen Gärtnern eher als »stinkend« empfunden. Niedrige Tagetes werden im Biogarten gegen Schädlinge eingesetzt. Ihre Wurzeln scheiden einen Stoff aus, der toxisch auf Wurzelälchen wirkt.

Die Glänzende Studentenblume (T. lucida) wird auch **Winterestragon** oder Zimmerestragon genannt. Sie gehört zu den ausdauernden Stauden, ist aber nur in warmen Ländern winterhart. Die Pflanzen können bis 80 cm hoch werden. Sie besitzen schmale, lanzettförmige Blätter, die an den Rändern spitz gesägt sind und bis 10 cm Länge erreichen können. Im Spätsommer öffnen sich in kleinen Büscheln gelbe Blüten in typischer, ungefüllter Tagetesform. Diese Art stammt aus Mexiko und Guatemala.

Die Mexikanische Studentenblume (T. minuta) wird auch Gewürztagetes oder Riesentagetes genannt. Sie gehört zu den einjährigen Sommerblumen und treibt verzweigte Stängel mit aromatischen, fein geteilten Blättern. Erst im Herbst öffnen sich Büschel kleiner tiefgelber Blüten. Die Riesentagetes kann bis zu 3 m Höhe erreichen; sie ist in Zentralamerika sowie in Mittel- und Südamerika zu Hause.

Die Feinblättrige Tagetes (T. tenuifolia) heißt auch Gestreifte Mexikanische Studentenblume. Die einjährigen Pflanzen wachsen 25–30 cm niedrig und buschig verzweigt. Ihr Erkennungszeichen sind feine farnartig gefiederte Blättchen, die aromatisch duften. Diese aus Mexiko stammende Tagetes kam bereits 1790 nach Spanien. Zwischen 1808 und 1812 gelangte sie auch in den Botanischen Garten von Berlin. Von dieser feingliedrigen Art gibt es mehrere Sorten.

'Lemon Gem' öffnet unermüdlich von Juni bis in den Herbst eine Fülle kleiner zitronengelber Blüten. Blätter und Blumen duften fein würzig nach Zitrus.

'Orange Gem' schmückt sich mit warmorangefarbigen Blüten, die zusammen mit den filigranen Blättern einen fruchtigen Mandarinen-Orangen-Duft verströmen.

Anbau im Garten Die einjährigen Arten wie die **Niedrigen** und **Hohen Studentenblumen** sowie die **Feinblättrigen Tagetes**

■ Die Gewürztagetes zeichnen sich durch das fruchtige, sehr aparte Aroma ihrer fein gegliederten Blätter aus. Probieren Sie es zu Obst oder Apfelpfannkuchen! Die kleinen Blüten dienen als essbare Dekoration.

■ Die Glänzende Tagetes wird auch Winterestragon genannt. Halten Sie sie im Topf und probieren Sie das feine, anisartige Aroma im Salat.

können Sie leicht selbst vorziehen. Ab April streuen Sie die relativ großen Samen in Saatschalen, die auf der Fensterbank, im Gewächshaus oder an einem anderen warmen Platz stehen sollten. Decken Sie die Aussaat mit fein gesiebtem Kompost zu und halten Sie sie gleichmäßig feucht. Tagetes keimen rasch und können bald einzeln in kleine Töpfchen versetzt werden. Wenn keine Fröste mehr zu befürchten sind, bringen Sie Ihre Gewürztagetes in den Kräutergarten. Sie können in Gruppen oder als blühende Einfassung gepflanzt werden. Lassen Sie die Blumen zum Herbst hin auch Samen ansetzen, dann haben Sie stets preiswertes Saatgut für das nächste Jahr. Die selteneren Arten wie den **Winterestragon** und die **Riesentagetes** besorgen Sie sich besser als vorgezogene Pflanzen von Kräuter-Gärtnereien.

Tagetes lieben lockeren, humusreichen Boden und einen sonnigen Standort. Geben Sie ihnen Hornspäne als Vorratsnahrung bei der Pflanzung und einen organischen Volldünger drei bis vier Wochen später für einen blütenreichen Sommer mit auf den Weg. Studentenblumen gedeihen auch problemlos in Balkonkästen und größeren Gefäßen auf der Terrasse. Dort dürfen Sie das Gießen nicht vergessen!

Die mehrjährige *Tagetes lucida* verpflanzen Sie im Herbst besser in einen Topf und überwintern sie im Gewächshaus oder an einem nicht zu warmen Platz im Haus.

Ernte und Aufbewahrung Während des Sommers können Sie jederzeit die aromatischen Blüten und Blätter der **Gewürztagetes** pflücken und frisch verwenden. Die Blätter des **Winterestragons** und der **Riesentagetes** lassen sich auch trocknen für Ihre Wintertee-Vorräte.

Verwendung in der Küche Das fruchtige Aroma der **Feinblättrigen Tagetes** 'Orange Gem' und 'Lemon Gem' passt zu Süßspeisen, Obst und erfrischenden Sommertees. Blätter und Blüten können dafür ebenfalls gebraucht werden.

Die **Glänzende Studentenblume** oder **Winterestragon** verfeinert mit dem Anisaroma ihrer Blätter, das an Französischen Estragon erinnert, Salate. Das Kraut schmeckt auch gut als Tee. Wenn die Blätter etwas angewelkt sind, wird das Aroma besonders intensiv. Experimentieren Sie selbst mit dieser besonderen Würze!

Die **Riesentagetes** mit ihrem zitronigen Aroma können Sie als Würze zu Suppen und Fleisch probieren.

Verwendung in der Hausapotheke

Die **Gewürztagetes** sind in unserer Medizin nicht gebräuchlich. In ihrer Heimat wurden sie aber von den Einheimischen auch als Arzneipflanzen geschätzt und benutzt. Der **Winterestragon** soll unter anderem gegen Durchfall, Verdauungsprobleme und Erkältungen helfen.

Die Riesentagetes soll harntreibend, krampflösend und verdauungsfördernd wirken. Die **Hohe Studentenblume** (*T. erecta*) wurde in der Eingeborenenmedizin bei Bronchitis und bei Magen-Darm-Störungen verwendet. Außerdem sollte sie entwässernd wirken und bei Rheuma helfen.

Weitere Verwendungsmöglichkeiten

Getrocknete Tagetesblätter werden zum Räuchern benutzt, um Insekten zu vertreiben. Dem gleichen Zweck sollen auch getrocknete Blätter dienen, die über Gartenbeete gestreut werden. Der Farbstoff Lutein wird unter Geflügelfutter gemischt, um die Eidotter gelb zu färben.

Historische Verwendung Die Azteken würzten mit der **Glänzenden Studentenblume** ihr traditionsreiches Kakao-Getränk. Das Kraut war den Indianern Süd- und Mittelamerikas heilig und wurde deshalb auch zu Ritualen benutzt.

Nach der Verbreitung der Tagetes in europäischen Gärten interessierten sich auch die spätmittelalterlichen Kräuterväter für diese neue Pflanze. Sie nannten sie Thunisblume, Sammatrößlin oder Indianisch Neglein. Tabernaemontanus berichtet seitenlang »von dem

Geschlecht der Thunisblumen«. Fünf verschiedene Sorten – hohe und niedrige – mit gefüllten und einfachen Blüten – sind sehr genau abgebildet. Dazu schreibt er: »Diese folgende fremde Blumen sind nicht lang in Europa bekandt gewesen / und sind allererst zu den Zeiten des sieghafften Kaysers Caroli Quinti als er in Africam gezogen und die Stadt Thunis erobert und eingenommen hat / mit andern mehr fremden Gewächsen auch zu uns in Teutschland / und andere Länder Europae gebracht worden (...). Diß Gewächs kan den Winter nicht erleiden / verdirbt bald von der Kälte und den Reiffen: Muß alle Jahre an den Saamen wieder aufgezogen und gezielet werden. Das Kraut reucht starck und unlieblich / ist am Geschmack bitter / an den Blumen ist nichts lieblichers dann die Farb (...).«

Tabernaemontanus berichtet dann, dass viele Gelehrte seiner Zeit die Tagetes für Verwandte des Beifuß oder des Rainfarns gehalten haben. Er selber findet »Des Krauts übelriechender und stinckender Geruch / der sich fast dem Schierling vergleicht / geben Anzeigung / daß es gifftige und schädliche Kräuter sind (...)«.

Adam Lonicerus hatte dagegen die »Sammatrößlein« als Medizin bei Menstruationsbeschwerden empfohlen. Tabernaemontanus führte darüber ein Gespräch mit dem Stadtarzt und stellte fest: »... das ers nie versucht / sondern von anderen also hören sagen / ob deme nun also seye oder nicht / das könne er nicht wissen.«

Worauf der Kräutervater vom innerlichen Gebrauch der Thunisblumen abrät und etwas schadenfroh die Geschichte eines anderen Hochgelehrten Medicus zitiert, der »Thunisblumen einer Katze mit frischem Käß vermischt / zu essen geben habe / die gleich von Stund an aufgelauffen und über ein kleine Weil gestorben seye«.

Die Indianer haben ihre Tagetes wohl besser gekannt. Aber das ist ja auch kein Wunder nach jahrhundertelanger Erfahrung und Tradition.

Zitronengras
Cymbopogon citratus

Volkstümliche Namen Citronellagras, Lemongras, Indisches Zitronenkraut

Heimat und Verbreitung Das Zitronengras ist ursprünglich in Westindien zu Hause.

Botanischer Steckbrief Das Zitronengras gehört in die Familie der Gräser (Poaceae). Die ausdauernden Pflanzen bilden einen dichten Horst mit bis zu 90 cm langen, schmale n, linealischen Halmen. Diese wachsen am Grund aus einem leicht verdickten Sprossansatz. Die grasartigen Blätter wirken locker und elegant durch ihren leicht überhängenden Wuchs. Die rispigen rötlich-braunen Blütenähren erscheinen nur sehr selten in Kultur.

Heilkräftige Wirkstoffe Wie schon der Name andeutet, enthält das Zitronengras einen hohen Anteil an ätherischen Ölen, vor allem Lemongrasöl mit den Hauptbestandteilen Citral und Myrcen sowie Triterpene und Flavonoide. Zitronengrasöl wirkt antibakteriell.

Geschmack und Würze Sprosse und Halme duften und schmecken nach Zitrone.

Besondere Arten und Sorten
Die Javazitronelle *(C. winterianus)* ist reich an ätherischen Ölen. Die Blätter enthalten Citronellöl mit den Hauptbestandteilen Citronellal, Geraniol, Citronellol und Geranylacetat. Das Öl, das aus dieser Art gewonnen wird, dient als Ersatz für das teure Echte Melissenöl. Es ist als »Indisches Melissenöl« bekannt. Das Palmarosa-Gras *(C. martinii)* wird auch Rosha-Gras genannt. Es ist reich an Geraniol und duftet nach Rosen.

Anbau im Garten Das Zitronengras ist eine tropische Pflanze und bei uns nicht winterhart. Die Stauden gedeihen aber gut in Töpfen. Wählen Sie möglichst große Gefäße, damit sich der Wurzelstock gut ausbreiten kann. Das Gras liebt lockere, humusreiche Erde. Sorgen Sie für ausreichende Drainage am Topfboden. Für gutes Gedeihen ist auch gute Ernährung wichtig. Düngen Sie mit Hornspänen und einem organischen Volldünger.

Das tropische Zitronengras liebt auch bei uns einen warmen Standort. Den Sommer können die Pflanzen an einem geschützten Standort im Garten oder auf der Terrasse verbringen. Halten Sie die Töpfe gleichmäßig feucht. Bei Hitze müssen sie reichlich gegossen werden. Den Winter verbringt das Zitronengras im Haus oder im Gewächshaus an einem hellen, mäßig warmen Platz. An zu kühlen Standorten, die nur wenige Grad über null erreichen, kümmert das Tropenkraut. Ab März können Sie die Pflanzen umtopfen und starke Exemplare auch teilen. Halme, die über Winter trocken und braun geworden sind, werden jetzt entfernt.

Ernte und Aufbewahrung Wenn die Pflanzen groß genug sind, können Sie frische grüne Halme und Sprosse während des Sommers für die Küche ernten. Klein geschnitten, lässt sich das Gras auch trocknen. Es wird wie andere Teekräuter aufbewahrt.

Verwendung in der Küche Zitronengras gehört zu den wichtigsten Gewürzen der ostasiatischen Küche. Wenn Sie gerne thailändisch kochen, haben Sie das passende Kraut frisch zur Hand. Für asiatische Rezepte werden

■ Zitronengras ist unentbehrlich für Freunde der ostasiatischen Küche. Es gedeiht jahrelang im Topf, so dass sie immer frisch ernten können.

die unteren blassen Sprossenabschnitte zum Würzen verwendet. Sie müssen die Stängel also sehr tief abschneiden. Diese Zitronenwürze passt zu Fisch und Fleischgerichten oder zum Aromatisieren von Soßen.

Aus den grünen Halmen wird der duftende Zitronen-Tee aufgebrüht. Sie können eine Prise Zitronengras auch unter andere Kräuter mischen, zum Beispiel zu Minzen, Agastachen, Monarden oder Frucht-Salbei-Arten.

Verwendung in der Hausapotheke

Die Inhaltsstoffe des Zitronengrases wurden in der westlichen Medizin gut erforscht. Das Kraut kann deshalb für die folgenden Anwendungsbereiche empfohlen werden: Zitronengras-Tee wirkt wohltuend bei Verdauungsproblemen, Magen-Darm-Beschwerden und leichten fiebrigen Infekten. Das Lemongrasöl dient äußerlich zum Einreiben bei Muskel- und Nervenschmerzen.

Andere Verwendungsarten: Zitronengrasöle sind mit ihrem frischen Duft Bestandteil zahlreicher Kosmetikprodukte, zum Beispiel von Seifen und Parfüms. Sie werden auch zur Herstellung synthetischer Veilchendüfte verwendet. In der Lebensmittelindustrie dienen die Öle zum Aromatisieren von Süßwaren und Getränken.

Historische Verwendung In der traditionellen indischen Medizin wird Zitronengras zur Behandlung von Magenbeschwerden, Blähungen und Darmparasiten ebenso verwendet wie bei Fieber und Bronchitis. Sogar bei Lepra benutzen die Ärzte das Kraut. Das Lemongrasöl kommt bei Cholera, Brechdurchfällen und bei Verstauchungen zum Einsatz.

Zitronenverbene
Aloysia triphylla (Syn.: *Lippia citriodora*)

Volkstümliche Namen Verveine in Frankreich; Hierba Luisa, Cedron in Südamerika

Heimat und Verbreitung Die Zitronenverbene ist in Uruguay, Argentinien und Chile zu Hause.

Botanischer Steckbrief Die Zitronenverbene gehört in die Familie der Eisenkrautgewächse (Verbenaceae). Sie wächst als ausdauernder, etwas sperriger Strauch, der rasch verholzt. Die lanzettförmigen, spitz zulaufenden Blätter sind quirlförmig angeordnet. Sie fühlen sich fest und etwas rau an. An den Enden der Triebe öffnen sich im Sommer an kleinen Rispen winzige blasslila oder weißliche Blüten. Der Strauch erreicht bei uns 2–3 m Höhe.

Heilkräftige Wirkstoffe Die Blätter enthalten vor allem ätherische Öle wie Citral, Neral und Geranial, außerdem Limonen, Carvon und Linalool.

Geschmack und Würze Die Blätter der Zitronenverbene duften und schmecken intensiv nach Zitrone.

Besondere Arten und Sorten
Das Echte Eisenkraut (*Verbena officinalis*) hat nur den Namen Verbene mit der Zitronen-

■ Es gibt viele Zitronenkräuter, aber das reinste Aroma besitzt die Zitronenverbene. Verwenden Sie die Blätter für erfrischende Sommertees. Der kleine Strauch gedeiht in geräumigen Kübeln.

verbene gemeinsam, botanisch ist es eine andere Art. Beide gehören aber in die Familie der Eisenkrautgewächse (Verbenaceae). Wegen des Namens werden sie manchmal miteinander verwechselt.

Das Echte Eisenkraut ist eine uralte heimische Heilpflanze, die schon den Kelten, den Germanen und den Römern besonders heilig war. Das Kraut ist nicht nur in Europa, sondern auch im Mittelmeerraum und in Asien verbreitet. Die unscheinbare kleine Staude treibt vierkantige, raue Stängel mit schmalen unregelmäßig gekerbten Blättern. An den Spitzen erscheinen im Sommer lange, dünne Ähren mit weißen bis blasslila Blüten.

In alten Zeiten glaubte man, dass das Eisenkraut magische Kräfte besitze. Davon erzählen die volkstümlichen Namen wie Heiligkraut, Sagenkraut, Eisenhart und Druidenkraut. In der Volksheilkunde benutzte man das Kraut auf vielfältige Weise: bei Husten und Erkältungen, als Wundkraut und bei schlecht heilenden Verletzungen, bei Erschöpfungszuständen und als harntreibendes Mittel.

Wie groß das Vertrauen in das Eisenkraut war, zeigt eine Empfehlung des Mönchs und Arztes Odo Magdunensis, der im 11. Jahrhundert in seinem Buch »Macer floridus« schrieb: »Legt man das Kraut gestampft auf eine frische Wunde, verklebt und leimt es diese, und trinkt man es mit Wein, so widersetzt es sich sämtlichen Giften.«

Heute empfiehlt man es wegen seiner schleimlösenden Wirkstoffe noch bei Erkrankungen der oberen Luftwege. Aber auch dafür gibt es stärker wirksame Kräuter. Wenn Sie es ausprobieren möchten, ernten Sie das ganze blühende Kraut, das auch getrocknet werden kann. Sie können daraus einen normalen Kräutertee aufbrühen. Im Garten wächst die Echte Verbene beinahe »in jeder Ecke«. Das Kraut ist anspruchslos und sät sich leicht selbst aus.

Anbau im Garten Die Zitronenverbene ist bei uns nicht winterhart. Sie gehört zu den wunderbarsten Duftpflanzen des Kräutergar-

tens, deshalb lohnt sich die Mühe, das Kraut im Topf zu halten. Vorgezogene Pflanzen bekommen Sie in zahlreichen Gartencentern oder bei Kräuter-Spezialisten.

Pflanzen Sie die Zitronenverbene, wenn Sie aus den »Kinderschuhen« herausgewachsen ist, in geräumige Gefäße, am besten in formschöne Terrakotta-Töpfe. Die Erde sollte humusreich und locker sein. Eine Mischung aus Kompost und Sand eignet sich gut. Streuen Sie, bevor Sie die Pflanzen hineinsetzen, eine Handvoll Hornspäne in den halbgefüllten Topf. Einen organischen Volldünger mischen Sie erst dann in die oberste Humusschicht, wenn der Strauch kräftig austreibt.

Die Zitronenverbene ist ein Sonnenkind. Stellen Sie den Topf deshalb möglichst vor eine warme Südwand. Das Kraut gedeiht gut auf einer Sonnenterrasse oder auf dem Balkon. Bei großer Hitze müssen Sie kräftig gießen. Bevor es friert, müssen die duftenden Verbenen ins Haus geräumt werden. Ein kühler, aber frostsicherer Platz ist jetzt nötig. Ideal wäre ein Gewächshaus, das nur auf wenige Grad über null temperiert wird, oder ein ungeheizter Wintergarten. Notfalls überdauern die Pflanzen auch im Keller mit wenig Licht. In der Winterzeit werden die kleinen Sträucher nur sparsam gegossen. Sie werfen in diesen Monaten fast alle Blätter ab. Im März oder April können Sie Ihre Zitronenverbenen wieder etwas wärmer stellen. Jetzt ist es auch Zeit für einen kräftigen Rückschnitt. Pflanzen, die hell stehen, sind im Frühling dankbar, wenn sie öfter mit warmem Wasser eingesprüht werden. Dann treiben sie leichter aus den holzigen Zweigen wieder aus. Anfangs sieht man nur winzige grüne Punkte. Aber keine Sorge – die Zitronenverbene schafft es bestimmt! Sie ist erstaunlich überlebensstark.

Wenn keine Nachtfröste mehr zu befürchten sind, kann die Zitronenverbene wieder an ihren Platz im Garten oder auf der Terrasse umziehen. Im Sommer, wenn die Pflanzen dicht belaubt sind, können Sie ein paar der oberen, noch weichen Triebe abschneiden

und als Stecklinge verwenden. Sie wachsen in kleinen Töpfen an einem schattig-warmen Ort leicht an.

Ernte und Verwendung Während des ganzen Sommers, bis in den Herbst hinein, können Sie immer frische Blätter pflücken. Wenn Ihre Zitronenverbene groß genug ist, besteht auch die Möglichkeit, einen kleinen Blätter-Vorrat zu trocknen. Das Kraut behält sein intensives Aroma und Sie besitzen dann im Winter eine duftende Sommererinnerung.

Verwendung in der Küche Die Blätter der Zitronenverbene verströmen einen ganz reinen, starken Zitrusduft. Der Tee aus diesem Kraut ist ein wunderbar frischer Genuss. In Frankreich ist dieses Getränk überall bekannt und beliebt. Dort nennt man es Verveine-Tee. Natürlich können Sie Zitronenverbene auch unter andere Sommertees mischen. Gut passen zum Beispiel Apfelminze, Orangenminze, Balsamkraut, eine kleine Prise Eberraute und verschiedene Frucht-Salbei-Arten dazu. Ein paar Duftrosen-Blütenblätter oder ein wenig Zimt-Basilikum schenken überraschende Aroma-Erlebnisse.

Das feine Zitrusaroma eignet sich natürlich auch gut zum »Würzen« von Süßspeisen, Fruchtgelees und Gebäck. Probieren Sie es auch einmal zu Salaten oder als Geflügelfüllung.

Verwendung in der Hausapotheke
Der Tee wirkt entwässernd, appetitanregend, verdauungsfördernd und leicht beruhigend.

Weitere Verwendungsmöglichkeiten
Die Zitronenverbene wurde früher oft in der Parfümindustrie verwendet. Auch in der Aromatherapie wird das Öl gebraucht. Für Potpourris und Duftsäckchen eignen sich Zitronenverbenen-Blätter ebenfalls.

Historische Verwendung 1794 gelangte der Zitronenduftstrauch zum ersten Mal nach Europa. Der Name »*Aloysia*« soll vom Namen der spanischen Prinzessin Maria Louisa abgeleitet sein. Sie war die Gattin des spanischen Königs Karl IV. Im viktorianischen Zeitalter erfreute sich die Zitronenverbene in England wegen ihres herrlichen Duftes großer Beliebtheit.

Ernten und Konservieren

Ernten und Konservieren

VOM UMGANG MIT KRÄUTERN

Die meisten Gewürz- und Heilpflanzen lassen sich für längere Zeit haltbar machen. Sie können für die Küche und die Hausapotheke wertvolle Vorräte anlegen, wenn Sie einen Teil Ihrer Kräuterernte trocknen, einfrieren, in Essig, Öl oder Alkohol einlegen. Dabei müssen Sie die verschiedenen Pflanzenteile natürlich sehr sorgfältig behandeln und die unterschiedlichen Regeln des Konservierens genau

beachten. Anfangs arbeiten Sie am besten »genau nach Vorschrift«. Mit der Zeit bekommen Sie Übung und Erfahrung im Umgang mit Trockenkräutern und anderen Aufbewahrungsmethoden. Dann dürfen Sie sich bei der Verarbeitung auch auf Ihr Gefühl und auf eigene Beobachtungen verlassen.

Ebenso wichtig wie das Erlernen des »Handwerks« ist aber auch die innere Einstellung

beim Umgang mit den duftenden, heilkräftigen Kräutern. Wer sie gedankenlos abrupft und klein hackt, der wird niemals die ganze Fülle ihrer guten Eigenschaften kennenlernen. Denken Sie, wenn Sie in Ihren Gewürzgarten gehen, manchmal an die Worte des großen Kräuterkenners Maurice Mességué: »Wollen Sie mit Heilpflanzen umgehen, müssen Sie sie zuerst einmal lieben und nichts tun, was sie verletzt oder ihnen wehtut. Zupfen Sie die Blättchen mit der Hand ab. Messer und jede Berührung mit Metall sind ihnen unangenehm. Pulverisieren Sie die getrockneten Kräuter in der Hand und nicht auf dem Hackbrett. Sie werden Ihnen diese gute Behandlung danken!

Freunden Sie sich mit ihnen an, lernen Sie sie kennen und verstehen. Die Freundschaft der Pflanzen ist nicht leicht zu gewinnen. Bei der geringsten brutalen Berührung verschließen sie sich. Wenn Sie aber einmal ihre Freundschaft gewonnen haben, dann ist sie dauerhaft. Wie Sie sich Mühe geben, die Psychologie der Kinder zu erfassen, so müssen Sie sich auch um die Psyche der Pflanzen bemühen. Dann werden Sie nach und nach ihre Charakterzüge erkennen.«

Günstiger Zeitpunkt – richtiger Schnitt

Jedes Kraut erreicht zu einer bestimmten Zeit im Jahr den Höhepunkt seiner Reife. Dann ist auch der Gehalt an würzigem Aroma und wertvollen Inhaltsstoffen am größten. Wenn Sie in diesen günstigen Tagen oder Wochen ernten, dann sind Ihre Vorräte besonders wertvoll. Bei vielen Kräutern fällt die Reife mit der Zeit kurz vor oder während der Blüte zusammen. In jeder Kräuter-Beschreibung dieses Buches finden Sie einen genauen Hinweis darauf, wann Sie die einzelnen Pflanzen am besten ernten. Aber auch diese Zeitangaben bieten Ihnen nur Durch-

■ Des Sommers ganze Fülle ist in diesem Korb versammelt. Blüten und Blätter, Farben und Düfte bezaubern die Sinne. Sie verlocken zum Schnuppern und zum Ausprobieren der Aromenvielfalt.

schnittwerte. Jedes Jahr läuft anders ab. Nach einem kühlen, nassen Sommeranfang verschiebt sich zum Beispiel der Blütenbeginn. Entsprechend später reifen auch die Samen. In rauen Bergregionen liegen diese Termine immer später als zum Beispiel im milden Klima des Rheinlandes. Deshalb müssen Sie die Pflanzen genau beobachten, um zwischen Theorie und Praxis den günstigsten Zeitpunkt zu finden.

Auch der Gehalt an wertvollen Inhaltsstoffen wechselt mit den Jahreszeiten und mit den Witterungsbedingungen. In einem kühlen, verregneten Sommer bilden die Kräuter weniger ätherische Öle und andere heilkräftige Substanzen aus als unter dem Einfluss warmer Sonnenstrahlen. Auf solche Qualitätsschwankungen hat ein Kräutergärtner natürlich keinen Einfluss. Umso wichtiger ist es, alle Regeln für eine gesunde Ernte und eine schonene Konservierung sorgfältig einzuhalten.

Wählen Sie immer einen sonnigen Tag zum Sammeln. Pflücken Sie Kräuter, die längere Zeit aufbewahrt werden sollen, am späten Vormittag etwa zwischen 10 und 11 Uhr, wenn die Sonne den Tau der Nacht schon abgetrocknet hat. Dann sind die Pflanzen noch frisch und voller Würze. Ungünstig ist auf jeden Fall die Mittagszeit, wenn Blätter und Blüten schon viel Feuchtigkeit verdunstet haben und matt sind von der Hitze.

Weiche Triebspitzen, einzelne Blätter und Blüten pflücken Sie am besten behutsam mit den Händen. Nur härtere Zweige schneiden Sie mit einem scharfen Messer oder mit einer Gartenschere ab. Niemals dürfen Sie die Pflanzen zerren oder Zweige mit Gewalt abreißen.

Legen Sie Ihre Kräuterernte stets locker in einen luftigen Weidenkorb. Plastiktüten sind auf jeden Fall ungeeignet, weil die Pflanzen darin »schwitzen« und rasch faulen.

Achten Sie auch im Korb darauf, dass Blätter und Blüten nicht zerdrückt werden. Es ist nicht gut, wenn zu viele Kräuter übereinanderliegen. Bringen Sie Ihre kostbare Ernte gleich ins Haus, und verarbeiten Sie sie sofort weiter. Kräuter verderben leicht und sollten deshalb auf keinen Fall längere Zeit liegenbleiben.

Außer dem günstigsten Termin müssen Sie für die Ernte auch die richtigen Pflanzenteile kennen. Von vielen Kräutern werden die Blätter gesammelt. Andere bieten Ihnen in den Blüten oder in den Wurzeln besonders wertvolle Inhaltsstoffe an. Bei einigen sind die Samen der wichtigste Teil der Pflanzen.

Es gibt auch eine ganze Reihe von Heil- und Gewürzkräutern, die »von Kopf bis Fuß« verwendet werden können. Dann erntet man das ganze blühende Kraut mit oder ohne Wurzeln. Bei den Kräuter-Beschreibungen ist unter dem Stichwort »Ernte und Aufbewahrung« stets genau angegeben, welche Pflanzenteile Sie sammeln und verwenden können.

■ Wenn die Kräuter den höchsten Gehalt an wertvollen Inhaltsstoffen erreicht haben, sollten Sie ernten und Vorräte für die Winterzeit anlegen. Binden Sie dann kleine Sträußchen, die zum Trocknen aufgehängt und später in dicht verschlossenen Gläsern aufbewahrt werden.

Ernten und Konservieren

Reinigen

Verwenden Sie zum Konservieren nur einwandfreie, gesunde Pflanzenteile. In der Küche schütteln Sie die Zweige einmal kräftig, damit versteckte kleine Tiere herausfallen. Kranke oder beschädigte Blätter entfernen Sie sorgsam. Am besten wäre es, wenn Sie die Kräuter nun gleich trocknen könnten. In Gegenden mit großer Luftverschmutzung werden Sie sie aber leider noch einmal waschen müssen. Unter einem weich fließenden Wasserstrahl reinigen Sie die Blätter und Zweige. Anschließend schütteln Sie sie aus und trocknen sie dann behutsam mit Küchenpapier ab. Jeden Druck und jede Verletzung der Blätter müssen Sie vermeiden. Breiten Sie die Kräuter dann locker auf sauberen Küchentüchern im Schatten aus. Sie dürfen erst weiterverarbeitet werden, wenn sie nicht mehr feucht sind; nur so vermeiden Sie die Gefahr von Schimmel und Fäulnis.

Trocknen

Binden Sie aus den trockenen oder abgetrockneten Kräutern lockere Sträuße. Die Stiele werden in einer Schlinge aus einfacher Kordel oder Bast festgehalten. Diese Kräuterbüschel hängen Sie an einem schattigen, luftigen Platz kopfunter zum Trocknen auf. Dazu eignen sich zum Beispiel saubere Speicher, Gartenhäuschen oder ein wenig benutztes Gästezimmer. Die Trockenleine wird ja nur einige kurze Wochen gebraucht!

Ungeeignet ist die Küche, in der beim Kochen immer feuchte und fettige Dünste die Luft erfüllen. Kräuterbüschel über dem Geschirrschrank sehen zwar sehr hübsch und dekorativ aus, ihre Qualität aber muss in der Küchenatmosphäre zwangsläufig leiden.

Der Prozess des Dörrens soll langsam, bei mäßiger Wärme ablaufen. Ganz falsch ist es, wenn Sie Kräuter in die Sonne oder in einen heißen Backofen legen. Die starke Wärme zerstört einen großen Teil der wertvollen Inhaltsstoffe. Vor allem die ätherischen Öle lösen sich dann buchstäblich in Luft auf. Achten Sie auch darauf, dass die Kräuter beim Trocknen nicht dunkel und fleckig werden.

Wenn Sie keinen geeigneten Trockenraum für gebündelte Sträuße besitzen, können Sie die Kräuter locker auf selbst gebauten Hürden ausbreiten. Dazu werden einfache Holzrahmen mit einem Kunststoff-Fliegengitter (kein Metall!) bespannt. Auch auf dem Rost im Backofen können Sie Kräuter bei sehr niedrigen Temperaturen (ca. 30 °C) trocknen. Die Backofentür muss dabei immer einen Spalt offen bleiben.

Auf einem Trockenapparat lassen sich duftende Kräuter ebenfalls behutsam dörren. Im Handel können Sie ein Modell kaufen, das einen Temperaturregler besitzt. Für die Kräuterernte wählen Sie die niedrigste Einstellung. Auf mehreren Sieben, die übereinandergestapelt werden, können Sie eine größere Menge oder unterschiedliche Kräuter getrennt trocknen. Beim Konservieren müssen die verschiedenen Pflanzenteile differenziert, »ihrer Natur gemäß«, behandelt werden. Hier noch einige praktische Tipps für die Ernte und die weitere Verarbeitung:

Zweige und ganze Pflanzen Sie werden nach der Reinigung zu lockeren Sträußen gebunden und zum Trocknen aufgehängt. Wer keinen Platz für eine Trockenleine hat, der kann die Zweige auch sehr locker auf Rosten ausbreiten. Wichtig ist, dass sie nicht aufeinanderliegen. Sanfte Wärme und Luftzirkulation garantieren einen raschen, harmonischen Trockenprozess. Deshalb sind alte Speicher, auf denen es immer ein wenig zieht, besonders gute Trockenräume. Auf Dachböden, die dicht isoliert sind, müssen Sie während der Trockenzeit unbedingt die Fenster öffnen!

Blätter Zupfen Sie sie einzeln ab, und breiten Sie sie nach dem Säubern zum Trocknen aus. Achten Sie darauf, dass sie nicht übereinan-

■ Eine schonende Konservierungsmethode steht Ihnen mit einem Trockenapparat zur Verfügung. Auf den stapelbaren Sieben werden die Kräuter locker ausgebreitet und bei milder Wärme gedörrt.

dergeschichtet werden, sondern ganz locker nebeneinanderliegen. Große, saftreiche Blätter müssen zwischendurch gewendet werden. Benutzen Sie dazu möglichst Geräte aus Holz, notfalls auch leichte Kunststoffbestecke. Schädlich für die kostbaren Pflanzen sind Metall und feuchte Hände!

Blüten Sie gehören zu den feinsten und empfindlichsten Pflanzenteilen und sollten möglichst nicht gewaschen werden. Ernten Sie Blüten, wenn es sich einrichten lässt, kurz nach einem sanften Regen, wenn die Sonne sie gerade wieder getrocknet hat. Breiten Sie sie sehr sorgfältig einzeln nebeneinander auf Hürden oder Sieben zum Trocknen aus. Der Platz sollte unbedingt luftig und nur mäßig warm sein, damit die Blüten rasch und gleichmäßig dörren. Anderenfalls könnten sie sich verfärben oder schimmeln. Empfehlenswert ist auch ein sanft eingestellter Trockenapparat mit Luftbewegung.

Wurzeln Diese festen Pflanzenteile müssen nach dem Ausgraben sehr sorgfältig gesäubert werden. Trockene, leichte Erde können Sie abbürsten; meist müssen Sie die Wurzeln aber unter fließendem Wasser waschen und anschließend sorgfältig mit Küchenpapier oder einem sauberen Tuch abtrocknen.

Schneiden Sie alle beschädigten Stellen weg, und sortieren Sie solche Stücke aus, an denen Sie Würmer oder Fraßstellen entdecken. Die sauberen, trockenen Wurzeln werden dann sofort weiterverarbeitet. Sie dürfen auf keinen Fall liegenbleiben, weil sie Ungeziefer anziehen oder faulen könnten. Dicke Wurzeln schneiden Sie mit einem scharfen Messer der Länge nach durch, damit sie rascher durchtrocknen; dünne Wurzeln verarbeiten Sie im Ganzen. Mithilfe einer Stopfnadel und eines starken Zwirnfadens können Sie die Kräuterernte »aus dem Untergrund« auffädeln. Achten Sie darauf, dass zwischen den einzelnen Wurzelstücken immer ein luftiger Zwischenraum

bleibt; sie dürfen nie dicht aufeinander hängen! Dann befestigen Sie die fertige Schnur zwischen zwei Nägeln in der Nachbarschaft der Trockensträuße. Kontrollieren Sie aber öfter, ob keine Insekten, wie zum Beispiel Fliegen oder Wespen, von den Wurzeln, die oft aromatisch und verführerisch duften, angelockt werden. Dann müssen Sie Ihre Ernte eventuell durch einen luftigen Gazevorhang oder eine alte Gardine vor ungebetenen Besuchern schützen.

Auf einem modernen Trockenapparat lassen sich Wurzeln ebenfalls behutsam und luftig dörren. Hier haben Sie den Prozess auch besser unter Kontrolle. Wenden Sie die Pflanzenteile öfter um, damit sie schneller und gleichmäßiger trocknen.

Samenkörner Sie sind meist von einer harten Schale umgeben und nicht so empfindlich. Bei der Ernte müssen Sie aber besonders gut aufpassen; der günstigste Zeitpunkt ist oft unberechenbar. Wenn die Körner ganz reif

sind, fallen sie rasch aus; jeder Windstoß zerstreut sie in der Umgebung. Dann hat der Kräutergärtner das Nachsehen. Sie können solche »Unfälle« vermeiden, wenn Sie die reifenden Samenstände rechtzeitig mit Seidenpapier oder einem dünnen Baumwollstoff (Batist oder Gaze) umwickeln und zubinden. Wenn Sie dann etwas später die reifen Dolden sammeln, fallen die Körner in den kleinen Beutel.

Eine andere Möglichkeit besteht darin, die Stiele kurz vor der Reife, wenn die Körner sich zu bräunen beginnen, abzuschneiden. Dann können Sie sie zu Sträußen bündeln und zum Trocknen und Nachreifen aufhängen. Breiten Sie aber unter Ihrer Samenernte sauberes Pergamentpapier oder Küchentücher aus. Dann fallen die reifen Körner auf diese Unterlage, und Sie können sie leicht einsammeln. Zum Schluss klopfen Sie die trockenen Dolden oder Schoten noch einmal kräftig über einem Tuch aus, damit auch die letzten Samen herausfallen.

■ Füllen Sie die fertig getrockneten Kräuter zum Schluss in gut verschließbare Gläser. Diese werden dann kühl und dunkel aufbewahrt.

Ernten und Konservieren

Aufbewahren

Wurzeln sind fertig getrocknet, wenn Sie sie leicht in Stücke brechen können. Dann sollten Sie diese empfindliche Kräuterernte, die durch Feuchtigkeit rasch wieder verderben kann, sofort in Schraubgläsern verschließen.

Von den trockenen Samenkörnern müssen Sie oft noch die »Spreu«, das sind kleine dürre Pflanzenreste, wegblasen, ehe Sie sie in gut verschließbaren Gefäßen aufbewahren. Blätter und Blüten können Sie sofort umfüllen. Von den Zweigen streifen Sie die trockenen Blättchen ab, ehe Sie sie fest verschlossen im Vorratsschrank lagern.

Der richtige Zeitpunkt ist immer dann gekommen, wenn Blätter und Blüten so dürr geworden sind, dass sie rascheln und zwischen den Fingern zerbröseln. Dann sollten Sie Ihre Kräuterernte sofort verschließen, damit sie an regnerischen oder nebligen Herbsttagen nicht wieder Feuchtigkeit aus der Luft aufnehmen kann und verdirbt. Am besten eignen sich für eine saubere und luftdichte Aufbewahrung gut verschließbare Schraubgläser oder Gefäße mit geschliffenem Glasstöpsel. Sie können aber ebenso gut saubere Teedosen mit dichtem Deckel nehmen.

Vergessen Sie nicht, alle Gefäße mit Namensetikett und der Jahreszahl der Ernte zu kennzeichnen. Richtige »Kräuterhexen« erschnuppern ihre Tees und Gewürze zwar ohne Schwierigkeiten mit der Nase, aber »Normalverbraucher« sollten vorsichtshalber für Ordnung und Übersicht sorgen. Dann erkennen Sie die unterschiedlichen Drogen auch im Winter wieder und können sie richtig verwenden.

Bewahren Sie Ihre kostbaren Gewürz- und Teevorräte möglichst an einem dunklen, trockenen Platz auf. Heilstoffe und Aroma halten sich in der Regel etwa ein Jahr. Dann sollten Sie für eine neue Ernte sorgen.

GRUNDREZEPTE

Einlegen in Essig, Öl und Alkohol

Durch das Einlegen in Essig, Öl oder Alkohol können Sie Ihre Kräuter ebenfalls für längere Zeit konservieren. Diese Mittel verhindern das Eindringen von Fäulnisbakterien. Wichtig ist deshalb, dass alle Pflanzenteile stets ganz von der Flüssigkeit bedeckt sind. Wenn irgendwo ein Blättchen herausragt, wird es unweigerlich schimmeln und verderben!

Die konservierenden Flüssigkeiten verhindern aber nicht nur Fäulnis, sie nehmen auch während der Zubereitung die wertvollen Inhaltsstoffe und das Aroma der eingelegten Pflanzenteile auf. So entstehen nach einigen Wochen herrlich würziger Essig, duftende Öle und heilkräftige Alkoholauszüge.

Nach den folgenden Grundregeln können Sie alle Rezept-Variationen leicht selbst herstellen. Das Einlegen in Essig, Öl und Alkohol bereitet dabei keine Mühe und beansprucht nur wenig Zeit. Das Ergebnis sind natürliche Präparate, die der Gesundheit, der Schönheit, dem Wohlgeschmack und der Lebensfreude dienen.

Kräuter-Öle

Benutzen Sie durchsichtige Flaschen, die vor dem Füllen sorgfältig mit heißem Wasser, ohne Spülmittel, gereinigt und gründlich getrocknet werden. Am besten stellen Sie die Gefäße in die Sonne.

Dann füllen Sie die gereinigten, behutsam trockengetupften Kräuter ein. Wenn der Flaschenhals zu eng ist, helfen Sie mit dem Stiel eines hölzernen Kochlöffels nach. Zum Schluss gießen Sie das Öl hinein. Es muss so hoch stehen, dass alle Pflanzenteile reichlich

bedeckt sind. Verschließen Sie die Flasche mit einem Korken oder einem Schraubverschluss, und stellen Sie sie auf eine warme Fensterbank in die Sonne. Der Ansatz muss jeden Tag einmal kräftig durchgeschüttelt werden. Wie lange die einzelnen Kräuter durchziehen müssen, ist in den Rezepten angegeben.

Wenn das Öl fertig ist, filtern Sie es ab. Dafür verwenden Sie am besten einen Trichter, in den Sie ein sauberes Taschentuch aus möglichst feinem Baumwollstoff legen. Zum Schluss drücken Sie den »Satz« noch einmal kräftig aus, damit alle wertvollen Bestandteile in das Öl gelangen. Füllen Sie Ihr Heil- oder Gewürzöl anschließend möglichst in kleine, dunkle Flaschen um; es hält sich dann besser. Auf jeden Fall sollten Sie Ihre Vorräte kühl und dunkel aufbewahren.

Verwenden Sie für Ihre Kräuter möglichst kalt geschlagenes Olivenöl. Auch andere gute Pflanzenöle eignen sich; sie sollten aber immer kalt geschlagen und von bester Qualität sein. Es wäre schade, wenn Sie Ihre kostbaren Kräuter mit einem minderwertigen Öl »verschandeln« würden. Heilwert und Würze werden dagegen durch wertvolle Öle noch erhöht.

Kräuter-Essig

Bereiten Sie die Glasflaschen und die Kräuter genau so vor, wie es im Grundrezept für Kräuter-Öle beschrieben ist. Für Gewürz-Essig genügt es, wenn Sie die Gefäße locker mit Kräutern füllen; ein bis zwei Hände voll gemischte Blätter und Zweigspitzen oder 2 bis 3 größere Stängel, zum Beispiel vom Estragon, genügen. Füllen Sie anschließend die Flaschen bis zum Hals mit gutem Essig. Achten Sie auch hier darauf, dass alle Pflanzenteile reichlich mit Flüssigkeit bedeckt sind. Verwenden Sie Obstessig oder einen guten Weinessig für Ihre

Kräuter. Von der Qualität der Zutaten ist auch die Güte Ihrer Spezialitäten abhängig.

Die Flaschen werden zum Schluss fest verkorkt oder mit einem Verschluss zugeschraubt. Ab und zu schütteln Sie den Inhalt vorsichtig durch. Es genügt, wenn der Kräuter-Essig etwa 2 bis 3 Wochen auf der Fensterbank in der Sonne stehenbleibt. Dann ist die aromatische Würze fertig. Sie könne die Kräuterzweige und Blätter in der Flüssigkeit lassen. Die Flaschen sehen dann sehr dekorativ aus, und Sie erkennen noch lange Zeit, ob es sich um Estragon- oder Dill-Essig handelt. Bewahren Sie diesen würzigen Vorrat kühl und dunkel auf. Kräuter-Essig ist fast unbegrenzt haltbar.

Kräuter in Alkohol

Genau wie bei Essig und Öl werden die Zutaten in saubere Flaschen gefüllt und dann mit Alkohol übergossen. Die genauen Mengenangaben finden Sie in den einzelnen Rezepten. Dort ist auch immer vermerkt, wie lange der Ansatz durchziehen muss. Als allgemeine Grundregel können Sie sich merken, dass Alkoholauszüge in verschlossenen Flaschen 3 bis 4 Wochen auf einer sonnigen Fensterbank stehen müssen, bis sie »reif« sind.

Die fertige Essenz wird genauso abgefiltert, wie es beim Kräuter-Öl beschrieben ist. Dann füllen Sie die hochprozentige Flüssigkeit in kleine, braun- oder grüngefärbte Fläschchen um und bewahren sie kühl und dunkel auf.

Auch moderne »Kräuterhexen« werden an diesen duftenden Auszügen in Essig, Öl und Alkohol ihre Freude haben. Schon bald werden Sie die vielfältigen Vorteile der hausgemachten Kräuter-Spezialitäten nie mehr missen wollen. Wenn Sie für Öl und Essig hübsche, dekorative Flaschen oder altmodische Gefäße vom Flohmarkt verwenden, verwandeln sich Ihre wertvollen Vorräte zu

Schmuckstücken in der Küche. Estragon-Essig oder rotes Johannisöl eignen sich dann auch gut als Geschenke. Solche Kräuter-Spezialitäten aus der eigenen »Hexenküche« bereiten nicht nur Freude, sie sind auch wertvolle Beiträge zum gesunden Leben.

Einfrieren

Eisgekühlte Kräuter halten sich lange, sind aber nicht jedermanns Sache. Meist bleibt nach dem Auftauen nur ein wässriges Häufchen Grünzeug übrig, das kaum noch Aroma enthält. Am besten eignen sich noch Petersilie, Dill, Bohnenkraut und Schnittsellerie zum Einfrieren.

Verwenden Sie zum Tiefkühlen immer nur kleine Portionen, die nach dem Auftauen sofort verbraucht werden können. In kleinen Gefrierbeuteln oder auch in Gefrierdosen können Sie Kräuter einzeln oder als fertige Mischung nach den üblichen Vorschriften einfrieren.

■ Kräuter, die in Essig und Öl eingelegt werden, sind lange Zeit haltbar. Auf einer sonnigen Fensterbank müssen würzige Öle für die Küche und heilkräftige Auszüge einige Wochen lang durchziehen.

Kräuter für Küche und Gesundheit

KRÄUTERWÜRZE FÜR DIE KÜCHE

Kräuter können in der Küche auf vielfältige Weise genutzt werden. Ihre abwechslungsreiche Würze verfeinert Vorspeisen und Salate ebenso wie warme Gerichte. Sie erfrischen uns in sommerlichen Tees und schenken uns – ganz nebenbei – ihre Heilkraft. Frisch geerntet aus dem eigenen Garten sind alle Kräuter ganz besonders aromatisch und gehaltvoll. Für die Winterzeit können Sie die duftenden Kostbarkeiten in Form von Gewürz-Essig, Ölen und Pesto ohne große Mühe haltbar machen.

Frisch geerntet – richtig zubereitet

Die Ernte für den täglichen Bedarf ist einfach und problemlos. Sie gehen durch den Garten, pflücken Blätter oder Zweige vorsichtig ab und verwenden sie sofort. Wenn es möglich ist, sollten Sie Kräuter nicht waschen. In den meisten Fällen wird das aber nicht zu verantworten sein. Unsere Luft ist leider nicht mehr sauber genug; sie hinterlässt fast überall ihre unsichtbaren Rückstände. Wenn Sie also Ihre Kräuter waschen müssen, so tun Sie es möglichst rasch und behutsam unter fließendem, nicht zu kaltem Wasser. Legen Sie die Blätter anschließend zwischen Ihre hohl zusammengefalteten Hände, und schütteln Sie sie einige Male, so dass das Wasser zwischen Ihren Fingern heraustropft. Falls es nötig ist, tupfen Sie die Kräuter anschließend noch behutsam mit Küchenpapier ab. Dann werden sie sofort verarbeitet. Ob Sie sie nur roh verwenden oder mitkochen können, ist bei den Beschreibungen der einzelnen Arten vermerkt.

Zum Schneiden der frischen Kräuter können Sie ein Messer oder eine Küchenschere verwenden. Besonders praktisch ist ein Wiegemesser, mit dem sich grüne Blätter ganz fein zerteilen lassen. Achten Sie immer darauf, dass die Kräuter bei der Zubereitung nicht zu viel Saft verlieren. Ganz gewissenhafte Feinschmecker verwenden anstelle eines Holzbrettes, in dessen Poren der Saft eindringt, eine glasierte Unterlage beim Schneiden der Blätter. So kann auch der letzte kostbare Tropfen abgestreift und mitverwendet werden.

Grüne Kräuter, die zum Schluss unter fertige Suppen und Soßen gerührt werden, sollten sehr klein geschnitten sein. In Salaten dürfen sie, je nach Geschmack, auch etwas gröber zerteilt werden. Sie wirken dann wie kleine zusätzliche Salatblätter. Kräuter, die in Suppen, Gemüsen oder Fleischtöpfen mit gegart werden, können Sie auch zu einem Sträußchen zusammenbinden und nach dem Kochen oder Braten herausnehmen. Sie haben dann ihre Würze an die Speisen abgegeben. Bewahren Sie sich zum Dekorieren einige Kräuterzweige oder Blätter und Blüten extra auf. Sie werden erst kurz vor dem Servieren gewaschen und verteilt.

Kochen mit Kräutern

Mischen Sie beim Würzen die Kräuter nicht wild durcheinander; sie sollten sich im Aroma harmonisch ergänzen und gleichzeitig zu den jeweiligen Gemüsen, Salaten oder Fleischgerichten passen. Bis Sie die grüne Würze »im Gefühl« haben, orientieren Sie sich am besten nach den folgenden Gruppen:

Die säuerlichen und die frischwürzigen Kräuter Dazu gehören Zitronenmelisse, Borretsch, Dill, Sauerampfer, Pimpinelle, Portulak und Kleines Postelein.

Die süß-aromatischen Kräuter Dazu gehören Kerbel, Estragon und Fenchel.

■ Zu einem Genuss für Augen und Gaumen kann ein schlichtes Abendbrot werden, wenn Sie außer gesunden, würzigen Kräutern auch noch essbare Blüten von Borretsch, Kapuzinerkresse und Malven hinzufügen.

Die scharf-würzigen Kräuter Dazu gehören Petersilie, Kresse, Löffelkraut, Barbarakraut und Meerrettich.

Die kräftig-würzigen Kräuter Dazu gehören Thymian, Quendel, Oregano, Salbei, Rosmarin, Bohnenkraut, Minze, Sellerie und Liebstöckel.

Die bitter-aromatischen Kräuter Dazu gehören Wermut, Beifuß und Weinraute.

Die Individualisten Dazu gehört vor allem das Basilikum. Dieses Kraut besitzt eine ganz besondere, edle Würze, die so fein und feurig ist, dass sie immer dominieren sollte. Muten Sie dem herrlichen Basilikum niemals »unpassende Gesellschaft« zu. Ein guter Würzpartner ist zum Beispiel die Zitronenmelisse.

Eigenwillige Kräuter, die behutsam verwendet werden sollten, sind auch Ysop, Eberraute und Balsamkraut.

Die Gewürze der einzelnen Gruppen können Sie immer unbesorgt untereinander kombinieren. Vorsichtig sollten Sie mit »Querverbindungen« sein. Ein so kräftiges Gewürz wie Thymian harmoniert zum Beispiel nicht mit dem frisch-säuerlichen Borretsch. Die scharfe Kresse »erschlägt« die feine frische Würze des Dills; und die Bitterkräuter dürfen nur als Prisen verwendet werden, damit ihr strenger Geschmack nicht ein ganzes Gericht verdirbt und jede andere Würze überdeckt.

Wenn Sie Ihre Kräuter längere Zeit benutzt und in vielen Rezepten ausprobiert haben, können Sie auch einmal gewagtere oder ungewöhnliche Kombinationen versuchen. Dann haben Sie schon ein Gespür für harmonische »Würz-Akkorde« entwickelt und Sie können sich auf Ihr eigenes Gefühl verlassen.

Die folgenden Rezepte sollen Ihnen nur als Anregung für eigene Versuche und aromatische Küchen-Abenteuer dienen.

Salate und Vorspeisen

Grüne Salate in Kräutersoße

Kopfsalat, Eissalat, Pflücksalat und Zuckerhutsalat können Sie mit frischen Kräutern verfeinern. Diese werden klein geschnitten und unter eine klassische Marinade gemischt, die aus gutem Pflanzenöl, Weinessig, wahlweise auch Obstessig oder Zitrone, einer Prise Salz, Pfeffer und einem Hauch Knoblauch angerührt wird. Zusätzlich können Sie noch süße oder saure Sahne daruntermischen. Erst kurz vor dem Servieren geben Sie die Salatblätter unter diese Soße.

Folgende Kräuter passen, einzeln oder nach Geschmack gemischt, zu einer würzigen Salatsoße: Schnittlauch, Winterheckezwiebel, Petersilie, Kresse, Kerbel, Rucola, Pimpinelle, Borretsch, Zitronenmelisse, Dill, Ysop, Estragon, Eberraute, Sauerampfer, Tripmadam und Kapuzinerkresse.

Bestreuen Sie einmal eine fertige Salatschüssel mit himmelblauen Borretschblüten! Sie schmecken delikat und sehen bezaubernd aus. Zur Dekoration eignen sich auch die essbaren Blüten von Kapuzinerkresse, Rucola, Ringelblumen, Gänseblümchen und Veilchen.

Bunter Kapuzinerkresse-Salat

Bereiten Sie Salat in einer klassischen Marinade aus 3 Esslöffel reinem Pflanzenöl, einem Esslöffel feinem Weinessig, einer Prise Salz und Pfeffer zu. Junge Blätter der Kapuzinerkresse werden in feine Streifen geschnitten und unter den grünen Salat gemischt. Zum Schluss streuen Sie einige Blüten der Kapuzinerkresse in die Schüssel.

■ Beim ersten Mal brauchen Sie vielleicht noch Mut, um einen Salat mit Ringelblumen, Borretschblüten, Kapuzinerkresse und Rosenblättchen zu dekorieren. Aber schon bald werden Sie auf diesen Genuss für sich und Ihre Gäste nicht mehr verzichten wollen.

Dieser farbenfrohe Salat in Rot-Gold und Grün ist eine Delikatesse für die Augen und für den Gaumen!
Sie können auch in der gleichen Marinade einen Salat anrichten, der nur aus Blättern und Blüten der Kapuzinerkresse besteht.

Tomaten mit Basilikum und Zitronenmelisse

Diese Kombination hat ein einmaliges, unvergleichliches Aroma! Schneiden Sie Tomaten in Scheiben, und schichten Sie sie in eine Salatschüssel. Sie werden lagenweise mit Olivenöl beträufelt und mit fein geschnittenen Basilikum- und Melissenblättern bestreut. Fügen Sie noch ein wenig grobes Meersalz hinzu. Da Tomaten reich an eigener Säure sind, verteilen Sie nur sehr sparsam ein wenig weißen Balsamico-Essig über die Schichten. Der Salat darf nur kurz durchziehen und wird sofort serviert.

Rustikaler Löwenzahn-Salat

Nehmen Sie nur die zarten, jungen Blätter des Frühlings-Löwenzahns, die Pflanzen dürfen noch keine Blüten treiben. Richten Sie die geputzten, in fingerlange Stücke gezupften Blätter mit Pflanzenöl, wenig Obstessig, Salz und Pfeffer an. Dann braten Sie klein gewürfelten, mageren Räucherspeck kross und gießen diese herzhaft-knusprige Zutat über den Salat. Dazu passen deftige Bratkartoffeln.

»Wilder« Frühlings-Salat

Sammeln Sie im Garten oder auf der Wiese junge Blätter von Löwenzahn, Brennnesseln, Gundelrebe, Giersch, Scharbockskraut, Schafgarbe und Gänseblümchen. Die Kräuter werden geputzt, gewaschen und grob geschnitten. Lassen Sie sie vor dem Servieren kurz in einer Marinade aus Pflanzenöl, Obstessig, Salz und Pfeffer ziehen. Sie können die herbe Frische dieses gesunden Frühlings-Salats auch durch ein paar Löffel süße Sahne oder Joghurt mildern. Zum Schluss wird dieser »wilde« Salat mit Gänseblümchenblüten bestreut.

Rucola-Salat als Vorspeise

Belegen Sie Dessertteller mit frisch gepflückten Rucolablättern, so dass der Boden ganz bedeckt ist. Auf diesem grünen, würzigen Bett breiten Sie rote und gelbe Kirschtomaten aus, die in der Mitte einmal durchgeschnitten werden. Gewürzt wird mit wenig grobem Meersalz und Pfeffer. Zum Schluss verteilen Sie ein wenig dunklen Balsamico-Essig über jeden Teller und gießen bestes Olivenöl über den Salat. Den letzten Schliff erhält diese Vorspeise, wenn Sie noch die Blüten von Rucola, Borretsch oder Gänseblümchen darüber streuen.

Bärlauch und Rucola als Vorspeisen-Duett

Gewaschene, trockengetupfte Blätter von Bärlauch und Rucola werden auf einer ovalen Platte ausgebreitet. Darauf verteilen Sie Scheiben hart gekochter Eier und Thunfischstückchen. Darüber streuen Sie sehr fein gehackte Bärlauch- und Rucolablätter. Mit wenig Salz und Pfeffer würzen und zum Schluss mit Olivenöl beträufeln. Diese Vorspeise muss etwas durchziehen, bevor sie zu knusprigem Baguettebrot serviert wird.

Crostini – der Geschmack des Südens

Rösten Sie kleine Baguette-Scheiben langsam in nicht zu heißem Olivenöl, bis sie von beiden Seiten goldbraun sind. Sie dürfen nicht dunkel und hart werden!
Die warmen Brotscheiben werden mit einer aufgeschnittenen Knoblauchzehe eingerieben und mit wenig grobem Meersalz bestreut. Einfach köstlich! Dazu passen Tomatenscheiben mit Basilikum, dann ist der Geschmack des Südens perfekt.

■ Rasch gezaubert ist eine farbenfrohe Vorspeise aus Salatblättern, Rucola, Kirschtomaten und Gänseblümchenblüten.

Soßen, Pesto und Quark

Grüne Soße

Die berühmte Frankfurter Grüne Soße wird im Originalrezept mit selbst gemachter Majonäse angerührt. Nach alter Tradition gehören die folgenden sieben Kräuter dazu: Petersilie, Borretsch, Schnittlauch, Dill, Kerbel, Sauerampfer und Pimpinelle.

Hier eine leichtere Variante: Rühren Sie eine Marinade aus Öl, Essig, Salz, Pfeffer und Knoblauch an. Vermischen Sie sie mit reichlich fein gehackten frischen Kräutern: je nach Familiengröße nehmen Sie mehrere Hände voll. Wählen Sie aus, was die Jahreszeit frisch zu bieten hat, so zum Beispiel außer den klassischen 7 Kräutern auch Zitronenmelisse, Rucola, Portulak, Estragon, Ysop und Kapuzinerkresse. Diese Kräutermarinade wird mit je einem Becher saurer und süßer Sahne aufgefüllt. Zum Schluss mischen Sie hartgekochte, klein geschnittene Eier darunter. Grüne Soße schmeckt am besten zu frischen Pellkartoffeln. Sie passt aber auch traditionell zu gekochtem Rindfleisch.

Meerrettich-Soße

Die frischen Meerrettichstangen werden geschält und auf einer Küchenreibe fein geschabt. Mischen Sie einen gleichfalls geriebenen säuerlichen Apfel, Essig und etwas Zucker und Salz darunter. Zum Schluss wird der Meerrettich mit steifgeschlagener süßer Sahne vermischt. Diese köstliche frische Meerettichsoße passt zu Schinkenröllchen, Roastbeef und geräuchertem Lachs.

Ysop-Soße

Löschen Sie den Fond eines Kalbsbratens mit trockenem Weißwein. Dann binden Sie die Soße und streuen zum Schluss fein gehackte Ysopblättchen und einige Ysopblüten hinein.

Nehmen Sie aber nur eine kleine Portion dieses eigenwillig-aromatischen Gewürzkrauts; dann wirkt es sehr apart und delikat.

Basilikum-Pesto

Zerkleinern Sie in einem Mixer 50 Gramm Pinienkerne und 2–3 klein geschnittene Knoblauchzehen. Dann fügen Sie etwa 100 Gramm Basilikumblätter, grobes Meersalz nach Geschmack und 100 Gramm geriebenen Parmesan oder Pecorino hinzu. Zum Schluss rühren Sie langsam so viel gutes, kalt gepresstes Olivenöl unter, bis eine cremige Masse entsteht. Das fertige Pesto wird in kleine Gläser gefüllt, mit Olivenöl bedeckt und luftdicht zugeschraubt.

Bärlauch-Pesto

Dieses Pesto wird nach dem gleichen Rezept zubereitet. Die Knoblauchzehen können Sie weglassen, weil das Kraut selbst stark nach Knoblauch duftet.

Rucola-Pesto

Nach dem gleichen Rezept wie das Basilikum-Pesto können Sie auch Rucola verarbeiten.

Pesto-Mischungen

Basilikum, Bärlauch und Rucola ergeben gemischt ein sehr würziges Pesto. Wenn Sie mutig sind und Ihre Kräuter gut kennen, können Sie im Frühling auch Wildkräuter zu einer Pesto-Mischung hinzufügen. Versuchen Sie es mit ein paar Blättchen von jungem Giersch, Knoblauchsrauke, Sauerampfer und Gundelrebe.
Ein wenig Abenteuerlust kann der Kräuterküche nicht schaden!

Quark mit Kräutern

Verquirlen Sie Quark mit Joghurt oder süßer Sahne, und würzen Sie ihn mit Salz, Pfeffer und ein wenig Knoblauch. Zum Schluss

■ Die wichtigsten Zutaten für ein selbst gemachtes Pesto liegen bereit: verschiedene Basilikumsorten, Olivenöl, Knoblauch und würziger Parmesan.

Kräuter für Küche und Gesundheit

mischen Sie frische, fein gehackte Kräuter darunter. Die Kombination ist Ihrem Geschmack und dem Angebot der Jahreszeit überlassen. Im Frühling schmeckt der erste frische Schnittlauch besonders gut zum Quark. Bärlauch, Borretsch, Dill und Sauerampfer passen ebenfalls zu einer herzhaften Quarkspeise. Vollkornbrot und Pellkartoffeln sind dazu eine gute Kombination.

Suppen

Suppe quer durch den Garten

Kochen Sie eine kräftige Rindfleischsuppe, die zum Schluss durchgeseiht wird. Erst jetzt fügen Sie geputztes und klein geschnittenes

■ Schmeckt köstlich: geröstete, rohe Kartoffelscheiben mit Salbei, Majoran oder Rosmarin.

Gemüse wie Möhren, Lauch, Bohnen und Sellerie hinzu, das in der leise kochenden Brühe gar ziehen muss. Würzen Sie außer mit Salz und Paprika mit einem rustikalen Kräuterstrauß aus Oregano, Thymian, Majoran, Salbei, Bohnenkraut, Liebstöckel und ein paar Sellerieblättern.

Fleischsuppe mit Königskerzenblüten

Kochen Sie aus gutem Rindfleisch oder mit einem Hühnchen eine kräftige Fleischbrühe, die zum Schluss durchgesiebt wird. In diese klare, nur mit Salz und Pfeffer gewürzte Brühe werfen Sie eine Handvoll frische Königskerzenblüten. Lassen Sie die Suppe noch 10 Minuten auf kleiner Wärmestufe durchziehen. Sie soll heiß sein, aber nicht mehr kochen.

Tomatensuppe mit Kräutern

Dünsten Sie gehäutete Tomaten in Olivenöl an, und löschen Sie sie dann mit reichlich Wasser ab. Gewürzt wird mit Knoblauch, wenig Salz, etwas Zucker und klein geschnittenen Kräutern wie Rosmarin oder Basilikum. Gießen Sie die Suppe, wenn sie gar gekocht ist, durch ein feines Haarsieb, und legieren Sie sie anschließend mit süßer Sahne oder Crème fraiche.

Gebacken – gebraten – gedünstet

Kartoffel-Pfanne mit Kümmel, Majoran oder Rosmarin

Schneiden Sie geschälte, rohe Kartoffeln in dünne Scheiben, und füllen Sie sie lagenweise in eine Pfanne mit heißem Olivenöl. Jede Schicht wird mit wenig Salz und Pfeffer, aber reichlich Kümmel gewürzt. Die Kartoffelscheiben müssen mehrmals gewendet werden, bis sie kross gebacken und gar sind.

Statt mit Kümmel können Sie die Kartoffelpfanne auch mit frischem oder getrocknetem Majoran oder mit Rosmarin würzen.

Grüne Bohnen mit Bohnenkraut

Junge grüne Buschbohnen werden gewaschen, geputzt und in große Abschnitte gebrochen. Dünsten Sie die Bohnen in Olivenöl an und löschen sie mit wenig Wasser ab. Dann würzen Sie das Gemüse mit Salz, etwas Pfeffer und einem großen Strauß frischem Bohnenkraut. Dünsten Sie es in einem fest verschlossenen Topf gar. Die Bohnen müssen aber unbedingt ein wenig knackig bleiben.

Sehr gut gelingt dieses Gemüse in einem gusseisernen Topf. Die zarten, schlanken Filetbohnen eignen sich besonders für dieses Rezept. Sie können sie auch mit klein gewürfeltem, magerem Räucherspeck andünsten.

Südländischer Gemüse-Kräuter-Topf

Mischen Sie Paprika, Auberginen, Zucchini, große Gemüsezwiebeln und Tomaten. Das Gemüse wird geputzt und mit der Schale in breite Streifen geschnitten. Die Tomaten werden gehäutet und geviertelt. Schichten Sie diese bunte Mischung lagenweise in eine Tonform. Dazwischen streuen Sie klein gehackte, kräftig-würzige Kräuter: Thymian, Oregano, Salbei, Rosmarin, Majoran und, wenn Sie mögen, ein paar Blättchen Ysop. Zusätzlich würzen Sie nur mit wenig Salz, Paprika und einer Zehe Knoblauch.

Die oberste Schicht überstreuen Sie mit Kräutern, geriebenem Käse und Butterflöckchen. Gießen Sie zum Schluss noch 2 bis 3 Eigelb, die Sie vorher mit frischer Sahne verquirlen, über die Gemüsemischung. Lassen Sie alles in der geschlossenen Tonform garen, und servieren Sie dazu körnigen Naturreis oder Risotto.

Überbackene Pizza-Brötchen

Diese Variation der beliebten Pizza ist leicht und schnell anzurichten. Sie schmeckt sehr pikant!

Halbierte Brötchen werden mit Butter bestrichen und mit rohem Schinken oder Salamischeiben belegt. Dann folgen Tomatenscheiben, klein gehackte Oliven und nach Geschmack die folgenden Kräuter: Oregano, Thymian, Salbei oder Majoran. Die Brötchen werden entweder mit Parmesan bestreut oder mit Käsescheiben zugedeckt, im heißen Backofen überbacken und warm serviert.

Gefüllte Kräuterröllchen

Lassen Sie sich beim Metzger auf der Wurstmaschine hauchdünne Schnitzel schneiden. Sie werden mit Salz, Pfeffer und Knoblauch gewürzt. Legen Sie auf jedes Fleischstück eine dünne Scheibe rohen Schinken und einige frische Blätter von folgenden Kräutern: Rosmarin, Salbei, Thymian, Majoran und Oregano. Nach Geschmack fügen Sie eine Prise Weinraute, Ysop oder Eberraute hinzu. Die Fleischscheiben dürfen durchaus unterschiedliche Füllungen haben! Zum Schluss rollen Sie sie zu kleinen Rouladen zusammen, die mit hölzernen Zahnstochern befestigt werden.

Die Kräuterröllchen werden in heißem Öl angebraten und mit Weißwein abgelöscht. Vor dem Servieren schmecken Sie die leicht gebundene Soße mit einem Schuss Sherry ab.

Hähnchen mit Rosmarin oder Basilikum

Würzen Sie ein Hähnchen mit Salz, Pfeffer und Knoblauch, und füllen Sie es mit frischen Rosmarinzweigen. Besonders zart wird dieser würzige Braten, wenn Sie das Hähnchen in einer Tonform zubereiten. Außer ein wenig Öl und Wein brauchen Sie dann keine weiteren Zutaten. Sie können das Rosmarin-Hähnchen aber auch wie gewohnt in der Bratpfanne zubereiten oder grillen. Der Bratenfond wird mit Weißwein abgelöscht und leicht gebunden.

Eine wohlschmeckende Variante dieses Rezepts: Anstelle von Rosmarin verwenden Sie frisches Basilikum.

Römische Salbei-Schnitzel

Dünne Kalbsschnitzel werden mit rohem, zartem Schinken und frischen Salbeiblättern gefüllt. Klappen Sie sie dann übereinander, und stecken Sie sie seitlich mit hölzernen Zahnstochern fest. In heißem Öl werden die Salbeischnitzel rasch angebraten. Feinschmecker behaupten, dies seien die delikatesten Schnitzel der Welt.

Süße und würzige Delikatessen

Verzuckerte Kräuterblätter und Blüten

Schlagen Sie Eiweiß so lange, bis es beinahe – aber noch nicht ganz – zu Schnee geworden ist. Streuen Sie Puderzucker oder feinen weißen Zucker auf einen Teller. Frische Salbei- oder Pfefferminzblätter werden gewaschen und vorsichtig mit Küchenpapier trockengetupft. Auch einzelne Blütenblätter von duftenden Rosen und Veilchenblüten werden auf die gleiche Weise vorbereitet. Dann tauchen Sie Blätter und Blüten in den Eischnee, bis sie von allen Seiten überzogen sind. Nun werden sie in Zucker gewälzt und anschließend vorsichtig auf Pergamentpapier ausgebreitet. Legen Sie die Blätter und Blüten mit dieser

■ Urlaubserinnerungen an warme Sommertage am Mittelmeer werden wach, wenn Sie ein Hähnchen mit frischen Rosmarinzweigen würzen.

Kräuter für Küche und Gesundheit

Unterlage auf den Rost im Backofen, und lassen Sie sie bei ganz sanfter Wärme (30 bis 40 °C) langsam trockenbacken. Die Ofentür soll dabei, ähnlich wie beim Kräutertrocknen, einen Spalt offen bleiben.

Wenn die Zuckerblätter knusprig und fest geworden sind, füllen Sie sie locker in geräumige Gläser, die gut verschlossen werden können. Zwischen die verzuckerten Blätter und Blüten legen Sie immer wieder ein Blättchen Pergamentpapier. Diese außergewöhnlichen süß-würzigen Delikatessen schmecken sehr gut zu einem Glas Wein oder Sekt.

Johannisbeer-Quark mit Minze und Melisse

Lösen Sie gewaschene rote Johannisbeeren mit einer Gabel von den Stielen, und streuen Sie Zucker über die Früchte. Sie bleiben etwa eine halbe Stunde stehen, um Saft zu ziehen. Dann rühren Sie Quark mit frischer Sahne an und mischen ihn unter die Johannisbeeren. Zum Schluss streuen Sie einige feingewiegte Blätter von Pfefferminze oder Zitronenmelisse über das Dessert. Sie können auch ganze Blätter als dekoratives Muster oder als Mini-Duftsträußchen auf den Quarkschalen anordnen.

Obstsalat mit Duftblättern

Richten Sie klein gewürfeltes Obst, wie die Jahreszeit es bietet, mit ein wenig Zucker und frischem Zitronensaft in einer Salatschüssel an. Zum Schluss mischen Sie einige klein gezupfte Blätter von Duftblattgeranien darunter. Der Geschmack ändert sich immer wieder, je nachdem ob Sie Geranienblätter mit Rosen-, Zitronen- oder Pfefferminzduft verwenden.

Eingemachtes

Apfelgelee mit duftenden Kräuterblättern

Bereiten Sie in einem Entsafter frischen Apfelsaft, den Sie dann – nach Vorschrift – mit Gelierzucker aufkochen. Wenn Sie den Topf vom Ofen genommen haben, streuen Sie klein gezupfte Minzenblätter in das Gelee. Sie können es auch mit Zitronenmelisse, Zitronenthymian oder Duftblattgeranien würzen. Rühren Sie die Kräuter gut unter das Gelee, damit sie gleichmäßig verteilt sind, bevor Sie es in Gläser füllen.

Kapern aus Kapuzinerkresse

Die geschlossenen Blütenknospen und die jungen, grünen Samen der Kapuzinerkresse werden gewaschen, kurz mit einem Sieb in kochendes Salzwasser getaucht und dann in Essig eingelegt. Nehmen Sie dazu besten Weinessig, der einmal aufgekocht und dann über die Kapern gegossen wird. Nach ein paar Tagen schütten Sie den Essig ab und kochen ihn noch einmal auf. Dann wird er endgültig über die Kapern gefüllt. Nach dem Erkalten werden die Gläser fest verschlossen und kühl aufbewahrt.

Hausgemachter Senf (Mostert oder Mostrich)

Senfkörner werden zu Pulver gemahlen, zum Beispiel in einer alten Kaffeemühle oder in einem Mörser zerstoßen und dann mit eigenem Kräuteressig oder mit feinem Weinessig verrührt, bis ein weicher Brei entsteht. Auch Wein oder junger Most – daher stammt das Wort »Mostrich« – kann zum Anrühren von Senf verwendet werden.

Eine besondere Geschmacksnote erhält der Senf, wenn Sie noch weitere, zerkleinerte Gewürze hinzufügen: zum Beispiel Estragon,

■ Verzuckerte Blüten haben eine Jahrhunderte alte Tradition. Sie schmecken köstlich und werden Ihre Gäste begeistern. Außer Duftrosen können Sie auch Veilchen oder Borretschblüten verwenden.

Lorbeerblätter, Meerrettich, Knoblauch, Zwiebeln, Nelken, Ingwer, Muskat, Kardamom, Kümmel oder Zimt. Die Mischung wird nach persönlichem Geschmack zusammengestellt und sollte einige Tage durchziehen, bevor der hausgemachte Senf in der Küche verwendet wird. Bewahren Sie ihn in gut verschlossenen Schraubgläsern auf.

Eingelegte Gewürzgurken

Bürsten Sie kleine bis mittelgroße Gurken gründlich unter fließendem Wasser ab. Sie bleiben über Nacht in einer Schüssel mit kaltem Salzwasser liegen. Dann nehmen Sie sie heraus, trocknen sie ab und schichten sie in Steinguttöpfe. Kleinere Gefäße, die 3 bis 6 Liter fassen, sind dafür besonders praktisch.

Nun kochen Sie ein Gemisch aus 1 Liter Essig und 1 Liter Wasser auf, fügen 1 Esslöffel Salz und 2 Esslöffel Zucker, Senfkörner, Perlzwiebeln, Lorbeerblätter, die Samenstände des Dills, Pfefferkörner und Nelken hinzu. Die Flüssigkeit wird heiß über die Gurken gegossen, sodass sie ganz bedeckt sind. Am nächsten Tag kochen Sie die Brühe noch einmal auf und gießen sie wieder über die Früchte. Nach dem Abkühlen binden Sie die Töpfe mit Einmachhaut zu und stellen sie in den Keller ins Vorratsregal. Mit den gleichen Zutaten können Gurken auch in Gläsern eingeweckt werden. Eingelegte Gewürzgurken sind sehr lange haltbar.

Kräuter-Essig

Gemischter Kräuter-Essig

Sammeln Sie im Kräutergarten Triebspitzen und einzelne Blätter von Estragon, Dill, Zitronenmelisse, Basilikum, Kapuzinerkresse, Ysop, Eberraute, Zitronenthymian und Thymian. Natürlich müssen Sie nicht alle diese Kräuter gleichzeitig verwenden. Ernten Sie die Blätter und Triebspitzen am besten morgens. Komponieren Sie die Mischung ganz nach eigenem Geschmack und nach den Vorräten, die Ihr Garten gerade anbietet. Die Kräuter werden vorsichtig gewaschen und mit Küchenpapier trockengetupft. Dann füllen Sie ein bis zwei Hände voll in eine Flasche. Sie können auch noch Knoblauchzehen und kleine Zwiebeln hinzufügen. Zum Schluss gießen Sie guten Weißwein- oder Obstessig über die Kräuter, verkorken die Flaschen und lassen die Mischung 2 bis 3 Wochen in der Sonne durchziehen.

Estragon-Essig

Geben Sie einige Zweige Estragon in eine Flasche und füllen sie mit Weißwein- oder Rotweinessig auf.

Basilikum-Essig

Basilikum-Essig wird am besten mit frischem Kraut und feinem Weißweinessig angesetzt. Sie können dafür weiß- und rotblättrige Basilikumsorten verwenden. Probieren Sie auch einmal Essig aus Zitronen- oder Zimtbasilikum herzustellen. Eine Basilikum-Sammlung ist ein Dorado für experimentierfreudige Köche.

Dill-Essig

Diesen feinwürzigen Kräuteressig, der besonders vielseitig zu verwenden ist, bereiten Sie entweder mit Weißweinessig oder mit Obstessig zu. Sie können außer den feingefiederten Blättern auch die dekorativen Dillblüten verwenden.

Alle Kräuter-Essig-Rezepte werden nach dem Grundrezept auf Seite 211 zubereitet.

■ Selbst gemachten oder auch gekauftem Senf können Sie mit klein gehackten frischen Kräutern ein besonderes Aroma verleihen. Gut geeignet sind dafür etwa Estragon, Knoblauch oder Meerrettich.

Kräuter für Küche und Gesundheit

Veilchen-Essig

Füllen Sie 2 bis 3 Hände voll frische Veilchenblüten in eine Flasche und gießen Sie guten
Weinessig darüber. Für die weitere Zubereitung gilt das Grundrezept auf Seite 211.

Mit dem aparten Veilchen-Essig können Sie
Soßen und Ragouts würzen. Probieren Sie
ihn auch zu Salaten.

Bei Kopf- und Nervenschmerzen geben Sie
1 Teelöffel Veilchen-Essig in ein Glas Zucker-
wasser. Trinken Sie dieses beruhigende,
krampflösende Getränk langsam und in
kleinen Schlucken.

Kräuter-Öl

Gewürz-Öl

Aus kräftig würzigen Kräutern können Sie ein
aromatisches Öl herstellen. Dafür eignen sich
Thymian, Salbei, Majoran, Oregano und Rosmarin. Sie können diese Gewürze ganz nach
Ihrem eigenen Geschmack mischen oder einzeln mit Öl ansetzen. Die gut verschlossenen
Flaschen müssen 3 Wochen in der Sonne
durchziehen. Danach sollten Sie sie kühl und
dunkel aufbewahren.

Die Kräuter brauchen Sie nicht herauszuneh-
men, solange die Flaschen verschlossen bleiben. Erst wenn Sie das Öl brauchen, müssen
Sie sehr darauf achten, dass keine Zweige
unbedeckt aus der Flüssigkeit ragen. Nehmen
Sie sie entweder heraus, oder filtern Sie das
Öl dann ab. Kräuter, die mit der Luft in Berührung kommen, schimmeln immer!

Das würzige Kräuter-Öl können Sie zum
Anbraten von Fleisch, für Reis, Soßen und
kräftige Gemüse verwenden.

Basilikum-Öl

Dieses besonders delikate Öl wird wie das
gemischte Kräuter-Öl angesetzt. Es würzt
Salate, Reis, Soßen und Geflügel.

Balsam-Minzen-Öl

Stark würzige Pfefferminzzweige und Blätter
des aromatischen Balsamkrauts können Sie
ebenfalls in Öl einlegen. Einzeln oder miteinander gemischt, ergeben sie eine sehr aparte
Würze, die zu Lammfleisch, Reis und besonderen Soßen passt. D ieses Öl können Sie auch
zum Einreiben und als Badezusatz benutzen.

Kräuter-Getränke
Likör – Schnaps – Wein

Kräuter-Likör

Diese aromatischen Getränke kommen Ge-
nießern und Heilkundigen gleichermaßen
wie gerufen. Sie waren schon im Mittelalter
außerordentlich beliebt. Man gab ihnen früher
den liebevollen Namen »Herzstärkung«. Heute
sagt man auch »Seelentröster« oder »Magen-
wärmer«. Für die Zubereitung eines solchen
»guten Hausgeistes« können Sie noch immer
unbesorgt ein Rezept aus dem vorigen Jahrhundert verwenden. Es stammt von der berühmten Kochbuch-Autorin Henriette Davidis
und beschreibt das Grundrezept für selbst
gemachten Kräuterlikör.

■ Kräuter-Öle für die Küche sind schnell angesetzt und schenken Ihnen lange Zeit abwechslungsreiche Würze. Wenn Sie dekorative Flaschen verwenden, eignen sie sich auch als Gastgeschenke.

Grundrezept »Zur Bereitung derselben nimmt man eine große Flasche mit einer weiten Halsöffnung, füllt das Bestimmte (siehe Kräuter) nebst dem Branntwein, wozu man nach Belieben Weinbrand, Kirsch- oder Kornbranntwein wählt, hinein, korkt die Flasche gut zu und stellt sie 3 bis 4 Wochen an die Sonne oder an einen warmen Ort, während man sie oft schüttelt. Dann tunkt man den in kleine Stücke geschnittenen Zucker (heute ist Zucker bereits fertig zerkleinert und gemahlen) in Wasser, kocht und schäumt ihn, lässt ihn etwas abkühlen, rührt den Branntwein dazu und lässt ihn durch Fließpapier (heute Filterpapier) laufen. Alsdann füllt man den bereiteten Likör in reine, trockene Flaschen und verkorkt sie gut.«

Manche mögen die flüssige Kräutermedizin für leibliches und seelisches Wohlbefinden nicht so süß. Sie können den Kräuterschnaps auch ohne Zucker herstellen. 38 %iger klarer Korn ist für solche Fälle die beste Grundlage. Das Verfahren bleibt das gleiche: Die Alkohol-Kräuter-Mischung mehrere Wochen an der Sonne ziehen lassen, filtern, abfüllen, verschließen und an einem gut zugänglichen Ort aufbewahren.

Die folgenden Kräuterschnaps-Rezepte wurden von klugen Großmüttern, heilkundigen Pfarrern und alten Kräutervätern erprobt. Gegen eine mäßig-zeitgemäße Anwendung bestehen keine Bedenken.

Himmelsschlüssel-Likör

Frische Himmelsschlüssel-Blüten aus Ihrem Apothekengarten werden in eine große Flasche gefüllt. Übergießen Sie sie mit 0,25 Liter Kognak oder klarem Schnaps. Dann werden noch 0,75 Liter Wasser hinzugefügt, so dass alle Blüten ganz mit Flüssigkeit bedeckt sind. Schließlich können Sie noch eine Prise frische Pfefferminze dazugeben. Dann wird die gut verschlossene Flasche an die Sonne gestellt

und einige Wochen später nach dem bereits beschriebenen, bewährten Kräuterschnaps-Rezept weiterbehandelt.

Der berühmte Schweizer Kräuterpfarrer Künzle empfahl diesen aromatischen Schlüsselblumen-Likör vor allem älteren Leuten, die an Rheumatismus leiden. Andere kluge Kräuterkenner meinen, man solle es gar nicht erst so weit kommen lassen und möglichst frühzeitig mit vorbeugender Behandlung beginnen. Dies dürfte keine allzu große Überwindung kosten, denn Schlüsselblumen-Likör ist sehr wohlschmeckend. Vergessen Sie aber nicht, dass man auch Kräutermedizin nur mäßig und in kleinen Mengen zu sich nehmen soll.

Engelwurz-Likör

Nehmen Sie ein Teil Engelwurz – von dieser Heilpflanze können Sie sowohl die Wurzeln als auch doe hohlen Stängel, Blätter, Blüten und reife und halbreife Samen verwenden –, zwei Teile Salbei, etwas Thymian, Majoran und Kümmel. Falls Sie frische Kräuter nehmen, werden diese erst zerkleinert und dann mit klarem 38%igem Korn übergossen.

Eine Variation des Engelwurz-Likörs sieht so aus: Verwenden Sie klein gehackte Wurzeln und Blüten der Pflanze, fügen Sie 1 bis 2 Handvoll Wacholderbeeren und 3 Handvoll Pfefferminze hinzu. Übergießen Sie die Kräu-

■ Für Kräuter-Likör oder Kräuter-Schnaps werden seit alters her bewährte Heilpflanzen verwendet. Sie stärken – in Maßen genossen – Herz und Magen.

ter mit einem Drittel Alkohol und zwei Dritteln Wasser. Das Ziehenlassen, das Süßen mit Zucker und das Abfüllen geschehen nach den Vorschriften des Grundrezepts. Engelwurz-Likör regt den Appetit an, macht schwere Speisen verträglicher und hilft bei Magen-Darm-Störungen.

Johanniskraut-Schnaps

Schütten Sie eine Hand voll Johanniskraut-blüten in eine Flasche, und setzen Sie diese nach dem Grundrezept mit klarem Schnaps an. Nachdem die Kräuter 3 bis 4 Wochen durchgezogen sind, filtern Sie die Flüssigkeit ab. Nun kann das Getränk in Flaschen gefüllt und in den Vorratsschrank gestellt werden. Früher benutzten die Bauern den Johannis-kraut-Schnaps vor allem gegen Bauchschmer-zen. Durch seinen Gehalt an Gerbstoffen hilft der Schnaps gegen Durchfälle.

Wacholder-Schnaps

Zerdrücken Sie eine Handvoll Wacholderbee-ren, füllen Sie sie in eine Flasche, und gießen Sie 1 Liter klaren Korn darüber. Nachdem der Wacholder-Schnaps, wie im Grundrezept be-schrieben, durchgezogen und abgefiltert ist, wird er wieder in Flaschen gegossen und fest verschlossen aufbewahrt.

Selbst gebraute Schnäpse und Kräuterweine sind besonders gesund, wenn Sie davon nur ein kleines Gläschen vor oder nach dem Es-sen trinken. Sie regen dann – je nach Inhalt – den Appetit an oder fördern die Verdauung.

Kräuter-Wein aus Rosmarin, Thymian oder Wermut

Ein selbst gewürzter Wein ist sehr einfach her-zustellen. Verwenden Sie dafür immer einen guten Weißwein, am besten aus biologischem Anbau. Für eine Flasche rechnen Sie eine Handvoll frische Kräuter, die gewaschen und sorgsam trockengetupft werden. Legen Sie Rosmarin, Thymian oder Wermut in eine Glas- oder Porzellanschüssel. Dann gießen Sie den Wein darüber und lassen die Mischung zuge-deckt an einem kühlen Platz 4 bis 5 Tage durchziehen.

Danach filtern Sie den gewürzten Wein durch ein sauberes Baumwolltuch und füllen ihn wieder in Flaschen, die fest verkorkt werden müssen. Wermut und Thymian wirken sich wohltuend auf Magen und Darm aus. Rosmarin regt den Kreislauf an. Weitere Hinweise für die Verwendung finden Sie bei den Beschreibungen der einzelnen Pflanzen. Selbstgemachte Kräuter-Weine halten sich, wenn sie kühl gestellt werden, etwa einen Monat.

Alant-Wein

Frisch gegrabene Alantwurzeln werden gesäu-bert und in Scheiben geschnitten. Legen Sie sie in eine Glas- oder Porzellanschüssel, und gießen Sie hochprozentigen Alkohol aus der Apotheke darüber. Für 50 Gramm Wurzeln brauchen Sie etwa 60 bis 65 Gramm Alkohol. Lassen Sie den Ansatz 24 Stunden zugedeckt durchziehen. Dann fügen Sie 1 Liter Weißwein hinzu und stellen das Gefäß 3 bis 5 Tage an einen warmen Platz, entweder auf die Fens-terbank oder in die Nähe eines Ofens.

Danach filtern Sie den Wein durch, pressen die Wurzeln aus und füllen das Getränk wie-der in gut verschlossene Flaschen.

Engelwurz-Wein

Setzen Sie 50 Gramm gesäuberte, klein ge-schnittene Wurzeln mit 1 Liter gutem Weiß-wein an. Die zugedeckte Schüssel soll 4 bis 5 Tage stehenbleiben. Dann filtern Sie wie

■ Ein beliebtes Getränk für die ersten warmen Abende auf der Terrasse ist die Maibowle. Sie soll von einem Benediktinermönch bereits im Jahr 854 erfunden worden sein. Wichtigste Zutat ist frischer Waldmeister.

beim Alant ab und füllen den Engelwurz-Wein in Flaschen, die wieder fest verschlossen werden.

Waldmeister-Bowle

Pflücken Sie ein Sträußchen blühenden Waldmeister, das kurz gewaschen wird. Lassen Sie es abtropfen und ganz leicht anwelken, dann verstärkt sich das Aroma. Frische Blätter sind fast geruchlos.

Legen Sie das Waldmeister-Sträußchen in ein Bowlengefäß, und gießen Sie 2 Flaschen trockenen Weißwein und 1 Flasche Sekt darüber. Nach einer reichlichen halben Stunde können Sie die Kräuter herausnehmen. Wenn Sie möchten, fügen Sie noch etwas Zucker hinzu.

Mai-Wein aus dem Kräutergarten

Nach einem alten Rezept verwenden Sie folgende Zutaten: 60 Gramm Melisse, 45 Gramm Schwarze Johannisbeerblätter, 15 Gramm wilden Thymian, 9 Gramm Pfefferminze, 8 Gramm Estragon, 8 Gramm Pimpinelle, 5 Blätter vom besten Salbei, 3 Gramm Balsamkraut, 3 Gramm Lavendel, 2 bis 3 in Scheiben geschnittene ungespritzte Zitronen ohne Kerne, 8 bis 10 Flaschen halb Rhein-, halb Moselwein und zu jeder Flasche 75 bis 90 Gramm Zucker. Legen Sie die Kräuter in ein Bowlengefäß, und geben Sie den Wein und den Zucker dazu. Diese Mischung soll nur 30 Minuten lang durchziehen, dann werden die Kräuter wieder entfernt. Die Zitronen bleiben in der Flüssigkeit. Wer die Nostalgie liebt, der kann, stilecht wie zu Großmutters Zeiten, noch Apfelblüten, Veilchen und Erdbeerblüten in diesem historischen Mai-Wein schwimmen lassen.

Diese Menge reicht sicher für eine größere Gästeschar und einen langen, fröhlichen Abend.

KRÄUTER FÜR DIE HAUSAPOTHEKE

Gegen jede Krankheit ist ein Kraut gewachsen! Von der Wahrheit dieses Satzes waren unsere Vorfahren jahrhundertelang überzeugt. Die Arznei aus den unerschöpflichen Vorräten der Natur war allerdings auch die einzige Hilfe, die ihnen in der Not zur Verfügung stand. Die Erfahrung unzähliger Generationen lehrte sie den richtigen Umgang mit Spitzwegerich, Salbei, Kamille und vielen anderen Kräutern. Die Menschen vergangener Zeiten brauchten nicht nachzulesen, wie Wermut aussieht und wie man ihn verwendet. Man kannte dieses Kraut wie das tägliche Brot. Ganz selbstverständlich gab man die bittere Arznei den Kühen im Stall und den Menschen im Haus, wenn der Magen streikte. Dass Wermut-Tee half, brauchte man niemandem zu beweisen; man wusste es, weil man es schon oft erlebt hatte.

Noch unsere Urgroßmütter waren mit der Medizin aus den Vorräten der Natur vertraut. Ihre Hausapotheke enthielt Tees, Kräutersalben und Heilöle, mit deren Verwendung bei alltäglichen Leiden sie sich bestens auskannten. Erst im Zeitalter der Industrialisierung wurde diese uralte Kette unterbrochen. Massenfabrikation und die Entwicklung chemischer Medikamente verdrängten die guten Kräuter als »altmodischen Kram«.

Heute versuchen wir, zwischen den neuen Erkenntnissen der Medizin und den traditionellen natürlichen Heilkräften wieder ein vernünftiges Gleichgewicht herzustellen. Den richtigen Umgang mit Kräuter-Tees und Pflanzensäften müssen die meisten Menschen allerdings erst wieder lernen. Diese Hinwendung zu neuen, natürlichen Lebensweisen ist gut und begrüßenswert. Aber alle, die sich den großen Kräften, die in den kleinen Pflanzen verborgen sind, zuwenden, sollten wissen: Kräuter sind etwas Wunderbares, aber sie wirken keine Wunder auf Knopfdruck. Wer sie

wirksam und wohltuend anwenden möchte, der muss auch ein wenig mit ihrem »Innenleben« und ihren unterschiedlichen Heilkräften vertraut sein.

Wissenschaftliche Analysen helfen uns dabei, neues Zutrauen zu alten Arzneimitteln zu fassen. Sie förderten die wirksamen Substanzen der Pflanzen zutage, die für heilende Prozesse verantwortlich sind: ätherische Öle, Schleimstoffe, Bitterstoffe, Gerbstoffe, Saponine, Mineralstoffe und viele andere. In den meisten Fällen wurde durch die Untersuchungen im Labor das altbewährte Erfahrungswissen von Kräuterweiblein und Naturärzten bestätigt.

Medizin aus dem Garten

In den Kräuter-Portraits dieses Buches finden Sie die Ergebnisse neuester wissenschaftlicher Erkenntnisse. Gleichzeitig haben Sie die Möglichkeit, sich in das jahrhundertealte Erfahrungswissen über die einzelnen Kräuter zu vertiefen.

Wenn Sie heute zu einer Medizin aus der »grünen Apotheke« greifen, dann können Sie sich auf alte und neueste Erkenntnisse gleichzeitig stützen. Kräuterarznei aus der Hausapotheke sollten Sie vor allem bei den vielen kleinen »Wehwehchen des Alltags« benutzen: Magenverstimmungen, Verdauungsstörungen, Nervosität und leichte Erkältungen. Je eher Sie einen Tee oder ein Kamillen-Dampfbad anwenden, desto besser ist die Wirkung. Bei den ersten Anzeichen einer Erkältung sollten Sie gleich handeln. Bei hohem Fieber und ernsten organischen Störungen müssen Sie dagegen immer einen Arzt aufsuchen. Dann wäre eigenes Herumdoktern lebensgefährlicher Leichtsinn. Andererseits brauchten viele Menschen, die nur über Husten oder Halsschmerzen

Kräuter für Küche und Gesundheit

klagen, nicht die Wartezimmer zu füllen, wenn sie wüssten, wie gut ein Kräuter-Tee ihnen helfen könnte.

Die Arznei aus den Vorräten der Natur hat neben allen anderen guten Eigenschaften auch den großen Vorteil, dass sie in der Regel keinerlei schädliche Nebenwirkungen verursacht. Auch dies ist für viele Menschen ein Grund, nicht mehr bei jeder Kleinigkeit zu Pillen zu greifen, sondern lieber einen Kräuter-Tee zu trinken.

Die folgenden Rezepte sind geordnet nach den kleinen Leiden des Alltags. So können Sie leichter einen passenden Tee oder ein hilfreiches Heilöl finden, wenn es im Hals kratzt oder in der Schulter zieht. Es handelt sich nur um bewährte Mittel, die Sie vertrauensvoll benutzen können. Wenn Sie sie öfter ausprobiert haben, wird es Ihnen nach einiger Zeit so ergehen wie unseren Urgroßmüttern: Sie werden aus eigener Erfahrung davon überzeugt sein, dass in der Natur auch heute noch viele Kräuter gegen viele Leiden wachsen.

Wenn Sie dann vor den reichen, duftenden Vorräten Ihrer eigenen »grünen Apotheke« stehen, empfinden Sie vielleicht ähnlich wie Pfarrer Kneipp, der schon im 19. Jahrhundert schrieb: »Fast sämmtliche meiner Thee und Extrakte, Oele, Pulver rühren von früher geachteten, jetzt vielfach verachteten, spottbilligen Heilkräuter her, welche der liebe Herrgott im eigenen Garten, auf freiem Felde, manche um's Haus herum, an abgelegenen und unbesuchten Stellen wachsen lässt, Heilkräuter, die meistens keinen Pfennig kosten.«

Kräuter-Tees richtig zubereitet

Es ist keine schwierige Kunst, einen Tee aus Heilkräutern aufzugießen. Dennoch sollten Sie die wichtigsten Regeln beherrschen, damit Sie die Arzneistoffe der Pflanzen möglichst intensiv ausnützen können. Heilkräftige

■ Oben: Trocknen Sie aus Ihrem Kräutergarten Teevorräte für die Winterzeit. Außer aromatischen Blättern eignen sich dafür auch heilkräftige Blüten wie Malven, Schlüsselblumen, Johanniskraut, Ringelblumen und Kornblumen. So werden Ihre Teemischungen bunt und gesund!

■ Unten: Gegen viele Krankheiten ist ein Kraut gewachsen. Für Ihre Hausapotheke können Sie aus dem eigenen Garten Teekräuter ernten und trocknen oder Heilöle und Tinkturen ansetzen. Diese Arznei aus der Natur leistet wertvolle Dienste.

Substanzen sind in Blättern, Blüten, Wurzeln, Samen oder Rinden enthalten. Die folgenden Zubereitungsarten sind diesen unterschiedlichen Pflanzenteilen angepasst. Sie wurden aus jahrhundertelanger Erfahrung entwickelt und allgemein gebräuchlich.

Der Aufguss Er ist die gebräuchlichste Form der Kräuter-Teezubereitung. Man rechnet einen gehäuften Teelöffel voll getrocknetes Kraut pro Tasse und überbrüht diese Menge mit kochendem Wasser. Zugedeckt bleibt der Tee noch 10 bis 15 Minuten stehen. Dann wird er durchgesiebt und warm getrunken. Vor allem für getrocknete Blätter und Blüten eignet sich diese Art der Zubereitung. Sie enthalten oft flüchtige ätherische Öle und dürfen niemals gekocht werden!

Die Abkochung Sie löst aus harten Pflanzenteilen, wie ledrigen Blättern, Samen oder Rinden, heilkräftige Bitterstoffe, Mineralsalze und andere Substanzen. Die Dosierung ist die gleiche wie beim Aufguss. Der Tee wird aber mit kaltem Wasser angesetzt, zum Sieden gebracht und muss dann noch 15 Minuten leise weiterkochen. Danach können Sie ihn absieben.

Der kalte Auszug Er soll vor allem Schleimstoffe lösen und eignet sich für harte Wurzeldrogen ebenso wie für die zarten Blüten der Malven. Bei dieser Zubereitung nehmen Sie die doppelte Teemenge wie beim Aufguss und gießen kaltes Wasser darüber. Das Gefäß bleibt zugedeckt mindestens 3 bis 5 Stunden stehen; ab und zu rühren Sie die Mischung um. Zum Schluss seihen Sie diesen kalten Tee ab. Er kann dann noch einmal auf Trinktemperatur erwärmt werden.

Bei allen Kräutern, die in diesem Buch beschrieben sind, finden Sie auch immer einen Hinweis auf die beste Form der Zubereitung.

Trinken Sie die heilsamen Kräuter-Tees immer langsam und schluckweise. Denken Sie auch daran, dass Heilpflanzen Medizin sind; sie sollten, ebenso wie Tabletten, nicht zur Gewohnheit werden. Dennoch dürfen Sie am Abend eine Tasse Kräuter-Tee als Vorbeugungsmittel trinken. Wechseln Sie dabei aber immer wieder zwischen verschiedenen Pflanzen ab oder mischen Sie mehrere Kräuter miteinander.

Schalten Sie für ein paar Minuten auch den Lärm und die Hetze des Alltags ab, und genießen Sie Ihren warmen, aromatischen Tee mit offenen Sinnen. So kann Ihr Körper die feinen Wirkstoffe am besten aufnehmen. Lauschen Sie einige Augenblicke auf die leise Stimme der Natur, und spüren Sie, wie das warme Getränk ein Gefühl des Wohlbehagens in Ihnen auslöst. Solche besinnlichen Pausen bedeuten keine verlorene Zeit; sie sind heilsam in doppeltem Sinn.

Kräuter bei ... Erkältungskrankheiten

Hustenkräuter

Thymian, Quendel, Huflattich, Spitzwegerich, Veilchenwurzeln, Malven, Schlüsselblumen, Königskerzenblüten und Anis wirken krampf- und schleimlösend. Sie können untereinander gemischt werden. Geben Sie ab und zu noch eine Prise Kamille dazu, die Entzündungen heilt. Süßen Sie Ihren Hustentee mit Honig.

Husten-Tee-Mischungen

- **Thymian – Huflattich – Spitzwegerich.** Dieser Tee wird mit heißem Wasser aufgebrüht.
- **Veilchenwurzeln – Malvenblüten – Schlüsselblumenwurzeln.** Dieser Tee wird als kalter Auszug zubereitet.
- **Quendel – Königskerzenblüten – Anis – Kamille.** Dieser Tee wird mit heißem Wasser aufgebrüht.

Thymian-Bad

100 Gramm Thymian werden mit 1 Liter kochendem Wasser überbrüht. Lassen Sie den Ansatz 10 bis 15 Minuten zugedeckt durchziehen. Dann sieben Sie den Extrakt ins Badewasser. Während Sie wohlig entspannt im warmen Wasser liegen, atmen Sie die heilsamen Wirkstoffe ein und nehmen sie gleichzeitig über die Haut auf.

Das Thymian-Bad löst Husten und Bronchienverkrampfungen. Es beugt jeder Erkältung vor, wenn es rechtzeitig »beim ersten Kribbeln« genommen wird. Nach dem Bad sollten Sie einen Tee trinken und gleich ins Bett gehen.

Zwiebel-Honig-Brei

Hacken Sie eine rohe Zwiebel aus dem Garten sehr fein, mischen Sie Honig darunter, und nehmen Sie mehrmals am Tag einen Löffel voll von diesem Brei. Er ist besonders für Kinder ein wirksames Hustenmittel.

■ Spitzwegerichblätter und Malvenblüten gehören zu den schleimlösenden Hustenkräutern. Die Malven färben das Getränk blau.

... Schnupfen

Kamillen-Dampfbad

Geben Sie 1 bis 2 Hände voll Kamillenblüten in eine Schüssel, und gießen Sie 1 bis 2 Liter kochendes Wasser darüber. Dann beugen Sie den Kopf über die Schüssel und umhüllen ihn mit einem großen Frotteehandtuch. Atmen Sie die Dämpfe 5 bis 10 Minuten lang durch Mund und Nase ein. Auf diese Weise dringen die heilsamen Kamillenwirkstoffe tief in die Nebenhöhlen und in den Rachenraum. Sie lindern und heilen die Entzündungen der Schleimhäute. Der Schnupfen »fließt ab«. Sie können wieder durchatmen und besser schlafen.

Dieses alte Großmutterrezept ist ebenso wirkungsvoll wie einfach. Im Gegensatz zu den viel verwendeten Nasensprays hat das Kamillen-Dampfbad keine schädlichen Nebenwirkungen; es drängt den Schnupfen nicht zurück, sondern löst ihn und wirkt heilend auf die Entzündung.

Majoran-Schnupfensalbe

Zerstoßen Sie in einer Porzellanschüssel 1 Teelöffel voll getrockneten Majoran, und gießen Sie 1 Teelöffel Weingeist (70 bis 80%iger Alkohol aus der Apotheke) darüber. Lassen Sie diesen Ansatz 2 bis 3 Stunden zugedeckt stehen, und fügen Sie dann einen Teelöffel ungesalzene gute Butter hinzu.

Stellen Sie die Schüssel in einen Topf mit wenig Wasser, und erhitzen Sie den Inhalt im Wasserbad. Rühren Sie so lange, bis alle Zutaten eine Einheit bilden. Dann seihen Sie sie durch ein Baumwolltuch ab. Beim Abkühlen entsteht eine duftende Salbe, mit der Sie verstopfte Nasen innen und außen einreiben können.

Majoran-Salbe wirkt lindernd und lösend. Sie eignet sich besonders gut für Kinder. Stellen Sie aber immer nur eine kleine Portion davon her, und bewahren Sie sie kühl auf, denn die Butter wird leicht ranzig.

... Halsschmerzen

Salbei-Tee

1 Teelöffel getrocknetes Kraut wird mit kochendem Wasser überbrüht. Trinken Sie den Tee ungesüßt und schluckweise. Mit warmem Salbei-Tee können Sie auch gurgeln. Er wirkt bei Halsschmerzen leicht zusammenziehend und antiseptisch.

Salbei-Kamillen-Tee

Diese Mischung wird wie Salbei-Tee zubereitet und genauso angewendet. Die Kamille wirkt zusätzlich entzündungshemmend.

Salbei-Ysop-Tee

Auch dieser Tee wird wie Salbei-Tee zubereitet. Ysop verstärkt die Wirkung des Salbeis.

... Magen-Darm-Beschwerden

Magenkrämpfe

Kamille beruhigt und heilt Entzündungen. Pfefferminze wärmt und löst Verkrampfungen. Beide Tees brüht man mit heißem Wasser auf.

■ Pfefferminz-Tee ist wahrscheinlich der bekannteste Kräutertee. Besonders gut schmeckt er, wenn Sie frisch gepflückte Blätter verwenden. Die Minze wirkt wohltuend auf den Magen und löst sanft Verkrampfungen auf.

Magendrücken – Völlegefühl

Bitterer Wermut-Tee mit einer Prise Pfefferminze hilft, wenn Sie zu schwer oder zu viel gegessen haben. Er wird mit heißem Wasser aufgebrüht. Trinken Sie ihn ungesüßt.

Bauchweh-Kräuter

Bei leichten Magen-Darm-Krämpfen, die nicht durch ernsthafte organische Störungen verursacht sind, helfen diese Kräuter: Pfefferminze, Kamille, Fenchel, Kümmel, Anis, Bohnenkraut, Schafgarbe und Wermut. Sie können sie einzeln oder gemischt verwenden. Der Tee wird ungesüßt getrunken.

Blähungen

Kümmel, Fenchel und Anis sind die klassischen Bauchwehkräuter, die »die Winde« sanft zerteilen und auflösen. Sie können diese Kräuter einzeln oder gemischt verwenden. Zerdrücken Sie die Samenkörner etwas im Mörser, und gießen Sie den Tee dann mit kochendem Wasser auf. Er wird ungesüßt getrunken.

Durchfall

Stopfend und zusammenziehend wirken Kräuter, die Gerbsäure enthalten. Bei Durchfall können Sie Bohnenkraut, Andorn und Schafgarbe verwenden. Fügen Sie noch ein paar junge Brombeerblätter hinzu. Der Tee wird mit kochendem Wasser aufgebrüht und ungesüßt getrunken.

... Nervenschmerzen

Lavendel-Öl

Übergießen Sie 2 bis 3 Hände voll Lavendelblüten mit bestem Olivenöl, bis alle Pflanzenteile gut bedeckt sind. Die Mischung bleibt 5 bis 6 Wochen lang in der Sonne stehen und wird dann durchgesiebt. Einreibungen mit dem duftenden Lavendel-Öl lindern neuralgische Muskel- und Kopfschmerzen. Sie wirken kräftigend und beruhigend, besonders nach einem warmen Bad.

Lavendel-Spiritus

Füllen Sie 30 Gramm getrocknete Lavendelblüten in eine Flasche, und gießen Sie so viel 70%igen reinen Alkohol aus der Apotheke darüber, dass die Blumen ganz mit der Flüssigkeit bedeckt sind. Dieser Ansatz muss 4 Wochen gut verschlossen in der Sonne stehen. Dann filtern Sie die duftende Lavendel-Essenz durch ein Tuch ab und drücken die Blüten kräftig aus. Wenn es zu stark ist, verdünnen Sie dieses Konzentrat mit destilliertem Wasser aus der Apotheke und füllen es dann in kleine Flaschen ab.

Reiben Sie bei Kopfschmerzen Stirn und Schläfen mit Lavendel-Spiritus ein. Bei nervösen Herzschmerzen massieren Sie die Essenz rund um die Brust; bei Verkrampfungen und Gliederschmerzen können Sie Nacken, Arme, Rücken oder Beine damit einreiben. Lavendel-Spiritus wirkt wohltuend entspannend und schmerzlösend.

Rosmarin-Spiritus

Wie Lavendel können Sie auch Rosmarin in Alkohol ansetzen. Wenn Sie sich damit einreiben, wird die Haut besser durchblutet. So werden rheumatische Nervenschmerzen wohltuend beeinflusst. Rosmarin-Spiritus kann ähnlich wie Lavendel-Spiritus verwendet werden. Er wirkt aber noch anregender.

... nervöser Unruhe

Entspannend, entkrampfend und beruhigend wirken diese Kräuter: Melisse, Lavendel, Hopfen, Johanniskraut, Baldrian und Kamille. Rosmarin stabilisiert den Kreislauf, kräftigt und erfrischt.

Die Entspannungskräuter haben den großen Vorteil, dass sie beruhigen, ohne schädliche Nebenwirkungen zu verursachen. Sie können sie vertrauensvoll auch über längere Zeit benutzen.

Melissen-Tee

Frische oder getrocknete Blätter werden mit kochendem Wasser überbrüht. Süßen Sie diesen Tee mit Honig, und trinken Sie ihn mehrmals täglich so warm wie möglich. Auch der Honig hat eine beruhigende Wirkung. Wenn Sie quälende Einschlafstörungen haben,

■ Lavendel-Öl leistet vielfältige gute Dienste. Reiben Sie sich damit ein, wenn Sie nach der Gartenarbeit Muskelschmerzen haben!

versuchen Sie es einmal mit einem besonders starken Tee. Brühen Sie 3 Teelöffel Melisse für eine Tasse auf. Diese »Überdosis« wirkt sehr beruhigend und kann nicht schaden.

Johanniskraut-Tee

Dieser ausgezeichnete Nerventee wird wie Melissen-Tee zubereitet. Beide Getränke wirken entspannend und beruhigen die Nerven. Trinken Sie längere Zeit zwei- bis dreimal täglich Johanniskraut-Tee oder eine Mischung aus beiden Kräutern.

Lavendel-Bad

50–60 Gramm Lavendelblüten werden mit 1 Liter kochendem Wasser überbrüht. Lassen Sie diesen Extrakt 15 Minuten durchziehen, und sieben Sie ihn dann ins Badewasser.

Sie können auch 2 bis 3 Esslöffel Lavendel-Öl (Rezepte Seite 231 und 235) ins heiße Wasser geben. Ein Lavendel-Bad glättet strapazierte Nerven. Es wirkt herrlich erfrischend und entkrampfend. Für Menschen mit niedrigem Blutdruck ist dieses Bad besonders wohltuend.

Rotes Johannis-Öl

Füllen Sie nach dem Grundrezept (siehe Seite 210) gereinigte Blüten und Blätter des Johanniskrauts in eine Flasche, und gießen Sie bestes Olivenöl darüber. Der erste Ansatz bleibt 2 bis 3 Wochen in der Sonne stehen. Dann können Sie das Öl durchsieben und noch einmal mit frischem Kraut ansetzen. So wird das Heilöl besonders reich an wertvollen Inhaltsstoffen. Nach weiteren 2 bis 3 Wochen hat es sich blutrot gefärbt und wird dann endgültig abgesiebt und umgefüllt. Sie können auch den ersten Ansatz 5 bis 6 Wochen lang durchziehen lassen.

Innerlich nehmen Sie das vorzügliche Rotöl teelöffelweise dreimal täglich vor den Mahlzeiten ein. Spülen Sie gleich mit einer halben Tasse voll möglichst heißem Wasser nach; dann verschwindet der ölige Geschmack sofort.

Bei einer Kur von 5 bis 6 Wochen werden Sie zusehends ruhiger und ausgeglichener. Selbst leichte Formen von Depressionen lassen sich mithilfe von Johannis-Öl günstig beeinflussen.

... nervösen Schlafstörungen

Gemischter Schlaf-Tee

Melisse, Hopfen, Baldrianwurzeln und eine Prise Kamille werden mit kochendem Wasser aufgebrüht. Trinken Sie diesen Tee, der mit Honig gesüßt werden kann, möglichst heiß auf der Bettkante. Legen Sie sich anschließend gleich zum Schlafen hin, Sie werden sehr sanft, fast unmerklich einschlafen.

Waldmeister-Tee

Einen leichten, entspannenden Schlaf-Tee können Sie auch aus getrocknetem Waldmeis-

■ Das berühmte Rote Johanniskraut-Öl vertreibt leichte Depressionen und sorgt für mehr innere Ausgeglichenheit. Wenn Sie es selber ansetzen, können Sie zuschauen, wie sich das Öl langsam in der Sonne blutrot färbt, bis es nach 6 Wochen abgesiebt wird.

ter aufbrühen. Er wird mit Honig gesüßt und warm getrnken. Für alte Menschen ist dieser Tee besonders empfehlenswert.

Diese Kräuter-Schlaf-Tees wirken vorzüglich, ohne zu betäuben. Sie wachen am nächsten Morgen erfrischt und ausgeruht auf.

... nervösen Herzbeschwerden und Erschöpfung

Baldrian-Tee

1 bis 2 Teelöffel voll zerdrückte Baldrianwurzeln werden als kalter Auszug angesetzt, der über Nacht durchziehen soll. Dieser Tee kann vor allem abends über längere Zeit getrunken werden.

Baldrian-Melissen-Tee

Diese Mischung aus Melissenblättern und Baldrianwurzeln überbrühen Sie mit kochendem Wasser und lassen sie ungefähr noch eine halbe Stunde ziehen. Dann gießen Sie ab und trinken den warmen Tee mit Honig. Baldrian wirkt sehr beruhigend und entspannend. Sie können ihn unbesorgt längere Zeit einnehmen.

Rosmarin-Tee

Brühen Sie das Kraut mit kochendem Wasser auf. Sie können die festen Blättchen auch als Abkochung zubereiten. Der aromatische Rosmarin-Tee belebt und regt den Kreislauf an. Er stärkt das Herz. Trinken Sie diesen Tee nur am Tag.

Rosmarin-Bad

Bereiten Sie aus 60 Gramm Rosmarin und 1 Liter kochendem Wasser einen Extrakt, der 15 Minuten zugedeckt durchziehen muss und dann ins Badewasser gegossen wird. Ein Rosmarin-Bad wirkt so angenehm belebend, dass Sie es nur tagsüber nehmen sollten. Am Abend steigen Sie zu munter »aus den Fluten«! Falls Sie allerdings noch ausgehen wollen, ist diese Anregung genau das Richtige.

Rosmarin-Wein

Dieser würzige Kräuter-Wein wird nach dem Rezept Seite 151 zubereitet. Trinken Sie dreimal täglich vor dem Essen ein kleines Glas Rosmarin-Wein, wenn Sie sich erschöpft und überarbeitet fühlen.

Kräuter bei alltäglichen Verletzungen

Kleine Wunden, Verstauchungen, Blutergüsse

Diese Kräuter wirken heilend: Ringelblumen, Beinwell, Spitzwegerich, Johanniskraut. Sie können daraus Salben, Heilöl oder Umschläge zubereiten, die die Heilung von Wunden günstig beeinflussen oder Blutergüsse schneller auflösen. Beinwellumschläge helfen auch bei Muskelverhärtungen.

Ringelblumen-Salbe

Diese Salbe ist sehr bekannt und außerordentlich wirksam. Sie können sie auch fertig in der Apotheke kaufen. Für die Zubereitung einer eigenen Ringelblumen-Salbe brauchen Sie frisch gepflückte Blüten und einige Blätter, die zerdrückt oder klein geschnitten werden. Hinzu kommt reines Schweineschmalz.

Lassen Sie 3 Esslöffel Schmalz in einem Topf vorsichtig warm werden. Wenn das Fett flüssig wird, geben Sie 3 bis 4 Esslöffel Pflanzenteile hinein und kochen diese Mischung ganz langsam auf. Dann nehmen Sie den Topf vom Herd und lassen alles etwa 10 Minuten durchziehen. Bevor das Fett wieder fest wird, filtern Sie es durch ein sauberes Tuch und drücken die Rückstände gut aus.

Nach dem Erkalten muss diese Salbe kühl aufbewahrt werden; dann hält sie sich ungefähr 1 Jahr. Am besten füllen Sie sie in leere Cremedöschen aus Porzellan, die Sie in den Kühlschrank stellen.

Versuchen Sie auf jeden Fall, für eine Heilsalbe Schmalz zu bekommen, das von gesunden, natürlich großgezogenen Tieren stammt. Manche Kräuterexperten empfehlen Lammfett für die Zubereitung der Ringelblumen-Salbe.

Sie können auch ungesalzene gute Butter verwenden. In diesem Fall zerdrücken Sie die Blätter und Blüten der Ringelblumen ein wenig und verkneten sie dann mit der Butter. Diese Mischung wird erwärmt, zum Schluss seihen Sie die flüssige Butter ab. Diese »Ringelrosen-Salbe« ist natürlich nicht unbegrenzt haltbar.

■ Die wohltuende Ringelblumen-Salbe können Sie selbst zubereiten. Sie hat schon vielen Menschen geholfen.

Kräuter für Küche und Gesundheit

Ringelblumen-Salbe lässt kleine Wunden, Entzündungen, Geschwüre und Hautabschürfungen rasch abheilen.

Ringelblumen-Umschlag

Brühen Sie mit kochendem Wasser einen Ringelblumen-Tee auf. Nach 10 Minuten wird die Flüssigkeit abgesiebt. Wenn Sie nur noch handwarm ist, tauchen Sie ein sauberes Baumwolltuch hinein und legen diese teegetränkte Kompresse auf Wunden, Geschwüre, Blutergüsse oder verstauchte Glieder. Auch auf diesem Wege fördern Ringelblumen eine schnelle, saubere Heilung.

Beinwell-Salbe

Schneiden Sie gesäuberte Beinwellwurzeln in kleine Stücke, und lassen Sie diese in heißem Schmalz ausziehen wie die Ringelblumen. Das durchgefilterte Fett wird ebenso in Porzellan- oder Glasgefäßen kühl aufbewahrt. Beinwell-Salbe hilft bei der Heilung kleiner Wunden, Risse, Quetschungen und Blutergüsse.

Beinwell-Umschläge

Lassen Sie 100 Gramm gesäuberte, klein geschnittene Beinwellwurzeln in 1 Liter Wasser 10 Minuten aufkochen. Dann sieben Sie den Sud ab und verwenden ihn für feuchte Umschläge. Damit können Sie Wunden, Geschwüre und Quetschungen verbinden. Beinwell-Umschläge lindern aber auch rheumatische Muskelverhärtungen.

Spitzwegerich-Kamillen-Umschlag

Frisch ausgepresster Spitzwegerich-Saft wird mit Kamillen-Tee verdünnt. Mit dieser Flüssigkeit können Sie Umschläge machen, die über kleine frische Verletzungen gelegt werden. Tränken Sie dafür ein sauberes Baumwolltuch oder Mullbinden in der Flüssigkeit. Beide Kräuter fördern die Wundheilung. Kamille wirkt außerdem entzündungshemmend.

Kräuter gegen Insektenstiche

Bienen und Wespen stechen im Allgemeinen nur dann zu, wenn sie sich bedroht fühlen. Wenn also ein solches Insekt Sie schwirrend umkreist, weil es vom leuchtenden Rot Ihres Sommerkleides oder vom Duft eines Parfüms angelockt wurde, dann bleiben Sie am besten ganz ruhig. Die Honigsucher fliegen von selbst weg, sobald sie ihren Irrtum bemerken. Erst wenn Sie wild um sich schlagen, reizen Sie die Tiere. Angst und Notwehr enden dann oft mit einem schmerzenden Stich.

Wenn Sie sich aber, aus welchen Gründen auch immer, eine solche typische Sommerverletzung zugezogen haben, dann helfen Ihnen die folgenden Mittel aus der »grünen Apotheke«. Je eher Sie angewendet werden, desto rascher spüren Sie die lindernde Wirkung.

Zwiebelsaft und Honig

Versuchen Sie immer zuerst, den Stachel herauszuziehen, falls er in der Einstichstelle steckenblieb. Anschließend träufeln Sie den frischen Saft aus einer durchgeschnittenen Zwiebel auf die Wunde. Auch ein wenig flüssiger Honig wirkt heilend und desinfizierend.

■ Beinwell-Salbe ist hilfreich bei kleineren Wunden und Quetschungen. Aus gesäuberten, klein geschnittenen Wurzeln können Sie sie – ganz ähnlich wie Ringelblumen-Salbe – selbst herstellen.

Kräuter-Pflaster

Unter den heilsamen Pflanzen aus dem Gewürzgarten oder vom Wiesenrand können Sie auswählen, wenn ein Insekt zugestochen hat. Nehmen Sie immer dasjenige Kraut, das am schnellsten zur Hand ist:

Frische Blätter der **Zitronenmelisse** werden ein wenig zerquetscht und über den Einstich gelegt. Sie können auch die Stelle vorsichtig mit den Blättern einreiben. Ähnlich wirkungsvoll ist eine Auflage aus **Balsamkraut** oder aus den Blütenblättern der **Ringelblumen.**

Sehr gut eignet sich zur Ersten Hilfe auch der **Spitzwegerich.** Zerdrücken Sie seine Blätter ein wenig, damit der heilkräftige Saft heraustritt, und legen Sie einen Umschlag aus diesem wilden Kraut über die schmerzende Stelle. Spitzwegerich sollten Sie sich unbedingt merken, weil er im Notfall meist überall am Wegrand zu finden ist. Achten Sie aber darauf, dass die Blätter sauber sind!

Wenn Sie rasch handeln, werden die Insektenstiche unter dem heilenden Kräuter-Pflaster bald zurückgehen und nicht schmerzhaft anschwellen. Falls aber unglücklicherweise eine Wespe in die Mundhöhle gerät und dort zusticht, dürfen Sie keine Zeit verlieren. Fahren Sie sofort zum nächsten Arzt! Diese Schwellung kann lebensgefährlich werden. Wenn Sie im Freien süßen Pflaumenkuchen essen oder Limonade trinken, sollten Sie deshalb immer auf Wespen achten.

Kräuter bei Sonnenbrand und kleinen Brandwunden

Johannis-Öl

Das kostbare rote Johannis-Öl (Rezept Seite 230) ist ein hervorragendes Heilmittel bei Verbrennungen.

Ob Sie sich nun unter den Strahlen der Sonne verbrannt oder ob Sie mit der Hand aus Versehen ans heiße Bügeleisen gefasst haben – wenn Sie sofort Johannis-Öl über die Hand streichen, treten keine bösen Folgen auf. Der Schmerz lässt überraschend schnell nach. Auch ein starker Sonnenbrand heilt bald ab. Wichtig ist nur, dass Sie das heilsame rote Öl so schnell wie möglich verwenden.

Die Kräuter-Rezepte in diesem Kapitel zeigen nur einen kleinen Ausschnitt aus den vielfältigen Möglichkeiten, die die Natur Ihnen bietet. Sie gehören zu denjenigen Mitteln, die jeder ausprobieren und in der eigenen Hausapotheke aufbewahren kann. Wenn Sie mit diesen wirkungsvollen natürlichen Arzneien vertraut geworden sind, dann werden Sie sicher noch mehr Rezepte entdecken und nützen.

In den einzelnen Kräuterbeschreibungen dieses Buchs finden Sie dafür unter den Stichworten »Verwendung in der Hausapotheke« und »Historische Verwendung« noch zahlreiche weitere Anregungen.

■ Spitzwegerichblätter finden Sie an Wegrändern und auf Wiesen. Wenn Sie unterwegs ein Insekt sticht: Legen Sie dann die zerdrückten Blätter wie ein grünes Pflaster auf die schmerzende Stelle!

Kräuter für Küche und Gesundheit

KRÄUTER WÜRZEN DEN ALLTAG

Kräuter können das Leben auf vielfältige Weise bereichern: als duftende, abwechslungsreiche Pflanzung im Garten, als delikate Würze in der Küche und als heilkräftige Vorräte in der Hausapotheke. Darüber hinaus gibt es im Alltag noch manche andere Gelegenheit, sich an wohlriechenden Kräutern zu erfreuen oder ihre guten Eigenschaften zu nützen. Anregungen dafür finden Sie in den folgenden Kapiteln. Zum Teil handelt es sich dabei um sehr alte Kenntnisse und Erfahrungen. Wenn Sie das eine oder andere Rezept ausprobieren, werden Sie sicher auch zu der Überzeugung gelangen: Es lohnt sich, diese aromatisch duftenden Traditionen wieder aufzugreifen und in den modernen Alltag zu übertragen.

Ein entspannendes Kräuterbad ist heute noch so wohltuend wie vor 2000 Jahren. Ein Lavendelstrauß im Kleiderschrank hat nichts von seinem nützlichen Reiz eingebüßt, und auf einem duftenden Kräuterkissen träumt es sich auch im Zeitalter der Computer noch märchenhaft gut. Probieren Sie es selbst aus, dann werden Sie die vielen kleinen Zauberkünste der Kräuter bald nicht mehr missen wollen.

Kräuterbäder – duftend und gesund

Die antiken Römer ließen sich ganze Schiffsladungen voller Rosenblüten nach Italien bringen, damit ihre Frauen auch im Winter die Marmor-Badewannen mit duftendem Rosenwasser füllen konnten. Schon damals wusste man aber, dass das Blütenbad nicht nur ein wohlriechendes Vergnügen bedeutete. Blumen und zahlreiche Kräuter benutzte man auch als heilkräftige Zusätze. So wurde das aromatische Bad gleichzeitig zum »Gesundbrunnen«. Diese Tradition hat sich bis in unsere Zeit erhalten. Kräuter-Badeöle werden überall im Fachhandel verkauft. Sie können aber Ihre Badezusätze aus Kräutern auch selbst herstellen. Die »Zutaten« wachsen in der freien Natur oder auch im eigenen Kräutergärtchen.

Wenn Sie Rosen für ein heilsames Schönheitsbad aus dem eigenen Garten holen möchten, dann sollten Sie vor allem alte Rosensorten, wie Zentifolien oder schlichte Heckenrosen, anpflanzen. Sie besitzen mehr Duft- und Heilstoffe als andere. Wenn Sie es auch einmal mit modernen Züchtungen versuchen möchten, dann müssen Sie unbedingt darauf achten, dass es duftende Sorten sind. Eine Schönheit ohne Wohlgeruch ist für Ihr Bad ohne Wert.

Machen Sie mit dem reichen Angebot der Natur eine Kräuterkur in der Wanne. Wenn Sie sich wohlig im warmen Wasser aalen, nehmen Sie die medizinischen Wirkstoffe über die Haut auf. Die ätherischen Öle, die sich in der erwärmten Flüssigkeit lösen, atmen Sie gleichzeitig ein. So gelangen die Arzneistoffe sowohl in den Blutkreislauf als auch über die Bronchien in die Lunge. Sie werden im Körper über die Gefäßbahnen zu den verschiedenen Organen transportiert, wo sie ihre heilkräftige Wirkung entfalten können.

Kräuter für Badezusätze

Rosmarin Er bringt den Kreislauf in Schwung und regt die Durchblutung an.

Melisse Sie wirkt entspannend, nervenberuhigend und ist eine Wohltat für stressgeplagte Menschen. Ein Melissenbad erleichtert das Einschlafen.

Lavendel Die blauen Blüten gehören zu den erfrischenden, belebenden Kräutern, die gleichzeitig die Nerven stärken. Regelmäßige Lavendelbäder lindern Rheumaschmerzen.

■ Baden inmitten duftender Lavendelfelder – diesen Traum können Sie sich mit Hilfe wohlriechender Kräuter-Auszüge erfüllen. Schließen Sie entspannt die Augen und genießen Sie die sanften Kräfte der Natur.

Thymian Er wirkt auf die Atemwege und heilt auf diesem Wege Erkältungen und Husten. Ein Thymianbad erleichtert Bronchienbeschwerden. Im Winter sollten Sie es auch vorbeugend genießen!

Hopfen Das »Bierkraut« entspannt Sie wohlig auf natürliche Weise. Ein Hopfenbad ist ein gutes Schlafmittel!

Brennnesseln Sie haben sich als wirksames Rheumamittel bewährt – auch in der Badewanne. Das Kraut lindert außerdem Nervenentzündungen und Erkältungskrankheiten.

Pfefferminze Grüne oder getrocknete Blätter ergeben einen erfrischenden Badezusatz; ihre Wirkstoffe schützen außerdem die Atemwege.

Rosen Die Blütenblätter pflegen die Haut und wirken bei längerem Gebrauch auch lindernd auf rheumatische Beschwerden. Vor allem aber sind sie Balsam für die Seele.

Tee-Extrakt für die Wanne

Alle beschriebenen Kräuter können auf folgende Weise für die Badewanne zubereitet werden:
Nehmen Sie 100 Gramm trockene Kräuter für ein medizinisches Vollbad. 50 bis 60 Gramm getrocknete Kräuter reichen für ein leichtes Bad. Diese Drogenmenge wird mit 1 bis 2 Liter kochendem Wasser aufgebrüht. Rühren Sie gut um, und lassen Sie alles noch 15 Minuten durchziehen. Anschließend wird der Extrakt durch ein Sieb direkt ins warme Badewasser gegossen.

Badekräuter im Beutel

Füllen Sie 50 bis 100 Gramm trockene Kräuter in ein durchlässiges Säckchen, das Sie selbst aus Gardinenstoff, Windeln oder leichtem Musselin nähen können. Dieses Säckchen wird zugebunden und in die leere Badewanne gelegt oder um den Wasserhahn gebunden. Dann lassen Sie das heiße Badewasser darüberlaufen, sodass die Kräuter ausgelaugt werden, während die Wanne sich füllt. Zum Schluss drücken Sie das Säckchen mit den Händen aus, sodass alle wertvollen Inhaltsstoffe ins Badewasser gelangen.

Kräuter-Badeöl

Frisch geerntete Kräuter werden in eine Flasche gefüllt. Dann gießen Sie gutes Pflanzenöl, am besten reines Olivenöl, darüber. Blätter und Blüten müssen unbedingt vom Öl bedeckt sein, damit sie nicht verderben. Das gut verkorkte Gefäß stellen Sie dann 3 bis 5 Wochen lang auf eine warme sonnige Fensterbank. In dieser Zeit gehen die Wirkstoffe der Pflanzen in das Öl über. Zum Schluss filtern Sie den öligen Auszug ab, füllen ihn erneut in eine Flasche und bewahren dieses aromatische Badeöl gut verschlossen, kühl und dunkel auf.

Für ein Vollbad reichen 1 bis 2 Esslöffel voll Kräuteröl. Ein solches Bad ist nicht nur ein gesundes, duftendes Vergnügen, es verhilft Ihnen auch zu einer wunderbar samtigen Haut.

Rosen-Essig

Für 1 bis 2 Hände voll Duftrosenblüten, frisch oder getrocknet, benötigen Sie $1/8$ Liter Obstessig und $1/8$ Liter destilliertes Wasser. Je nach Größe der Blüten kann die Flüssigkeitsmenge etwas differieren. Achten Sie darauf, dass der verdünnte Obstessig auf jeden Fall die Blüten ganz bedeckt. Bevor Sie die Flüssigkeit über die Rosen gießen, sollten Sie sie leicht erwärmen. Anschließend bewahren Sie das gut verschlossene Gefäß kühl und dunkel auf.

Nach etwa 14 Tagen können Sie Ihren Rosen-Essig abfiltern. Pressen Sie die Blumenblätter noch einmal kräftig aus, damit keine Wirkstoffe verloren gehen. Nun wird die Essenz erneut in Flaschen abgefüllt.

■ Eine Fülle duftender Kräuter können Ihr Bad in eine Wellness-Oase verwandeln. Bereiten Sie sich ganz nach eigenen Bedürfnissen aromatische Auszüge zu, die heilend, entspannend oder herrlich erfrischend wirken.

Kräuter für Küche und Gesundheit

Rosen-Essig ist längere Zeit haltbar. Sie können davon einen Schuss ins Badewasser geben; vor allem aber eignet sich dieses gesunde Schönheitsmittel zum Einreiben nach dem Bad. Sie fühlen sich dann herrlich erfrischt. Der Rosen-Essig stellt den Säuremantel der Haut, der beim Waschen oft strapaziert wird, wieder her. Außerdem wirkt er sich wohltuend auf Hautunreinheiten aus und schließt große Poren.

Kräuterbäder sind sicher eine der angenehmsten Möglichkeiten, Wohlbehagen und Gesundheitspflege miteinander zu verbinden.

Nutzen Sie sie deshalb nicht nur, wenn Sie krank sind. Lassen Sie die duftende Kräuterkur in der eigenen Badewanne viel mehr zu einer gesunden Gewohnheit im Alltagsleben werden. So können Sie die Kultur der alten Römer und die Heilkräfte der Natur vereint genießen.

Kräuter für die Schönheit

Duftwasser zur Pflege der Haut oder als Erfrischung an heißen Sommertagen sind seit Jahrhunderten beliebt. Wenn diese Schön-

heitswässerchen mit Alkohol angesetzt werden, sind sie besonders lange haltbar.

Die Herstellung ist verhältnismäßig unkompliziert. Auch wenn Sie sich vorher noch nie in die »Hexenküche« der Kosmetikkräuter getraut haben, können Sie den Versuch wagen, Duftwasser selbst herzustellen. Das Grundprinzip ist einfach: In hochprozentigem, reinem Alkohol oder Weingeist aus der Apotheke werden Kräuter und Blüten eingelegt. Ihre Wirkstoffe werden auf diese Weise »ausgezogen«. Es entsteht eine alkoholische Essenz oder Tinktur.

Die verschiedenen Rezepte variieren in den Angaben über die Menge der Flüssigkeit und den Alkoholgehalt. Merken Sie sich einen Durchschnittswert, den Sie für die meisten Ansätze verwenden können: 70%iger Weingeist oder reiner Alkohol wird so reichlich über die Pflanzenteile gegossen, bis sie ganz von der Flüssigkeit überdeckt sind. Hochprozentigen Alkohol können Sie mit destilliertem Wasser jederzeit nach Wunsch verdünnen.

Der Alkoholauszug muss in einem gut verschlossenen Gefäß 2 bis 3 Wochen an einem warmen Platz stehen – aber nicht direkt in der Sonne! Die Mischung soll öfter durchgeschüttelt werden. Zum Schluss filtern Sie den »Geist« durch einen Kaffeefilter oder ein feines Batisttuch. Die Pflanzenrückstände pressen Sie noch einmal kräftig aus, damit alle Wirkstoffe in die Flüssigkeit gelangen. Füllen Sie dann Ihre hausgemachte Kräuter- oder Blütenessenz in kleine, möglichst dunkel gefärbte Flaschen, und bewahren Sie sie gut verschlossen, kühl und dunkel auf.

Erfrischendes Lavendel-Wasser

Füllen Sie 30 Gramm getrocknete Lavendelblüten in eine Flasche, und gießen Sie 100 Gramm 70%igen reinen Alkohol darüber. Die

■ Auch aus duftenden Rosenblättern können Sie natürliche Mittel für Schönheit und Gesundheit selber ansetzen. Versuchen Sie es einmal mit dem erfrischenden Rosen-Essig.

Mischung soll 4 Wochen lang fest verschlossen ziehen. Dann filtern Sie die Lavendel-Essenz ab, verdünnen sie mit 1 Liter destilliertem Wasser und bewahren dieses erfrischende, leichte Duftwasser kühl und dunkel auf.

Lavendel-Wasser dient als angenehme Zugabe zum Waschwasser, zum Badewasser und zum Einreiben.

Iris-Lavendel-Wasser

Mischen Sie 3 Teile getrocknete Lavendelblüten und 1 Teil gemahlene Wurzeln der Florentiner Schwertlilie, das sogenannte Veilchenwurz-Pulver, das Sie in Apotheken bekommen. Gießen Sie Obstessig darüber, sodass alle Zutaten vollständig von der Flüssigkeit bedeckt sind. Der Ansatz bleibt 14 Tage stehen und wird dann durchgesiebt und in Flaschen gefüllt.

Verdünnen Sie das Iris-Lavendel-Wasser, das erfrischend und astringierend wirkt, vor dem Gebrauch mit destilliertem Wasser.

Rosen-Wasser

Auch ohne komplizierte Destillationsapparate können Sie ein einfaches Rosen-Wasser selbst herstellen. Nehmen Sie dazu aber immer Duftrosen! Zwei Hände voll frischer Rosenblütenblätter genügen für einen ersten Versuch. Legen Sie sie in eine Glasschüssel, und gießen Sie $1/4$ Liter erwärmtes destilliertes Wasser darüber. Nun müssen Sie mit einem Deckel oder mit Alufolie das Gefäß verschließen und die Mischung an einem warmen Ort, neben der Heizung oder im leicht erwärmten Backofen, 36 Stunden ziehen lassen. Dann wird die Flüssigkeit durchgefiltert. Pressen Sie die Blumenblätter noch einmal kräftig aus, und bewahren Sie das Rosen-Wasser gut verschlossen und kühl auf. Schon ein paar Tropfen dieses Duftwassers sind eine Erfrischung für Ihre Haut.

Ungarn-Wasser

Dieses historische Rezept stammt angeblich von der ungarischen Königin Isabella, der es bis ins Alter eine schöne, frische Haut erhalten haben soll. Das »ungarische Wasser« fördert die Durchblutung und glättet die Haut. Die Zutaten sind mit »Variationen« überliefert. Sie können für dieses Schönheitswasser selbst getrocknete Kräuter mit Alkohol ansetzen und ausziehen lassen. Einfacher ist die folgende Zusammensetzung:

Benutzen Sie eine flache Porzellan- oder Glasschüssel. Rühren Sie in $1/2$ Liter 70%igen Weingeist langsam und nacheinander 10 Gramm Rosmarin-Öl, 10 Gramm Lavendel-Öl und 10 Gramm getrocknete Pfefferminze. Dann fügen Sie 150 Gramm Orangenblüten-Wasser oder Rosenblüten-Wasser aus der Apotheke oder aus dem Spezialitäten-Handel hinzu. Die fein zerteilten, dünnen Schalen einer ungespritzten Zitrone und einer Apfelsine, die von der weißen, pelzigen Innenhaut befreit sind, werden zum Schluss in die Flüssigkeit gelegt.

Die Schüssel mit dieser Mischung wird nun mit Alufolie oder einer Haushaltsfolie verschlossen. Alle Zutaten müssen an einem warmen Ort etwa 3 bis 5 Tage durchziehen. Dann filtern Sie die Flüssigkeit ab, pressen die Rückstände aus und füllen das fertige, herrlich duftende Ungarn-Wasser in dunkle Fläschchen. Es wirkt erfrischend, kühlt die Haut und zieht die Poren zusammen.

Durch Ihre selbst gemixten Duftwässerchen lernen Sie Kräuter und Blüten von einer ganz neuen Seite kennen. Die Herstellung ist eine ebenso anregende wie sinnvolle Freizeitbeschäftigung. Diese natürliche, erfrischende Kosmetik ist ein angenehmer Begleiter durch heiße Sommertage. Auch Freunden und Bekannten können Sie mit einem solchen Duftfläschchen aus eigener Herstellung Freude

bereiten. Ungarn-Wasser ist sicherlich ein ausgefallenes Mitbringsel zur Sommerparty, das Überraschung auslöst und für interessanten Gesprächsstoff sorgt.

Entspannter Schlaf auf Kräuterkissen

»Die Melisse macht anmutige Träume«, verspricht ein altes Arzneibuch. Und Plinius der Ältere gab den Römern den Rat, Anis als natürliches Schlafmittel zu benutzen, denn dieser »erleichtert schwere Träume, wenn man ihn so über dem Kopfkissen aufhängt, dass der Schlafende ihn riecht.«

Aus guter Erfahrung weiß man also schon seit vielen Jahrhunderten, dass bestimmte Kräuter einen tiefen, entspannenden Schlaf fördern, der nicht durch quälende Albträume gestört wird. In unserer hektischen Zeit greifen wir das Wissen um solche wohltuenden Eigenschaften dankbar wieder auf. Viele Menschen leiden unter nervösen Anspannungen und finden nach den vielfältigen Reizüberflutungen des Tages am Abend keinen Schlaf. Wer in einer solchen Situation nicht ständig zu Tabletten greifen möchte, der sollte es einmal mit einem duftenden »Traumkissen« versuchen. Es wird mit einer bestimmten Kräutermischung gefüllt und schenkt angenehme Entspannung.

Dieses natürliche Schlafmittel gehört durchaus nicht zu den Märchen aus der guten alten Zeit. Seine Wirksamkeit lässt sich ganz realistisch mit modernen Erkenntnissen erklären: Alle Kräuter, die für das Schlafkissen benutzt werden, enthalten ätherische Öle und entspannende, nervenberuhigende Wirkstoffe. Wenn Sie das kleine Duftpolster am Abend direkt neben Ihr Gesicht auf das Kopfkissen legen, dann löst die Wärme Ihrer Haut jedes Mal einen Teil der ätherischen Öle. Diese heilsamen Substanzen, die sich leicht verflüchtigen, atmen Sie nun ein. So nehmen Sie die nervenberuhigenden Wirkstoffe direkt auf. Fast unmerklich gleiten Sie dabei in den Schlaf.

Kräuter für Küche und Gesundheit

Auch wenn Sie nachts wach werden und sich unruhig im Bett hin und her drehen, sollten Sie sich Ihr Traumkissen greifen und seine »Medizin« einatmen. Schon bald erfüllt es seine einschläfernde Wirkung. Auch bei Bronchialkatarrh und asthmatischen Beschwerden entfaltet das Kräuterkissen seine wohltuenden, entkrampfenden Eigenschaften.

Auf viele Menschen wirkt das duftende kleine Polster schon deshalb angenehm und besänftigend, weil sie seinen herrlichen Wohlgeruch lieben. Wenn Sie die Augen schließen, träumen Sie, auf einer blühenden Wiese oder im würzigen Heu zu liegen. Für viele wurde das duftende kleine Kuschelkissen auch zu einem tröstlichen und beruhigenden Begleiter in einsamen Stunden.

Wenn Sie nach einem natürlichen Schlafmittel suchen, das keinerlei schädliche Nebenwirkungen verursacht, dann sollten Sie einmal ein solches Kräuterpolster ausprobieren. Sie können es ganz leicht selbst herstellen. Die trockenen Kräuter werden in einer Schüssel vermischt und in einen kleinen Kissenbezug geschüttet. Die Füllung soll locker sein, sodass sie sich von selbst immer wieder durcheinandermengt. Sie dürfen nur reine Baumwolle oder feinen Baumwollbatist für die Hülle verwenden. Synthetik ist ungeeignet. Der Stoff soll »atmen«.

Ein praktischer Tipp: Kaufen Sie preiswerte Taschentücher im Kaufhaus, und nähen Sie diese mit der Maschine aufeinander. An einer Seite bleibt ein Schlitz offen zum Füllen. Diese Stelle nähen Sie zum Schluss mit der Hand zu. Aus kleinen Stoffresten können Sie aber auch längliche Kissenbezüge herstellen, etwa im Format 25 × 35 cm.

Die folgenden Kräuter eignen sich für die Füllung. Sie können sie nach ganz persönlichem »Duftgeschmack« miteinander kombinieren. Wählen Sie nur diejenigen Wohlgerüche, die Sie als angenehm empfinden.

Anis Die Samen sind reich an ätherischem Öl und wirken krampflösend.

Baldrianwurzeln Sie sind als Nervenberuhigungsmittel bekannt, lösen Stress und Ängste und lassen Sie sanft einschlafen.

Hopfen Er entfaltet nicht nur im Bier, sondern auch im Kräuterkissen seine entspannenden Eigenschaften.

Kamille Die Blüten sind für ihre krampfstillende Wirkung berühmt; sie enthalten ätherisches Kamillen-Öl.

Melisse Das Kraut entspannt und beruhigt das Herz.

Pfefferminze Sie wirkt wärmend und entkrampfend; ihr Duft bereichert jedes Kräuterkissen.

Quendel Der wilde Verwandte des Thymians löst Krämpfe und beruhigt die Nerven.

Rosmarin Er wirkt anregend und stärkend auf Herz und Nerven. Nehmen Sie davon nur eine Prise.

Salbei Die Blätter haben allgemein kräftigende Eigenschaften. Ihr Geruch ist herb-würzig.

Thymian Er lindert Krämpfe und Husten. Das Kraut darf in keinem Kissen fehlen.

■ »Die Melisse macht anmutige Träume«, sagte man früher. Nähen Sie sich kleine Kissen, die mit verschiedenen Kräutern gefüllt werden. Diese Duftpolster schenken Ihnen Entspannung und wohligen Schlaf.

■ Der Wohlgeruch des Lavendels ist für Menschen sehr angenehm, für Motten aber ein Abschreckungsmittel. Deshalb werden Lavendelsträußchen und Duftsäckchen traditionell in den Kleiderschrank gelegt.

Insgesamt benötigen Sie etwa 250 bis 300 Gramm Kräuter für ein Kissen. Nach etwa einem Jahr sind die Wirkstoffe verbraucht. Dann sollten Sie Ihr Traumkissen wieder frisch füllen. Am besten fertigen Sie gleich einige Duftpolster auf Vorrat an; sie eignen sich gut als Geschenke. So verhelfen Sie auch schlaflosen Freunden zu angenehmen Träumen.

Kräutersträuße gegen Motten und Fliegen

»Stabwurtz (Eberraute) in die Truhen zwischen die Kleider geleget / verhütet sie vor den Motten und Schaben / dass sie nicht geschädiget werden.« Dies wusste man schon im Mittelalter.

Motten und andere ungebetene Hausgenossen waren immer schon ein lästiges Übel. Zu einer Zeit, als Nahrungsvorräte noch in Säcken und Holzkisten lagerten, war es besonders wichtig, rechtzeitig wirksame Abwehrmaßnahmen zu ergreifen. Die intensiven, oft bitterherben Düfte mancher Pflanzen erwiesen sich dabei als hilfreich. Unsere Vorfahren kannten sich aus in der Verwendung der Kräuter. Sie nutzten ihre vielseitigen Eigenschaften nicht nur als Medizin, sondern auch zu ganz profanen Zwecken wie der Vertreibung von Motten, Insekten oder Flöhen. Der Kräutervater Tabernaemontanus gab seinen geplagten Mitmenschen dazu zahlreiche praktische Rezepte an die Hand:
»Ein andere Kunst die Flöh zu vertreiben: Nimm Corianderkraut / zwei Theil/ Holderblätter / Wermuth / jedes ein Theil. Lass die Stück in Wasser sieden / und begieß die Gemach damit / so sterben sie alle. Die Kleider mit dieser Kochung besprenget und gerieben / tötet auch die Läus und Nisse.«
Die Kenntnis solcher Kräuterrezepte für den Haushalt geriet im Lauf der Jahrhunderte zeitweise in Vergessenheit. So beklagte ein Kräuterkenner bereits im 19. Jahrhundert, dass der Lavendel im Wäscheschrank zu wenig benutzt würde.

Es ist durchaus nicht abwegig, sich die insektenabwehrenden Eigenschaften mancher Würzkräuter heute wieder zunutze zu machen. Sie riechen bestimmt angenehmer als Mottenkugeln, sind ungefährlicher als chemische Mittel und machen Sie um einige Naturerfahrungen reicher. Auch Ihr Kräuterbeet gewinnt an Duft und Vielfalt, wenn Sie die Pflanzen, die in den folgenden Rezepten aufgeführt sind, im eigenen Garten anpflanzen.

Kräuter gegen Motten

Schneiden Sie Lavendelblüten mit einem Stückchen Stiel ab. Binden Sie sie zu einem Sträußchen, und hängen Sie diese Kräuterernte an einem luftigen, schattigen Ort zum Trocknen auf. Danach legen Sie diese herrlich frisch duftenden Lavendelbüschel in den Kleiderschrank. Um die Wäsche vor Krümeln zu schützen, können Sie die trockenen Blüten auch abstreifen und in kleine Säckchen aus feinem Baumwollstoff füllen.

Gute Dienste erweist der Lavendel auch Ihren Wintersachen. Er schützt Pullover und Pelze vor Motten.

Die Eberraute, die die Kräuterväter des ausgehenden Mittelalters priesen, können Sie ebenfalls in Büscheln trocknen und in den Schrank hängen. Von dieser aromatisch duftenden Pflanze verwenden Sie die gefiederten graugrünen Blätter. Die Franzosen nennen das nützliche Kraut übrigens aus gutem Grund »garde robe«, das bedeutet Kleiderschutz.

Wenn Sie experimentierfreudig sind, können Sie gegen Motten auch getrocknete Sträußchen aus Weinraute, Heiligenkraut, Balsamkraut, Rainfarn, Rosmarin oder Waldmeister verwenden. Natürlich lassen sich diese Pflanzen auch untereinander mischen. So können Sie sich eine Duftnote zusammenstellen, die den Insekten zuwider, Ihnen selbst aber angenehm ist. Balsamkraut und Lavendel ergeben zum Beispiel eine wohlriechende Kombination.

Auch die aromatischen Wurzeln mancher Heilpflanzen schlagen Motten in die Flucht. Von Alant und Kalmus können Sie die Wurzeln ausgraben und trocknen. Besonders lange hält sich der süße Duft der Schwertlilienwurzeln. Sie müssen allerdings die alte heilkräftige Florentiner Iris (Iris florentina) in Ihren Garten holen. Die getrockneten Wurzeln dieser Schwertlilie duften nach Veilchen. Sie sollten sie einmal zwischen die Wäsche legen. Dieses wohlriechende Anti-Mottenmittel aus der Natur ist wirklich ein Experiment wert. »Veilchenwurzeln« bleiben übrigens jahrelang »dufte« wirksam!

Kräuter gegen Fliegen und Mücken

Gegen lästige Fliegen und Mücken in der Wohnung helfen in den Sommermonaten aromatisch riechende Kräutersträuße, die eine angenehme Atmosphäre im Raum verbreiten. In den Zimmern hängen Sie die Büschel, die Fliegen und andere Insekten abwehren, an der Decke, unter der Lampe oder direkt vor dem Fenster auf. Für kleine Sträuße genügen eine dünne Kordel und zwei Reißbrettstifte; größere Zweige befestigen Sie besser an einem Bilderhaken, der rasch eingeschlagen und auch wieder entfernt werden kann.

Als Anti-Fliegenkräuter eignen sich die süßwürzig duftenden Zweige des blühenden Rainfarns, der bittere Wermut und die Eberraute mit ihrem herb-zitronenartigen Geruch. Rainfarn ist besonders leicht zu finden, falls Sie ihn nicht im Garten angepflanzt haben. Das Wildkraut gedeiht auch heute noch an Wegrändern und Böschungen. Schneiden Sie

Kräuter für Küche und Gesundheit

das ganze blühende Kraut, und hängen Sie es locker gebündelt auf. Dieser Strauß bildet – abgesehen vom Duft und vom Nutzen – wochenlang einen hübschen Anblick.

Fliegen drehen auch ab, wenn ein Topf mit würzigem Basilikum auf der Fensterbank steht. Wo die Insektenplage schlimm wird, da sollten Sie Holunderblätter und einige Stängel mit stark riechendem Tomatenlaub von außen vor das Fenster hängen. Dazu eignen sich zum Beispiel Seitentriebe, die Sie herausbrechen, damit die Pflanzen nicht zu stark ins Kraut schießen. Das Insektenschutz-Angebot der Natur ist viel reichhaltiger, als wir im Allgemeinen ahnen. Wir sollten es wieder nutzen, denn diese Pflanzen verursachen keine schädlichen Nebenwirkungen.

Wenn die natürlichen Mittel nicht hundertprozentig wirken, dann können Sie zusätzlich Fliegengitter einsetzen. Vor allem in der Küche, wo Lebensmittel lagern und kleine Kinder herumkrabbeln, sind solche ungefährlichen

Methoden empfehlenswert. Freude am Anblick der altmodisch-charmanten Kräutersträuße werden Sie auch dann haben, wenn die eine oder andere Fliege die »Duftbarrikade« durchbricht.

Vom Zauber der Düfte

Düfte gehören zu den anmutigsten Geheimnissen der Pflanzenwelt. Sie sind schwer zu beschreiben, man muss sie erleben, einatmen und genießen. Niemand kann den flüchtigen Dufthauch einer Rose oder eines Basilikumzweiges mit den Fingern fassen und festhalten. Dennoch haben die Menschen immer versucht, die Wohlgerüche der Natur einzufangen. Sie pressten kostbare Öle aus und mischten berauschende Parfüm-Kombinationen. Viele Zutaten für die wohlriechenden Mixturen stammen aus den Blättern, Blüten und Wurzeln der Kräuter. Sie können aber nur mithilfe komplizierter Destillationsapparate gewonnen werden.

Für schlichte Kräutergärtnerinnen gibt es aber auch einige altüberlieferte Rezepte, mit deren Hilfe sie den Duft des Sommers einfangen und für lange Wintermonate aufbewahren können. Wenn sie an einem grauen Tag den gläsernen Käfig öffnen, dann entfalten wie unsichtbare Schmetterlinge die Düfte von Rosen und Gewürzen ihre Flügel. Ein Hauch von Sommerglück streift durch den Raum – als Balsam für schwermütige Seelen und als Hoffnung auf die Freuden des nächsten Kräutergartenjahres.

Potpourri nach alter Tradition

Sammeln Sie zunächst am Morgen, wenn der Tau abgetrocknet ist, möglichst viele Duftrosen-Blüten. Sie können verschiedene Sorten mischen. Besonders reich an Wohlgeruch sind die Zentifolien und andere alte Rosenarten. Zupfen Sie die Blütenblätter sorgfältig aus, und breiten Sie sie auf sauberem Papier aus. Dort sollen sie etwa 2 Tage lang antrocknen.

Auf die gleiche Weise sammeln und präparieren Sie noch andere duftende Blüten oder wohlriechende Blätter. Dazu eignen sich zum Beispiel Nelken, Reseda, Jasmin, Heliotrop, Lavendel, Geißblatt, Phlox und Veilchen.

Zu den aromatischen Blättern gehören Rosmarin, Balsamkraut, Myrten, Majoran, Basilikum, Pfefferminze, Salbei, Gundermann, Eberraute und Walnuss.

Verwenden Sie die Zutaten so, wie Sie sie im Garten zur Hand haben und wie sie Ihrer Nase angenehm sind. Dann füllen Sie die gut gemischten, angetrockneten Blätter und Blüten in ein verschließbares Glas-, Porzellan- oder Steingutgefäß. Streuen Sie lagenweise etwas Salz darüber, und beschweren Sie zum Schluss alles mit einem Tellerchen und einem Stein.

Nach 2 Wochen schauen Sie nach: Die verschiedenen Blätter und Blüten haben sich

■ Sommerduft für Winterzeiten: Aus getrockneten Blättern und Blüten entsteht ein Potpourri. Intensiv duftet die Mischung, wenn Sie nach alten Rezepten noch etwas Lavendel- oder Rosenöl hinzufügen, außerdem Iriswurzeln oder wohlriechendes Benzoeharz als Fixativ.

zu einer würzigen Masse vereinigt. Nun fügen Sie – ganz nach persönlichem Geschmack – noch einige Gewürze hinzu. Dazu reichen kleine Mengen von jeweils etwa 15 Gramm aus, zum Beispiel gemahlene Nelken, Muskat, Zimt, Piment, Koriander oder Kardamom. Besprengen Sie die Mischung noch mit ein wenig gutem Kognak, und fügen Sie zum Schluss konservierende Zutaten, sogenannte Fixiermittel, hinzu. Dazu eignen sich 15 Gramm gemahlene Iriswurzeln (Iris florentina), die Sie in der Apotheke kaufen können, Angelikawurzeln, Vanilleschoten, Sandelholz oder Benzoeharz. Dieses nach Vanille duftende Harz wird aus der Rinde des Storaxbaumes (Styrax officinalis) gewonnen. Es wird traditionell für Räuchermittel und Parfüms verwendet.

Die fertige Potpourri-Mischung füllen Sie wieder in das Glas- oder Porzellangefäß und lassen sie gut verschlossen 6 Monate lang durchziehen. Wenn Sie danach den Deckel öffnen und das Gefäß warmstellen, dann entfalten sich alle Wohlgerüche wie durch Zauberei. Sie erfüllen Ihre Wohnräume mit den duftenden Träumen eines längst vergangenen Sommers.

Potpourri – unkompliziert und rasch bereitet

Schneller erreichen Sie diese angenehme Wirkung, wenn Sie die Blüten und Blätter trocknen. Wie bei der Zubereitung von Kräutertee breiten Sie die empfindlichen Pflanzenteile an einem schattigen und luftigen Ort locker aus. Als Unterlage eignen sich zum Beispiel selbst gebaute Hürden aus Holzrahmen und Kunststoff-Fliegendraht. Metall ist nicht geeignet! Natürlich können Sie auch kleine Sträußchen binden und zum Trocknen aufhängen.

Bewahren Sie die gedörrten Blüten und Blätter zunächst in luftdicht verschlossenen Schraubgläsern auf, damit Duft und Würze nicht verfliegen. Erst wenn alle Zutaten fertig sind, werden sie vermischt und in ein Deckelgefäß gefüllt. Kurz vorher reiben Sie die Wände noch mit Nelken-Öl ein.

Die trockene Mischung können Sie noch zusätzlich mit Vanilleschoten, Nelken, Zimtstangen, Koriander, Ingwer, Lorbeerblättern, Muskatnusspulver und einigen Tropfen Blütenöl anreichern. Rosen- oder Lavendel-Öl können Sie fertig kaufen. Mit diesen Duftkonzentraten müssen Sie aber sehr sparsam umgehen, sonst übertönen sie die feine, bunte Mischung.

Zum längeren Konservieren benutzen Sie auch diesmal Iriswurzel-Pulver oder Benzoeharz. Das Potpourri-Gefäß bleibt 6 Wochen lang verschlossen. Ab und zu rühren Sie die Mischung sorgfältig um. Danach können Sie den Deckel öffnen und an einem warmen Platz die aromatischen Wohlgerüche freilassen. Wenn Sie nur eine Handvoll Blütenblätter herausnehmen und in einem anderen Gefäß erwärmen, behält das restliche Potpourri im geschlossenen Topf länger seinen Duft.

Duftsäckchen

Ganz schnell können Sie ein paar Duftsäckchen nähen und füllen. Dazu brauchen Sie feinen Baumwollstoff oder Batist. Oben wird das Säckchen mit einer Schnur zugezogen und aufgehängt. Füllen Sie es, ganz nach Lust und Laune, mit getrockneten Blüten und Blättern. Dazu eignen sich unterschiedliche Mischungen aus Rosen, Lavendel, Majoran, Rosmarin, Eberraute und manchem anderen Kraut. Probieren Sie aus, was Ihnen behagt! Hängen Sie die Duftsäckchen dort auf, wo Sie wohlriechende Luft lieben: im Schlafzimmer, in der Diele, im Wohnraum oder am Schreibtisch.

Düfte, die Sie nach alten Rezepten konservieren, dienen nicht nur nostalgischen Erinnerungen und apartem Wohnungsdekor. Die Wohlgerüche können auch Ihr Wohlbefinden steigern oder sogar Leiden lindern. Ihre Wirkung hängt ein wenig von der persönlichen Situation ab. Aber Kopfschmerzen, Spannungszustände und Schlafstörungen lassen sich durchaus positiv von würzigen Düften beeinflussen.

SCHLUSSBETRACHTUNG

Wenn Sie bis hierher vorgedrungen sind – beim Lesen und Ausprobieren –, dann ist der Umgang mit Kräutern für Sie keine Hexerei mehr. Aber es wird Ihnen ergehen wie dem Zauberlehrling, der die Geister, die er rief, nicht mehr loswurde. Sie werden sich, wenn Sie Wohlgeruch, Würze und Heilkraft der Kräuter einmal ausprobiert haben, Ihren Garten und Ihre Küche ohne sie nicht mehr vorstellen können. Ein Leben ohne Kräuter – das ist wie eine Rose ohne Duft! Mit frischen würzigen Kräutern krönen Sie Ihre Garten- und Kochkünste. Mit heilkräftigen Kräutern leben Sie ausgeglichener und gesünder.

Betrachten Sie Ihren Duft-, Heil- und Gewürzgarten aber auch als Zugang zu einem Bereich der Natur, der noch eine große Lebensfülle enthält. Die Kräuter der Wiese und des Gartens können in einer gefährdeten Umwelt der Erde, den Tieren und den Menschen zu einem ausgewogeneren Dasein verhelfen.

Kräuterliebhaber und Kräuterkenner sind Lebenskünstler im weitesten Sinne. Von nun an gehören Sie dazu!

Spezialisten für Kräuter und Duftpflanzen

Kräuter-Simon
Strengweg 1
Efkebüll
25842 Langenhorn
www.kraeuter-simon.de
(Bioland Gärtnerei, reiche Auswahl Gewürz-Kräuter, Duftpflanzen, Gewürzpaprika, Spezialitäten)

Kräuterei Silvia Heinrich
Alexanderstr. 29
26121 Oldenburg
www.kraeuterei.de
(Bioladen-Gärtnerei, Kräuter, Duftblattgeranien, Stauden)

Rühlemann's
Kräuter & Duftpflanzen
Auf dem Berg 2
27367 Horsted
www.ruehlemanns.de
(Riesenauswahl heimischer und internationaler Kräuter-Spezialitäten)

herb's
Bioland Gärtnerei
Stedinger Weg 16
27801 Dötlingen/Nuttel
www.herb-s.de
(viele Spezialitäten, großes Minzen- und Basilikumsortiment)

Magic Garden Seeds
Regerstr. 3
93053 Regensburg
www.magic-garden-seeds.de
(Heil- und Zauberpflanzen, ethnobotanische Raritäten)

Kräuterey Lützel
Im stillen Winkel 5
57271 Hilchenbach–Lützel
www.kraeuterey.de
(Bioland-Gärtnerei, große Auswahl an Küchen-, Duft- und Heilkräutern, Raritäten)

Otzberg Kräuter
Erich-Ollenhauer-Str. 87b
65187 Wiesbaden
www.otzberg-kraeuter.de
(große Vielfalt, Gewürz- und Duftpflanzen, kontrolliert biologischer Anbau)

Blauetikett–Bornträger GmbH
Postfach 30
67591 Offstein
www.blauetikett.de
(Gewürz-, Heil- und Wildkräuter)

Stegmeyer Gartenbau
Unteres Dorf 7
73457 Essingen
www.gaertnerei-stegmeier.de
(Spezialist für Perlagonien, riesiges Duftblatt-Geranien-Sortiment)

Syringa Duftpflanzen und Kräuter
Dipl.-Biol. B. Dittrich
Bachstr. 7
78247 Hilzingen-Binningen
www.syringa-pflanzen.de
(Duftpflanzen, reiche Auswahl z.T. seltener Gewürzkräuter, Samen und Pflanzen)

Hof Berg-Garten
Großherrischwand
Lindenweg 17
79737 Herrischried
www.hof-berggarten.de
(Samen und Pflanzen von Heil- und Wildkräutern)

Die Blumenschule Rainer Engler
Naturlandbetrieb
Augsburger Str. 62
86956 Schongau
www.blumenschule.de
(viele Spezialitäten, reiche Auswahl von Minzen, Salbei und Basilikum)

Staudengärtnerei Gaissmayer
Jungviehweide 3
89257 Illertissen
www.staudengaissmayer.de
(Duft- und Aromapflanzen, Gewürzkräuter, Zauberkräuter, großes Minzensortiment)

Raritätengärtnerei Fam. Treml
Eckerstr. 32
93471 Arnbruck
www.pflanzentreml.de
(Kräuter, Gewürze, Duft- und Zauberpflanzen aus aller Welt, großes Duftblattgeranien-Sortiment)

Sortiments- und Versuchgärtnerei Simon
Staudenweg 2
97828 Marktheidenfeld
www.gaertnerei-simon.de
(gutes Angebot von Artemisia, Salbei, Oregano und Thymian)

In Österreich:

Gartenbau Wagner
Gutendorf 36, A-8353 Kapfenstein
www.gartenbauwagner.at
(sehr großes Kräuter- und Duftpflanzen-Sortiment mit vielen Spezialitäten)

Saatgut aus biologischem oder biologisch-dynamischem Anbau

Dreschflegel
In der Aue 31
37213 Witzenhausen
www.dreschflegel-saatgut.de
(kontrolliert biologischer Anbau)

Bingenheimer Saatgut AG
Kronstr. 24
61209 Echzell-Bingenheim
www.oekoseeds.de
(biologisch-dynamischer Anbau)

Blauetikett Bornträger GmbH
(siehe unter »Spezialisten für Kräuter und Duftpflanzen«)

HILDsamen GmbH
Kirchenweinbergstr. 115
71672 Marbach am Neckar
www.hildsamen.de
(Kräuter aus anerkannt ökologischem Anbau)

Keller GmbH & Co. KG
Biogarten und Gesundheit
Konradstr. 17
79100 Freiburg
www.biokeller.de
(biologisch-dynamischer Anbau)

In der Schweiz:

C. und R. Zollinger
CH-1897 Les Evouettes
www.semences-zollinger.ch
(biologischer Anbau)

Andermatt Biocontrol AG
Stahlermatten 6
CH-6146 Großdietwil
www.biocontrol.ch
(biologischer Anbau)

Saatgut aus konventionellem Anbau – ungebeizt

Carl Sperling & Co. GmbH
Neuer Weg 21
06484 Quedlinburg
www.sperli-samen.de
(Sperli Bodenkur, Saatgut)

Bruno Nebelung GmbH & Co.
Kiepenkerl Pflanzenzüchtung
Freckenhorster Str. 32
48351 Everswinkel
www.kiepenkerl.de

HILDsamen GmbH
(siehe unter »Saatgut aus biologischem oder biologisch-dynamischem Anbau«)

Hobbygärtner-Portionen aller genannten Firmen sind im örtlichen Fachhandel erhältlich.

Biologische Dünge- und Pflanzenschutzmittel

Snoek GmbH
Tannenweg 10
Mulmshorn
27356 Rotenburg/Wümme
www.snoek-naturprodukte.de
(Dünger, Pflanzenschutz- und -pflegemittel)

W. Neudorff GmbH KG
An der Mühle 3
31860 Emmerthal
www.neudorff.de
(Dünger, Pflanzenschutz- und -pflegemittel)

Scotts Celaflor GmbH
Wilhelm-Theodor-Römheld-Str. 28
55130 Mainz
www.celaflor.de
(Pflanzenschutz- und -pflegemittel, Niembaum-Präparate)

Niem-Handel
Waldstr. 3
64579 Gernsheim
www.niem-handel.de
(Große Auswahl von Niembaum-Produkten)

H. + W. Richter – Bio-Express
Zeller Str. 51
73275 Ohmden
www.gaertnernohnegift.de
(Pflanzenschutz- u. -pflegemittel)

Biofa AG
Rudolf-Diesel-Str. 2
72525 Münsingen
www.biofa-profi.de
(Pflanzenschutzmittel, Milsana)

Keller GmbH & Co. KG
(siehe unter »Saatgut aus biologischem oder biologisch-dynamischem Anbau«)

Oscorna Dünger GmbH & Co.
Erbacher Str. 41
89079 Ulm
www.oscorna.de
*(Organische Spezialdünger,
Pflanzenschutz- und -pflegemittel)*

In Österreich:

Bio-Furtner
Hauptstr. 5
A-3031 Rekawinkel
www.biofurtner.com
*(Pflanzenschutz- und
-pflegemittel)*

In der Schweiz:

Andermatt Biocontrol
Stahlermatten 6
CH-6146 Grossdietwil
www.biocontrol.ch
*(Pflanzenschutz- und
-pflegemittel)*

Spezialangebote

Carl Sperling & Co.
(siehe unter »Saatgut aus konventio-
nellem Anbau – ungebeizt«)
www.sperli-samen.de
*(Sperli-Bodenkur und Gründün-
gung, Schmetterlingswiese, Blumen-
wiese)*

H. + W. Richter – Bio-Express
(siehe unter »Biologische Dünge-
und Pflanzenschutzmittel«)
*(Bio-Grabgabel, Sauzahn, Stein-
mehl-Zerstäuber)*

Keller GmbH & Co. KG
(siehe unter »Saatgut aus biologischem oder biologisch-dynamischem Anbau«)
www.biokeller.de
*(Dörrapparate, verschiedene
Schneckenzäune, Bio-Grabgabel,
Sauzahn, Steinmehl-Zerstäuber und
andere Geräte)*

Literatur

ABTEI FULDA: Comfrey – was ist das?, Abtei Fulda 1978
AICHELE, DIETMAR: Was blüht denn da?, Kosmos-Verlag, Stuttgart 2008
BOCK, HIERONYMUS: Kreutterbuch, 1577, Faksimile-Nachdruck, Verlag Konrad Kölbl, Grünwald bei München 1964
BOCKSCH, MANFRED: Das praktische Buch der Heilpflanzen, BLV Buchverlag 2011
BOSS-TEICHMANN, CLAUDIA/RICHTER, THOMAS: Bärlauch und Knoblauch, Verlag Eugen Ulmer 2002
BREINDL, ELLEN: Das große Gesundheitsbuch der Hl. Hildegard von Bingen, Paul Pattloch Verlag, Aschaffenburg 1983
CHAMISSO, ADALBERT VON: Heil-, Gift- und Nutzpflanzenbuch, Dietrich Reimer Verlag, Berlin 1987
FISCHER, GEORG: Heilkräuter und Arzneipflanzen, Haug-Verlag, Heidelberg 1978
FLAMM/KROEBER/SEEL: Die Heilkraft der Pflanzen, Hippokrates-Verlag Stuttgart 1944
GARLAND, SARAH: Der große BLV-Buch der Kräuter und Gewürze, BLV-Verlag München 1981
GESSNER/ORZECHOWSKI: Gift- und Arzneipflanzen von Mitteleuropa, Carl Winter, Universitätsverlag, Heidelberg 1974
GÖÖCK, ROLAND: Das Buch der Gewürze, Mosaik-Verlag, Hamburg 1965
HELM, EVE-MARIE: Feld-, Wald- und Wiesenkochbuch, BLV-Verlag, München 1982
HILDEGARD VON BINGEN: Naturkunde, Otto Müller Verlag, Salzburg 1974
JÄNICKE/GRÜNDWALD/BRENDLER: Handbuch Phytotherapie, Wissenschaftliche Verlagsgesellschaft, Stuttgart 2003
KLEINOD, BRIGITTE/STRICKLER, FRIEDHELM: Minze, Verlag Eugen Ulmer, Stuttgart 2006
KÖLTRINGER, CLAUDIA: Altes Kräuterwissen wieder entdeckt, BLV Buchverlag, München 2010
KRAUSCH, HEINZ-DIETER: »Kaiserkron und Päonien rot ...« Entdeckung und Einführung unserer Gartenblumen, Dölling und Galitz Verlag 2003
KREUTER, MARIE-LUISE: Kräuter, Kräuter, Kräuter, BLV Buchverlag 2004
– Kräuter Spezialitäten, BLV Buchverlag 2006
– Der Biogarten, BLV Buchverlag 2012
KÜNZLE, JOHANN: Das große Kräuterheilbuch, Walter-Verlag, Olten und Freiburg i. Br., Neuauflage 1974
LENZ, HARALD OTHMAR: Botanik der alten Griechen und Römer, 1859, Nachdruck, Dr. Martin Sändig o. HG 1966
LONICERUS, ADAMUS: Kreuterbuch, 1679, Faksimile-Nachdruck, Verlag Konrad Kölbl, Grünwald bei München 1962
MADAUS, GERHARD: Lehrbuch der biologischen Heilmittel, 3 Bde., Leipzig 1938, Nachdruck Georg Olms Verlag, Hildesheim–New York 1979

MANN, DIRK: Asiatische Kräuter, Kosmos-Verlag, Stuttgart 2005
MAYER, DR. J.G./NELEKE, DR. B./PATER KILIAN SAUM: Handbuch der Klosterheilkunde, Verlag Zabert Sandmann, München 2002
McVICAR, JEKKA: Der große Kräuterführer, Bassermann Verlag, München 2007
MESSÉGUÉ; MAURICE: Das Mességué Heilkräuter-Lexikon, Verlag Fritz Molden, Wien–München–Zürich 1976
MESSÉGUÉ; MAURICE: »Die Natur hat immer recht«, Verlag Fritz Molden, Wien–München–Zürich 1973
MÜLLER, IRMGARD: Die pflanzlichen Heilmittel der Hildegard von Bingen, Verlag Herder, Freiburg 1993
PAHLOW, MANNFRIED: Das große Buch der Heilpflanzen, Lizenzausgabe Verlagsgruppe Weltbild, 2002
PAVORD, ANNA: Wie die Pflanzen zu ihren Namen kamen, Berlin Verlag 2008
PIERRE, MICHEL/LIS, MICHEL: Das BLV Handbuch Heilpflanzen, BLV Buchverlag, München 2007
SCHAUER/CASPARI: Die Pflanzen Mitteleuropas, BLV Buchverlag, München 2012
SCHERF, GETRUD: Pflanzengeheimnisse aus alter Zeit, BLV Buchverlag, München 2004
SCHÖNFELDER, INGRID UND PETER: Das neue Handbuch der Heilpflanzen, Kosmos-Verlag, Stuttgart 2011
STOBART, TOM: Lexikon der Gewürze, Hörnemann-Verlag, Bonn 1972
STRABO, WALAHFRID: Über den Gartenbau, Reclams Universal-Bibliothek, Stuttgart 2002
STOFFLER, HANS-DIETER: Kräuter aus dem Klostergarten, Jan Thorbecke-Verlag, Stuttgart 2003
STRANK, KARL JOSEF/MEURERS-BALKE, JUTTA (HRSG.): Obst, Gemüse und Kräuter Karls des Großen, Verlag Philipp von Zabern, Mainz 2008
TABERNAEMONTANUS JACOBUS THEODORUS: Neu vollkommen Kräuter-Buch, 1731, Faksimile-Ausgabe Verlag Konrad Kölbl, Grünwald bei München 1975
THE ROYAL HORTICULTURAL SOCIETY: Die neue Kräuter-Enzyklopädie, Verlag Dorling Kindersley, München 2005
TIME LIFE HANDBUCH DER GARTENKUNDE: Der Kräutergarten, Time Life International (Nederland) B. V. 1979
TORNIEPORTH, GERDA: Hildegard von Bingen. Das Gartenbuch, BLV Buchverlag, München 2008
VINKEN, HERBERT: Basilikum, BLV Buchverlag, München 2008
WICHTL, MAX: Teedrogen und Phytopharmaka, Wissenschaftliche Verlagsgesellschaft, Stuttgart 2008
WILLFORT, RICHARD: Gesundheit durch Heilkräuter, Rudolf Trauner Verlag, Linz 1959
ZIMMERER, E. M.: Kräutersegen, 1896, Neudruck Verlag Ludwig Auer, Donauwörth

STICHWORTVERZEICHNIS

© Foto-Studio Gross-Blotekamp

Über die Autorin

Marie-Luise Kreuter lernte schon als Kind im elterlichen Garten den Umgang mit Zier- und Nutzpflanzen. Nach ihrem Ethnologie-Studium absolvierte sie beim SWF eine Journalismus-Ausbildung und spezialisierte sich bald auf gärtnerische Themen. Es entstanden zahlreiche Bücher, Artikel sowie Rundfunk- und Fernsehsendungen. 1981 legte sie im Oberbergischen Land einen öffentlichen Bio-Bauerngarten an, der auch als Lehrgarten diente. Im gleichen Jahr erschien auch die 1. Auflage ihres Werkes »Der Biogarten«, der mittlerweile zum Bestseller avancierte und nunmehr in der 25. Auflage vorliegt. 1985 begleitete Marie-Luise Kreuter als Fachberaterin und Autorin den Start der Zeitschrift *kraut & rüben*, die sie viele Jahre als Herausgeberin betreute. Als »die« Biogärtnerin der Nation verfasste sie viele Bücher und zahllose Zeitschriftenartikel.

Impressum

Bibliographische Information Der Deutschen Nationalbibliothek

Die Deutsche Nationalbibliothek verzeichnet diese Publikation in der Deutschen Nationalbibliografie; detaillierte bibliografische Daten sind im Internet über http://dnb.d-nb.de abrufbar.

Überarbeitete Auflage (Neuausgabe) des Titels »Kräuter & Gewürze aus dem eigenen Garten«

BLV Buchverlag
GmbH & Co. KG

80797 München

© 2012 BLV Buchverlag GmbH & Co. KG, München

Das Werk einschließlich aller seiner Teile ist urheberrechtlich geschützt. Jede Verwertung außerhalb der engen Grenzen des Urheberrechtsgesetzes ist ohne Zustimmung des Verlags unzulässig und strafbar. Das gilt insbesondere für Vervielfältigungen und die Einspeicherung und Verarbeitung in elektronischen Systemen.

Hinweis
Das vorliegende Buch wurde sorgfältig erarbeitet. Dennoch erfolgen alle Angaben ohne Gewähr. Weder Autoren noch Verlag können für eventuelle Nachteile oder Schäden, die aus den im Buch vorgestellten Informationen resultieren, eine Haftung übernehmen.

Bildnachweis:
Archiv für Kunst und Geschichte: 12r
Apel: 131r, 184r
Barry Glick, www.sunfarm.com: 112
Baumjohann: 49r
Borstell: 8/9, 24, 28, 47l, 57r, 60r, 61, 62, 66r, 67l, 75, 79r, 105l, 116, 131l, 150m, 155l, 165o, 166, 183, 184l, 186, 187, 191, 214, 217
Bross-Burkhardt: 73, 91, 127r, 137o, 149
Dittmer: 22, 40u, 81, 90r, 97o, 97u, 103r, 143, 145or, 159, 163u, 165l
Diez: 39, 222, 226, 240
Fischer: 50, 206
Flora Press: 230, 235
Flora Press/GAP Photos: 4r, 32/33
Flora Press/Visions: 110
Gaissmayer: 108, 140l, 167
GBA/Engelhardt: 51
GBA/Noun: 41r, 43
Gross-Blotekamp: 2/3, 7, 35, 36
Holler: 199l
Költringer: 21
Kompatscher: 236
Kräuterey: 193or
Kreuter: 10, 45, 47, 152r, 178, 197o
Laux: 57m, 63, 66r, 78, 86, 94u, 94o, 100m, 115, 125, 126, 127l, 145ml, 145mr, 153r, 156r, 165r, 193ml, 193ur, 195
Lochstampfer: 109, 157
Macore: 193ul
Marianne Majerus Garden Image: 4l, 14/15
msg: 72
Pforr: 63/Einkl., 64, 65, 76r, 82r, 85, 88r, 100l, 101r, 102l, 117, 132r, 134m, 147
Redeleit: 38, 54, 160
Reinhard: 5 l, 12l, 17, 18, 20, 23, 31, 34, 46, 52/53, 55, 56, 58, 59, 60l, 70, 71, 74, 76l, 77, 83, 98, 105r, 111, 118, 119, 122l, 124u, 136u, 137u, 140r, 141, 142r, 150r, 152l, 154, 156l, 158, 161m, 161r, 169, 171, 173, 175, 181, 182u, 188, 189, 196r, 201, 207, 208, 209, 211, 216, 221, 224, 229, 232, 233
Richberg: 49l
Rosen C./University of Minnesota: 177l
Ruckszio: 25, 41l, 193ol

Scherf: 91l
Schneider-Will: 16, 234
Schrempp: 95o, 121, 132l, 139, 161l
Seibold: 168
Seidl: 67r, 79l, 82l, 84, 88l, 89, 93, 95u, 103, 106, 113, 134l, 134r, 136o, 142l, 145ol, 145ul, 145ur, 150l, 153l, 155r, 174, 196l, 199r
Stein: 69, 179
Stockfood/Brauner M.: 219
Stockfood/Krieg R.: 227
Stockfood/M. Stock Ltd.: 220
Stockfood/Newedel K.: 223
Stockfood/Strauß F.: 204/205
Stockfood/Studio Schiermann: 218
Strauß: 1, 5r, 29, 30, 37, 42, 44, 107, 193mr, 202, 212/213, 215, 228, 231, 238
Sulzberger: 129
Syringa: 187
Wikipedia: 11, 122r
Wiora: 197u
Wothe: 123l, 177r, 182o
Zunke: 49m

Grafiken:
Sylvia Bespaluk: 19
Heidi Janiček: 26, 27

Umschlagkonzeption: Kochan & Partner, München
Umschlagfotos:
Vorderseite: Gettyimages/Susanna Blavarg
Rückseite: Foto-Studio Gross-Blotekamp

Programmleitung Garten: Dr. Thomas Hagen
Lektorat: Katja Holler
Herstellung: Hermann Maxant
Layoutkonzept: Kochan & Partner, München
Layout und DTP: Anton Walter, Gundelfingen

Gedruckt auf chlorfrei gebleichtem Papier

Printed in Germany
ISBN 978-3-8354-885-2

Die Bibel für Biogärtner – jetzt ganz neu!

Marie-Luise Kreuter
Der Biogarten
Das Standardwerk des guten Gartengewissens in Neuausgabe:
aktualisierter Inhalt, noch übersichtlicher, klarer und mit neuem
Layout · Handfeste Praxis: wirklich alles über den naturgemäßen
Anbau von Gemüse, Obst und Blumen – mit aktuellen Sorten-
empfehlungen · Mit Arbeitskalender und Bezugsquellen.
ISBN 978-3-8354-0906-4

www.blv.de